邓广铭宋史人物书系

岳飞传

邓广铭 著

生活·讀書·新知 三联书店

Copyright © 2017 by SDX Joint Publishing Company.
All Rights Reserved.

本作品版权由生活·读书·新知三联书店所有。
未经许可，不得翻印。

图书在版编目（CIP）数据

岳飞传／邓广铭著．—北京：生活·读书·新知三联书店，2017.3（2025.6 重印）
（邓广铭宋史人物书系）
ISBN 978-7-108-05888-1

Ⅰ．①岳…　Ⅱ．①邓…　Ⅲ．岳飞（1103—1142）-传记　Ⅳ．①K825.2

中国版本图书馆 CIP 数据核字（2017）第 013795 号

特邀编辑	孙晓林
责任编辑	冯金红
装帧设计	宁成春
责任印制	董　欢
出版发行	生活·讀書·新知 三联书店
	（北京市东城区美术馆东街 22 号　100010）
网　　址	www.sdxjpc.com
经　　销	新华书店
印　　刷	河北鹏润印刷有限公司
版　　次	2017 年 3 月北京第 1 版 2025 年 6 月北京第 7 次印刷
开　　本	889 毫米×1194 毫米　1/32　印张 15.5
字　　数	381 千字
印　　数	22,001-25,000 册
定　　价	68.00 元

（印装查询：01064002715；邮购查询：01084010542）

1955年时的作者

岳 飞（选自《中兴四将图》）

得卿九日奏已擇定十百遂養注
六黃舒州累聞卿見若寒嗽乃
能勉為朕行國爾忘身誰如卿
者覽奏再三嘉歎無數以卿素
志珍重虜常苦諸軍難合今兀朮與
諸頭領盡在盧州撓連南侵張俊

副錢糧已如所請委趙伯牛以伯牛舊
嘗守官湖外與卿一軍相諳委此春
深寒暄不常卿宜慎疾以濟國事
付此親札卿須體悉十月二日二更

付岳飛

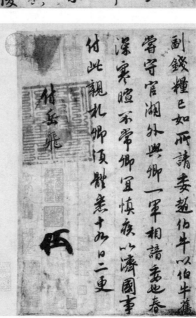

高宗賜岳飛批札

不同版本的《岳飞传》

目　录

自　序 001

第一章　北宋、辽、金的对峙斗争。
辽与北宋的相继灭亡 006
一　北宋王朝晚年的腐朽残暴统治 006
二　北宋境内劳动人民的反抗斗争 010
三　岳飞幼、少年时期的生活 012
四　金政权的建立和它的抗辽斗争 015
五　宋、金的海上盟约和辽政权的灭亡 017
六　女真贵族的南犯和北宋政权的灭亡 020

第二章　宋政权的重建和南迁。岳飞在抗金战争
初期的立功与受挫 024
一　宋政权的重建 024
二　岳飞置身抗金斗争的最初阶段 027
三　宋政权的南迁。两河人民的抗金斗争 038
四　女真铁骑渡河渡淮继续南犯 041
五　宗泽出师未捷身先死 045
六　赵构流窜到杭州。苗傅、刘正彦发动政变始末 049
七　建康失陷和杜充降敌。岳飞从驻屯建康到撤离建康 .. 053

八　南宋王朝的流徙和下海 058
　　九　岳飞驻军宜兴县 061
　　十　岳飞收复建康府 065
　　十一　岳飞班师回宜兴 067
　　十二　从就任通泰镇抚使到退往江阴 070

第三章　宋、金对立斗争形势的剧变 079
　　一　女真贵族树立伪齐傀儡政权 079
　　二　张浚丧师和金人占领秦川五路 081
　　三　女真贵族阴遣汉奸秦桧归南宋 086

第四章　岳飞讨平军贼李成、张用和曹成 092
　　一　讨平李成和张用 092
　　二　讨平曹成 100

第五章　南宋王朝建立初期对南方人民的残酷压榨 113
　　一　南宋王朝的横征暴敛 113
　　二　钟相领导的湖湘地区人民的起义。
　　　　军贼孔彦舟扑灭了这支起义军 114
　　三　王宗石领导的贵溪、弋阳的农民起义和
　　　　刘光世军对这两县居民的屠戮洗劫 119
　　四　范汝为领导的福建人民的起义
　　　　及其为韩世忠军所扑灭 121
　　五　虔、吉地区的农民起义及其为岳飞军所扑灭 123

第六章　岳飞收复失地的强烈愿望及其初步实践。
　　　　支援淮西友军奋勇抗击敌、伪军 132
　　一　把全副心神贯注在抗击敌、伪，收复失地的问题上 132

二　收复襄阳府等六州郡 ………………………………… 136
　　三　援淮西 ………………………………………………… 149

第七章　瓦解湖湘地区农民起义军的罪行 ………………………… 154
　　一　湖湘地区的起义军在杨幺郎（太）
　　　　领导下继续战斗 ……………………………………… 154
　　二　岳飞用软硬兼施的手法瓦解了湖湘起义军 ………… 160

第八章　直捣中原的壮志难酬 ……………………………………… 182
　　一　伊、洛、商、虢的相继克复 ………………………… 182
　　二　没有实现的移屯江州拟议 …………………………… 196
　　三　在京西陈、蔡地区又一次击退来犯之敌 …………… 203

第九章　合并刘光世军的拟议和曲折 ……………………………… 210

第十章　关于请立赵伯琮（眘）为皇太子的一场风波 …………… 231
　　一　赵伯琮的被选入宫 …………………………………… 231
　　二　岳飞奏请把赵伯琮正式立为皇子 …………………… 235

第十一章　宋、金对立形势的又一次大变化 ……………………… 240
　　一　刘豫傀儡政权的被废及其
　　　　在南宋统治阶层中的反应 …………………………… 240
　　二　汉奸秦桧重登相位 …………………………………… 247
　　三　金对南宋的诱降和南宋朝野的反应 ………………… 248

第十二章　屈膝丑剧的扮演和岳飞的坚决抗议 …………………… 268
　　一　投降、受降仪式之举行 ……………………………… 268
　　二　秦桧、赵构恬不知耻地大肆宣传"和议"的成功 … 271

三　岳飞对降敌罪行的激烈反对 274
　　四　在反对无效之后愤请解除军职 281

第十三章　风范一斑。生活点滴 284
　　一　岳飞初露头角时期所赢得的声誉 284
　　二　喜欢和文士们谈论历史和现实问题 286
　　三　对待部属恩威并用 292
　　四　自奉菲薄。不蓄姬妾 297

第十四章　金人变卦撕"和约"，刘锜顺昌败敌军 299
　　一　女真贵族撕毁了宋、金和约 299
　　二　刘锜顺昌败金军 304

第十五章　从头收拾旧山河 309
　　一　赵构连续以《御札》催促岳飞出师 309
　　二　岳飞的战略部署及其"连结河朔"的政策所奏功效 312
　　三　岳家军直捣中原，目标在于收复河朔 317
　　四　十年之功废于一旦！ 332
　　　　——岳飞被迫奉诏班师

第十六章　金军再犯淮西。柘皋战役前后的
　　　　　　岳飞和岳家军 339
　　一　金军再犯淮西 339
　　二　南宋军队在柘皋的胜利和在濠州的失败 342
　　三　岳飞在移师淮西以后 345

第十七章　赵构、秦桧收兵权 350
　　一　前此几次未能实现的收夺兵权的谋划 350

二　赵构、秦桧收夺三大将兵权 ……………………… 351
　　三　秦桧进一步摧毁南宋的国防力量 …………………… 356

第十八章　丧权辱国的"绍兴和议"的签订 ……………… 361
　　一　兀朮诱和 ……………………………………………… 361
　　二　赵构、秦桧对南宋主权、领土和人民的大出卖 …… 363

第十九章　秦桧、张俊肆意罗织诬陷，岳飞、
　　　　　岳雲和张宪惨遭杀害 …………………………… 372
　　一　岳飞被劾罢官 ………………………………………… 372
　　二　王鹘儿诬告张宪，意在牵连岳飞 …………………… 374
　　三　岳飞的入狱、受审和惨遭杀害 ……………………… 381
　　四　事后炮制出笼的判决书 ……………………………… 393

第二十章　秦桧是杀害岳飞的元凶 ………………………… 399
　　一　认为杀害岳飞的元凶是赵构而不是秦桧的
　　　　几种意见 ……………………………………………… 399
　　二　驳"区区一桧亦何能"说 …………………………… 401
　　三　纠正对于"正资宗之名"的一种误解 ……………… 404
　　四　秦桧死后赵构坚持降金政策不变的问题 …………… 410
　　五　岳飞的狱案"名曰诏狱，实非诏旨" ……………… 412

第二十一章　有关宋、金战争和岳飞评价的几个问题 …… 415
　　一　宋、金战争的性质 …………………………………… 415
　　二　岳飞是南宋的一员爱国将领，也是属于整个
　　　　中华民族的英雄人物 ………………………………… 418
　　三　论岳飞的"尽忠报国" ……………………………… 422
　　四　岳飞是杰出的战略家和军事家 ……………………… 430

附录一　岳飞冤案的昭雪 434

附录二　有关"拐子马"诸问题的考释 439
　一　在有关宋、金战争史料中出现较早的"铁浮图"、
　　　"拐子马"、"挖叉千户"、"河北签军"和
　　　"左护军"诸词 440
　二　对"铁浮图"和"拐子马"最早的错误解释 445
　三　岳珂《鄂王行实编年》所载
　　　郾城战役中的"拐子马" 446
　四　"铁浮图"和"拐子马"全都不是"三人为联，
　　　贯以韦索"的 449
　五　"拐子马"就是左右翼骑兵 451
　六　纠驳岳珂的"自海上起兵皆以此胜"和
　　　"拐子马由此遂废"诸谬说 454

后　记
　一　南宋官修史书中关于岳飞生平事迹的记载 458
　二　私人著述中有关岳飞的记载 462
　三　家传系统中的一系列著述 467
　四　我对旧有资料的取舍从违的标准 473

编　后 .... 邓小南　478

插图目次

金军南侵和宋廷南迁图	044
建炎四年（1130）岳飞收复建康府图	068
岳飞书简	104
绍兴四年（1134）岳飞出兵路线图	140
绍兴六年（1136）岳飞出兵路线图	190
宋高宗赵构付与岳飞的《御札》	229
绍兴十年（1140）岳飞出兵路线图	322
南宋、金、西夏分界图	371

自 序

岳飞，一个出生在北部中国的农民家庭，代表了当时生活在和曾经生活在宋王朝统治区域内的一切爱国农民，也代表了在苦难中的南部中国人民而置身战场上的人物，在他的禀赋当中也具有一些比较突出的特点：单纯、质直、坚定、强项。当一个惊天动地的祸变降临到他的时代和乡邦中时，要保卫乡邦、敉平祸变、拯救万千苦难同胞的强烈愿望，便冲动在他的生命脉搏当中。一念所至，勇往直前。当那些上层执政者们还在议论未定，彷徨无策的时候，他先已为这一意念所驱使，挺身走上战场，参加在对南犯金军的斗争当中。而从此以后，对于这个明确的意念和选定的道路，他始终不渝地把握着，坚持着，为它而生，为它而死。

对国家民族建立了卓越功勋的岳飞，竟被民族败类秦桧、赵构等人以"莫须有"的罪名惨酷致死。当其时，秦桧奸党凶焰炽烈，多方肆虐，以致没有人敢在岳飞惨遭横祸之后，立即把他的生平事迹和言论丰采全面系统地记载下来，写成行状或墓志铭之类。相隔六七十年后，其孙岳珂才为他编写了一部《行实编年》。其后作者继起，从13世纪前叶直到20世纪的40年代之初，先后刊布的有关岳飞传记的作品，为数确已不少。但就这些著作的内容看来，都不免具有这样那样的毛病：或则虚夸，或则诬枉，或则不尽，或则不实。而且陈陈相因，互相蹈袭。以史识论，全无"独断之学"；从史实看，全少"考索之功"。

为补正上述有关岳飞史传中的那些缺失，我在1944年就写了一本《岳飞》，努力要把岳飞传记的述写提高到学术研究的水平上来。然而那时我对于马克思主义，对于辩证唯物主义和历史唯物主义，还仅仅是一知半解，在立场、观点和方法上，自然还都是陈旧、落后乃至反动的老一套。而在史实的考订方面，对于旧史籍中的谬误的纠正，为数也很有限。

全国解放以后，经过思想改造运动，经过持续的理论学习，在立场、观点、方法方面都稍稍有了一些转变和提高，我便于1954年把十年前所写的《岳飞》进行了一次改正，并改书名为《岳飞传》。对于有关阶级斗争和民族斗争的一些问题，全都做出了与《岳飞》当中大不相同的处理。对于旧史籍中的记载，也进一步做了不少订正。

"四人帮"被粉碎之后，我又把1954年所写的《岳飞传》再次改写，断断续续，亘时凡五年之久，迄今才把它修改完毕。这次修改的幅度较上次更大，粗略估计一下，改写的部分至少应占全书的百分之九十以上。

在这次改写的过程中，有一些情况、想法和问题，须在此略作交代：

——不论汉族或女真族，都是整个中华民族的一个组成部分；不论金王朝或南宋王朝，都是属于历史上的中国内部的一个割据政权，亦即国中之国。因此，汉族与女真族虽可以互相称为外族，南宋与金国虽可以互相称为外国，但这决不意味着把其中的任何一方，排斥在整个中华民族或历史上的中国之外。宋、金双方虽长时期以兵戎相见，那也只能从战争的性质上区别双方之谁是谁非，而决不能沿袭旧来的民族偏见，诬蔑说，由于女真族的本性凶狠残暴，变诈无信，所以才发动了这场战争。恰恰相反，我把发动这场侵宋战争的责任都写在女真军事贵族身上，认为他们的这些军事行动，所代表的，也仅仅是金王朝统治阶级的私利，与女真族人民的根本利益和长远利益是不相符合的。

——岳飞是中华民族历史上很多民族英雄中的一员,是南宋王朝最杰出的一名爱国将领,这不仅从他一生抗金的战斗实践中可以得到证明,从他生平的言论和他所撰作的各种体裁的诗词文章(包括经他授意而由幕僚代作的),也同样可以得到确凿证明。而通过后者,或者可以更真切地体认出岳飞的精神面貌。因此,在这次改写过程中,我除了把岳飞在抗击金军的战场上所立功勋详加记述外,还把他自己抒发爱国情操、表述雄伟胸怀的作品,也尽量引录了来,并择要作了一些阐释和分析,以期更易于理解。

——宋、金的战争,距今已经八百多年,已经成为历史陈迹。今天,我们中华民族的各族人民,都正在为振兴中华这个同一目标而贡献其智能和才力,在兄弟民族之间自然再不会发生互相征战挞伐的事。因此,我们之所以对历史上的民族英雄如岳飞其人者进行述写和赞扬,决不是由于担心中华民族内部各兄弟民族之间还会发生对抗性的矛盾,希望届时能再出现一些岳飞式的人物。绝非如此。我们这样做的目的,是要把岳飞那种对民族对国家的忠贞热爱,扩而充之,发扬光大为对整个中华民族和中华人民共和国的忠贞热爱,一心一德,同仇敌忾,随时起而对付妄图侵略我国的帝国主义和大小霸权主义者,以保证各兄弟民族的安全,使其能得在安全环境中共同从事于振兴中华的大业。

——清人钱彩编写的通俗小说《说岳全传》,在乾隆时虽曾一度成为禁书,但书的内容并不好:既与历史事实相去太远,还夹杂了大量封建糟粕;文笔既不见长,虚构的情节和场面也太多,且都不见精彩;就其思想性和艺术性来说,全少可取之处,是不能像《三国演义》那样称做历史小说的。但在近几年内,却有人把它稍加删改,改称《岳飞传》,大量印行。它几乎全是从钱彩书脱胎而来,对于钱书中与历史事实颠倒错乱之处大都未予纠正,思想性和艺术性也很少提高,甚至连封建性的糟粕也未能彻底清除。倘使取名为《岳飞演义》或"外传"、"歪传"、"别传"、"野史"之类,那倒无所不可,而却偏偏取名为"其实难副"的《岳飞传》,颇不可解。因为,不论述写任何类型人物的传记,全都是属于史学领域的工作,即全应恪守史学研究方面的一些准则,决不容许肆意编造。因此,那部已经印行了的《岳飞传》,既不配称为历史著作,连历史小说(如上举的《三国演义》)的水平也够不上。而广大读者却大都误认它为一部信史。经过我三次改写的这本《岳飞传》,尽管在内容方面还可能存在这样那样的问题和缺点,但在述写过程当中,我却一直是要把它写成一本严格意义上的历史著作。所以,要想认识岳飞的庐山真面目,只应到我的这本著作中来认取。在这里看到的岳飞,固然还不可能惟妙惟肖,然而我相信是可以得其仿佛的。

——对于民族败类秦桧、赵构之流,我是要尽情加以鞭挞的。然而,我也仍须恪守史学著作的原则,以我所能够掌握并确定其为可信的史实为不可逾越的界限,既不能作任何夸张,更不敢有任何虚构。

——本书所用纪年办法为:凡属于宋或金单方面之内部问题者,即只采用宋或金之年号及年次,并于其下注明为公元某年;凡涉及宋、金双方的事件,则间有仅标出公元某年,而不再标举宋、金双方之年号及年次的。

——本书引文较多。引录时所用原则是:凡属奏章、诏令、书札、诗文,以及长篇对话(如第十九章所引录的王鹏儿的《告首状》)等皆一律照录原文,间亦加以校勘,以补正其间的讹脱。但对于简短的对话,原文语意又不甚通畅、难邃理解者,则改写为现代口语,然亦力求其能与原意全相符合。

——近些年内正在讨论中的一些重大问题,例如岳飞的《满江红》是否后人伪作,岳飞曾否在朱仙镇大败金军,等等,我均写有专文,加以考释、论证,不再在这本书中进行探讨。只有关于"拐子马"的事,谬说流传将及千载,"三人为伍,贯以韦索"的错误解释已可谓"深入人心",牢不可破,我便特地把《有关拐子马诸问题的考释》一文作为本书的附录,以期清除这一传统的误解。

  我的愿望是:通过这本书,能把岳飞生活的时代轮廓勾画出来,把他一生所建立的事功,他的形象和丰采、思想和情操,都能如实地、真切地描绘、表述出来,并对这一彪炳史册的历史人物作出正确的和公允的评价。我恳切盼望亲爱的读者,直截了当地以我的这种愿望作为衡量的尺度,把我所写成的这本书加以衡量,看看其中与我的愿望相符合或不相符合的各有几多,而凡其不相符合的地方,都请给予指明和教正。

          邓广铭
    一九八二年一月三十一日写于北京大学历史系

第一章
北宋、辽、金的对峙斗争。辽与北宋的相继灭亡

一 北宋王朝晚年的腐朽残暴统治

（1）

公元12世纪的最初二十五年，是宋徽宗赵佶做皇帝的年代。赵佶自即位以来，骄奢淫佚，其生活之腐朽糜烂，在历代的皇帝当中是少有其比的。他所最宠信、最重用的将相大臣和宦官嬖幸，是蔡京、王黼、梁师成、童贯、朱勔等，每一个都是奸贪残暴、无恶不作的人。蔡京"天资凶诈，舞智御人"，在赵佶做皇帝的二十五年当中，他先后四次做宰相，为时共达十七年之久。王黼是因风姿美好，"多智善佞"，又极力巴结得宠的宦官梁师成，而得以很快地超升为宰相的。他做宰相虽仅五年时间，却也作恶多端，所养姬妾之多，所储金帛珍异物品之多，几乎都能和赵佶相比拟。梁师成是个宦官，聪明伶俐，"善逢迎，希恩宠"，因此就得到了赵佶的恩宠。执政、侍从之类的高级职位，全都可以通过他的门路而得到，以致当时人把他称为"隐相"（幕后宰相）。童贯是一个最受赵佶宠爱的宦官，他在赵佶面前，巧于献媚，善于体会他的意旨，因而，到赵佶统治的后半期，他竟成了北宋王朝军事方面的最高统帅。朱勔是苏州人，是因为善于搜括珍奇玩赏物品而得到赵佶宠信的。

（2）

　　由上述这班人拼凑起来的北宋最高统治集团，把北宋末年的政治推入污浊的深渊，黑暗的时代。他们看到，在王安石和宋神宗赵顼变法期内，为了准备"吞服"西夏和辽政权而积储下来的金帛和粮饷，虽在宋哲宗赵煦统治期内支用了不少，但还有大量的剩余，因而就提出"丰、亨、豫、大"的口号，扩建北宋王朝的宫廷，把朝廷的场面都粉饰得富丽堂皇。为了搜集江浙地区的奇花异石，织绣丝绸，雕刻一些象牙金玉器物，在苏州和杭州设置了应奉局和造作局。造作局中所役使的各种工匠，每天都达数千人，而所用物料却全是从民间无偿榨取的。应奉局不但役使大量人员到山岩湖泊中去搜求珍异，而且对居民家中的美好花石，也一律征取。然后用大量舟船向开封运送，每十船组成一纲，前后相继，称为花石纲。尽管这些物品大多是无偿征取来的，但总领应奉局的朱勔却借此而向北宋王朝的府库支取大宗款项，每次支取，动辄以数十百万计，其中的大半却都入于朱勔之家。

　　这一伙吸血鬼般的北宋王朝的最高统治者们，用集聚到开封的花石竹木等等，在宫苑当中添建了一所侈丽高广的延福宫，又在平地修建了一座万岁山，周十余里，最高一峰达九十步。山的上下，布满了楼台亭阁，也挖掘了池沼，修造了桥梁。他们在大兴土木，营造这些建筑物的时候，所规定的一个规格要求是："欲度前规而侈后观"。也就是说，不但要使其富丽堂皇的程度能够空前，而且还希望它能够绝后。他们耗费了千百万劳动人民的脂膏血汗和生命财产，筑成这样一些"穷极巧妙"的赏玩游观场所！

　　这些建筑物后来的命运如何呢？单就万岁山来说，造山所用的，经由花石纲运送到开封的，那些玲珑美观甚至高广达数丈的太湖石、灵璧石、慈溪石等，在金兵围攻开封时，开封居民为抗击金兵，把其中很大一部分都砸碎当作炮石使用了。当时未被砸碎的，又有很大一部分，被女真贵族役使当地劳动人民运送到燕京。在今天北京的北海公园和颐和园内，就还可以看到辗转残存下来的这样一些石头。

（3）

蔡京当权之日，还把北宋王朝的官职名称大做了一番更改，使许多宦官都做了北宋政府的正式官吏。这又使当时的各级政治机构，官员名额冗滥，名义混杂。在此以前，北宋政府中只支薪俸而并不掌管职事的人，为数已经很多，到这时就更成倍增加。蔡京、王黼、梁师成、童贯、朱勔，以及所有受到赵佶宠信的人，一方面全都提拔自己的子弟亲戚和友好做官，另一方面又全都公开地卖官鬻爵，甚至还依照职位的高低大小而分别定出价格。朱勔出卖官职之多，竟致"平江府（今苏州）并二浙诸州县，自通判以上，尽出其门"。"每遇朔望，门人使臣罗列庭下，腰金者❶不下三数百人。"❷ 用钱财买得官位的人，到职之后当然是要贪污受贿，加倍地收回成本的。

赵佶还迷信道教，当时的开封和各个较大城市，都添修了许多道教的宫观。有许多佛教寺庙，也被改作道教宫观。每个宫观，都要由北宋王朝给予几十顷或几百顷土地。这些土地全是向附近民户夺取来的。各宫观的道士们，也都用道教的称谓，定成二十六等官阶，和政府的官吏同样领取俸禄。赵佶对道士林灵素特加信任，单是林灵素的门徒，任道官、支厚俸的就将近两万人。❸

上述几种因素出现在同一个时期内，致使赵佶统治期内官员数目大大增加。在他继承帝位七八年后，已比以前多至十倍。北宋

---

❶ 当时凡品级高的官僚，都在腰带上佩金质的鱼为饰。
❷ 《靖康要录》卷四，臣僚劾朱勔奏章。
❸ 《宋史》卷四六二，《方技传》下。

政府支出的官俸和兵饷，在11世纪的80年代内每月为三十六万贯，在赵佶统治的第二十年，每月已增至一百二十万贯。政府府库中原有的积蓄早已挥霍得一干二净，只能一再加重对纳税户的剥削以事供应。因此，政府开支的日益增加，也就是人民负担的日益加重。

（4）

由于以赵佶为首的北宋最高统治集团的挥霍浪费，北宋王朝的财政，在赵佶即位三数年之后，就出现了严重的入不敷出的情况，全年的财赋课税收入，仅仅能供应八九个月的支用。为弥补财政上的欠缺，曾多次铸造当五、当十大钱，结果却只造成币制的混乱而无济于事。另外，把茶税的定额比以前提高了好几倍❶，把原由政府出钱征购的绢帛和谷物，也都改为无偿的榨取。❷这种种办法仍不能弥补财政上的赤字。从政和元年（1111）开始，又设置了一个专向民户掠夺土地的机关，叫做"西城括田所"，先后用宦官杨戬、李彦主管其事。名义上，是要由这个"西城括田所"把一些荒芜无主的土地和死绝逃亡户的土地，没收了来作为公田；实际上，它却专去强占一些肥沃土田，把原业主迫充佃户，令其依对分方式向政府交纳租课。例如，河南汝州鲁山县的土地适于种稻，它就把这一县的土地全部括为公田，致使成千累万的农民都因此破产，冻馁致死。后来，又把掠夺范围扩大到山东、河北、淮南、江浙等地。所有湖泊的退滩地，黄河决口时淹没过的土地，因原来地界都已冲垮，就全被作为无主土地没收。到宣和三年（1121）为止，经杨戬掠夺的民田就已达到三万四千三百多顷。❸

---

❶ 李心传：《建炎以来朝野杂记》甲集卷一四，《总论东南茶法》。
❷ 马端临：《文献通考》卷二〇《市籴》一。
❸ 《文献通考》卷七，《官田》；《宋史·杨戬传》。

除了"西城所"对私家土地大量掠夺外，蔡京、童贯、朱勔、李彦等人，也都倚仗权势，掠夺了大量的田园宅第，奸赃狼藉，贪污了大量的金银财宝。例如童贯，由于"侵渔百姓，盗取官钱，苞苴公行，门户如市"，以致"金帛宝玉，充积如山；私家所藏，多于府库"。❶蔡京所霸占的土地，单是在江南的一区永丰圩，就有水田近千顷。朱勔的田产"跨连郡邑，岁收租课十余万石，甲第名园，几半吴郡"。❷当时，所有的官僚、豪绅地主，无不对土地肆行掠夺。

二　北宋境内劳动人民的反抗斗争

处在这样一些豺狼般的统治者们残酷压榨下的北宋人民，在求生无路的情况之下，只能成群结队地起来进行反抗。

在赵佶即位的第八年，即大观二年（1108），就有以李勉为首的一支起义部队，活动于太行山以东以西的一些地区，据险为寨，使得当时的河北西路和河东路都大为骚动不安。❸北宋政府把太原和真定府（今正定）守臣更换了好几次，经过了许多时日，才把这支起义军扑灭。

政和六年（1116），在淮南的庐州（今安徽合肥）和寿州（今安徽寿县），又爆发了刘五领导的一支起义民军。他们共有好几千人，出没于这一地区的山谷之间。北宋政府调兵遣将，急于星火，动员好几万人，把他们镇压了下去。❹

宣和元年（1119），刘花三领导的一支起义军，又爆发于广东、福建两路邻接地区的诸州县，打击当地的豪绅大地主和地方官

---

❶《靖康要录》卷三，孙觌等劾童贯奏章。
❷ 王明清：《玉照新志》卷三。
❸《宋史》卷三四八，《陶节夫传》。
❹ 李纲：《梁谿大全集》卷一〇九，《与郑少傅（居中）书》。

吏。北宋政府订出赏格说，能捉获刘花三的，赏给现钱一万三千贯，并给予武翼郎的武职官衔。虽是如此，也是经过了许久才把这支起义军镇压下去的。❶

也在宣和元年，以宋江和自称"赛保义"的一些人为首的好几支起义军，也开始分别活动于河北大名一带，京东东路（治青州）的青、齐（今山东济南）诸州，京东西路（治郓州，今山东东平县）的济（今巨野县）、兖诸州，以至淮北的一些州县。这几支起义军的人数都只是几百人或千余人，但他们大都勇敢善战，以致北宋政府的军队都不敢和他们交锋。即使交锋，几倍或十几倍于他们的官军，也常常被他们打败，甚至有主动束手就擒的。直到宣和三年（1121），这几支起义军才被北宋政府各个击破。❷

由于造作局、应奉局和花石纲对东南民间的勒索、骚扰，在宣和二年的十月，在浙江睦州的青溪县（今淳安县），爆发了以方腊为领导的农民起义。他们提出了诛除朱勔的口号，实际上却是要推翻腐朽昏暴的北宋王朝。义旗举起，几天之内，参加的群众就达十万以上。此后，很快又得到了台州、苏州、湖州、秀州（今浙江嘉兴县）、常州等地人民的响应。方腊所领导的基本队伍，在起义三个月内，就攻占了睦州（今建德县）、歙州（今徽州）、杭州、婺州（今浙江金华）、衢州和处州（今浙江丽水县），以及青溪等五十二个县城。那些有人民大众起而响应的州县，也都出现了极动乱不安的景象。

宣和三年的正月，北宋政府派遣宦官童贯率领禁军中的精锐部队十五万人，南下进行镇压。过江之后，兵分两路：一路指向杭州，一路指向歙州。两个州城都被官军攻陷之后，方腊把起义军的

---

❶ 李纲：《梁谿大全集》卷一〇九，《与郑少傅（居中）书》。
❷ 《宋会要·兵》一二之二七；《宋会要·刑法》七之二七；范圭：《折可存墓志铭》。

主力撤回到青溪县的帮源洞中，又坚持斗争了七八十天，食粮不继，武器缺乏，到这年的四月末，官军从溪谷小径攻入洞中，这场武装斗争，终告失败。❶

三　岳飞幼、少年时期的生活

北宋末年，如前节所描述，是那样一个动荡不安的历史时期，而我所要传述的这个历史人物——岳飞，就恰巧是在这样一个历史时期内诞生、成长并开始其初期戎马生涯的。

岳飞是在崇宁二年（1103），也就是赵佶做皇帝的第三年，夏历二月十五日的晚上，生在当时属于河北真定府（今正定）路的相州（今河南省安阳县）汤阴县永和乡的一个村落中。父亲名叫岳和，母亲姓姚。

根据传闻，正当岳飞降生的时候，正有一只大鸟在这个岳姓人家的院落上空飞鸣而过，因此，岳和就为这个新生婴儿取名叫岳飞。后来，不知是在什么年头上，岳飞又有了一个别号，叫鹏举。

飞孙岳珂在《鄂王行实编年》中说，岳飞生未满月，黄河就在内黄县以西的地方决了口，洪流突然到了永和乡，姚氏仓皇抱起婴儿，坐到一个大瓮中，任洪流冲漂下去。但没多时就被冲到岸边，母子都安全上岸。实际上，这个故事全部是由岳珂虚构的。因为：一则北宋末年的黄河，并不经行内黄县境之内；二则在夏历的二三月内，也决非黄河可能决口之时；三则在许多种记述北宋一代水旱灾情的史书中，全都没有说黄河在这一年曾在河北地区决口的事。这就足可把这一故事断然加以否定了。

岳飞家的经济情况是比较穷苦的，他所占有的土地都比较瘠薄，每年耕种所得，并不能使一家人都吃得饱、穿得暖。因此，童

---

❶ 《宋史》卷四六八、《童贯传》及所附《方腊传》；方勺《泊宅编》。

年的岳飞,从他能够参加劳动之日起,白天便经常到野地里去拾柴捞草,供作烧饭和饲养牲畜之用。每到晚上,岳和便教他识字读书,也常向他讲述一些历史上英雄人物的事迹。岳飞的记忆力很强,理解力也很高,凡他读过的书和听过的故事,不但都能牢记不忘,而且也能从中体会得某些道理出来。

在体力方面,岳飞也从童年起就具有超人的力量。当他还没有成年的时候,就已能拉得开吃力三百斤的劲弓,能够引发吃力八石(约合现今一千斤左右)的腰弩。他的同乡周同,是一个善于射远的人,岳飞跟他去学习,很快就学会了他的全套技艺。

岳飞的外公姚大翁,对他这个少年外孙的勇力也十分赞赏,便又叫岳飞跟一个有名的枪手陈广去学习"技击",这使得岳飞在使枪的技术上也成了一个"一县无敌"的人。❶

然而,由于家境的贫寒,不论读书、射箭或使枪,都不能作为岳飞可用以谋生糊口的专门行业,而为了谋生和糊口,他还只能倚靠从事农业劳动。因而,当他已能胜任农业方面的一些操作技术时,他便到相州安阳县的昼锦堂韩家做了一名庄客。❷

岳飞在十五岁那年就结了婚,娶了一个年岁比他大些的刘姓女子,次年就生了一个儿子,取名叫岳云。这大概都是他到安阳县韩家做庄客以前的事。

昼锦堂,是在宋仁宗、英宗、神宗三朝做过好几次宰相和其他高官的韩琦所修建的一所厅堂宅院。古代有句谚语说:"富贵不归故乡,如锦衣夜行。"韩琦是在回到自己家乡做官时修建了这所厅堂的,是富贵而归故乡,所以就取名为昼锦。这也表明,韩琦专以自己的富贵向世人夸耀,是多么庸俗的一个人物。韩琦的一个儿

---

❶ 《金佗续编》卷二八,永州判官孙道编《鄂王事》。
❷ 佚名撰:《岳侯传》(自《三朝北盟会编》卷二〇七转引)谓"侯名飞,字鹏举,少为韩魏公家庄客,耕种为生"。黎靖德编《朱子语类》卷一三二载:"岳太尉飞本是韩魏公家佃客,每见韩家子弟必拜。"

子,在徽宗初年也曾做过宰相。当岳飞到韩家做庄客时,已经是韩琦的孙子和曾孙们在政治舞台上活动的时候了。例如韩琦的曾孙韩肖胄,就在1118年秋季充当了一员出使辽国的使臣,去祝贺辽国皇帝的寿辰。可能是从这一年起,岳飞到昼锦堂韩家去做庄客的。

岳飞力能使用劲弓、腰弩,长于射远,长于"技击",这都是别的庄客们所不能相比的。而在那时,大大小小的农民起义的队伍,在河北地区也正普遍出现,世代官宦的大户韩家,随时可能遭受到起义群众的打击,因而,岳飞到韩家之后,除了从事农业劳动以外,还兼管保卫韩家宅院的事。有一次,有以张超为首的一小支起义部队,约有百人左右,前来包围了韩家,要抢取财物。既然负担了保卫韩家宅院的任务,在岳飞的头脑当中,除要尽好职责外,再没有任何其他想法。岳飞爬上院墙,施展自己的长技,引弓一发,正射中为首的张超,张超当场死亡。受到这一挫折之后,围攻韩家的起义群众随而四向散开。

保卫韩家宅院的这一职责,使得岳飞能够经常和韩家的子弟相接触。而在长年累月的经常接触过程当中,岳飞一方面从他们口中时常听到一些国政和时事的谈话,另一方面也能随时把自己的文化知识加以提高。但是,还有关系最为重大的一个方面却是,严重的封建道德观念和伦理规范,也在这时大量而且深深地灌输到岳飞的脑海当中,使他此后在考虑和处理任何问题时,决不再从一个农民立场出发了。而且,无疑也和经常与这些官僚豪绅子弟的接触有关,岳飞在这期间还染上了嗜酒的恶习。

在刚满二十岁的那年,不知出于什么因由,岳飞不再做韩家的庄客,而被差派到相州的某个市镇充当了一名游徼,即弓手[1]。但干这项差役并没有多久,可能是因为吃醉酒后闹出了什么事故,

---

[1] 弓手是宋代职役中之最下一级,由第四等户承当,其职责为"逐捕盗贼"。

就又不再干下去了。[1]

受过富贵人家子弟长期熏陶渐染的岳飞,支配他的思想行动的已经不再是农民的阶级意识,所以,在摆脱了弓手这一职役之后,他仍然不可能投身于保聚山泽的反抗者群,而是去应募从军。

四 金政权的建立和它的抗辽斗争

(1)

契丹贵族在中国东北部所建立的一个割据政权,原叫契丹国,后来又改名为辽。它是以上京临潢府(今内蒙古巴林左旗)做首都的。除首都外,它为了军事和政治的需要,还设置了四个陪都,即:把辽阳府(今辽宁省辽阳县)作为东京,把大定府(今内蒙古宁城县)作为中京,把燕山府(今北京市)作为南京,把大同府(今山西省大同市)作为西京。

辽王朝的最后一个皇帝——天祚帝,名叫耶律延禧。他的即位,和赵佶之即位为北宋皇帝,恰恰是在同一年内。

辽王朝虽只是割据在中国的东北一隅,在它统治区域内的少数民族,为数却很不少。辽王朝常常因为对这些少数民族的残酷压榨而引起过多次民族矛盾和武装斗争。耶律延禧统治期内更是如此。因而,到他统治的后期,在辽的全部境土内,也和赵佶统治的北宋境土内一样,普遍地卷起了汹涌澎湃的反辽斗争狂澜,而最终推翻了辽王朝的,则是居处在辽统治区的东北角落上的女真族的武装反抗。

耶律延禧即位以后,以他为首的契丹贵族们,对于女真族各部落的勒索和压迫越来越严重。女真各部落居住区域的土特产,有

---

[1] 李心传:《建炎以来系年要录》卷八,建炎元年八月乙亥记事。

人参、貂皮、生金、名马、北珠、俊鹰、蜜蜡等等。辽王朝规定，要女真人依照定期和定量，作为贡品向辽王朝缴纳。除此以外，契丹贵族们还经常在榷场用低价去强制购买女真部落的物品，还时常对于女真族人民加以拘辱，叫做"打女真"。

辽王朝派往东北地区的地方官，例如东京留守和黄龙府（今吉林省农安县）尹等，每个人在到任之后，也都首先逼迫女真族各部落奉献礼物，缴纳有名无名的各种摊派。

辽王朝还经常派遣一些"银牌天使"到女真族各部落去，这些"天使"到女真各部落后，就迫使女真人献出部落中的美女"荐枕"（即侍寝），即使是有夫之妇，只要因貌美被选中，也逃脱不了。

耶律延禧和契丹贵族们对待女真族诸部落的这种种残暴行径，迫使女真族各部落理所当然地起而进行对辽政权的武装反抗。

（2）

女真族是早在5～6世纪时就散居在现今黑龙江和松花江流域以及长白山麓各地的。其民族名称也屡经改变，到第10世纪前期，才以女真族见称于世。

从11世纪到12世纪初年，女真族的有些部落，特别是其中的完颜部，阶级分化已日益明显，已由原始社会进入奴隶制社会的初期阶段。完颜部的酋长并吞了邻近的女真族一些其他部落，并取得了做部落联盟世袭酋长的权力。

1113年完颜阿骨打继承了完颜部酋长的职位。这时，辽王朝对女真族各部落的残酷压榨勒索，正使得女真族人民群情愤激，急于要用反抗的手段解除这种民族的和阶级的压迫。于是在1114年，阿骨打就号召部众，群起进行武装反抗。在反抗辽政权的斗争过程中，完颜部的军事实力日益发展壮大。到1115年，阿骨打就建立了一个割据政权，定国号为金，营建会宁府（今黑龙江阿城县南）作为首都。

辽王朝主要是为了防制女真族的武装变乱，在其国境的东部，北起宁江州（今吉林省五家站）和出河店（今扶余县境内），中经黄龙府和咸州（今辽宁省开原县），南到东京辽阳府，布置了一道军事防御线。但在阿骨打起兵反辽之后，一开始就把北端的这几个军事重点攻占，而且每攻占一地，都把驻守该地的辽军打得惨败。到1115年秋，金军攻占了黄龙府。接着又攻占了涞流河（今拉林河）、咸州和好草峪等军事据点。阿骨打攻占了这些地方后，首先就在那里拣选强丁壮马，扩充军队。这才使得女真部队的名额到达了一万以上。

黄龙府被阿骨打攻占之后，辽朝皇帝耶律延禧率领十多万兵马东下亲征，在扶余附近又被女真军队打得大败。辽军的威势从此扫地以尽。

1116年，阿骨打出兵南向，攻占了辽的东京辽阳府。辽阳府境内，原即居住着许多汉化较深的女真部落，是在10世纪中叶被辽王朝强制迁徙到这里来的。金军占领辽阳之后，这些女真部落自然也都归属在阿骨打的统率之下了。

金军占领了辽阳府，也就是控制了整个辽东半岛。而辽东半岛是和北宋所属的山东半岛，一衣带水，仅仅隔着渤海而遥遥相对的。如果这两个政权的任何一方，有意相互交往的话，已经有了最捷便的通途了。

五　宋、金的海上盟约和辽政权的灭亡

（1）

如前所述，自从赵佶做了北宋的皇帝以来，北宋最高统治集团的腐朽残暴统治，正迫使各地劳苦大众群起进行激烈的斗争。

北宋最高统治集团一方面对起义群众进行残酷镇压，另一方面还梦想把人民群众的注意力加以转移，以求使北宋王朝能够稍稍摆脱这种困境。到这伙人听说金兵屡次大败辽兵，并已经攻占了辽阳府、控制了整个辽东半岛之后，他们就更做起美梦来：和金政权联合起来，对辽王朝从南、北两个方面进行夹攻，把后晋石敬瑭割让给辽王朝的燕云十六州之地全部收复回来。这样，就可一举两得：既收复了失地，还可以加强其镇压人民起义的军事威势。于是，从1118年春间开始，北宋王朝就派遣马政浮海出使金国，商谈夹攻辽王朝的具体事宜。

经过好几次浮海往返磋商，到1120年秋，金人已经把辽的首都攻占了，宋、金的夹攻之约才得商定：金军攻取长城以北的大定府，宋军攻取长城以南的燕云；双方的军队都不得越过长城；攻取到手之后，燕云所属十数州之地归属北宋；而北宋则把前此每年交纳给辽朝的岁币，如数交与金朝。这就叫做"海上盟约"。

刚好是在海上盟约订立之后，北宋统治区内的农民起义，连续在南北各地爆发，宋廷把全部军事力量集中使用在镇压农民军上，再也顾不得北上攻取燕京的事。到1122年，北宋境内规模较大的几支起义军基本上已全被扑灭，又经金方屡次催促履行夹攻诺言，宋廷乃于这年五月，以童贯、蔡攸为河北河东宣抚使、副，分兵两道北上。不料刚抵达界河（今拒马河）南岸，辽朝驻守燕京的军队就渡过界河应战，把两路宋军都打得大败。

同年十月，仍然是在童贯、蔡攸的统帅下，宋军再次去攻打辽的燕京。在出师之前，还把燕京改名为燕山府，表示有必能攻克的信心。这一次，不但渡过了界河，而且还派了六千人马渡过卢沟河，攻入燕京城内。但在与辽军巷战时却又被打败，领兵将官有的阵亡，有的弃马缒城而逃。驻扎在卢沟河南岸的宋军大本营惊悉之后，害怕辽军追来，也烧营急遁。士卒自相蹂践，横尸达百余里。

辽主耶律延禧在金人攻下临潢府之后，逃往西京大同府，金军跟踪追去,辽主又逃往阴山西北地区。在追踪辽主过程中,金军于1122年三月又攻占了辽的西京。到宋军两次攻燕失败之后,童贯怕因此得罪,乃暗自派人去求金军攻燕。金军于1122年的腊月通过居庸关南下,把守关口的辽军不战而溃,驻守燕京的辽军也望风迎降,于是辽的五京全被金军所占领,辽政权事实上已经不再存在。只因耶律延禧是一直到1125年的春季才被金军追及捉获的,所以旧日史书都把辽的灭亡定在这一年内。

(2)

有一个进士出身的刘韐,是一个很受童贯赏识的人。当童贯身任河北河东宣抚使而统兵伐燕时,刘韐是童贯的参谋官。当宋兵已经北进之后,担任宣抚使司参谋官的刘韐也在河北招募了一批"敢战士",编成一支队伍,也参加了1122年的两次攻燕战役。

不肯再在相州服弓手职役的岳飞,就是最先应募为"敢战士"而去见刘韐的一个人。❶ 刘韐看到岳飞的身材,了解到他所具有的一些武艺之后,就指定他充当一个小队长。

岳珂所编《鄂王行实编年》中,并没有说岳飞曾经参与宋军的攻燕之役,却说他在做了"敢战士"小队长后,到相州去消灭了一支农民起义部队。我认为这是不足信的。因为,在岳珂所编辑的《金佗续编》当中,收集了岳家军中几个幕僚的随军杂记,其中有一段记载说,岳飞自述曾经到过辽朝的燕京(他误称它为黄龙府)城下,看到那城墙像小山一般高。岳飞能到燕京城下的唯一可能时机,只有在他充任"敢战士"小队长时,而且是在宋军第二次攻燕,越过了卢沟河,攻进了燕京城的那一次。即使岳飞没有进入

---

❶ 《金佗续编》卷一四,《忠愍谥议》有云:"自我太上皇(指宋高宗)凤翔于河朔,公已先负敢死名,受知大元帅府。"据此看来,也许刘韐所招募的是称做"敢死队"而不是叫"敢战士"的。

燕京城内，他也必然是从燕京城下狼狈逃跑的一人。

在第二次出兵北征时，刘韐被调到真定府路去做安抚使。在从燕京城下溃退之后，"敢战士"所组成的队伍必也已溃不成军。恰在这时，岳飞的父亲病死在家乡，岳飞便奔丧回到汤阴县的家中。

六 女真贵族的南犯和北宋政权的灭亡

（1）

按照宋、金"海上盟约"的规定，是由宋方出兵去攻打燕京和大同府，攻下之后，石敬瑭割让给辽的燕云十六州就全部成为北宋的领土。但宋军进攻燕京之役，两次都遭到失败，大同府和燕京两地全都是由金军攻克的。这说明，宋朝并没有履行和做到它所承诺的任务。可是，在金军攻占这两地之后，宋朝却不但要把燕云十六州之地收归自己的统治之下，为了要把长城的东端也据为己有，它竟连平（今河北卢龙县）、营（今河北昌黎县）、滦（今河北迁安县）三州也向金方交涉索取。经过再三交涉，金主才答应把燕京及其附近的六州之地交与北宋，北宋则必须在原定"岁币"数目之外，每年须更向金朝交纳现钱一百万贯。约定之后，女真贵族就把燕京及其附近六州的金银币帛等所有浮财以及壮丁美女都席卷而去，北宋付出了这样高的代价，而实际所获得的，却只是几座空城。

宋廷派遣了大量的官员、大量的军队去驻守燕京及其附近的六州，而为了供应这些官员和军队的粮饷，每月就须从河北、山东、河东等地输送米粮十多万石。路途较远的，送粮人畜沿途吃住盘费，有的要十多倍于所送之数。另外还要供应衣物和军需物资。这使得上述各地民间的人力物力，都被调发到山穷水尽的地步。到1124年，掌握军、政大权的宰相王黼提议说：对燕山府戍兵粮饷的供应，本应由全国各地共同承担，今既仅从上述诸地调发，其余诸路州县民户，便应计其丁口，令其缴纳免夫钱。其后果然就这样办了，规定每名壮丁，每年要缴纳免夫钱三十贯。❶这种种暴政没有推行多久，就又迫使山东、河北的农民群起进行武装反抗，所有横征暴敛全都行不通了。

这时规模较大的几支农民起义军，单就见于当时人的文字记载中的来说，在黄河北岸的浚州一带活动的，有张迪为首的一支，共五万人；在太行山一带活动的，有高托山为首的一支，号称三十万人；在山东郓州一带活动的，有李太子为首的一支，众万余人；在济南一带活动的，有孙列为首的一支，众十余万；在沂州一带活动的，有张仙为首的一支，众十余万。❷

如果不是在这同时又出现了民族矛盾激剧上升的情况，北宋政权势必是要被农民起义军所推翻的。

（2）

从宋军两次攻打燕京的过程当中，从宋、金交涉交割燕京的过程当中，女真贵族们已经看穿了北宋政权在政治上的腐朽和军事上的无能，于是，到1125年把辽朝的末代皇帝捉获之后，立即掉转矛头，乘胜向北宋进行大规模的军事侵犯。

南犯的金军分作两路：西路由粘罕率领，从大同府出发；东路由斡离不率领，由平州取道燕京南下。西路军在太原城下遭受到河东军民的坚强抵抗，长时期被阻止在那里。东路军到达燕京时，北宋派去驻守燕京的官吏和军队全部投降，所以又从燕京长驱而南。

---

❶《三朝北盟会编》卷三一，引《北征纪实》。
❷ 陈均：《九朝编年备要》卷二九，宣和六年记事；《三朝北盟会编》卷二一九，引《林泉野记》。

北宋的皇帝赵佶听到金军大举南犯的消息之后，不敢亲自担当抵抗金军的责任，一心只想逃避到一个安全地区去，于是急忙传位给他的儿子赵桓，即宋钦宗。

东路金兵在1126年春渡过黄河，包围了开封，并向北宋政府提出以下几项要求：一、输纳黄金五百万两，银五千万两，牛马万头，绢帛百万匹。二、尊金帝为伯父。三、把燕云两地之人一律遣返原籍。四、把太原、中山（今河北定县）、河间三镇和三镇所辖州县、人民割归金朝。并且宣称，只要北宋政府答应了这些要求，金军就解开封之围北归。

当东路金军渡过黄河包围开封的消息传到各地的时候，驻守陕西的宋军急忙东下救援，各地的乡兵和人民也自动组织起来向开封集中。这些部队陆续到达开封城下，也分别给予金军一些打击。而且直到此时，黄河北岸的一些重要城镇，还都是宋兵在驻守着，他们也很可能出而阻截住金军的归路。南下的金军统帅怀着如此种种的顾虑，其南犯部队又遭受到北宋官民"勤王军"的打击，因而便在暗自考虑尽早从开封撤退的事。无奈那班昏聩、怯懦的北宋最高统治集团中人，对这一形势都看不清楚，已经到了金军撤退的前夕，他们却答应了金方割地赔款的全部要求。

北宋王朝虽然把太原、中山、河间三镇的土地人民全部出卖，这三镇诸州县的人民，却都自动结集起来，"怀土顾恋，以死坚守"，决不甘心落入女真贵族的统治之下。斡离不于1126年二月率领其南犯军北归之后，并不能凭靠宋王朝的无耻诺言而把这三镇占领。这情况反映到北宋朝廷之后，究竟应否割让三镇的问题，也成为北宋最高统治集团中争论不休的议题了。

于是女真贵族们再一次以两路大军南犯，要把北宋王朝干脆征服。

粘罕率领的西路金军，是在1126年九月把太原攻下的，这年十月，东西两路金军便一齐南下，在宋廷君臣议论未定之时，又先后渡过黄河，包围了开封。这时候，坚主抗战的李纲等人，和他们所修治的战守之备，都已被罢免、被废除了，各地前来救援开封的官军民军，也被宋廷以无法供应粮饷为理由，而一律加以制止，或令其返回原地了。因此，在两路金军合围了开封之后，宋廷用以保卫这座首都的大将，是一个自称能施行六甲神术、可以生擒金的二将、并且能够袭击金军直至阴山为止的郭京，士兵则是郭京选择的年命合于六甲的一些市井游惰，共七千七百七十七人；另外还有一些自称"六丁力士"、"北斗神兵"或"天阙大将"的人应募参加。除此以外，则只有皇帝的卫士和城中的弓箭手了。这样的防御措施和实力，其理所当然的结果，是闰十一月内开封城被金军攻陷。

接着，赵桓就向金主上表投降。金主接到这份降表之后，就把赵佶、赵桓父子都废为庶人。而在此以前，赵佶、赵桓父子早已先后被拘留在金军的营寨中。

接着，金军的二帅通过北宋文武大臣中的败类，在开封城内一次接连一次地搜括金银、绢帛、书籍、图画、古器等物，并依照北宋王朝皇族的谱牒，把其中所有居住在开封的男女老幼近三千人，一律拘押在金军营寨当中。

1127年四月初一日，金人以北宋的两个皇帝，和皇室、宗戚男女，部分文武官僚，共三千余人北去。北宋王朝所用礼器、法物，教坊乐器和八宝、九鼎，以及浑天仪、铜人、刻漏、天下府州县图，皇宫侍女、戏曲演员、伎艺工匠、娼妓等等，全都携载而去。临行之前，金军二帅册立了北宋前宰相张邦昌作"大楚皇帝"，令其统治黄河以南的地区。河北、河东之地则由女真贵族们据为己有。

第二章
宋政权的重建和南迁。岳飞在抗金战争初期的立功与受挫

一 宋政权的重建

（1）

中山、河间、太原三镇和河北、河东地区所有遭受到金军践踏蹂躏的地方，都有自动结集起来的忠义民兵，对南犯的金军随处展开斗争。这类斗争，在开封第二次被围之前便已多次发生。到开封二次被围之后，在围城中的皇帝赵桓，也常常继续听到一些这类消息。从赵姓皇室的立场看来，对这类消息是会感到忧喜交加的：其所以可喜，是女真兵马在受到各地忠义民兵打击之后，可能会解开封之围而去；其所以可忧，是这些忠义民兵很可能在打击女真兵马的过程当中日益壮大起来，倘使果然，则在打退女真兵马之后，赵姓皇室的统治权也未必不被他们所推翻。为求赵姓统治权不致因此失坠，赵桓派人从被围的开封缒城而出，送一封蜡丸密信给当时正在相州的他的九弟——康王赵构，任命他为河北兵马大元帅，要他把河北、河东等地的忠义民兵和政府军队，都收拢在他的统帅之下，星夜前去救援开封。密信中还指定原磁州知州宗泽、原相州知州汪伯彦二人充副元帅。

靖康元年（1126）十二月初一日，赵构在相州开设了河北兵马

大元帅府，集合了枢密院官刘浩在相州所招募的义士，信德府（今河北邢台县）的勤王兵，大名府派出的救援太原的兵，和由太原、真定府（今河北正定县）、辽州（今山西昔阳县）等地奔向这里来的一些溃兵，共一万人，分为五军，作为大元帅府的基本队伍。

然而，赵构的怯懦是决不亚于乃父乃兄的，他虽然把元帅府已经组织起来，却不敢按照赵桓密信所提要求，星夜去救援开封。他下令给附近州郡的地方官，包括河间府知府黄潜善、磁州知州宗泽等人在内，只照会他们在当年十二月十七日以后，次年正月三十日以前，率领本处精锐官兵，招集强壮民丁，先后到大名府与他会合，"听候指挥，审度前进"。

十二月十六日，赵构率领新组成的五军人马到达大名。宗泽从磁州率军来会，梁扬祖从信德府率军来会，其他一些河北州郡的官员也有率军前来的。梁扬祖率领了来的，有兵万人，马千匹，而且有统兵官张俊、苗傅、杨沂中、田师中等人。在聚集到大名府来的人马中，这要算是一支劲旅了。这月下旬，赵构召集大元帅府的主要成员"议行军所向"，两个副元帅意见分歧：汪伯彦以为，金兵十万包围开封，大元帅府只有这样一些杂凑部队，怎能考虑去解开封之围？宗泽则主张，开封之围是非去解救不可的。赵构在表面上不得不同意后者的主张，实际上他却决不敢亲自担负起救援开封的责任。于是，赵构决定由宗泽率领大元帅府新编五军直趋开德府（即澶州，今河南省濮阳县），事实上就是把宗泽排除出大元帅府以外去了；他自己则带领梁扬祖为首的那支劲旅，于靖康二年（1127）正月上旬躲到了东平府去。❶

宗泽果然把军队开到了开德府。但当赵构闻知赵桓已向金人递了降表，并已被金人连同其父赵佶一并扣押在金营之后，他又再三下令给宗泽等人，要他们"审观形势，料度彼己"；"如未得利

---

❶ 《建炎以来系年要录》卷一。

便,不宜妄动,上误国计";"仍宜持重,明远斥堠,不得先以兵马挑弄,自启败盟之衅"。经这样一再阻拦拖延,宗泽在靖康二年二月下旬才率兵抵达南华(今山东东明县),赵构也在同时移至济州(今山东巨野县)。❶

(2)

直到金军把北宋的两个皇帝和大批贵族男女大官僚等俘掳北去,并从开封撤退之后,赵构才又率领人马南移至应天府(当时也称南京。今河南商丘县)。这时,他已决定要到那里去登极,去继承皇位了。

被金军统帅册立为楚帝的张邦昌,一直得不到北宋大部分文武臣僚的支持和拥护,他们还在鼓倡再立一个赵姓皇室的人物。然而北宋皇族中之住在开封的,全已做了金人的俘虏,幸而得免的,只有哲宗赵煦的废后孟氏和身任大元帅的康王赵构二人。为这种形势所迫,张邦昌在1127年的四月下旬便自请退位,接着就用哲宗赵煦的废后孟氏的名义,不用两制词臣,而特命太常少卿汪藻,作了一道明白易晓的诏旨,略谓:

> 乃眷贤王,越居近服。已徇群情之请,俾膺神器之归。由康邸之旧藩,嗣我朝之大统。
>
> 汉家之厄十世,宜光武之中兴;献公之子九人,唯重耳之尚在。兹为天意,夫岂人谋。
>
> 尚期中外之协心,同定安危之至计。❷

五月初一日,赵构在应天府登上皇帝之位。为了重新组成一个稍具

---

❶《宗忠简公文集》卷七,《遗事》。
❷《三朝北盟会编》卷九三,靖康二年四月十一日记事。

规模的政府，作成一个似乎是要抗金复仇的态势，他登极不久，就起用了主战最力，并且在抗金斗争实践中立过战功的李纲做宰相；这年六月，经过李纲推荐，用宗泽去做开封留守。

原在河北陕西等地的将领王渊、刘光世、韩世忠、张俊等，也都先后领兵到达应天，赵构在即位后就设置一个御营司加以统辖，命副宰相黄潜善兼御营使，同知枢密院事汪伯彦兼副使，以王渊为都统制。

二　岳飞置身抗金斗争的最初阶段

（1）

岳飞回家办理了他父亲的丧葬之后，不知在家中究竟又停留了多久。据岳珂在《行实编年》中说，岳飞在宣和六年（1124）"投平定军，为效用士，稍擢为偏校"。并且说，到靖康元年（1126）的六月，他被一个姓季的团练派往寿阳、榆次二县去作硬探，突然与金兵相遇，他以单骑出入敌营，杀其骑将数人；到夜间，还用女真话回答敌营击刁斗巡逻的女真士兵的盘查，因得"周行敌人营栅，尽得其要领以归"。

我以为，这些事实全都是岳珂编造出来的。首先，平定军乃是北宋的一个地方行政区划，并不是一支部队的番号，岳珂一则说他"从平定军"，再则说他"投平定军"，这是把它认作部队的番号了，显然是错误的。其次，平定军即今山西省阳泉市东南的平定县，北宋政府在其地既不屯重兵，也不设路分都监。而寿阳、榆次二县则均属太原府所管辖，这两县若被女真南犯军所侵占，怎么会由平定军派岳飞率人作硬探去探察呢？这也显然是不合理的。其三，岳飞从来不曾学习过女真语言，何以竟能用女真语答复敌营巡夜人的盘问呢？这都充分证明，上举诸事，全都出于岳珂的弄虚作假。

因此，从岳飞于宣和四年（1122）冬返回家乡之日起，直到靖康元年（1126）腊月，他又参加到赵构的大元帅府新组成的部队为止，这中间的四个年头内，岳飞究竟身在何地，身居何职，我们是只能阙疑的。

岳飞应枢密院官员刘浩的招募，在相州参加大元帅府的部队，时间大概是在靖康元年（1126）闰十一月和十二月之间。十二月十四日，岳飞随从赵构、刘浩和新编成的部队从相州出发，踏冰渡河，十六日到达大名府。当赵构把大元帅府的部队拨归副元帅宗泽指挥时，岳飞必也依然是刘浩所率领的前军中的一员。最初是屯驻在开德和南华，后来移屯济州，最后于靖康二年的四月下旬又随同大元帅府的全部人马到达归德府。在这期间，岳飞并没有任何事功表现，因而，他虽因"已先负敢死名"而被刘浩收编在大元帅的部队当中，然而他却不但不会为赵构所知悉，副元帅宗泽也应是无缘与之相识的。

可是，在赵构登上皇帝之位以后不久，岳飞就因"上书论事"而获罪。他在书中所论何事，以及因此而得了什么罪名，全是不清楚的；但他从此就又离开了部队，而"狼狈羁旅"在归德府城之中，却是很明白地见于他的一篇文字中的。❶

从岳飞进入赵构的大元帅府的部队，到他因上书获罪而又离开那支部队，为时共不过半年左右。在岳珂编写的《行实编年》当中，所记述的岳飞这半年内的生活，和我在上面所写的却大不相同。

《行实编年》上说，岳飞在相州因刘浩的引进而得与赵构相见，其后赵构即给岳飞以百名骑兵，叫他去招收在当地聚众起义的吉倩等人。

事实上，岳飞当时以白身应募，如何即能与赵构相见？相州的治安应由相州知州汪伯彦负责派遣地方军队或驻屯当地的禁

---

❶ 《金佗稡编》卷一一，岳飞《乞以明堂恩授张所男宗本奏》。

军,断不会从赵构新成立的大元帅府的军队中抽调人马。

《行实编年》又说,在收降了吉倩等三百八十人之后,赵构又分了铁骑三百给他,令其往李固渡去与金军挑战,杀其枭将;接着又令岳飞从刘浩去解东京之围,与金军相持于滑州,交战之后,大败金兵,"斩首数千级,得马数百匹。以功迁秉义郎"。及赵构到达大名府,乃以岳飞所领部队隶"留守宗泽"。

殊不知:赵构是在靖康元年(1126)腊月初一日正式成立大元帅府的,到腊月十四日,他便率领人马从相州向大名进发。在这短短的十三天内,又是"招吉倩",又是"往李固渡"去打击金军,又是大败敌军于滑州,从当时的交通条件来说,这是断断乎做不到的。至于说岳飞以所领部队隶留守宗泽,也是错误的。第一,当时宗泽并无留守名义;第二,赵构交与副元帅宗泽的军队,为首的只是刘浩等五人,可知当时岳飞尚不是一个军事头目,即使是一个小小头目,也还是在刘浩的领导之下的。

《行实编年》还说,在靖康二年(1127)正月,岳飞因在开德打败了金兵而转官为修武郎;二月,又因在曹州打败了金兵而转官为武翼郎。且因此而大为宗泽所赏识,接着就有授以阵图,戒其野战的事。

这里所记岳飞在正、二月内所立战功,既不见于《宗忠简公遗事》,也不见于其他任何记载,乃是依照《遗事》所载宗泽率领所部与金军交战的时间地点而虚构出来的。岳飞在建炎元年(1127)六、七月间受到张所的赏识之后,才得以"白身借补修武郎,"❶ 正说明他在此以前,决不曾因战功而得到过修武郎和武翼郎的军衔。至于宗泽授以阵图一事,则更是宗泽做东京(开封)留守时事,可能已在建炎二年内了。

---

❶ 《金佗稡编》卷一一,岳飞《乞以明堂恩授张所男宗本奏》。

（2）

被赵构用为他的首任宰相的李纲，在一年以前的开封保卫战中，曾一度担任过军事最高指挥官。他一贯主张抗击女真南侵军，他负责指挥保卫开封的战役，虽然为时未久，就被北宋王朝所罢免，但后来开封的陷落，正从反面证明了李纲的抗战部署之正确，因此，他在当时成了最孚众望的人。也因此，在他做了宰相之后，重建的宋政权立即建成了一个粗具规模的政府。

当北宋首都开封被金军攻破之日，河北、河东还有许多州县并没有被金人占领。这些州县，有的是由北宋政府军队固守着，有的则是由自动纠集起来的忠义民兵固守着的。金军之第二次撤离开封北返，赵构之所以能到应天府登极，这些州县军民的抗金斗争是起了一定作用的。李纲很清楚地看到了这一点，所以，在他上台之后所提出的中兴宋王朝的建议中，认为最急切的，是经理河北、河东两路。在他的建议之下，宋廷派遣张所去做河北招抚使，派遣傅亮去做河东经制副使。李纲的主要用意，就是要把河北、河东的忠义民兵尽快地加以组织领导，不要使他们长时期得不到统一的领导、指挥和调度，得不到粮饷和其他物质支援，最终为金军各个击破。❶

宗泽受命去做开封府的知府并兼东京留守之后，首先把全城和四郊划分为东西南北四区，每区各选用谋略勇敢之士允提领，在四郊形胜之地，创立坚固营垒二十四所，各设统领守御将官，统率新招义兵数万人，在新置教场内，练兵讲武。在黄河沿岸的十六县内，像鱼鳞般创置了联珠寨，以严备御，以便与河北、河东的忠义民兵相结连。于是，开封又形成了宋政权重建后恢复两河失地的一个战略基地，陕西和开封以东以西诸路的正规军和非正规军，也全

---

❶《建炎以来系年要录》卷六，建炎元年六月甲子记事。

都愿意听从宗泽的号令和节制。❶

女真贵族两次以大军南犯时,不但蹂践了河东、河北地区,覆灭了宋政权,涂炭了开封及其附近州县,他们还纵兵四出抄掠:东及沂、密(今山东诸城县),西至曹、濮、兖、郓,南至陈(今河南淮阳县)、蔡(今河南汝南县)、汝(今河南临汝县)、颍(今安徽阜阳县),北至河朔,皆被其害,杀人如刈麻,臭闻数百里,淮泗之间,亦荡然矣。❷ 这说明,民族矛盾已上升为主要矛盾,阶级矛盾已降居次要地位了。于是,前此在各地起而反抗北宋政权的农民军,便也大都把斗争锋芒转向女真的南侵铁骑:原来活动在淮水流域约有七万人的王再兴、李贵两支部队,原来活动在濮州(今山东鄄城县)一带,拥众号称数十万的王善一支,原来活动在洛阳附近、拥众号称三十万的没角牛杨进的一支,都先后归附在宗泽的领导之下,愿意在反击女真南侵军的战争中,效劳效命。从此,宗泽拥有了上百万人马,军声大振。❸

(3)

受到李纲的推荐而被用为河北招抚使的张所,在一年前开封被金军围困时,曾倡议征集河北义勇民兵;在赵构即位之初,他是监察御史,曾上疏力主把重建的宋政权仍迁回开封,以便控制作为天下根本的河东、河北地区。还曾上疏条陈两河利害。他对于当时已经哄传的宋廷将要南渡的计划,极力反对,因而对于提出南渡主张的黄潜善也曾加以纠劾。张所虽因此而被罢免了官职,他却也因此而在社会舆论上获得很高的声誉,特别是在河北地区——用当时人的话说,是"声满河朔"。

---

❶ 《宗忠简公文集》卷七,《遗事》。
❷ 《建炎以来系年要录》卷四,建炎元年四月朔记事。
❸ 《宗忠简公文集》卷七,《遗事》。

被张所用为河北招抚使司干办公事的赵九龄，是困居在归德府的岳飞的一个新相识。岳飞很佩服赵九龄的才智谋略，时常向他去求教；在多次接谈中，赵九龄也看出岳飞具有非凡的军事知识和才能。经赵九龄的引进，岳飞得与张所晤谈。❶

河北是岳飞的家乡所在，幽燕一带岳飞曾经身临其境，深知那里的地理形势，因而对于进军恢复河朔的计划和步骤，他能在张所面前具体指陈出来。这使得张所也察知岳飞是一个有胆识、有谋略的军事人才。张所在这次对话之后，就把岳飞安排在军营中作效用，❷继又用作统领，不久又升为统制，在都统制王彦的统率之下。

王彦是河内（今河南沁阳县）人，在少年时就喜欢读兵书，更喜欢骑马、射箭等事。后来投身军队，曾跟从泾原路经略使种师道两入夏国，立有战功。张所对王彦的才勇也很赏识，在受命为河北招抚使之后，就不次加以擢用，让王彦做都统制。

多方面收揽一些英勇的人才，多方面布置着反击女真南侵军的一些具体措施，并且决定把招抚使司设置在大名府，以便深入河北腹地。在张所，是十分认真地要在抗金斗争中做出贡献的。

不幸的是，做皇帝的赵构，尽管起用了抗战派的李纲作宰相，尽管也采纳了李纲的有关政治、军事的一些建议，然而在他本人，却从来不曾有过认真抗击金人、收复失地、报仇雪耻的打算。他所最亲信、听从的，是一心想把新建的宋政权迁往南方，一心想对金屈服退让的黄潜善、汪伯彦二人。黄、汪二人不但天天逢迎着赵构的心意，做着把宋廷南迁的准备，而且对李纲的全部军政设施都极力诋毁。张所和傅亮全是主张光复旧疆的，又全是受到李纲荐举的人物，因而他们在任事之初就成了黄、汪一派人攻击的目标。当张所还在开封招集将佐时，他们就提出弹劾说：把招抚司设在大

---

❶ 陈亮：《龙川文集》卷一三，《中兴遗传序》。
❷ 《三朝北盟会编》卷一二〇，建炎三年正月十六日记事。

名府是不合适的；想调用大名府的戍兵和兵器、军需品是会造成骚扰的；而且，"自置招抚司，河北盗贼愈炽，不若罢之"。对于傅亮，也在他准备工作尚未就绪之时，就被汪伯彦说成是故意拖延，黄潜善也在赵构面前说他的坏话，于是，还没有等傅亮引兵渡河，赵构就下令把河东经制司废罢了。后来，殿中侍御史张浚又迎合着黄、汪的意旨而论奏李纲犯了十几项罪状，使得李纲在做了七十五天的宰相之后，终于又为赵构所罢免；他在职期内所建白施行的所有事务，也一齐归于废罢。随着，河东经制副使傅亮以母病告归，河北招抚使张所被贬谪到岭南。张所到岭南不久，即因病而死。

然而张所对岳飞的赏识和知遇，早已使岳飞满怀感激不尽之情。几年之后，岳飞已被升擢为带兵的大将，因为立了一次战功，南宋朝廷要授予他的儿子岳云一个官衔，岳飞特别为此上疏奏请，把这一官衔让给了张所的儿子张宗本。

在张所被罢免、贬谪之后，王彦、岳飞等人所已经组成的部队，不但不曾解散，且还在依照张所原定的计划行事。建炎元年（1127）的九月下旬，在都统制王彦的率领下，统制官岳飞、张冀、白安民等十一人，以所部七千人，渡过黄河去进攻金军，当天就夺回了卫州的新乡县城。

以新乡县作为据点，王彦向附近的各州郡散发文告，并派人去与各地的忠义民兵取得联系。正规军和人民武装力量结合起来，一时声势颇显强大。女真军事首脑看到这种气势，以为是宋的大军开来了，便赶快抽调了几万人马来围攻新乡。新乡城中的七千人马既和外面相隔绝，装备和粮饷又皆处于极缺乏的情况下，敌人的攻势却愈来愈猛。为保存这一支战斗部队，他们最后决定突围而出。

冲出重围后，再商讨此后的行动对策时，大家的意见发生了分歧。有几个统制官干脆和一些士兵们一起逃跑了。岳飞和王彦虽都主张继续战斗，所见却也不能尽同。倔强的岳飞不肯再听受王彦的节制，便率领部曲自为一军而去。

王彦收集散亡的部众，共得七百余人，转入共城县（今河南省辉县）的西山去据险扎营。他派遣心腹去与"两河豪杰"进行联系，以图再举。这支部队的全部成员，为表示抗金的决心，都在面部刺上"赤心报国，誓杀金贼"八个字。因此，人们就把这支部队称作"八字军"。没有多久，河北、河东的忠义民兵营寨中，有十九个营寨的首领，如傅选、孟德、刘泽、焦文通等，都响应了王彦的号召，兵众达十多万人，绵亘于数百里内，金鼓之声，彼此都可互相听到。西至并、汾，北至相、卫，凡已聚众结寨抗金的，也都秉受王彦的号令和指挥。

在河北的女真军事首脑们，把王彦的部众视为劲敌，虽屡次以大兵犯其营垒，却败多胜少。他们有时也想再渡河南犯，而因受到王彦部队的牵制，总不敢贸贸然把这一心愿见诸行动。

后来宗泽把王彦函约到开封，和他商议说，在河北扰乱敌人的心腹，固极重要，但为了使皇帝赵构敢于再回到开封，加强开封的保卫力量，却更为重要。他希望王彦能够把已在日益扩大的"八字军"调往黄河南岸，以增强那里的防御气势。王彦按照宗泽的意见，率领八字军全部人马，和部分忠义民兵首领焦文通等人，南渡黄河，把部队布署在黄河沿岸，完全听受东京留守宗泽的指挥。宗泽向皇帝赵构上疏奏陈此事，并荐举王彦作河东、河北制置使。

岳飞自从率部自为一军以来，他的部队却不能像王彦的部队那样日益充实壮大。到他闻知八字军的军声大振，并且已经渡河归宗泽统率之后，他单身匹马到王彦的军营中去认罪。在新乡城兵败之后，岳飞摆脱了都统制王彦的领导，而擅自以所部自为一军，这是背离长官，按当时的军纪说来，是一桩异常严重的罪行。

距离在新乡城外脱离王彦的日期，虽然已经有了几个月的间隔，然而当日岳飞的决绝态度，使得王彦还不能释然于怀。相见之下，王彦心中虽还怀恨岳飞的倔强，却也极爱惜他的才干，对他究应如何处理，一时拿不定主意。左右也有劝他干脆把岳飞杀掉的，他也不忍听从。最后,王彦勉强备了一份酒菜款待他,并把此事禀报宗泽,请他作出最后的决定。

倘没有过去发生的那桩纠葛,倘没有王彦的禀报请示,岳飞是未必能与宗泽相见相识的;正是王彦向宗泽的禀报起了介绍推荐作用,使得宗泽在与岳飞对话过程中,也发现这个戴罪待命的人,是一个确实具有将才的人。于是,他不但决定赦免岳飞前此所犯罪过,而且把岳飞留在他的军营里,由他直接指使。❶

王彦、岳飞两人之间,终于结成了终生难于消除的嫌隙。

(4)

建炎元年十二月,女真的军事首脑们在河北聚议,要再次南犯。他们引兵到黄河北岸,一部分进犯胙城(在今河南省延津县与汲县之间),一部分且已伺隙南渡,西犯氾水。

宗泽要岳飞去抵抗进犯氾水的敌人。他派岳飞做"踏白使"(即突击队长),要他带领五百名骑兵前去,并且叮嘱他说:

> 我看你是很有作战本领的人,所以特地不追咎你以前的罪过,现今是你奋勇立功的时候了,可是也不要轻率从事。

岳飞禀命即带领人马前往氾水,十分圆满地完成了宗泽交付给他的任务,带着胜利的喜悦回到开封。

岳飞没有辜负宗泽的期待,宗泽也决不埋没岳飞的功劳。凯旋之后,宗泽把岳飞用作统领。后来又经过几次战役,岳飞又被提升为统制。这表明宗泽对他是越来越加器重的。

在北宋以前,指挥战争的人,很少按照一定的模式摆布阵

---

❶ 以上诸段,皆据《三朝北盟会编》卷一九八,《王彦行状》和《宗忠简公文集》卷七,《遗事》。

式。诸葛亮的八阵图虽被后代所盛夸，但并不见后代的将帅真曾依照八阵图列阵作战。但到北宋期内，不论皇帝或是将帅，对于用兵布阵的方式却日益重视起来。宋太宗赵光义就曾为了与辽作战，亲自绘制了一幅《平戎万全阵图》以授大将，使其按图布阵。宋仁宗赵祯在位期间所编写的《武经总要》，既把"古阵法"都绘制成图，也把"大宋八阵法"都绘图说明，并在《阵法总说》中强调按图布阵的重要性说："孙武云：'纷纷纭纭，斗乱而不可乱；混混沌沌，形圆而不可破'，不用阵法，其孰能与于此乎？"但布阵形式在作战时果真具有这样决定性的作用吗？《武经总要》的作者对此也不能作出全称肯定的答案。因此，他在文中还做了这样的伏笔："故废阵形而用兵者，败将也；执阵形而求胜者，愚将也。"❶

宗泽是进士及第的，是以一个儒生而担任了东京留守的。当他做磁州知州的时候，每逢战事，每当下一道军令，还要先去乞灵于崔府君的神灵。尽管李纲对宗泽的这种迷信行为解释说，这是他沿用古代兵家"用权术，假于神，以行其令"的做法❷，但终于表现出他是一个比较迂阔的人。他的军事谋略都是从书本上得来的。他对按照一定模式布阵的传统做法，更不想加以改变。当他看到岳飞虽然屡立战功，然而每次作战都不肯遵守兵书成法时，便拿了一份《阵图》给岳飞，并劝告他说：

> 你的智勇才艺，虽古良将不能过，然好野战，这却不合古人兵法。现今你还只是一个偏裨将领，这样做尚无不可，今后如做了大将，这却决非万全之计。我劝你对这本《阵图》中所列举的各种阵式，仔细研究一番，供今后作战时参考。

---

❶ 《武经总要》前集卷八。
❷ 《建炎以来系年要录》卷六，建炎元年六月戊辰记事。

岳飞把《阵图》接受下来，认真翻阅了一遍，然后回复宗泽说：

> 留守所赐《阵图》，飞熟观之，乃定局耳。古今异宜，夷险异地，岂可按一定之图？兵家之要，在于出奇不可测识，始能取胜，若于平原旷野，猝与敌人相遇，怎能来得及按图布阵呢？况且，我今天是以裨将听命麾下，带兵不多，如按固定阵式摆布，敌人对我军虚实即可一目了然，如以铁骑从四面冲来，那就要全军覆灭了。

宗泽又质问岳飞说：

> 照你所说，难道阵法不足用吗？

岳飞回答说：

> 阵而后战，兵之常法，然势有不可拘者。且运用之妙，存于一心，请留守再考虑一下。

宗泽沉思了一下，然后向岳飞说：

> 你的话是完全正确的。

岳飞所说"运用之妙"的"妙"，也就是我们现在所说的"灵活性"，它"是聪明的指挥员的出产品。灵活不是妄动，妄动是应该拒绝的。灵活，是聪明的指挥员，基于客观情况，'审时度势'（这个势，包括敌势、我势、地势等项）而采取及时的和恰当的处置方法的一种才能，即是所谓'运用之妙'。基于这种运用之妙，外线的速决的进攻战就能较多地取得胜利，就能转变敌我优劣形势，就

能实现我对于敌人的主动权,就能压倒敌人而击破之,而最后胜利就属我们了"。(《论持久战》,《毛泽东选集》第二卷四六页)

在岳飞与宗泽对话时,他所说出的"运用之妙"一语,必定不会具有像毛泽东同志所阐发的那样丰富的涵义,但是,通过他们二人这番对话,可以充分证明,当时年轻的岳飞,在战争中学习战争,通过几年来的战斗实践,不但在指挥作战方面已经体会出一些极为高明的道理,已经有了敢于突破陈规和传统做法的真知灼见,而且还具有坚强的自信,敢于向上级官员陈述他的见解,从而使所谓的儒将宗泽,通过这次对话也受到了极大的启发和教益。在宋孝宗即位之初,追复岳飞少保两镇的制词中,有"岳飞拔之偏裨,骤当方面,智略不专于古法,沉雄殆得于天资"诸语❶,也正可作为岳飞反对按图布阵,并确曾发表过"运用之妙存于一心"的议论的佐证。

三 宋政权的南迁。两河人民的抗金斗争

(1)

自从宋政权在归德府重建以来,在其最高统治集团内部,就发生了以李纲、宗泽为首的主战派和以赵构、黄潜善、汪伯彦为首的主和派之间的激烈斗争。到李纲荐用张所和傅亮去组织河北、河东的忠义民兵,宗泽再三上疏请求赵构还都开封的时候,两派间的矛盾就更加激化,赵构也更加急于离开黄河流域,南下避战了。

赵构对于女真铁骑是怕得要命的。但他对于人民抗金武装力量的害怕,更远远超过他的害怕女真铁骑。在赵构看来,倘若忠义民兵在抗击金人的过程中发展壮大起来,必然要对赵姓统治权构

---

❶《金佗续编》卷一三,《追复少保两镇告》。

成更严重的威胁，所以更加害怕。而李纲、宗泽等人却偏偏强调忠义民兵的重要作用，甚至还要招收原来反抗北宋政权的一些起义农民的武装力量，把他们使用在抗金斗争当中，这在赵构和黄、汪等人的思想中，是绝对通不过的。

抗战派反对迁都，特别反对迁都到长江下游的建康或其他地方去。因为，那是借迁都之名而实行逃跑，是不但会更招致女真兵马的深入追逼，而且会要瓦解自己的士气的。所以，他们以为，还都开封，最为上策。但是开封已两次为女真铁骑所蹂践，说明黄河并不是可以倚恃的天险，因而，再把开封作为首都的事，也是赵构、黄、汪这伙民族败类所绝对不敢设想的。他们正是一心想逃往建康，希望偏安在那里，既能躲开女真兵马，还可尽情享受东南地区的繁华景物。所以，当李纲还未罢相时，赵构就已下令给长安、襄邓、建康三地，要这三地都准备着他将去"巡幸"；而他所向往的真实目的地，却仅仅在于建康。及李纲罢相，张所、傅亮也都相继解除了职务之后，就在1127年的十月内，在女真兵马并无再次南下迹象，军事前线并无任何警急情况下，赵构、黄、汪等人竟自动放弃了归德，把新建的政权南迁到扬州，作为迁往建康途中的停歇处所。

（2）

赵构和黄、汪等人把新建的宋政权迁往扬州，说明这伙民族败类是心甘情愿地要把河北、河东的土地和人民拱手奉送给女真贵族；然而河北、河东的广大人民群众，特别是那些自动集结起来的忠义民兵，却正在把反抗女真贵族残暴统治的斗争剧烈展开。

女真族的社会，这时还处在奴隶制阶段。女真贵族们在新占领的两河州县之内，任意霸占官、民的房舍、土地、金帛、子女；任意征发大量成年男子去当兵，有时竟挨户搜捕壮丁，标价出卖，或驱往鞑靼、西夏去交换战马；当从中原搜捕的壮丁和士大夫数量过多,既苦于没有用场,又难于供应其食粮时,把三数千人活埋的惨剧,粘罕也曾在大同府干出过。分散在诸路州县的女真军,经常凌虐捶掠当地居民,只要村中有一人从事抗金斗争,便把一村男女老幼全部屠杀;有人据城抵抗,城陷之后就把全城居民屠杀。他们如发现某家隐藏了从女真押解的俘虏队伍中逃出的丁口,这家的家长就要被处死刑,产业和家口,一半归女真贵族没收,另一半赏给告发者;并且还要罚及四邻,令其共纳罚款三百贯。他们任意迫害和捕戮城乡居民,以致到处积尸狼藉,各州县的牢狱都关满了囚犯。他们强迫两河居民剃发、结辫,改从女真装束。❶他们蛮横地推行这样一些民族压迫政策,要使已经高度发展的封建社会再向奴隶制社会逆转。

列宁说:"一切民族压迫都势必引起广大人民群众的反抗,而被压迫民族的一切反抗趋势,都是民族起义。"(《论对马克思主义的讽刺和"帝国主义经济"》,《列宁全集》二三卷五五页。)毛泽东同志说:"中华民族的各族人民都反对外来民族的压迫,都要用反抗的手段解除这种压迫。他们赞成平等的联合,而不赞成互相压迫。"(《中国革命和中国共产党》,《毛泽东选集》第二卷五八六页。)陷落在女真贵族野蛮统治下的两河人民正是这样干的。河北河东各州县的人民,都用忠义社的名义到处结扎营寨,对女真统治者进行反抗。

河东地区的忠义民兵多用红巾作为标志,以便互相识别。他们到处截击女真兵马。他们曾长期把粘罕的南侵军阻截在太原城下。泽(今山西晋城县)、潞(今山西长治县)间的一个忠义社曾几乎袭破粘罕的军营。他们和女真兵马多次接触之后,摸清了女真军的情况,对女真军"略无所惧"。他们深信,只要重建的宋政权调拨一定数目的正规军前来配合作战,就一定能把敌人打败。

---

❶《三朝北盟会编》卷一九七,《金虏节要》。

河北地区的一支最盛大的忠义民兵，最初是由赵邦杰和马扩组织起来的，以庆源府（今河北省赵县）五马山作为基地。稍后又有一个燕人赵恭，假称自己是赵佶的儿子信王赵榛，是被女真军所俘虏，在北行途中从俘虏队伍中潜逃出来的。到他也来参加到这支部队中之后，这支部队的人数，更迅猛增加到十万以上。他们在五马山上结扎了朝天、铁壁等营寨，形成了声势极为雄壮的军事堡垒。散处在河北其他州县的一些忠义社，大都和五马山寨互通信息，相为声援，都打着信王的旗号，总计共有几十万人。赵邦杰、马扩不断用信王赵榛的名义，以蜡书向重建的宋政权报告山寨的活动情况，要求给予山寨民兵以物质支援，特别是调拨正规军来协同作战。但赵构、黄、汪等人对这些呼吁始终置之不理。

两河忠义民兵的活动，大大牵制了女真兵马的南侵，也使女真贵族在华北的统治长时期不能稳定下来。但是，这些忠义民兵在组织、指挥、武器等方面，比之他们所面对的敌人都远远不如，在总是得不到宋政府军队支援的情况下，到女真军事首脑们集中力量对他们进行扫荡时，他们或被各个击破，或则转移阵地，或者化整为零，对于女真兵马再也不能给予致命的打击了。

四 女真铁骑渡河渡淮继续南犯

宋政权之由归德南迁，助长了女真军事统帅们的气势和威风。在他们对两河忠义社进行扫荡的同时，还去围攻两河地区那些继续进行抵抗的未降服州郡，以便消除后顾之忧，再继续过河南犯。

建炎二年（1128）秋天，粘罕又率大军由大同出发，长趋南下。途中闻知讹里朵所率东路金兵已攻破五马山民兵营寨，便由黎阳（今河南省浚县、滑县间）渡河，去围攻澶州，遭到城中军民的顽强抵抗。金军围攻了三十三天，终于把它攻下，随后就把城中居民全部屠杀,连婴儿也不留一个。十几年后有人从外乡回到澶州,在全城中竟找不到一家旧有居民。

粘罕亲自领兵去包围濮州。州城较小,粘罕对其守御力量很藐视。守城宋将姚端乘其不备,夜袭粘罕军营,粘罕赤足而逃,险些儿被姚端所俘获。城中军坚守了一个多月,后来精疲力尽,终于陷落。金军入城之后,对于城中居民,不分"少、长、良、贱",都大肆屠杀,还放火把房舍一律烧光。

澶、濮既陷,这时留守开封的杜充,担心金军去攻开封,便决开黄河使其泛滥于开封以东、以北之地,以阻止女真兵马。粘罕部队在受阻之后,掉头东向,与讹里朵的部队合力攻陷了大名府。❶

在此以后,西起相州,北至沧州,中经大名府,东经东平府而至济南、淄州(今山东淄川县)、青州(今山东益都县)、潍州(今山东潍县)等地,先后都为女真兵马所攻占。

在攻陷东平府后,女真兵马便转头南向,要去打赵构所在的扬州。在建炎三年(1129)的正月上旬,攻下徐州。驻扎在淮阳军(今江苏邳县)的韩世忠的部队与金军接战失败,溃不成军,退往沭阳,金军遂得直趋泗州(今安徽泗县)境内,寻找渡淮的合适码头。

被赵构选作行都的扬州城,已经处在金军的严重威胁之下。

因为赵构停留在扬州,从中原地区南下逃难的民户,也大量涌进扬州城中。听到泗州陷落的消息之后,扬州城内居民立即惶恐起来。御史中丞张浚向赵构建议,要他赶快渡江南下。黄潜善和汪伯彦却留恋于扬州的繁华、热闹,舍不得立即离开。他们还幻想着金兵或可幸而不来,因而向赵构建议说,再在扬州稍停若干时日,待听取战报如何后再作决定。并严厉禁止官、民谈论前线情况,严厉禁止官、民们搬家避难。❷

---

❶ 《三朝北盟会编》卷一一九、一二〇。
❷ 赵甡之:《遗史》(自《三朝北盟会编》卷一二〇转引)。

赵构和黄、汪等人这时所倚靠的武装力量，是刘光世的部队。他们派刘光世带领万余人马到淮水上堵截敌人。刘光世却全然没有杀敌致忾的勇气，不敢奋勇当先，这大大影响了他整个部队的士气。以致还没有抵达淮水南岸，还没有看见女真兵马的影子，这支部队就已全部溃散。女真兵马因此得以顺利渡过淮水，攻占天长，和扬州的距离已近在咫尺了。

二月初三日，前方军事情况极端吃紧，宦官在深夜中去向赵构告急，赵构惊慌失措，来不及再召集大臣会商，便立即穿上戎装，骑马出城，先自逃命。跟随在他身边的，只有御营都统制王渊、宦官康履等五六人，侍卫兵也只寥寥几名，大家打着马拼命奔跑。❶

黄潜善和汪伯彦对于女真兵马逼近扬州的消息没有及时听到，他们对于前来探听战讯的人，还用"不必担心"一类话头去支吾。突然有人来说皇帝已经跑了，两人便也急忙骑马追去。

扬州全城住户的行止，本是唯赵构之马首是瞻的，及知赵构已经仓皇逃遁，全城立即陷入混乱之中，人人争先出城逃命，人仰马翻，各街上躺满了被践踏而死的尸体，到处的墙壁和树木上贴满了找人的帖子。拥挤在大江北岸，争欲南渡而找不到船只的，还有十多万口。因奔进蹂践而死，以及争渡坠江而死的，成千累万。❷

流亡小朝廷的文书案牍，府库所积金银绢帛，官员、豪绅、富户和富商大贾们的金银财宝细软诸物，大部分本已封装妥当，装入几千只船舶当中，停泊在从扬州到瓜洲的运河里，连亘四、五十里，准备在紧急时顺流而下。却不料恰在急需运行之时，水量甚小，潮不应闸，公私船舶一齐胶着在泥淖之中，除了在纷扰中因兵

---

❶ 佚名撰：《建炎维扬遗录》（《学津讨原》本）；佚名撰：《维扬巡幸记》（自《三朝北盟会编》卷一二一转引）；黎靖德编：《朱子语类》卷一二七《高宗朝》。

❷ 同上。

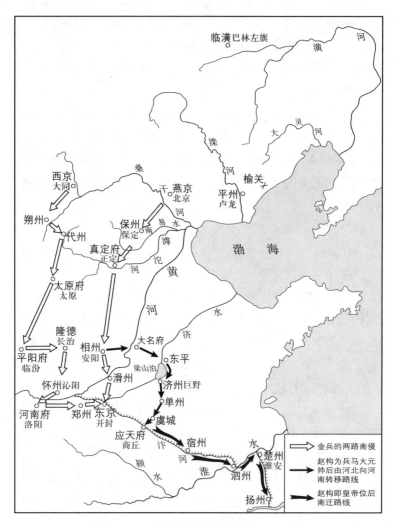

金军南侵和宋廷南迁图

火而化为灰烬的以外，全部变为女真军的战利品。❶

五　宗泽出师未捷身先死

（1）

宗泽在开封留守任上，在修造了大量的防御工事，招集了大量的兵将之后，就接连不断地向赵构上书，请他"回銮"到开封去，不要作迁都东南的打算。尽管赵构不予理睬，终究把宋廷从归德迁往扬州，并准备再从扬州渡江南迁，宗泽却依然把一封封奏章送往扬州，坚持要赵构"回銮"开封。从建炎元年（1127）七月起，到建炎二年六月止，宗泽吁请赵构"回銮"的奏章，共有二十四封。

宗泽这些奏章的内容，除了坚主还都开封之外，还涉及到抗击女真入侵兵马的一些军事布置和规划。例如，他看到赵构在建炎二年正月所下解散勤王兵的诏令中，有"遂假勤王之名，公为聚寇之患"两句，他就在第十四封奏章中说道：

今河东河西不随顺番贼，虽强为剃头辫发，而自保山寨者不知其几千万人。诸处节义丈夫，不敢顾爱其身而自黥其面，争先救驾者，又不知几万数也。今陛下以勤王者为盗贼，则保山寨与自黥面者，岂不失其心耶？此语一出，则自今而后，恐不复有肯为勤王者矣！（《宗忠简公文集》卷一，建炎二年三月《乞回銮疏》，据《三朝北盟会编》卷一一五引文校改。）

---

❶ 佚名撰：《建炎维扬遗录》（《学津讨原》本）；佚名撰：《维扬巡幸记》（自《三朝北盟会编》卷一二一转引）；黎靖德编：《朱子语类》卷一二七《高宗朝》。

在第二十封奏章中,他向赵构报告了他部下的兵将都披沥肝胆,表示了"共济国事"的强烈愿望。例如,拥有十多万战士的丁进,愿负担保卫开封的全部责任;拥有几万人的李成,愿意在迎接皇帝"回銮"之后"即渡河剿绝敌寇";拥有近百万人的没角牛杨进,也要"率众渡河",去把被俘虏的两个皇帝迎取回来。在第二十一封奏章中,他又陈述道:

> 京师城壁已增固矣,楼橹已修饰矣,龙濠已开浚矣,器械已足备矣,寨栅已罗列矣,战阵已阅习矣,人气已勇锐矣,汴河、蔡河、五丈河皆已通流,泛应纲运,陕西、京东、滑台、京洛北敌,皆已掩杀溃遁矣。……
>
> 但望陛下千乘万骑……归御九重,为四海九州作主耳。(《宗忠简公文集》卷一,建炎二年五月《乞回銮疏》。)

并且说,如果还不乘此大好时机"回銮"开封,那就势必要涣散了两河山水寨的忠义之心,沮丧了亿万人民的敌忾之气,"则天下危矣!"

宗泽这些奏章的内容,特别是叙述其部队军容壮盛情况的部分,显然是有过分夸大成分的。他所以这样做的用意,当然是要借以激发赵构、黄、汪等人的报仇雪耻的志气,不要再那样地害怕金军,一意南逃。却不料结果适得其反,赵构、黄、汪在最初还用准备回銮等类的假话来敷衍他,到后来,干脆就不予理睬了。

宗泽这时已是七十岁的老人,在呐喊得声嘶力竭而仍不见转机之后,他的报国热忱都变为忧国郁闷。他忧愤成疾,疽发于背。当他知道自己的生命快要终结时,便召集部将们,可能岳飞也在其中,到他身旁,要他们坚持不懈地致力于光复旧物的大业。他还朗诵着杜甫赞颂诸葛亮的"出师未捷身先死,长使英雄泪满襟"的诗句,借以表明自己是赍志以殁的。

建炎二年七月初一日，宗泽终止了他的战斗的晚年。然而伴随他最后的呼吸，他还连声高呼"过河！"的口号，而无一言涉及私事。❶

（2）

宗泽死后，接替他做开封留守的，是杜充。

杜充是一个暴躁、苛酷、刚愎，喜欢残杀的人。在他和宗泽之间，几乎找不出什么共同点来。单就他们在开封留守任上的作风和作为来说，二人间的区别就极大：宗泽，威望高，号召力大，能把散在各地的各种武装力量都聚拢到开封，把他们组织编练为抗拒敌人、保卫国家的部队；杜充呢，缺少威望，既毫无忠勇气概，遇事也没有足够的机智，到任之后，越来越不孚众望，前此经宗泽收编集结来的部队，大部分又都逃散；那些虽未前来开封，而自愿接受宗泽的号令和节制的，如在洛阳的杨进，便据地自雄，在山东的李成，就向江淮地区流窜骚扰去了。

岳飞是开封留守司基本部队的将领之一，他不能因宗泽的去世而擅离职守。而且，因为有最近的一些战功，因为曾受到宗泽的那样异乎寻常的赏识，在杜充到任之后，他依然是最受器重的一员将领。

河北、河东自相屯聚的许多民兵营寨，原都与宗泽有密切联系，并都在期待宗泽统率大军过河，互相配合，协同驱除女真兵马。杜充却不肯再和他们继续保持这种关系。自己不作过河进取的打算，也把这些民兵营寨的危急存亡置之不顾，根本就不打算与他们互为声援。因此，当他在建炎二年（1128）秋听到金军又已南下，并已攻陷了澶、濮诸州之后，他就用京东路广大人民的生命财产作代价，而决开黄河口子，使其泛滥成灾，以换取开封地区一时

---

❶ 王洋：《东牟集》卷一〇，《上赵元镇书》。

的苟安。

这时依然留在开封的部队，王善所部叫做后军，驻扎在开封城东的刘家寺；张用所部叫做中军，驻扎在开封城南的南御园；这都是杜充所异常担心的部队。岳飞、桑仲、马皋、李宝诸人，则率部驻扎在开封城西，这些是杜充认为比较可靠的部队。

张用本是汤阴县的一个弓手，是在金军入侵之前聚众起事的，他和曹成、李宏、马友结为义兄弟，拥众号数十万，分为六军。这是杜充所统辖的几支部队当中势力最强大的一支，但也是最不听从杜充的调度指挥的一支。建炎三年正月中旬的一天，杜充下决心要乘张用之无备，发动城西的几支部队，急速到南薰门外结集，对张用的部队去进行袭击，要把它消灭掉。却不料张用事前已听到了消息，已在那里摆好了阵势，进行抗拒。这时王善的部队也从城东赶来，与张用的部队联合作战，把城西的几支部队，除岳飞的那一支而外，都打得大败，绰号赛关索的李宝且为张用部队所俘虏。❶

岳飞所率领的、开赴南薰门的士兵，共仅两千人，和他对阵的人数却有几万。众寡实在悬殊。但他首先向对方的一员将领奔去，一刀砍杀了这员将领。然后，他又向敌阵中出现紊乱情况的部分冲过去，对方的阵脚被打乱，人众四向溃散。

就整个战役来说，杜充所亲信的部队是被张用、王善打得大败了，但就岳飞这支部队来说，却还是立了一次奇功。这在岳飞本人，不论在当时的感觉或事后追忆的时候，都觉得像是得了神助一般。❷

张用、王善虽然取得了胜利，但是，既不可能取代杜充的留守职位，也不可能再留在开封留守司的统率之下，随即率众而南，

---

❶ 《三朝北盟会编》卷一二〇，建炎三年正月十六日记事。
❷ 《金佗续编》卷二七，黄元振编写的《岳武穆遗事》。

去攻打陈州（今河南淮阳县）。杜充派马皋率众跟踪追去，王善、张用、曹成合力迎击，又把马皋的部队打得大败，并乘胜追击，把马皋部队的死尸投入蔡河（今涡河），人马践踏着死尸，渡河直追到铁炉步地方，才停止下来。马皋的部队得以生还的，寥寥无几。❶

担任着开封留守的杜充，部将们这样分崩离析，实力很明显地日益减弱。女真兵马虽没有前来进攻，而是从徐、泗直捣扬州的，但开封终于陷入孤立、突出的形势中，和江淮间的宋军全都失掉了联系。杜充没有胆量在如此险恶的局势中撑持下去。到1129年的五月，他以前往杭州参加"勤王义军"为借口，擅自把开封留守的责任交付给蔡州知州程昌寓，带领着陈淬、岳飞等将官，渡淮、渡江南下了。

程昌寓到开封不久，也借故仍回蔡州。副留守郭仲荀则借故奔往杭州。后来，宋廷虽又派遣上官悟去镇守开封，然而汉奸聂渊乘机扰乱，上官悟急忙逃走，于是，开封在建炎四年（1130）二月落入女真统治者手中。

六 赵构流窜到杭州。苗傅、刘正彦发动政变始末

（1）

赵构从扬州渡江之后，把原来要迁都建康的计划也放弃了，于是从镇江奔向常州，从常州奔向苏州、秀州（今浙江嘉兴县），到二月十三日，到达杭州。

从镇江逃到杭州的全部进程，沿途的情况也都和从扬州逃出

---

❶《三朝北盟会编》卷一二〇，《张用王善寇陈州》条；《建炎以来系年要录》卷一九，建炎三年正月庚子条。

时一样，各地城乡居民，看到或听到皇帝和高级文武官员们拼命南逃，便也都扶老挈幼，像蜂屯蚁聚一般，追随在他们之后，向南奔窜。有的人家把什物钱帛顾不得挈带，有的人家则父母兄弟妻子分离失散，互不相见，以致哭泣呼喊之声，遍满道路。还有一些溃败军兵，乘势到处逞凶，公行劫房，把珍宝细软的东西抢走，米盐之类则扬弃于街巷，房屋也多被放火焚烧。因此，在沿途的州、县、场、镇、乡、村，不论逃走的或没有逃走的，没有一家不是关门闭户的。❶

赵构把军政大权全部交付给黄潜善和汪伯彦，在黄、汪的全权处理之下，却制造成这样一种溃败局势，在狼狈逃亡的途程中，人们都咬牙切齿，要杀黄、汪二人以泄积愤。有好几个姓黄的朝官，因被逃难群众误认为黄潜善，都分别为群众所杀害。赵构在吃了这样一番狼狈逃窜的苦头之后，也特别痛恨黄、汪二人，于是，在他逃到杭州、惊魂稍定之后，首先，并且永远罢免了这两人的宰相职位。但这决不是因为黄、汪一直坚持的屈服逃跑政策造成了极大祸害，而是因为他们使赵构从扬州逃跑得太不及时。

（2）

女真兵马在渡淮之后很快就能围攻扬州，赵构和南宋政府之从扬州仓皇溃退，扬州全城居民之遭受浩劫，总的贻误军机的责任，虽在黄潜善、汪伯彦二人身上，然而在御营司做都统制的王渊，不论在事先和事后，也都起了一些极恶劣的作用。单就从扬州向江南逃难的事件来说，他是担负着调度渡江船只的总负责人，他利用职权，抢先调用了百来只船舶，在建炎三年（1129）正月，就把他和大部分宦官的私财和眷属运往杭州，到了女真兵马逼近扬州，好几万兵马，十多万百姓，都拥挤在大江北岸，奔进争渡的

---

❶《三朝北盟会编》卷一二一，《维扬巡幸记》。

时候，反而仅有极少的船只可供济渡之用，以致坠江而死者不计其数。而且，正因为他的家人和财物都已平安到达杭州，在渡江之后，当有人建议应把建康或镇江暂作行都，以便与江北的抗金斗争互为声援时，王渊便极力反对，主张把行都设在杭州，理由是，那里"有重江之险"，对于女真兵马可以成为更大的障碍。赵构最后之所以决定把行都设在杭州，王渊的这番话是起了重要作用的。

王渊向往于杭州，杭州的住户对王渊却怀有极大仇恨。在一年以前，王渊曾到杭州镇压过一次部队的哗变，在哗变军人已经表示屈服之后，他却杀害了其中的一百四十五人。接着，又以搜查"赃物"为名，把居住在杭州的富商大户们的家产，狠狠地搜括了一番。这次用百来只船舶装运到杭州的，大部分就是一年前从杭州劫掠了去的那些财物。❶

宦官康履等人的家财，既已随同王渊的家财，用了近百艘的船只送达杭州，而宦官们在从扬州逃往杭州的途中，对沿途居民的骚扰无所不至；到达杭州之后，又强占民宅，强夺居民的财物。这年二月十五日，他们还从城外到钱塘江岸，结扎了很长的帐幕，摆布了阔绰的场面，由康履率领着，到钱塘江入海处去观赏江潮。他们的蛮横凶恶达于极点，杭州居民对他们的愤恨也达于极点。

南宋王朝的统治者们，在女真兵马的追逼之下，虽在一味地流离逃窜，其士兵中的大部分，因都来自黄河流域各地区，却大都在怀念着自己的家乡，摩拳擦掌，要打回自己的老家去。例如，正当赵构、王渊、康履等人逃向杭州的时候，前此从淮阳军溃败下来的韩世忠的部将李在，却在宝应县聚集旧部，并号召一批当地民众，组成一支忠义民兵，乘金人在高邮的防务空虚之际，攻入高邮县城，处决了投降金人的一批汉奸官僚，并截留了金军运送抢劫所

---

❶《建炎以来系年要录》卷二一，建炎三年三月壬午条附注所引朱胜非《秀水闲居录》。

得的金宝财物的北行船舶数艘。❶

但赵构所宠信倚靠的,却是康履、王渊这伙人。赵构跑到杭州不久,由于康履在他身边不断帮王渊说些好话,他竟把王渊提升为枢密院的副长官。对于负有严重贻误军机罪责的王渊,不但不加惩处,反而加以奖擢。赵构的这一措施,既使得痛恨王渊的杭州居民更为恼火,也使得所有驻扎在杭州的部队都心怀怨望。特别是护送皇帝亲眷到达杭州不久的苗傅和刘正彦所率领的那支部队,其中的中下级将佐,有些是生长在幽燕一带的人,有些则是生长在两河、中原一带的❷,他们曾多次向赵构建议,如何部署反攻和收复河北的计策,赵构却全都置若罔闻。而逃到杭州之后,赵构却依旧这样地倒行逆施,把一个在国难深重时刻还专搞害人利己的王渊提拔为那样的高官,他们对此更感到忍无可忍。

建炎三年三月初五日,苗傅、刘正彦利用部队中全体官兵对赵构的愤慨,举行了武装暴动。他们捉杀了王渊,捉杀了康履和所有已经到达杭州的宦官,逼令赵构宣告退位,加以幽禁,把赵构的一个不满三岁的儿子立为皇帝,另请哲宗赵煦的废后孟氏垂帘听政。并且宣布,从三月十一日为始,把年号改为"明受"。

在这次政变过程中,杀掉了王渊和康履为首的一大批宦官,"诚可以快天下之心,纾臣民忿怒之气"❸;但是,苗傅、刘正彦和他们这支部队中的将佐,既都没有政治斗争和军事斗争的经验,也都缺乏应急应变的机智和才能。在发动了这次政变之后,他们仍只局守在杭州城内,没有提出足以鼓舞人心的政治主张,也没有和杭州地区以外的军事首领们取得联系。这样,他们就把整个杭州城郊陷入惊惶动乱、忧疑不安的情况之中。

---

❶《三朝北盟会编》卷一二三,建炎三年二月二十四日记事。
❷ 黎靖德编:《朱子语类》卷一二七;《建炎以来系年要录》卷二一,建炎三年三月癸未条附注引蔡惇《直笔》。
❸《建炎以来系年要录》卷二一,建炎三年三月庚寅所载吕颐浩奏疏中语。

原已移屯在淮南和江南的南宋政府军队，全都把视线转向杭州，密切注视着这一事变的发展和变化。一些实力比较雄厚的将官，如韩世忠、刘光世和张俊等人，经高级文官张浚、吕颐浩等人的号召和联络，便都先后举起讨伐苗傅、刘正彦的旗帜，提出要求赵构复辟的口号，率军向杭州进发。

杭州终究被"勤王军"攻下，建炎三年四月初一日，又用孟太后的名义宣布赵构复皇帝之位，这次政变到此宣告结束。起事部队中一部分将吏被擒获杀害，苗傅、刘正彦率众向江西、福建逃跑。韩世忠又率领大军一直追赶下去，终于把苗、刘二人捉获"正法"。

七 建康失陷和杜充降敌。岳飞从驻屯建康到撤离建康

（1）

女真贵族虽一度占领了扬州，但并没有从扬州再渡江南犯，就又逐步撤兵北去。因此，赵构在建炎三年四月重登帝位之后，为了顺应朝野上下的舆情，又迫不得已地慢慢从杭州北进到建康，并作出要把行都设在建康的姿态。可是，他和随从他到建康的一些高级文武官员们，也全都十分担心，女真贵族们还很可能会出动兵马，渡过长江，大举南侵的。为了避免重演二月初从扬州逃跑时那种惨剧，赵构在抵达建康之后不久，就派遣官员和兵马，护送孟太后到江西境内去避难。另一方面，他还在五、六、七、八诸月，接二连三地写信给金国的皇帝和最有实权的军事首脑粘罕，表示要自动取消国号，取消帝号，要向金朝无条件投降，甘作金朝的一个藩属，苦苦哀求女真贵族们能使他如愿以偿。在八月份写给粘罕的一封"乞哀书"中，竟至有如下一段无耻话语：

古之有国家而迫于危亡者，不过守与奔而已。今大国之征小邦，譬孟贲（古代的一个大力士）之搏僬侥（传说中的不满三尺的短小人物）耳。……若偏师一来则束手听命而已，守奚为哉！……建炎三年之间，无虑三徙，今越在荆蛮之域矣。所行益穷，所投日狭，天网恢恢，将安之耶！是以守则无人，以奔则无地，……此所以朝夕谡谡然惟冀阁下之见哀而赦已也。……

前者连奉书，愿削去旧号，……是天地之间皆大金之国，而无有二上，亦何必以劳师远涉然后为快哉！❶

果然正如南宋君臣们所担忧害怕的那样，在建炎三年秋，在赵构正接连向金朝最高统治者们上书乞哀的过程当中，女真贵族们又出动了兵马，和在燕、云、两河新签发的汉兵一起，以四太子兀术为统帅，又大举南侵了。

赵构和将相大臣们商讨对策时，决定只守江而不守淮。于是，派杜充以执政大臣的头衔去做建康行宫的留守，除带领原来所部兵将，即陈淬、郭仲荀、岳飞、戚方等人的部队而外，还把王瓊的部队也拨归他直接指挥。另外，把刘光世的部队布置在从太平州（今安徽当涂县）到江州（今九江）一线，把韩世忠的部队布置在镇江，也都归杜充节制。这些部队的总数共有十多万人。实际上是，把防守长江下游的全部重任，都交由杜充承担了。

赵构本人，则又带领一批高级文武官员，离开建康，又逐步返回杭州。

（2）

有一个河北雄州人，名叫李成，最初在雄州作弓手，后来参

---

❶ 《建炎以来系年要录》卷二六，建炎三年八月丁卯记事附注引《国史拾遗》。

了军，立了战功，成了军队中一个小头目，而且逐渐以骁勇闻名。女真兵马侵占河北以后，李成脱离了宋政府的军队，独自率领了几千人马，流窜到山东的淄州（今淄川县），专事滋扰，却不肯对女真兵马作战。到宋廷迁往扬州时，他也率其部众向淮水流域移徙。后经宗泽派人向他劝说，他表示，只要宋政权迁回开封，他便要在宗泽的指挥之下渡河抗击金人。建炎三年夏，他在攻入泗州之后，表示要归顺南宋政府，南宋政府立即用他做泗州的知州。到这年秋间，他又率部去攻占了滁州，并把滁州的州县官全部杀害。

杜充派遣王𤫊率兵过江，要他到滁州去平定李成的叛乱。岳飞也被派率部跟随在王𤫊的部队之后，作为策应。王𤫊在真州的长芦镇整理了一下队伍，把运载辎重的船舶停在镇上，把所载钱绢等物则堆贮在长芦镇的崇福禅院里边，然后又率军前进。王𤫊是一个既骄奢而又怯懦的人，他进行到一个名叫瓦梁的地方，再也不敢前进了，在那里一连停留了三天。李成这时已听到消息，而且抢先派出五百名骑兵，取径路直驱长芦镇，夺取了为王𤫊部队运送辎重的那些船舶，掳掠了崇福禅院的一些和尚和镇上的居民百余人，并劫去崇福院中所贮部分钱绢衣物。因探知在他来长芦时所取的径路上出现了官兵，深怕受到邀袭，便急忙退走。停军在中途的王𤫊，对此竟无所闻知。

敌探所发现的官兵，就是准备作策应之用的岳飞的部队。岳飞是在宣化镇（今南京东北江滨）渡江的，渡江之后听到李成的骑兵已直趋长芦，岳飞便也率部向着敌兵所取的径路急进，要截击李成的匪军，前进到一个名叫九里堌的地方，果然与匪军相遇。打了一场遭遇战后，李成的五百名骑兵全被歼灭，被他们俘掠的人口和财物全被夺回。这时杜充又下令催促渡江的军队一律返回，于是，不但得到全胜的岳飞率部回到建康，王𤫊的部队尽管还迟迟未敢开到滁州，也中途折回了。

（3）

建炎三年（1129）秋南下侵宋的女真兵马，也是分作东西两路的。西边的一路，经由光州（今河南潢川县）、黄州（今湖北黄冈县），渡江后直趋江西。东边的一路，由兀朮直接率领，在渡淮之后，取道于滁州、和州，要在渡江之后经江东而趋浙江。

东路女真兵马在十一月上旬攻下了和州，企图在采石地方渡江。但太平州（今安徽当涂县）的守臣郭伟亲率官兵将佐极力捍御，三日之内五战皆捷。金军转往慈湖镇，在那里又被郭伟部队所败，遂即东趋马家渡。❶

当金军攻入和州时，杜充只下令淮南清野，而决不在大江以北布置防御力量。他还特地派遣了一名统制官，率领三百名士兵前往真州，在长芦镇崇福禅院的两千间房屋内堆起二十四垛芦柴，一齐发火，把它烧得全部变为灰烬。❷

由于杜充只把他所直辖的部队都布置在建康府城的内外，不但大江北岸未作防御部署，连江南沿岸的防御力量也极为薄弱。当金军于十一月下旬转移到马家渡时，杜充急忙派遣都统制陈淬和岳飞、刘经、戚方、扈成等率领部众去堵击，并叫王㒟以所部一万三千人前往应援。接战十几个回合，双方各有胜负。不料就在这时，王㒟却率其部队撤离后阵南逃（而且是不停息地经徽州、信州而逃往福建），这立即影响到全部战局，使得前线上的宋军在再度作战时吃了败仗，陈淬阵亡，岳飞、戚方等人的部队也全部溃散。这样，大江南岸几乎已没有宋兵防守，金军遂得以像走平地一般，平稳地渡过了长江❸。

---

❶《三朝北盟会编》卷一三四，建炎三年十一月六日、十三日、二十一日记事。
❷ 同上。
❸ 同上。

杜充听到金军已经渡江，诸军已经溃散的消息，立即企图乘船出奔。不料刚把水门打开，大群居民蜂拥而前，把城门堵塞住。杜充派人去哄骗这些居民说，他是要出城和敌人作战去的，居民们却无一人相信，只用谴责的语气呼喊说：

要去与敌作战，我们一道去！你杜相公枉杀了多少人，情况刚一紧急，却要弃城先逃！

既然无法逃脱，那也莫可奈何。杜充就又下令诸军，每人犒赏银十两，绢十匹，令其都往蒋山（即钟山）下寨。但到这天夜间，各部队都骚乱不宁，黎明时又都跑到江宁县与句容县接界处的东阳镇去。杜充也在夜间率领了三千人马，偷偷地逃到真州，投降了金人。❶

女真的兵马用了几天的时间才完全过渡到江南，到十一月二十九日便全部集结在建康城下。到任不久的建康知府陈邦光，从城上下望，看到女真铁骑往来如云，旌旗器仗满郊遍野，只吓得胆惊心跳，不等金军攻城，便写好了投降书，派人送与兀朮，拱手把建康府送与金人！❷

西路女真兵马在这年十月早已渡过长江，经由大冶而进犯洪州（今南昌市）。原来屯驻江州的刘光世，在闻知金军已经渡江之后，不敢出兵去抵抗，却仓皇引兵逃向南康军（今江西星子县）去。此后不久，江州的知州也弃城而逃。金军进入江州城，大肆杀掠了一番，又自动撤离。

驻扎在镇江的韩世忠，也和刘光世一样，当探知金军企图在采石渡江的消息之后，不敢率部去迎击，却先把所有储积的物资装

---

❶《三朝北盟会编》卷一三四、一三五，建炎三年十一月二十三、二十九日记事。
❷ 同上。

入海船,连同全军人马,一并运往江阴。临行,唯恐镇江的城垣被敌人利用,就放火把它烧掉。

南宋在长江下游的防线,已被金军节节突破,而且简直是土崩瓦解了。

岳飞、刘经等人的队伍,在从蒋山转移到东阳镇后不久,又从镇上转移到附近的茅山(在今江苏句容、金坛两县界内)扎寨。刚从战场上溃败下来,尽管还能够重新集结在一起,但纪律是极难维持的。而且,如果不从事于掳掠劫夺,人马的生活也确实难以维持。然而这也确实是不能持久的做法。于是,在茅山驻屯没有多少日子,岳飞和刘经商定,两人又都把部队迁移到广德军(今安徽广德县)的钟村去。

当女真兵马又从建康出发,攻下广德军而向杭州进发时,一些被强迫签发从军的汉族壮丁,闻知岳飞率军驻扎在钟村,便设法脱离了金军,先后相继,有上万的人,到钟村归附于岳飞。❶

八 南宋王朝的流徙和下海

(1)

女真兵马南犯过程中,不论东路或西路,都曾受到各地自动组合的人民武装的截击,并且遭受到多次的失败。就东路来说,淮南、江、浙,水渠纵横,对于女真的铁骑到处都能发生限制、阻拦的作用。南宋的将相大臣们对这种有利的自然条件竟始终不知加以利用,❷其西路军经行之地,水渠虽不似东路之多,但渡过长江,横冲直闯,也正犯了"兵家大忌"。因为,假如南宋防江部队

---

❶ 《金佗续编》卷二八,《江东邵缉献书》。
❷ 《三朝北盟会编》卷一三二,"兀术率众寇江南"条。

奋勇邀截，金军就会陷入"进则距山，退则背江"的"百无一利"的窘境。各地自发的民众武装力量，在邀击金军时尚且能够"胜负相半"，南宋政府的正规军队，不论从训练、兵器等方面来说，都比民兵具有优越条件，当更应能够给以沉重打击，把他们打败打退，甚至"可使匹马不还"。❶然而南宋派去守建康的杜充，守镇江的韩世忠，守江州的刘光世，或则望风迎降，或则不战而逃，致使两路金军全都如入无人之境，长驱深入，无所忌惮。这又一次清楚说明，在宋金战争的全部过程中，金军之所以经常取得胜利，主要原因不在于女真兵马之英勇善战，而在于南宋正规军队之畏战避战。

（2）

　　杭州虽然在建炎三年七月刚刚升为临安府，但当赵构和他的文武大臣们由建康回到杭州的时候，他们所身临目睹的，却决不是一个安定的、甚至也不是可以在那里苟安一时的一个地方：不但两路女真兵马都即将突破沿江防线，而且还有谍报说，金人已开始在山东等地造舟楫，练水师，有将从海道进窥江浙的危险。女真贵族们又正被一连串的军事胜利搞得头昏脑涨，忘乎所以，赵构先后写去的几封"乞哀书"，只能助长他们的骄气和对于武力的迷信，认为这次只要渡江南犯，就可以再一次把赵宋政权颠覆，因而对于"乞哀书"中所哀恳的事，一直不予理睬，不作回报。

　　在这种危难之际，赵构和他的文武大臣们于建炎三年十月又离开杭州，转往越州（今浙江绍兴县）。十一月下旬，听到了女真兵马已从建康府向杭州进犯的消息，遂又决定转往明州（今浙江宁波市）。

　　在此以前，宰相吕颐浩朝见赵构时，曾当面向赵构提出了一

---

❶《建炎以来系年要录》卷二九，建炎三年十一月壬子记事。

个下海避敌的建议,略谓:

> 金人以骑兵取胜,今銮舆一行,皇族百司,官吏兵卫,家小甚众,若陆行山险之路,粮运不给,必至生变。兼金人既渡浙江,必分遣轻骑追袭。
>
> 今若车驾乘海舟以避敌,既登海舟之后,敌骑必不能袭我。江浙地热,敌亦不能久留。俟其退去,复还二浙。彼入我出,彼出我入,此正兵家之奇也。❶

赵构完全采纳了这个建议。他之所以从越州转往明州,就是要把这个建议付诸实践的。因此,他到了明州之后,就急忙派人去募集海船。待凑足了二十只海船之后,赵构便选取了最好的一只作为御舟,在腊月中旬,在定海县(今浙江镇海县)上船下海,以其余十九只,装载了高级文武官员和"百司禁卫",以及政府的一些文件用品等等,拱卫在御舟周围。

(3)

东路的女真兵马由建康府出发南犯,连续攻下了广德军和安吉县(今浙江安吉县),直向杭州进发。沿途虽有一些民众武装对金军进行阻击,只因这些民众武装皆仓卒组成,并未能把金军拦截得住。在由安吉通往杭州的途中,有一段必须穿越的山区,名叫独松岭,岭路险狭,是最易于控扼的要隘。然而南宋的将官们,也竟没有布置一兵一卒在那里防守。金军从这里经过之后,不免互相议论说:

> 南朝可谓无人!倘若他们派几百名老弱残兵在此把守,我

---

❶《建炎以来系年要录》卷二九,建炎三年十一月己巳记事。

们岂能容易通过!❶

越过独松岭,女真兵马更得顺利行进,到杭州便占领了杭州,到越州便占领了越州。他们沿着赵构们逃跑的路径继续追袭,在建炎三年十一月下旬,赵构从定海登舟浮海还没有十天,金军就已进入明州郊外。南宋的将官张俊,这时是奉赵构之命留守明州的,他在迟疑了一大阵子之后,才令统制官们率兵迎击。起初的几个回合,都被金军打败,还有两名统制官被金军当场杀死。最后是倾其全力从事苦战,又得到附近驻军的援助,才得在高桥地方把金军打败。虽取得这次胜利,张俊和留在明州的几个官员,却料定金军必定还要反扑,届时必难招架得住,便在建炎四年正月初三日一同弃城遁走。并在渡过城外一道浮桥之后,断其桥路,使城内居民无法随同他们逃难。金军进城之后,为发泄其吃过败仗的仇恨,对居民大肆屠杀,得以幸存者寥寥无几。

集中在海船中的南宋小朝廷,在知道金军进犯明州时,便又移舟南往章安镇(今浙江临海县东南)停泊。此后这二十只海船就一直漂泊在从台州到温州的近海当中。到建炎四年四月,女真兵马已撤离江浙地区北返,南宋小朝廷才又舍舟登陆,在越州停留下来。到绍兴二年(1132)春,才又重回杭州。

九　岳飞驻军宜兴县

(1)

岳飞、刘经之所以移军到广德军的钟村,本是因为到那里后就可"资粮于官",可以使部队不再专靠劫掠来维持生计。因此,

---

❶《三朝北盟会编》卷一三六,建炎三年十二月九日记事。

到了钟村之后,他们就下令给各自的部队,不许他们继续骚扰当地乡村居民。但约束虽严,却收效甚微。有一个名叫李寅的,是岳飞部队中一名随军效用使臣,见此情况,便向岳飞献计说:

> 若移军到宜兴县太湖边上的张渚镇附近屯驻,就可制止此类事件。因为那里三面濒临太湖,只有一条陆路与外面相通,且是一条极狭窄的道路。只须派一名小将官把守住路口,士兵便无法出外作过。❶

当赵构在归德府登极之初,那个曾经把岳飞推荐给张所的赵九龄,在李纲罢相之后,也到常州做了一员属官,这时他也受到知常州周杞的委派,前来广德,劝说岳飞移军常州城中,说在移屯之后,军队粮饷问题可以由地方政府供应。❷

岳飞首先是采纳赵九龄的意见,要移军常州,固守州城,以截断敌人的归路。但军队方在开拔,常州已被金人攻破,他便又商得刘经的同意,改用李寅所献之计,把两支部队一同移驻宜兴县境的太湖岸上,不许士兵们随意外出,免得他们去打扰村民。

在宜兴县境的太湖岸边,原有郭吉的一支水军驻扎在那里。这支水军,也是在建康战役中被女真兵马打败后,溃散逃窜到这里来的。当郭吉听到岳飞要移军宜兴县境的消息时,便收捉了许多民用舟船,满载随军的老小,急忙开往太湖里去。但郭吉所属有一员名叫庞荣的部将,在不久之后,却终于率领这支拥有百余只舟船的水军,背叛了郭吉而投归岳飞。

窜入宜兴县境内的一些散兵游勇,岳飞尽量把他们收编在部

---

❶ 《三朝北盟会编》卷一三六,建炎四年正月七日记事。
❷ 《金佗续编》卷二八,《江东邵缉献书》;《陈亮集》卷一三《中兴遗传序》。

队当中,用军纪加以约束。不肯接受收编,或一向在县境内劫掠居民的,岳飞就出动兵马去攻讨。在很短的时期内,被岳飞所降服的,有马皋和林聚的两支;被他用武力平定了的,有张威武的一支;被他追逼得穷蹙无计而去投降了张俊的,有戚方的一支。此后,宜兴县境之内便出现了比较安定的局势。受着散兵游勇和盗匪轮番骚扰的邻境居民,很多家都扶老携幼而来,把宜兴县当作他们的临时避难之所。❶一些诚朴的居民,为报答岳飞维持治安的恩德,便在古老的周将军(东晋周处)庙内,增修一栋房子,把精心雕刻的岳飞石像陈设在里边,像敬神一般地供奉着。❷

(2)

　　岳飞自从在相州参加了赵构大元帅府的军队之后,和他的家乡就相去日远,而且,在任何一地都没有能安定下来。到他移军到宜兴县境时,距他离家之日已及三年,黄河以北的大片土地也全都沦陷在女真贵族的统治下了,这使岳飞对于家乡和家人的安全更加悬念、担忧。岳飞派遣专人到汤阴县去迎接亲眷,他的全家却都逃难到外乡去了。后经多方探询,才找到了他的母亲和两个儿子,并把他们迎接到宜兴县军营中来。那位刘姓妻子,却已经改嫁别人了。

　　于是,岳飞又在江南迎娶了一个姓李的女子为其妻室。

　　和母亲相别虽只有三年多的时间,然而这期间的流离奔波和忧悸惊恐,已使得这位老太太十分衰老,经常是在疾病呻吟中过生活,极少健康的日子。到达江南以后,多雨的天气和潮湿的地面,都是这个北方的老年人所不习惯的,疾病便因而更多:先是腿脚疼痛,后来连举止动作也都感困难。

---

❶《金佗续编》卷三〇,周端朝《宜兴县鄂王庙记》。
❷ 同上书卷三〇,钱谌《宜兴县生祠叙》;薛季宣《浪语集》卷七,《周将军庙观岳侯石像》诗自注。

作为军人的岳飞,经常表现出来的是他雄壮英勇的一面,但在母亲面前,他却是一个体贴入微,尊养备至的孝子:只要军中稍有闲暇,他便跑到母亲身旁,服侍饮食,或者煎煮汤药。

新娶的妻子,也能很恭顺地服侍着这位年老多病的婆婆。

家事之外,岳飞决不把军营中事"归而谋诸妇"。

当驻军宜兴期内,有一次,岳飞率领部队出外作战,把兵营中事,和所有留守兵营的人员,都委托一员亲将负责管理。他出发之后,军营中却传来一个消息,说岳飞的军队在战争中受到了挫败。岳夫人听到这消息后,异常担心,便去和这员亲将商洽,希望他选取一些精兵,前去策应。正当这员亲将在调集人马的时候,岳飞却已从前线转了回来。看到这一情况,他便赶往校场,问这员亲将这是要干什么。亲将回答说:

听说太尉(这是宋代对一般名位不高的武将的通称)出兵作战稍有不利,所以选了一些敢战之士,准备前往策应。

岳飞呵斥道:

我命你坚守根本,天不能移,地不能动。你现今并没有得到我的命令,却擅自动摇军情,这是目无军纪!

说完这话,便立即要以军法从事,要把他斩首。亲将大惧祈哀,并陈说这是受了岳夫人的命才这样做的。然而岳飞却仍认为军伍中事不是妇女所可干预的,更不应按照她的意见行事,于是这错误仍须归那员亲将承担。岳飞终于给予这员亲将以极严厉的处分。❶

---

❶ 周密:《齐东野语》卷一三,《岳武穆逸事》。但周密谓岳飞驻军宜兴时杜充尚守建康,又说他终于把这员亲将斩处,均当有误。

十　岳飞收复建康府

（1）

女真南侵兵马的进展，几乎超过了他们的预期。被他们侵吞的中原之地，还没有十分安定下来，却又猛然南向驰逐到达了浙东。其当初的目的，本是企图活捉赵构，把统治东南半壁的这个赵姓政权消灭掉。却不料，在这次追袭过程当中，"江北之民，誓不从敌，自为寨栅，群聚以守者甚众"；❶ 过江以后，也同样不断受到各地民兵的邀击。当横行于浙水沿岸时，又曾被桐庐县的乡兵击败于该县境内的牛山下。❷ 经受到上述种种挫折之后，才又觉察到，原来的那个目的还是极不容易达到的。于是又放弃了追袭赵构的计划，也放弃了所有已经攻陷的江南州郡，要转回头去，去专力经营中原和华北各地。到建炎四年（1130）春，金军统帅兀术声称"搜山检海"已毕，便率领部队逐步北移。在北返途中，也只是有时受到民兵的阻截，而没有受到官兵的阻截。兀术打算从镇江渡江，径返扬州，不料被扼守长江的韩世忠的军队在黄天荡拦截住，双方相持了四十八天而未得通过，于是又掉转方向，把金军调回到建康。

从金军攻陷建康，到兀术这次率军返回建康，先后相隔共有半年的时间。在这半年之内，女真兵马的主力都已随从兀术去南犯浙江，留在建康以及和州一带的兵力，是十分薄弱的。从采石到和州的这段路途上，更是商旅往返，络绎不绝。

如果南宋政府分屯在长江沿岸的各支军队，能够利用金军的

---

❶《建炎以来系年要录》卷三四，建炎四年六月甲戌记事。
❷ 程敏政：《新安文献志》卷九六，《英烈钱氏二侯传》。

这些空隙，乘虚插入，女真兵马是会在归途中遭遇到沉重的打击的。然而，在南宋政府军的高级将官当中，竟没有人做过这样的打算。

只有岳飞，他在金军北移之际，从宜兴出兵加以尾追，终于收复了建康府这个军事重镇。

（2）

兀朮在从镇江返回建康之后，对于建康府城四周围的防御工事又重新修建了一番：在蒋山上，在雨花台，都结扎了营寨；围绕城墙开凿了两道护城河。在附近山岩下还开凿了凉洞，表示要在这里避暑久居。赵构闻悉这些情况，料想金人必然还要发动一次攻势，便急忙把张俊的部队调到这一路来，叫他招收散兵游勇，节制诸将，以谋相机应付。

单为抵御建康府的女真兵马，南宋政府在长江下游已经部署了刘光世、韩世忠、张俊这三支部队，而宰相赵鼎还建议说，应急召在四川的张浚的兵马顺江东下，以相策应。

然而将官虽多，却都拥兵自重，谁都不愿也不敢抢先去冒风险，接触敌人。

其实，兀朮在建康城里城外的那些军事部署和设施，全都是故意作来，作为掩蔽退却之用的。兀朮本人，早已在这期间渡过长江，驻屯在六合县，在计划着从建康全军撤退的事了。

从建炎四年四月下旬开始，女真南侵军在建康城内外大量捕捉居民，大量搜刮官民住户的财货，到五月初十，他们放火把建康全城付之一炬，要从静安镇（在今南京市西北）渡江，把劫掠的这些人和货物，一齐运载到六合县的宣化镇去。

南侵金军统帅兀朮驻扎在六合县，六合县便成了女真兵马及其所掠获的财物集合地点。装载辎重的船只，从瓜步达于六合，前后相接，不计其数。

岳飞这支部队,前此已明令拨归张俊节制,而且已经从宜兴向北移动,已经到达了距离建康不很远的地方。当岳飞探明金军从建康劫掠了大批人员、财物准备渡江北返的情况之后,他不再等待张俊的命令,便于五月十一日率领部众直趋静安,把敌人追上,拦腰予以猛击。前此曾经做过建康府通判的钱需,在建康失陷之后,一直还潜伏在建康附近,纠率乡兵,随时随地掩杀女真入侵者。当岳飞在静安与敌军作战之际,钱需也率领乡兵,从敌军的侧面袭击上来。金军腹背受敌,吃了败仗。在长达十几里的追击敌人的道路上,横陈了无数僵尸,可见战斗之激烈。女真南侵军的大小头目和士兵,被活捉到的有三百多人,他们的铠仗旗鼓之类,被岳飞的部队和钱需所率乡兵缴获到的,为数也很不少。❶

女真入侵兵马从建康城全部撤退之后,岳飞和钱需一同进入建康城。城内堆满了瓦砾和灰烬。极目所至,一片荒凉。

十一　岳飞班师回宜兴

（1）

五月中旬收复了建康府城,五月下旬把所获战俘送往南宋行朝。此后不久,由于受命承担的军事任务已经圆满完成,岳飞便又率军撤离建康,要再回到宜兴县的张渚镇去。

当岳飞前此率军由宜兴向建康进发时,刘经和他的部队并没有一同出发,仍然全部留屯在宜兴。到岳飞得胜回师,归途中刚到达溧阳和溧水两县间的时候,却有刘经部下一个名叫王万的将官,突然跑来向岳飞揭发说,刘经正在密谋策划,要乘岳飞还未从建康

---

❶《三朝北盟会编》卷一四一,建炎四年八月一日记事;《金佗续编》卷二八,《江东邵缉献书》。

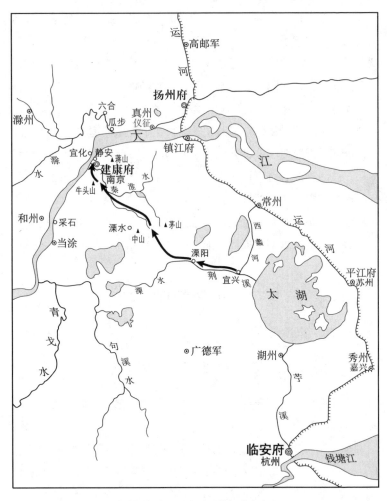

建炎四年(1130)岳飞收复建康府图

返回的时机，把岳飞的母、妻、儿子等全部杀害，把岳飞留在宜兴的部分部队并合在他的队伍当中。

杀害某一个部队的头目而并吞其军队，这在当时是屡见不鲜的事，然而刘经和岳飞，却是长时期以来患难相共的朋友，竟然也打算下这样的毒手，这却是岳飞所万不及料的事。但既已知道刘经有这样狠毒的阴谋，那就势须采取最紧急的措施，乘他还没有下手之际，先发制人，去掉这一祸根。

岳飞听到王万的揭发之后，当机立断，派遣部将姚政火速赶回宜兴，要他一定设法把刘经杀掉。

姚政在夜晚抵达宜兴，先在岳飞母亲的住屋内布置了埋伏，然后去见刘经，假称是奉岳老太太之命而来，是因为岳老太太适才接得家乡来信，有些事情须与刘经商量一下，所以特来邀请他的。刘经没有料想到这是一场骗局，便跟随姚政同来。进入岳母住室之后，埋伏在室内的士兵立即起而把他杀死。其后没隔多时，岳飞也带领了一些士兵赶来，向刘经的部队宣布了这一事件的原委，并对全军加以安抚。

刘经的阴谋没有得逞，在此后，他的部队却反而全部合并到岳飞的部队当中了。

（2）

岳飞的军队全部都回到了宜兴县的太湖之滨的张渚镇。

张渚镇有一大户人家，户主人名叫张大年。张大年濒临太湖修建了一个园子，取名叫"桃溪园"。岳飞自从屯军宜兴以来，即常到张家走走，桃溪园更是他经常去游赏的地方。这次自建康凯旋，意兴昂扬，岳飞重到张氏家园游赏，便乘兴在张家的客厅里写下了一段《题记》，也等于为自己立下了一道誓词：

近中原版荡，金贼长驱，如入无人之境。将帅无能，不及长城之壮。余发愤河朔,起自相台,总发从军,大小历二百余战,虽未及远涉夷荒,讨荡巢穴,亦且快国仇之万一。今又提一垒孤军,振起宜兴,建康之城,一举而复,贼拥入江,仓皇宵遁,所恨不能匹马不回耳!

今且修兵养卒,蓄锐待敌。如或朝廷见念,赐予器甲,使之完备,颁降功赏,使人蒙恩,即当深入房庭,缚贼主,蹀血马前,尽屠夷种,迎二圣复还京师,取故地再上版籍。他时过此,勒功金石,岂不快哉!此心一发,天地知之,知我者知之。建炎四年六月望日,河朔岳飞书。❶

这样的壮志雄图,从此经常盘旋在岳飞的脑海中。这种思想和感情,经过长时期的充实、洗炼,便凝炼成岳飞在几年之后写出的那首有名的爱国歌词——《满江红》。

十二　从就任通泰镇抚使到退往江阴

（1）

南宋的最高统治集团,在女真入侵军的追逼之下,流移奔波,终日终年处在风雨飘摇的危难情况之下,其政权随时都有再被敌人覆灭掉的危险。因此,如何把政府雇募的军队和各地民众的武装很好地加以组织和训练,使他们都能在民族战场上协同作战,各都发挥其最大的作用,乃是南宋最高统治集团理应而且必须承担的一个职责。然而,在以赵构为首的南宋最高统治集团当中,竟绝少人敢于承担这一职责。对于民间自动组织起来的武装力量,他们全都心怀疑惧,只想设法摧残,决不给予帮助;对于政府雇募来的部

---

❶ 赵彦卫:《云麓漫抄》卷一。

队,也听任他们因派系不同而互相倾轧;当某支部队抗战失利时,其邻近的其他部队,如不乘机把它并吞,也大都是坐视不救。南宋最高统治集团对于这些情况,也从不及时采取适当的补救措施。

由于上述种种,在已经持续了四五年的抗击女真入侵军的过程当中,就有一批接连一批的,从前线上溃败下来的散兵溃卒,成群结伙地流移窜扰于淮南以至江南各地。南宋统治集团中人,也把这一批一批的流窜者一律叫做"游寇"。

"游寇"中的最大部分,是一些出身于华北和关陇地区的武夫悍卒,大都是被女真兵马所打败,随即从民族战场上逃脱开,分散流窜于黄河中下游以至淮北各地的。他们后来分别流窜到淮南以至长江流域诸州郡,只要能占据一块地盘,便割据自雄,对这一地区的居民进行横暴的压榨,有的还和女真统治者暗相勾结。他们虽都是乌合之众,却实在牵制了南宋政府不少的师旅。

建炎四年五月,南宋宰相范宗尹向皇帝赵构建议说,对于盘踞在江淮之间的这些"游寇",南宋政府既无力加以制服,不如就面对现实,承认他们所已经造成的这种藩镇割据之局,正式委派他们去做这些地区的军事首脑。每个人的辖区要尽可能划得狭小一些,而当地的治安防守责任,则全由他们分别负责。

唐末五代以来的藩镇割据局面,是北宋建国初年用了很大的力气才把它革除掉的;而今所面临的现实形势,却又必须把它恢复,这在赵构,若非被逼到万不得已的境地,是绝对不会采纳的;然而他毕竟忍痛采纳了。于是,南宋王朝把淮水南北的一些地区,分划为十几个军区,每个军区由南宋王朝委派镇抚使一人。

镇抚使的绝大多数,是那些一度做了"游寇",后来又暂受南宋王朝的羁縻招抚的。例如派在扬州的郭仲威,派在承州(今江苏高邮县)的薛庆,派在舒州(今安徽潜山县)的李成等皆是。

在新被委派的镇抚使中,也有少数,本是忠义民兵的首领,由于奋勇抗击女真入侵军而声名大振的人,例如派作河南(今洛阳）镇抚使的翟兴，楚州（今江苏淮安县）镇抚使的赵立，滁州镇抚使的刘位等皆是。

岳飞是南宋王朝正规部队中的一员将领，他却也在建炎四年的八月初，被委派为通泰镇抚使、兼知泰州，辖区在扬州以东，是从泰州到南通一带地方。

（2）

任命岳飞去做通泰镇抚使、兼知泰州，从表面看来，南宋王朝似乎对岳飞正在日益倚重，已开始要他膺受重寄，独当一面了。然而，在岳飞，对此却是另有看法的。他首先不能不考虑到，和他在这同一时期被委派为镇抚使的，大多是一些什么样的人呢？其次，他还考虑到，作为一个军人的天职，只应争取置身于对敌斗争的最前线，而通泰镇抚使的职责，却只是拘守江北一隅之地。因此，他不愿去就这个新职。他写了一封《申状》给南宋王朝的尚书省，陈述他的个人愿望，说道：

> 照得飞近准指挥，差飞充通泰州镇抚使，仰认朝廷使令之意，除已一面起发，前赴新任外，契勘金贼侵寇虔刘，其志未艾，要当速行剿杀，殄灭净尽，收复诸路；不然，则岁月滋久，为患益深。若蒙朝廷允飞今来所乞，乞将飞母、妻并二子为质，免充通泰州镇抚使，止除一淮南东路重难任使，令飞招集兵马，掩杀金贼，收复本路州郡，伺便迤逦收复山东、河北、河东、京畿等路故地，庶使飞平生之志得以少快，且以尽臣子报君之节。❶

他所情愿承担的任务，并没有得到南宋王朝的应允，因而他在八月

---

❶《金佗稡编》卷一七，《乞淮东重难任使申省状》。

二十六日夜间先亲自前往泰州。由于船只太少，到九月初九日，他的军队才全部进抵泰州。❶到任之后，岳飞治理军中事务依旧非常严整，依旧严禁军士不得骚扰。当地老百姓遂得"室家安堵"，岳飞也因此而越发获得居民的拥护。❷

在建炎四年的夏季，南宋政府已曾把沿江的防务重新布置过一次。九江一带，以朱胜非为安抚大使；由池州到建康，以吕颐浩为安抚大使；镇江以下，以刘光世为安抚大使。

刘光世、韩世忠、张俊这三人，一向是不能和衷共事的。刘光世既然负责节制镇江以下这一地区，他便上奏章给南宋王朝，请求把韩、张二人的部队完全调离这一辖区。在南宋王朝果然依了刘光世的请求而把韩、张二人的部队调走之后，通泰镇抚使便隶属于刘光世的管辖指挥之下。

（3）

兀朮屯兵在六合，要把载人载物的大量船只一律从运河驶归北方。然而，南宋委派在承州的镇抚使薛庆和楚州的镇抚使赵立，却都以军队扼守住这一河道，使女真兵马无法通过。建炎四年秋，金国的另一军事首脑挞懒，刚从山东境内侵入淮南，便和兀朮商定，要从南北两方打通这一退路，而其中最重要的目标则是必须攻破楚州。

承州镇抚使薛庆，为求牵制南路敌人，把楚州的紧急局势缓和一下，他率领所部去与扬州郊外的金兵作战，却不料在扬州的郭仲威不肯协力出击，致使薛庆陷入敌众我寡的情况下，而且众寡之势极为悬殊。结果是薛庆被金人所俘获，而扬州和承州也相继被金军所占领。

---

❶《金佗稡编》卷一七，《申刘光世乞兵马粮食状》。
❷《三朝北盟会编》卷一二四，建炎四年九月四日记事。

在扬州和承州陷落之前，挞懒的兵马已经包围了楚州。楚州镇抚使赵立，生就一副魁梧奇伟的身材，天性也很勇敢淳诚，平时他能和士卒们同甘共苦，战时他每次都是披甲先登。当兀术刚刚渡江而北，驻兵六合的初期，就曾在楚州城外分设了南北两屯，对楚州进行夹攻，结果全被赵立打退。当这次听到挞懒要率大军来攻楚州时，赵立就着手把可能调集的粮食都集中到楚州城中，准备长期拒守。到挞懒果真率兵马来攻时，赵立不但屡次亲率士卒出击，而且分别委用一些有武勇和熟悉当地情况的地方人士，使其在保卫楚州的战役中各尽其力。

在大江以北，扬州、承州和楚州所处的战略地位都是极关紧要的。当扬、承二州既已陷入敌人手中之后，如不尽力确保楚州，则整个淮南又将全部落在金人控制之下了。因此，执政大臣赵鼎向赵构建议说，应当派遣张俊到江北去督率那里的镇抚使们，奔向楚州，去从事救援和捍御。这样，既可以有确保楚州的希望，也免得这些镇抚使们安养坐大，为患于将来。然而，张俊害怕和女真兵马交锋，他用种种托词，总是不肯渡江北进。后来，尽管赵鼎表示要和张俊一同前去，也仍然未能激发起张俊的勇气。于是，南宋政府直接下令给江北的各个镇抚使，要他们分别出兵去应援楚州。❶

其实，南宋布置在江北的军事力量，已经远远不能与女真兵马相对抗了：薛庆被俘之后，已被金人杀害；郭仲威在丢失了扬州之后，在天长县境内按兵不动，阴怀顾望；东海镇抚使李彦先的部队，被淮水流域的女真兵马阻截，欲进不得。身任两浙安抚使而坐镇长江下游的刘光世，虽也接到南宋王朝的命令，要他"立派大军，往援楚州，万勿坐失时机"，但他与张俊一样，对女真兵马心怀怯惧，不敢遵命前去，只派遣统制官王德和郦琼带领部分士兵渡江，略事敷衍。而王德和郦琼二人，却也都以这样那样的借口，迟

---

❶《建炎以来系年要录》卷三六，建炎四年八月戊子记事。

迟其行。后来王德率部开到承州，因部下不肯听从命令，也并未能进入承州。

真正遵照南宋王朝的命令行事的，事实上只有岳飞一人。他本人到达泰州还没有几天，就接到南宋政府要他出兵策应赵立的命令，等到他的部队完全到达泰州之后，马上就又北上应援楚州。

当岳飞从宜兴率军准备渡江前往泰州之际，已经了解到泰州既无银钱，也缺绢帛，便写了"申状"给尚书省，请求设法调拨一些钱绢，以便支付本军冬衣费用。❶ 这次把军队开进承州地区后，岳飞便又写了一封《申状》给刘光世，请他赶快派遣几千人马，借拨十多天的食粮，以便"激励士卒，径赴贼垒，解二州之围"。❷

然而，局势已经变得很糟，当岳飞刚从泰州率军出发之日，赵立已经在楚州城东门的敌楼上被金军的炮石所打中，头碎而死，❸ 楚州已在八月二十五日被金军攻陷了。岳飞的部队刚到承州就听到了这些消息，在那里，也和王德所率军队一样，与金军稍有接触，知道江北的战局已经无可挽救，便又率军回泰州去了。

（4）

岳飞部队中的前军统制官傅庆，本是卫州（今河南汲县）的一个烧窑的人，有勇有力，而且善战。自从他参加到岳飞的部队之后，就颇为岳飞所喜爱。他投入岳飞部队的时间很早，每次作战也表现得有智有勇，所以他从很早就为岳飞所信任，并且被岳飞当作朋友看待。傅庆也因此只把岳飞当作平辈看待，而不把他当作自己的长官。傅庆每当缺钱使用时，便去找岳飞，而且总是开门见山地直说：

---

❶《金佗稡编》卷一七，《赴（通泰）镇画一申省札子》。
❷ 同上书卷一七，《申刘光世乞兵马粮食状》。
❸《建炎以来系年要录》卷三七，建炎四年九月丙辰记事。

> 岳丈，傅庆没钱使了，请你借给我几两金子、几贯钱吧。

岳飞每次也总是如数借与他用。

傅庆的性情本就放荡不羁，由于恃功恃宠，更加傲慢起来，有时竟至向人夸口说：

> 岳丈这支部队的威名，还不是因为我傅庆力战有功才得来的吗？

岳飞做了通泰镇抚使后，持法严肃，对于傅庆不再像前此那样纵容，傅庆对岳飞的感情也日益不好起来。当岳飞出兵救援楚州时，傅庆在承州和王德相遇，两人并骑而谈，傅庆表示不愿再留在岳飞军中，愿意王德把他推荐到刘光世的部队中去，并当场得到了王德的同意，张宪把这事告知岳飞，岳飞嘱咐张宪不要泄漏出去，自己也隐忍未发。

回泰州后的一天，岳飞下令军中诸统制比赛射远箭，傅庆三箭都射及一百七十步，其他诸统制却都没有超过一百五十步的。岳飞庆贺傅庆在比赛场上的胜利，傅庆喝酒喝得颇有一些醉意。正在这时，岳飞却把南宋王朝过去赏赐给他的战袍和金带转赏给另一统制官王贵。傅庆当场就提出抗议说："应当赏给有功的人！"

岳飞回问他说："谁是有功的人？"

傅庆回答说："我在清水亭战役中立了功，应当赏给我！"

很可能，傅庆是要借此表示岳飞赏罚不公，从而脱离岳飞去投归刘光世的。

这使得岳飞非常气愤，立即把战袍烧掉，把金带砸碎，并叫人把傅庆拉下台去，高声呐喊道："不斩傅庆，何以示众？！"就下令把傅庆杀掉了。❶

---

❶《三朝北盟会编》卷一四三，《岳飞斩其统制傅庆》。

（5）

女真兵马攻下楚州之后，又以二十万大军转向通泰。负责长江下游防务的刘光世，前此曾向南宋政府夸口说，已经把沿长江的诸处要隘严为防守，保证不会让敌人得以南渡。然而对于敌人之侵入通泰军区，他却若罔闻知，不作任何应援措施。

泰州这地方，无天险可以防守，无地利可以凭借，而守军数目又远在来攻的敌人之下，其无法守御是十分明显的。幸而邻境有一个鼍潭湖，早已被一支由梁山泊转移来的水军所占领，可以借用为泰州的一道军事屏障。这支水军，人数在一万以上，拥有二三百只船舶，在张荣的领导之下。前此聚集在梁山泊时，曾经多次邀杀过女真南侵兵马。当挞懒率领山东境内的女真兵马南下之际，张荣也率领全部舟师顺清河而下，每只船全都满载粮食，进驻于鼍潭湖中，积茭为城，用泥加以涂抹。屡次向南侵金军挑战，诱敌深入，使敌人步骑四集，都深陷在泥淖之中，死亡累累。但到建炎四年十一月初，天寒冰冻，女真兵马遂得并力攻其茭城。张荣力不能当，乃焚其积聚，弃其茭城，率其舟船和水军转往兴化县的缩头湖中去了。❶

女真兵马把张荣的水军驱逐出鼍潭湖，等于把泰州的军事屏障全部拆除，在泰州的岳飞的部队，再没有可以依恃的军事力量了。而来犯的敌军，在数量上又占有绝对的优势，实在是岳飞的部队所无法招架得住的。于是，岳飞只好下决心放弃泰州，免得自己这支部队被女真兵马全部吃掉。他先于十一月上旬把全军撤到柴墟镇（今泰兴县境内），然后又从那里分批渡江，移屯于江阴军境内。

---

❶《宋史》卷三七九，《胡松年传》；《三朝北盟会编》卷一四三，《金人攻张荣》条；卷一四五《挞懒攻张荣于泰州缩头湖》条。

接着,岳飞就把从泰州撤退的事奏报南宋行朝,并请求惩处他的失守罪责,宋廷下诏给他,要他以全军赴江阴军就粮,并要他在那里"极力捍御金人,毋得透漏"。❶

这时,女真游骑常常窜到长江北岸探察军情,又有渡江南犯的迹象。在越州的南宋行朝又惊惶起来,乃下令各个机关人员从便逃避,连三省枢密院也不再照常办公。居民官吏大都奔逃,以致"家室仳离,景况凄惨"。❷

---

❶《建炎以来系年要录》卷三九,建炎四年十一月庚申记事。
❷《三朝北盟会编》卷一四三,《放散百司》条。

第三章
宋、金对立斗争形势的剧变

一 女真贵族树立伪齐傀儡政权

（1）

在女真铁骑既已攻占了中原地区之后，金国的最高统治集团，特别是其中的那些军事首脑们，所着重考虑的，是如何对这一地区的人民能顺利进行压榨和奴役的问题。他们虽然有时被南宋王朝的逃窜及其军事上的无能所诱发，觉得可以继续出兵远征，干脆把南宋政权消灭；但在更多的时候，或在较多的一部分人中，对其自身政治、军事实力的估计，却似乎还只认为，在短期之内，应以河东、河北地区为限，应先集中力量把这一地区的社会秩序安定下来，也就是，把金政权对这一地区的统治巩固下来。

然而，自从宋、金双方发生战争以来，战与不战的主动权，是一直操持在女真贵族手中的。而到1130年的夏季为止，女真兵马已经实际侵占了的地区，不但包括了整个山东，且也能够控制淮北的许多州县。因此，女真贵族们就大肆玩弄其"以和议佐攻战，以僭逆诱叛党"❶的策略。事实上，"以僭逆诱叛党"的手法，女真贵族们自从灭掉北宋政权，树立张邦昌做伪楚皇帝之日起，就已开始

---

❶《大金国志·太宗纪》。

使用了；到兀朮率兵侵入江南，攻占建康之后，也是用建立伪政权作诱饵，诱使杜充投降的。

建炎二年（1128）春，赵构已经把重建的宋政权迁徙到扬州，山东已处在女真铁骑虎视眈眈的情况下，做河北提点刑狱的刘豫，也弃官而逃窜到真州。刘豫本想远远地躲开女真兵马，却不料宋政权又委派他去做济南府的知府。济南府是个首当敌冲的地方，刘豫如何敢去？他请求改派他到长江以南的某个州郡，但没有得到允许，最后还是不得不满怀忿怒地到济南去上了任。这年腊月，女真军事首脑挞懒率兵去攻打济南，刘豫乘机杀掉了济南的一员猛将关胜，投降了挞懒。

挞懒攻占了山东，山东便成了他的部队的驻屯地区。刘豫在投降之后，继续充任济南知府，等于处在挞懒统属之下，因而极力去事奉挞懒，把他所搜刮到的珍玩宝物尽量送遗挞懒，企图得到他的欢心和宠信。而他的这一愿望也果然达到了。到1130年，当兀朮从江南撤兵北返，淮水以北的地区已入于金人掌握，女真统治者们又打算在中原地区树立一个傀儡政权，作为宋、金之间的一个缓冲势力的时候，挞懒便着意于刘豫其人了。

（2）

然而，当时掌握着金王朝的最高军事权力的，是驻扎在大同府的粘罕，而不是驻扎在山东的挞懒。当刘豫不断用贵重宝物向挞懒行贿，挞懒想要树立刘豫做傀儡皇帝的意图日渐明显的时候，粘罕的一个心腹人物高庆裔就向粘罕献议说，目前既然有意要在中原地区树立一个傀儡政权，你就应当首先明确地提出此事，并且明确指定要树立何人，免得被别人占了先着，以致"恩归他人"。❶

粘罕采纳了高庆裔的建议，并即派遣高庆裔经由燕山、河

---

❶《三朝北盟会编》卷一四一引《金虏节要》。

间，越过黄河故道，先后到达刘豫的家乡景州（今河北省景县）和山东的德州、博州（今聊城）、东平府等地，迫使这些地方的官吏和居民书写《愿状》，表示拥戴刘豫充当这个傀儡。后经粘罕把这些《愿状》集中起来告知金主吴乞买（太宗），于是在1130年的重阳节日，刘豫被金王朝册立为皇帝，国号也由金王朝代定，叫做"大齐"，都城设在大名。

从此，金王朝便把它所已经侵占的山东、河南之地，名义上一律划归这个伪齐政权统治，实际上，伪齐政权的任何重大举措，却还必须一概仰承女真贵族们的鼻息。

刘豫做了傀儡皇帝之后，接着就任用了一批文武大臣和地方官吏，其中的大多数，原先都是宋朝的官吏，是在双方作战期间投降于女真统治者的。

刘豫还从他的统治区内招募壮丁，组成了武装部队。到后来，一些因受到南宋政府军的征讨，在南方无法立足的游寇和军贼，先后投降伪齐的，为数也颇不少。正是这些降兵降将，逐渐形成了伪齐政权所倚恃的主要武装力量。

二　张浚丧师和金人占领秦川五路

（1）

北宋王朝虽不把首都设在关中的长安，但在其最高统治集团当中，却都是认为，河东和关陇地区，民性强悍，勇武敢战，是招募兵卒的最好的地方。这些地区的一些土著族姓，例如折家、种家、杨家、刘家，在北宋一代也都是以世代将门著称的。在遭遇到女真兵马的侵凌，重建的宋政权虽已南迁，其统治集团中人，绝大多数仍是认为，想要保证有一支可以抵抗金军的劲旅，必须尽可能不使这个最好的兵源所在丢失掉。

而何况,潼关以西(即所谓关中)的地理形势,四塞以为固,进可以攻,退可以守,是一个难攻易守的地方。所以,当赵构即位之初,考虑迁都与否的问题时,主战派当中便有人建议说,如果非迁都不可,那就最好迁往长安,把关中地区作为抗击金人的战略基地。然而在当时,赵构、黄潜善、汪伯彦之流,却只是醉心于扬州以及江南诸大城市的繁华富庶,并不把报仇雪耻、光复故物的事放在考虑之中,因而只顾向南逃窜。有一个名叫曲端的将官,曾为此写诗加以讽刺,其中有两句说:"不向关中兴事业,却来江上泛渔舟!"这两句诗,虽然后来被曲解为"指斥乘舆(皇帝)",成为张浚杀害曲端时所罗织的罪名之一❶,但它却确确实实反映了广大人民的愿望。也就是说,在当时广大人民的心目当中,都是认为,南宋政权应当把关中作为谋兴复的基地。

当女真贵族于1130年秋树立伪齐傀儡政权时,中原地区虽已全被女真兵马所侵占,潼关以西诸路,却只有永兴路的长安等地处于宋、金双方的拉锯战情况中,另外的所谓秦川五路,即秦凤路、鄜延路、环庆路、泾原路和熙河路,则只有延州(今延安)以北的地方已为金人所占领,其余的大部分还都是归南宋政府控制的。

(2)

建炎三年(1129)夏,那个曾在帮助赵构复辟的事件中立了功的张浚,有一天向赵构建议说,中兴大业,当以关、陕地区为起点。而且说,敌人如先发制人,经陕西而窥川蜀,东南半壁也将难保了。因此,他自告奋勇,愿意亲自去担任固守陕、蜀的军事重任。而在这些主张和表态的背后,还隐藏着一个更真实的意图,那就是要迁都到四川去。自建炎三年以来,在南宋小朝廷上即有一种盛行的意见,认为与其在东南各地奔波流徙,还不如龟缩在四川,

---

❶《宋史》卷三六九,《曲端传》。

倒更安全稳当一些。因而就主张，宁可把江淮的守御力量放松一些，也要用大力去经营关陕，以确保四川的安全。❶赵构很同意张浚的建议，便委派他为川陕宣抚处置使，而且授与他以"便宜黜陟"的大权，也就是，使他有权可以不经过南宋王朝的同意，而自行选用或罢免地方行政官吏和军事将领。

张浚是一个虚浮夸诞，缺乏实干能力的人。即使用最宽恕的字样来评价他，也只能说他是一个志大才疏的人。而他还贪权、怙势、轻率、跋扈。他在建炎三年秋从建康出发，到兴元（今陕西南郑县）去就任。还没有到达川陕地区，他在经行之地就已开始使用其"便宜黜陟"之权，对于沿途的地方官吏，有的加以调换，有的委派新人。

（3）

张浚在抵达兴元之后，先命幕客代作了一篇祭诸葛亮的文章，派人到定军山诸葛亮的坟墓上去祭奠，一方面表示这次出兵的意义和诸葛亮的北伐中原相同，另一方面还夸说当前形势远非诸葛亮那时之所能比。❷接着，他把宣抚使司组织成一个很庞大的班子，一心想要对金人采取主动攻势。特别是到建炎四年（1130）秋季，兀朮所率女真铁骑虽已从江南撤退，但挞懒却又率领所部到淮南去与兀朮会师，又有渡江南犯的态势。这时候，南宋王朝很希望张浚能在陕西对金军发动攻势，分路以捣敌虚。张浚本人，则因对于敌我力量的对比缺乏正确估计，也满心跃跃欲试，并开始调集秦川五路的兵马，令其一律向指定地点集结。在宣抚使司的许多幕僚当中，有人出于轻躁，有人居意迎合，大多认为，五路兵马既已集结，克敌之功必定能成。有的人甚至说：

---

❶《宋史》卷三三七，《季陵传》。
❷《三朝北盟会编》卷一三三，《张浚至兴元府》条。

>只要五路兵马全部到来，就可把金兵一扫而光。

宣抚使司的干办公事郭奕听到这人的发言之后，应声问道：

>这"一扫"，不知是怎么个扫法？是用笤帚扫，还是用扫帚扫？

这句满带讽刺意味的问话，使得满座人都大为惊愕。

其实，反对发动这场主动攻势的，还不止是文人郭奕等，武将中的王彦、吴玠、曲端等人也是反对的。尽管如此，张浚对于这些反对意见是不肯听从采纳的。他把陕西诸路的人力物力都集中在耀州的富平县：战士二十万人，马七万匹，金银钱帛和粮食，堆积如山。诸路乡民运送粮草辎重的，络绎于道，源源而来。到达富平之后，全都围绕军营堆置。每州每县都各自结扎一个小寨，以车马为卫，十十五五，相连不断。他任命熙河路帅刘锡为都统制。建炎四年九月上旬，张浚也亲往前线去督战。到了富平，看到士马和军需如此盛壮富实，竟至得意忘形地说道："看来，这次战争打起来以后，就可一直打到幽燕去了！"

这时金军驻屯在下邽县（在今陕西渭南以北）境内，与富平县的宋军相隔约八十里，而金军统帅娄宿却还停留在绥德军，于是宋军的将官当中便有人主张，乘此机会，赶快进击金军。张浚则因对胜利感到有绝对把握，不同意进行突然袭击，而主张投递战书，约日会战。不料几次投书，金人都不作回报，在娄宿已经从绥德到达下邽军营之后依然如此。于是，张浚认为娄宿不敢应战，便在军营前张贴大字榜文说：

>有能活捉到娄宿本人的，即使是原无一官半职的白身人，也要授予他以节度使的高官，而且要赏银万两，赏绢万匹。

娄宿对张浚的这种挑战行为立即作出了反应。他把金军移进，使与宋军对垒，并且也在军营前张贴大字榜文说：

有能活捉到张浚本人的，赏驴一头，布一匹。

对于张浚和他所纠集的宋军，表示了充分的蔑视。

张浚之所以觉得战则必胜，一是因为宋军人数数倍于金军，二是因为宋军的前面是一片广阔的芦苇塘，对于以骑兵为主力的金军来说，甚为不利。但在两军交锋之前，娄宿先率领几十名骑兵登山去瞭望宋军，看到宋军人数虽多而营垒不固，千疮万孔，极易攻破。在决定出兵应战之后，娄宿就挑选了三千名骑兵，由骁将折合率领着，用沙土袋在苇塘中填平一条通路，径直冲向军营周围的乡民小寨，乡民无法抗拒，便奔跑逃避。金军乘机占领了各个小寨，等于把宋军包围起来，宋军遂全部陷入惊惶失措的混乱情况中。张浚首先乘马急奔，诸路军马继之也全部溃散。金人得胜不追。宋军堆积如山的金银钱帛，全都成了金军的战利品。

张浚先由富平逃到邠州（今彬县），继由邠州逃往秦州（今甘肃省天水县），更由秦州逃往兴州（今陕西略阳县）。从此，永兴路和秦川五路尽为金人所占领。其后不久，金王朝把新占领的这六路之地一并拨属伪齐。此后南宋王朝在陕西陇右地区所能控制的，只剩有阶（今甘肃武都县）、成（今甘肃成县）、岷（今甘肃岷县）、洮（今甘肃临潭县）诸郡，和凤翔的和尚原、陇州（今陕西陇县）的方山原诸地了。❶

张浚想以武力确保住潼关以西的六路之地，其主观愿望当然是好的，但是，我们今天要对富平战役作出评价，却必须把他的主观愿望及其所造成的客观效果统一起来加以衡量。以保卫关陇地

---

❶ 本节各段，皆据《三朝北盟会编》卷一四二，建炎四年九月二十三日记事。

区为名，不在事前对敌我力量进行认真的对比和精确的估计，就轻率地出兵挑战，以致未经作战就落得那样一个丧师失地的惨痛结局，这是无论如何也不能不受到当代和后代人的严厉谴责的。

三 女真贵族阴遣汉奸秦桧归南宋

（1）

早在1127年，当金军统帅粘罕和斡离不要把宋钦宗赵桓废掉，另立张邦昌为傀儡皇帝时，宋廷臣僚有很多人上书给金军的这两位统帅，要求他们仍然从赵姓皇室中选立一人，而不要选立其他姓氏的人。当时有一个名叫秦桧的人，正在做御史中丞，即御史台的长官，他也写了一封同样内容的信给这两位金军统帅。因此，秦桧被金人指名要去，成为大批被俘官僚中的一员，被系累而北。

1127年的十月中旬，赵佶、赵桓等人，又由燕京的悯忠寺（今北京法源寺）等处被押送到旧日辽国所建中京（今辽宁省宁城县）城内。被俘的大批宋官都被押往显州（今辽宁省北镇县），秦桧则因这时已经投靠了挞懒，被留在挞懒身边，也在这年冬季随同挞懒而抵达中京。❶

赵构重建宋政权的确实消息，到1128年的夏季才为赵佶所闻知。赵佶很想借此机会作为向女真贵族们摇尾乞怜的资本，便亲自草拟了一封致粘罕的长信，着人转与秦桧，令其加以润色之后设法送达粘罕。秦桧看过之后，觉得赵佶原稿写得太长，引用历史事件太多，只会使粘罕发生厌恶之感，于是就代替赵佶重新写了一封。其中有云：

---

❶《靖康稗史》之六，《呻吟语》。

……顷自大圣皇帝（按指金太祖阿骨打）治兵之初，信即承命于下吏。先皇帝（指阿骨打）惠然顾怀，结为兄弟，载在盟书，永以为好。……适会妄人，啸聚不逞，信之将臣，巽耎畏事，怀首鼠之两端，信亦惑其谬悠，得罪大国，自知甚明。故于问罪之初，深自刻责，不敢抗兵，亟去位号，委国计于嗣子，……而嗣子愚弱，不娴于礼，小人贪功，要取民誉，妄有交搆，遂重获罪于大国。祸皆自取，悔将何及！

信向自传位以来，退处道宫，不复干预国事，事无大小，并不预闻。此非敢妄为之说，天下之人所共知也。……

赵氏自太祖不血刃取天下，……百余年间，不识兵革，斯民仰事俯育，衣食无憾，……今若因而存之，则世世臣属，年年输贡，得失可见矣。必欲拿舟交广，驰马闽蜀，蹑[足]关陕，决大计于金鼓之间，得失可见矣。……

欲所得之利尽归公上，则莫若岁岁受金帛；使他人守疆，则莫若因旧姓而属之。在郎君宜熟计而审处。

闻嗣子有在南方为彼人所依，此祖宗恩德在人，未易忘也。如蒙郎君以信前所言为然，望赐采择。信欲遣专介，谕嗣子以大计。郎君可不烦汗马之劳而坐享厚利。

伏惟麾下多贤，通知古今、谙练世故者不为少，想当裨赞成画，笑谈而定。❶

信中的这些昏话，充分暴露出赵佶和秦桧等民族败类的丑恶嘴脸，然而其中的"小人贪功，要取民誉"两句，却也从反面反映出来，当时的人民确实全都主张抗战，当时统治集团中的抗战派的作为，确实符合了广大人民的意愿。

秦桧不只替赵佶改写了这封书信，而且还乘机向挞懒表示，

---

❶《建炎以来系年要录》卷一六，建炎二年六月末记事附注，语序略有调整。

如果粘罕能够采纳这信中的建议，允许赵佶派遣专人去南宋劝说赵构投降的话，他是极愿承担这一使命的。

在秦桧借挞懒之助而把这封信递交粘罕之后，粘罕并没有加以理睬。虽是如此，然而秦桧之乐意劝说南宋政权向金政权屈膝投降，愿意在这宗交易当中充当掮客，却等于已经在女真酋首们那里注了册，挂了号，只要遇到适当时机，女真酋首们是会把他纵还南归，使他担任这个脚色的。

（2）

1130年秋，挞懒率领女真兵马由山东南犯淮南，秦桧随行，作参谋军事，还兼任随军转运使。秦桧的老婆和奴婢也都随军同行。

金军攻打楚州，多次不能攻下，挞懒就散发了一篇檄文，劝说楚州的守军和居民投降。这篇檄文也是由秦桧代作的。

通过种种事件，证明秦桧是最能顺承女真贵族意旨，最能对金国主子效忠心的一个奴才。于是，在1130年十月，秦桧就在挞懒的暗示和纵容之下，挈带着老婆、僮仆和使女，行囊中且还装裹了不少东西，却假称是暗自潜逃出来的，从楚州乘船回到南宋统治区域内了。

挞懒把汉奸秦桧放归南宋，要使他进入南宋政府去做女真贵族的代理人，何以竟能如所预期，在秦桧回到南宋之后，就必会打进南宋最高统治集团之内呢？这是因为，当时宋、金矛盾的主要方面是在金方，只要金人不彻底解除赵构对南方人民进行统治剥削的权利，则女真贵族们的予取予求，赵构无不唯命是听。这是女真贵族们所深知，也是秦桧所深知的。事情也果然如此，秦桧在到了南宋行朝之后，立即为赵构所引见了。

秦桧跟随在挞懒身旁已有好几年，对于女真最高统治集团内部情况，应该已有较多的了解。倘使他这时还多少具有一些民族意识，或还没有完全丧失其民族立场的话，当他第一次与赵构相见的时候，所应当做的最首要的事情，只应是：向赵构如实地分析一下女真统治集团间所存在的弱点，例如军事首脑人物粘罕、挞懒、兀朮等人之间的矛盾斗争和勾心斗角等事，借以加强赵构对抗金斗争的信心。但是，秦桧这时已经完全变节，已经变为一个彻头彻尾的汉奸，他只是一心想做女真主子的忠顺奴才，因此，当他见到赵构之后，只是专向赵构表达：自己如何如何为挞懒所宠信，南宋政权如何如何应向女真贵族表示降服，以及他自己如何如何能够而且愿意担任进行投降交易的掮客等事。甚至于，连向挞懒乞降的一封《国书》，秦桧也已经代替赵构写好，并当面递交赵构。

秦桧挟女真贵族之威势以自重，也的确因此而受到了赵构的重视。赵构向人说，他在召见秦桧之后，喜得连觉也睡不着了。但因挞懒尚非金王朝的最高军事掌权人，用《国书》去向他求和，在赵构还觉得不甚相宜。于是，没有采用秦桧拟就的那篇《国书》，而改命大将刘光世先以私人名义向挞懒通书致意，进行试探。书中所"致"之"意"，当然是在代替赵构向他表明，南宋王朝是可以向金王朝屈服投降的。秦桧从此被留在南宋行朝，先做礼部尚书，三个月后，即绍兴元年（1131）二月，又被提升为参知政事。这也是向挞懒做出的一个明显姿态：如果刘光世的信件能从挞懒那里换得回音，南宋王朝就要把屈服投降的勾当交由秦桧着手进行了。然而挞懒没有回信。

做了参知政事的秦桧，立即觊觎着宰相职位。为求迎合赵构的心理以取得信任，他大倡什么"中国人但当着衣啖饭，徐图中兴"之说。另外，他还极力制造一种舆论说，若使他能做宰相，他有两策可以耸动天下。这样，他做参知政事半年之后，果然又如愿以偿，在同年的八月身登相位。

秦桧所提出的，他自认可以耸动天下的两策是：南人归南，北人归北。这也就是说，目前居处在南宋政权统治区域之内的，不论是官僚豪绅或士兵百姓，凡是原籍贯在河东、河北、山东、陕西等地的，都要使其返归金政权的统治下；凡是原籍贯在中原的，都要使其返归伪齐政权的统治下。这两策虽仅寥寥八个字，其所包含的罪恶阴谋却是很复杂也很险恶的：

第一，它意味着要使南宋王朝自动解除武装。在宋代，一般人都认为生长在北方和西北地区的人，体裁魁梧，勇敢善战；生长在东南诸路的人，则比较柔软脆弱，不适于做战士。不论这意见正确与否，在当时却为一般人所普遍接受。事实上，南宋初年政府军队中的兵和将，绝大多数也都是出生在陕西、河东、河北等地的。也正因其如此，所以在建炎三年（1129）二月内金人攻陷扬州城时，就在城内揭榜说，要"西北人从便还乡"，其用意就是要瓦解南宋的武装力量。倘使秦桧提出的这个对策果真实行，那首先就要把出生在北方和中原地带的士兵和将官一律遣返原籍，那就等于是自动解除武装。

第二，这将使华北、中原和西北地区的居民，不论遭受到敌、伪的何等奴役，再也不敢奔往南宋境内。因为，投奔了去最终也还得被遣送回来。而这就等于替敌、伪安定了社会秩序。

第三，这等于正式承认关陇、华北和中原之地归敌、伪所占领，恢复失地之事再也不容提及了。

然而，女真的军事首脑们分明还在各路加强其对南宋的军事压力，刘光世写给挞懒的"致意"信也没有受到理睬，这都表明，女真贵族还没有放弃其消灭南宋政权的意图。秦桧提出的对策，也仍然未必能够满足其女真主子的野心，使其不再以武力进犯。特别是，当时南宋朝野上下还都充满了报仇雪耻、收复失地的呼声，在这种形势和气氛之下，秦桧的对策中所要付出的代价确实高得令人惊骇。因而，他这八字的对策，不但为当时的"清议所不容，诟詈唾斥，欲食其肉而寝其皮"；也不只当时南宋官民，"无贤愚，无贵贱"，都"交口合辞以为不可"；就连赵构本人也觉得实在难以为情，他向人说道：

秦桧主张要使南人归南，北人归北，我就是一个北方人，将归往哪儿去呢？

到绍兴二年（1132）八月，南宋王朝的殿中侍御史黄龟年上奏章弹劾秦桧，说他"专主和议，沮止国家恢复远图，且植党日众，专国自恣，渐不可长"。赵构因此罢免了秦桧的宰相职位，并在罢相诏词中把秦桧所献两策列为罪状之一，说道：

自诡得权而举事，当耸动于四方；逮兹居位以陈谋，首建明于二策。罔烛厥理，殊乖素期！[1]

从这里又可看到，赵构有要对金屈服投降的一面，但他还有与女真贵族们相互矛盾的一面。在他要屈服投降而不可得时，他就间或采纳抗战派的主张，允许他们去对金人进行武装斗争。而在秦桧，却只一心一意要执行其作为女真贵族代理人的职务，在不论大大小小的问题上，他和他的女真主子之间是不存在任何矛盾的。

在赵构的"两面"当中，主要的是他要对金屈服投降的一面。因此，当他还不敢冒天下之大不韪的时候，他虽然不得不顺应舆情，把秦桧从南宋王朝贬斥出去，但他却也从此把秦桧其人牢牢地记在心头。到屈服投降的机缘今后再度来临时，他仍然是要倚靠秦桧，要使秦桧去施展他那一套鬼蜮伎俩的。

---

[1]《建炎以来系年要录》卷五七，绍兴二年八月甲寅记事。

第四章
岳飞讨平军贼李成、张用和曹成

一 讨平李成和张用

（1）

发生在建炎四年（1130）的一些事变，都足以影响和改变宋、金对立斗争的形势。在这些事变相继发生之后，南宋政权不论在政治和军事的处境上，都较前更为被动、艰苦。处在这种情况下的南宋最高统治集团，再也不敢涉想到武装抗战的事。他们所在暗自企望的是：由于伪齐傀儡政权的产生，在宋、金之间出现了一个缓冲地带，女真兵马也许从此不再南下了吧；在关陇地区落入金人手中之后，女真贵族们可能要集中力量对那里进行"镇抚"，也许可以暂时松弛其对南宋政权的政治军事压力了吧。在赵构等这伙民族败类的头脑当中，面对着最新近的几次丧师失地的危难结局，不只是没有激励起仇恨感和报仇雪耻的坚强意志，却反而发生了这样一些卑劣想望。总之是，只要女真兵马不再进一步南下侵犯，他们就要和女真贵族们维持一个互不侵犯的局势。

而女真兵马果然也没有在短期内再度南犯的迹象。

趁着女真兵马的暂不来临，赵构和南宋最高统治集团中大部分人，便都把心思和目光集中到安定内部的问题上来。的确，在南宋王朝的统治区内，使统治者们心思不得宁静的事件，已经发生得够多，而且还在日益增多。其中首须解决的，是被南宋的统治者们称为"游寇"的那些流移靡定、叛服不常的武装力量。

从建炎四年（1130）的后期以来，窜扰在大江南北各地，使南宋王朝最感头疼的游寇，是李成为首的一支。因而在这年岁末，宋廷把担任江南路招讨使的大将张俊改为江淮路招讨使，要他去负责征讨李成，并下令给驻扎在江淮地区的某些部队，包括退屯在江阴军境内的岳飞的部队在内，一律听从张俊的节制。

（2）

当李成率领他手下的人马由山东渐次向淮水流域南移时，他在符离遇见了一个名叫陶子思的道士，是一个喜欢替人相面，喜欢谈兵，不肯安分守规的道士。陶子思替李成相面，说他生就一副割据霸主的相貌，劝他带领十万人马，直奔成都，到那里去做西蜀霸王。李成虽然没有即去成都，他的政治军事野心却从此日益扩大。天天扩充其势力，扩大其地盘。

建炎三年，李成这支游寇曾被刘光世的部队打败，不得已接受招安。南宋王朝任命他做舒、蕲（舒州今安徽潜山县，蕲州今湖北蕲春县）镇抚使，想以此对他加以羁縻。不料他接受招安未久，就又故态复萌，在建炎四年二月，攻入舒州城内，俘获了淮西路的州县官百余人。有人乘机向李成投书献媚，说他是当世英雄，劝他"顺流而过金陵，号召江浙，以观天意"。❶ 他虽没有立即采纳，但这年秋冬之际，乘女真兵马从江南撤退之际，他率领这支游寇窜扰并占据了江淮之间的六、七个州郡，拥众数万，企图进一步席卷东南。他一方面指使徒众造作各种文书符瑞，或说李成的姓名合乎图谶，或说李成的相貌异于常人，以此来迷惑民众；另一方面又派遣部将马进，统领人众由黄州渡江南下，从大冶县进犯兴国军（今湖北阳新县），几天之内便到达江

---

❶《建炎以来系年要录》卷三一，建炎四年二月丙申记事。

州（今九江市）城下。马进所经过的州县，官吏大都望风迎降，只有江州的守臣据城固守，没有能够很快把它攻下。

宰相范宗尹向赵构建议，要派韩世忠率所部到江西去进行剿除，赵构却自从"苗刘之变"以来，认定韩世忠最忠勇可恃，因而主张把韩世忠的部队留在浙东，拱卫南宋小朝廷，而由刘光世率部前去剿除。及至商取刘光世的同意时，他却借口于镇江一带的群寇也在伺隙而动，说是难于离开防区。总是那种"养威避事"的派头儿。最后是派定张俊作江淮路招讨使，并把神武前军统制王瓘、神武后军统制陈思恭和岳飞的部队都拨归张俊指挥。

（3）

岳飞在绍兴元年正月初十日接到这一诏令，第二天就率领全军离开江阴，到宜兴县把留住在原军营中的老小移送徽州。

宜兴百姓，有人控诉说，当岳飞不在宜兴期间，其舅姚某对当地有所骚扰。在岳飞看来，这是严重触犯军纪的行为，是不能容忍的。岳飞便去告诉母亲说：

> 舅所为如此，有累于儿，儿能容，但军情与军法不能容。

但在母亲的极力劝说之下，岳飞终于没有按照军法行事。在前往徽州的途中，有一天，岳飞和几员小将官共同押送战马，他的舅舅姚某也在内。姚某突然骑马飞奔向前，在超越岳飞数十步时，他有的放矢，把箭射向岳飞，却只射中了马鞍的鞍桥，而没有射在岳飞的身上。岳飞立即驰马逐舅，把他擒下马来，令神将王贵、张宪捉其两手，自取佩刀剖其心脏。

岳飞把这事情告诉了母亲，母亲惊讶地说：

> 我最钟爱这个弟弟，你怎么干出这样的事来！

岳飞说：

> 他的箭所射中的地方，如果稍微偏上偏下一点，那我就被他射死了！我如被他射死，母亲虽想过一天平安日子，也将不可得了。箭只射中鞍桥，正是天要保佑我。今日我不杀舅，他日必为舅所杀。所以还是把他杀掉为好。

反正舅舅已被杀死，母亲也就只好忍痛不言了。

把随军老小安顿在徽州之后，岳飞又率领军马奔向洪州（今南昌），去与张俊会师。❶

从宜兴前往徽州，和离开徽州奔向洪州的征途当中，绝大部分路程都是缘着蜿蜒崎岖的天目山和黄山山麓行进的。虽还是初春时节，沿途的风光景物，却实在美丽喜人。生长在河北平原地区的岳飞，对此更感到十分留恋，然而他所受命承担的任务，却又使他不得流连这些风景。

在祁门县西四十里的一个地方，半山中有一所寺院，是把山腰的一段开凿成平地，就地修筑了许多廊庑庙宇。它的名字叫东松寺。寺的前面俯临通途，其余三面都被高入云际的山峰环绕着。遍山草木森郁，烟雾笼罩着树木，树木又笼罩着庵舍，幽静潇洒，没有一点尘俗气息。岳飞于二月十四日从这里经过，鸟喧山静，春意正浓。这种可以入诗入画的境界，更使岳飞发生无限雅兴。他情不自禁地要在这里停留观赏些时。他邀请了后军的王团练和另外几个幕僚，一同到这所寺院中休息游览。

岳飞为了纪念这一历程，把上述种种在寺中写成了一段《题记》，就又向前继续进发。❷

---

❶《三朝北盟会编》卷一四四，绍兴元年正月十一日记事。
❷《金佗稡编》卷一九，《东松寺题记》。

（4）

自从建炎四年（1130）冬马进围攻江州之后，南宋王朝的大臣吕颐浩和武将杨惟忠、巨师古诸人，都曾率兵去援救过，但先后都被马进击败，而且全都不曾到达过江州的城郊。到绍兴元年（1131）的正月，江州城在被围百日之后，终于被马进所攻下。李成也赶紧渡江，移居江州城内，另派部将邵友从奉新县直趋筠州（今江西高安县）。

岳飞的部队在江州失陷后才赶到洪州，然而还是最先赶到的一支。张俊和王㺭等人的部队，则都比岳飞到得更晚，他们是在筠州和临江军（今江西清江县）也被邵友、马进攻下之后，才分别由越州等地相继到达洪州的。

张俊和拨归他指挥的诸路兵马都到达洪州之后，探知在江州的李成和在筠州的马进都无所动作，便也敛兵不动，既不许击鼓鸣金，也不许将士登城。这样偃旗息鼓达一个多月，马进认为官军必是不敢出战，便进逼洪州，而且送来大字文牒，约日会战。张俊特地写了一封小字回书，借以助长敌人的骄气。到探明敌军果然怠忽起来，集结在洪州的各支官军便商议尽快出击。岳飞自请担任先锋，他就和杨沂中由赣江上游的生米渡过了江，出贼不意，在玉隆观将其先锋部队打败。乘胜追奔，直至筠州。第二天，张俊也率大军赶到。马进把屯驻在筠州的上十万人马一齐调动出来，背筠河而阵，而且把所有要害之地全已扼守起来。张俊自领步卒与贼战，命陈思恭、岳飞、杨沂中等率领骑兵，从山后绕道前进。交战到中午时刻，两道精骑自山驰下，使贼军陷入腹背受攻的局势，贼军骇乱溃退，死者数万人，被俘虏的八千人。张俊督锐卒，追至城下，贼力不支，乘夜遁走。筠州和临江军乃相继为张俊所收复。❶

---

❶《建炎以来系年要录》卷四三，绍兴元年三月甲子记事；《三朝北盟会编》卷一四五，《张俊败马进于玉隆观》条。

马进在筠州失败之后，率领余众仍要经奉新而逃回江州。逃到奉新县境的楼子庄，就为张俊的兵马所追及。贼将商元赶紧在草山的一段最狭最险的通路上设下埋伏。然而被张俊看穿，张俊便派遣步兵，躲过这段路程，从间道直趋山顶，杀伏夺险，一直就追杀到江州。原在江州坐镇的李成，早已回到江北的蕲州（今湖北蕲春县），马进等沿途拒战不胜，也不敢再在江州停留，急忙渡江北奔蕲州。张俊军遂于三月二十八日收复了江州。这时兴国军等处的群贼也都闻风奔窜了。❶

张俊和岳飞等人的部队，因粮食缺乏，在江州停留了将近两月，到五月下旬才又引兵渡江，去攻打李成、马进等贼众。在黄梅县与李成、马进等匪徒相遇。李成占据石幢坡，居高临下，凭山以木石投击官军。张俊乃派遣出一批游卒，忽进忽退，装作要与贼军争夺险要的态势，以吸引贼军的注意力，张俊自己却从另外的途径率众攻入贼阵，贼众奔溃。贼将马进等为追兵所杀，李成率领余众北去投降了伪齐。❷

（5）

张用在建炎三年（1129）春脱离了杜充，又在陈州城下打败了马皋的部队之后，紧接着也和王善一伙分裂。他和曹成等人率领了大批人马，先是窜扰在淮北各地，到建炎四年，便盘据在淮西的寿春、舒城一带地方。

在这期间，马皋为郭仲荀所杀，马皋的妻子绰号叫做一丈青的，被一个名叫间勍的将官收养为义女。当张用流窜到濠州的时候，间勍与之相逢，因为要劝说张用归附南宋王朝，便把一丈青改嫁张用为妻。一丈青也很剽悍，不但能戴甲上马作战，而且号称能

---

❶ 《三朝北盟会编》卷一四五，《张俊败马进于江州》条。
❷ 同上书卷一四七，《张俊追及李成……成走附于刘豫》条。

与千人为敌。张用并未因此而归附宋廷,却从此得了一名极能干的女将。此后,一丈青就做了张用军的中军统领。❶

建炎四年夏季,淮西地区缺粮,张用这支游寇便又流窜到德安府(今湖北安陆县)境内:张用屯军三龙河,曹成屯军应城县,此外,扎营散居的,如李宏等部,为数也还不少。连营接寨,络绎不绝,直到郢州(今湖北钟祥县)境内。刚到初秋,驻屯鱼磨山寨的那部分游寇,自相屠杀起来,统领官竟被几个小将佐杀害了。张用闻知之后,深恐此风渐长,自己也难保不为部下将佐所杀害,便只带领最亲信的部下一、二千人,脱离了曹成等所率领的大部分游寇,奔向汉阳军去。在汉阳又掳掠了许多强壮,把自己的队伍加以扩充,并且接受了鄂州路安抚使李允文的招安,驻扎在鄂州(今武昌)城中。❷

绍兴元年(1131)春,南宋王朝对李成进行征讨时,曾下令张用去解江州之围,张用没有接受。后因李允文密谋收拾张用,未遂,而曹成又移军汉阳相逼,张用遂又把部队移到咸宁县去。然而实际上,他却还是一方面与李允文互为声援,另一方面也仍然与曹成等所率游寇忽离忽合。总之是,依然不肯听从南宋王朝的指使和号令。

绍兴元年六月,在李成的一支游寇已基本上全被讨平之后,张俊的大军已经压在鄂州境上;而孔彦舟所率领的一支游寇,因在潭州被马友屡次打败,又北向流窜到汉阳;这使在鄂州的李允文腹背受敌。张俊乘此时机夺取了李允文的军权,并把李允文本人押赴南宋王朝。

当张俊的大军进入鄂州境时,张用感到极大压力,便又离开咸宁渡江南下,移屯江西的分宁县(今修水县)冷家庄。曹成也率部相随而来,驻屯在与冷家庄相距三十多里的吴仙镇。在张俊设计

---

❶《三朝北盟会编》卷一三八,《史康民及金人战于定远县》条。
❷《三朝北盟会编》卷一四〇,《张用奔于汉阳军》条。

收夺李允文兵权的同时,也派遣岳飞到分宁去招降张用。

岳飞曾经在开封的南薰门外和张用交战过,而且建立了以少胜多的一次奇勋。这件事,张用应当是记忆犹新的。今天的岳飞,其地位,其部队的实力,全已大非昔比,而现在又正是他带领人马前来施加压力,进行招安,这在张用全都是必须郑重加以考虑的。然而,张用却还是踌躇不决。他下令给驻屯在附近的游寇,第二天一律要往吴仙镇集合,表示要对岳飞的部队进行抗拒。及至诸军果真于第二天会集到吴仙镇时,张用却在冷家庄军营中接受了张俊的招安。

八月八日,张俊在瑞昌县长江里的丁家洲检阅张用的人马。张用被留在张俊军中作统制官。兵众五万,强壮的也都留在张俊军中,老弱的一律放散,任其自寻生路。于是有投入岳飞军中的,有投入韩世忠军中的,有投归曹成的,也有另觅生路的。❶

曹成到头来还是不肯随同张用接受招安。在张用既已归附张俊之后,曹成便率领集结在吴仙镇的全部人马,离开江西,向湖南境内流窜。

(6)

在半年来征讨游寇李成、张用的战斗过程当中,随时随地岳飞都有一些极不寻常的表现;平时对待部下,他既有惠爱,也有威严;临阵打击敌人,他既有智计,也有胆勇。因此,到张俊将要从江西班师还朝时,岳飞和他的部队便被留在洪州,以备"弹压盗贼"之用。

岳飞本人,也在绍兴元年的七月被升擢为神武右副军(原名御前军)的统制。

南宋行朝还下令给原驻洪州的任士安,令其把军马拨交岳

---

❶《三朝北盟会编》卷一四七,《张用以兵五万降张俊》条及《张俊点拣张用人马》条。

飞，而授与任士安以江西总管的职务。当交接这支军马时，岳飞依照这支部队的人数支付犒赏，交给任士安去发放，并且规定：带甲人每人五千文，轻骑人每人三千文，不带甲人每人二千文。不料任士安经手时竟发生了克扣贪污情事。岳飞察知之后，给予任士安决杖一百的处分。又不料任士安竟因决杖受伤，"病疮而卒"。结果是由其属将郝政把军马点交给岳飞的。

担任江西路兵马钤辖的赵秉渊，是北宋末年由辽朝投降宋朝的一个小军官，这时也正率部驻扎在洪州。岳飞是一个喜欢喝酒的人，一次，与赵秉渊对饮，大醉之后，竟对赵秉渊享以老拳，几乎把他殴击致死。但在事后，岳飞却向南宋政府申请，把这支部队归他统辖，并把赵秉渊用作他的部将。（绍兴十年六月，在北上收复了淮宁府即陈州之后，岳飞还曾派当时作了胜捷军统制的这位赵秉渊去作淮宁知府。）❶

这时候，还有傅选的一支部队驻扎在江州，李山的一支部队驻扎在蕲州，原都是受江西安抚大使李回节制的，岳飞也都取得李回的同意，把两支人马一齐拨在他的统辖之下。

在这样的几次调拨并合之后，岳飞统辖的军队，不论从数量或从作战能力来说，才真正成为一支劲旅。❷

岳飞在洪州从容坐镇，格外注意军队的风纪。平时，他把士兵一律管束在军营中，不让街巷坊市看到一兵一卒出游。

二　讨平曹成

（1）

在张用率领亲信离开三龙河而往汉阳军后，曹成便移屯于三龙

---

❶《建炎以来系年要录》卷一三六。
❷《三朝北盟会编》卷一五五，《岳飞来朝》条。

河,李宏则仍屯郢州境内。到绍兴元年正月,在从德安府到郢州一带,由于这班游寇的窜扰,"野无耕种,廪无储积",当地居民饥寒交迫,游寇的衣食也很感困难。于是,曹成、李宏等便相继率众趋汉阳。在那里接受了鄂州路安抚使李允文的招安,全军下寨于鄂州的东门外,"漫冈被野,接连不断"。后因鄂州无钱粮供应他们的勒索,便又撤离鄂州而转入江西❶,与张用互为声援。到张用接受了岳飞的招安之后,曹成和李宏就又率众流窜到湖南路的浏阳县境内。

驻扎在浏阳没有多久,曹成和李宏两人因互不相下而又发展到互相拼杀。其后李宏率领他的人马去依附了盘踞在潭州(今长沙市)的另一游寇头目马友。马友原也是张用的一个部下,是一年前被曹成从汉阳军赶走的。马友把李宏的部队调驻湘阴县,而曹成也于绍兴元年的秋季率部移驻攸县。在此期内,曹成想攻占潭州,又曾与马友发生过一次斗争,结果却为马部所败。十一月下旬,提举江西茶盐公事的侯恁上疏给南宋王朝说:

[曹]成今据衡山上流,控扼要害,毒流三千里,莫之谁何。马友现与李宏溃卒合为一军,虽驻兵在潭,然素畏曹成。昔曹成在鄂,[马]友自汉阳移军潭、衡以避之,其忌成可知矣。

臣料贼意,若[曹]成由衡山顺流而下,[马]友必弃潭而东入江西。盖前有孔彦舟之隙,后逼曹成,西拒刘忠,万一势穷力尽,则必归曹成而攻江西矣。

闻[马]友近招人买马,打造兵器,度其狡狯之心,观望向背,止在今春。朝廷若不早作措置,则江西诸郡恐非朝廷有,江西失则二广危矣。❷

---

❶《三朝北盟会编》卷一四四,《曹成、李宏受鄂州李允文招安》条。
❷《建炎以来系年要录》卷四九,绍兴元年十一月丙辰记事。

这反映出，若不及时解决曹成这支游寇，它将会在南宋统治区域内造成如何剧烈的危害。

然而侯忠的奏疏送达南宋王朝还仅仅几天，曹成又率部离开攸县而到达安仁县了。充任湖南安抚使的向子𬤝，由于先后受到孔彦舟和马友的威逼胁迫，正带领了几千兵丁移驻在安仁县内。曹成打败了这支官军，于十一月末攻下了县城，不但对城内外官民的金帛粮米大肆劫掠，且竟把向子𬤝捉获，拘置在军中，又全军窜往道州（今湖南道县）。❶

事态的发展，越来越说明，曹成这支游寇对南宋王朝的统治可能发生的威胁，其严重性的确是非同小可的。

（2）

绍兴元年的腊月中旬，南宋王朝虽把岳飞的军职由神武右副军统制提升为神武副军（原名御营军）都统制，但同时又下令给他，要他仍以所部驻屯洪州。直到绍兴二年的正月，南宋王朝在闻悉曹成已率游寇流窜到道、贺（今广西贺县）两州境内时，赵构、秦桧、吕颐浩这伙最高统治者们才共同商议说：

> 目前中原地区既已为伪齐所占据，那就让它作敌我之间的一个缓冲地带，目前不必考虑去收复它，将来再说吧。这样，当前的任务就是要用二广的财力，荩治荆湖南北两路，使其近可通京西（指今河南西部），远可接陕右，成为当今天下的右臂。因此，对于流窜在两湖地区的曹成这几支游寇，是必须设法加以解决的。❷

---

❶《建炎以来系年要录》卷四九，绍兴元年十一月壬戌记事。
❷ 同上书卷五一，绍兴二年正月庚午记事。

是在这样的考虑之下，南宋王朝才又委派已经废弃在福州许久的李纲，去做荆湖、广南路宣抚使、兼知潭州，叫韩世忠拨部将任士安❶率三千人随同李纲经由汀州、道州去上任；另外又委派岳飞在李纲到任之前做代理湖南安抚使和潭州知州，要他先率领所部以及马友、李宏❷等部，去征讨曹成。岳飞接到了这一命令，立即率部从洪州出发。

南宋初年，大部分官军的纪律都很坏，和军贼、游寇并不两样。特别是在行军过程当中，"所过肆为虏掠，甚于盗贼"。❸因此，各地居民，在平时就很怕有军队在当地驻扎，遇有军队经行，便大都是居民闭户，市廛停歇，以免遭受骚扰。然而，岳飞的军队，几年以来的事实都证明，它随时随地都以纪律严明而受到百姓的爱戴。在驻屯洪州期间，岳飞不允许兵众游逛街衢，只在教阅操练时候，人们才能看到这支队伍。当听说岳飞移师湖南去剿讨游寇时，大家都要在他们出发时，到街头去观赏一次这支部队的盛容。但在岳飞已经决定了开拔日期时，他并不通知洪州的官吏和居民，在一个夜间就静悄悄地全军出发了。明早，大军已经走了很远，岳飞才派人向地方人士去告别。居民闻悉之后，蜂拥而来，却只看到岳飞本人，另外只有几个老弱兵丁，替岳飞牵着马匹。❹

岳飞带领全军向湖南进发，沿路也都维持着极好的纪律：如果借住村中的民房，临行前必须替主人洒扫整洁，如果借用了民家的炊食器皿，也必须洗涤干净才送还人家。

当行经庐陵时，郡守特设了酒食供帐，在郊外招待这批武装过

---

❶ 这是原在韩世忠部下的一个人，其姓名虽与原驻洪州，后因被决杖受伤致死的人完全相同，却并非一人。

❷ 马友、李宏皆叛、服无常之辈，这时，南宋政府正在安抚他们，所以要把他们拨归岳飞指挥，而事实上，这些人并未接受这种安排。

❸《建炎以来系年要录》卷五〇，绍兴元年十二月丁亥所载右司谏方孟卿语。

❹《金佗续编》卷二八，吴拯编《鄂王事》。

岳飞书简

图片说明

　　岳飞的这一书简,应写于绍兴二年(1132)。南宋王朝当时派他权帅湖南,去该路追剿游寇曹成,此书简当是他从洪州(今南昌)出发赴任前写与潭州(今长沙)通判的。此通判曾作《平虏亭记》记岳飞抗金战功,惜其人其文尚均未查得。

　　岳珂在《宝真斋法书赞》中跋《鄂忠武王书简》有云:"先王夙景仰苏氏,笔法纵逸,大概祖其遗意。"其赞《银青制札帖》中也有"先王笔法源于苏"句。这一书简虽不见收于岳珂书中,然南宋末年人所集石刻中已有之,且笔法亦确为苏体。但岳飞青少年期内未结翰墨因缘,其军营所发书简,必多由幕僚代笔。也许这书简中的三处签名是岳飞亲笔所写。

　　传世的岳飞墨迹,还有全篇《出师表》和"还我河山"四字,事实上亦皆伪品。因为,前一帖的出现乃在明代后期,前乎此之集录石刻者均未著录;后四字之出现则更晚,可能只是"五四运动"以前不久的事,与岳飞是不会有任何关涉的。

客。郡守一心要认识这个已经享有盛名的岳将军,想在他经过时特别表示一番敬意。及至人马过往快要完毕了,还没有发现他。问士兵,却回说,岳将军早已和偏裨将领们一同走过去了。❶

(3)

在岳飞已经率军向湖南进发之后,江西安抚大使李回却又向南宋王朝提出了如下的意见:

> 目前聚集在湖南路内的游寇,曹成在道州,马友在潭州,李宏在岳州(今湖南岳阳县),刘忠则处于潭岳之间。他们虽也互相攻击,但在闻知委派李纲做宣抚使前来征讨之后,必阴相交结,分布各处,为互援之计。
>
> 马友据潭州已逾半年,漕臣钱粮都为他所征用,今朝廷以岳飞知潭州,马友安得不疑?岳飞又怎能引兵直赴潭州,与马友共处?
>
> 若使岳飞先往道州捕曹成,马友必然怀疑,因而阻截粮饷的运输,这样又将使岳飞有腹背受敌之患。
>
> 不若且置曹成于不问,让岳飞先引兵往袁州(今江西宜春县),在那里与马友、李宏往返商洽,只说要讨刘忠,作为缓兵之计,以等待李纲和韩世忠大兵的到来,庶使曹成不至急于过岭,似乎最为上策。❷

赵构、秦桧、吕颐浩商讨李回的这个建议时,都认为李回对于湖南境内形势的分析是对的,那里的游寇,的确是以曹成为首,马友、刘忠为次的;这几支游寇,也确实是互相交结,构成一种辅车相依

---

❶ 周密:《齐东野语》卷二〇,《岳武穆御军》条。
❷ 《建炎以来系年要录》卷五二,绍兴二年三月乙未记事。

之势的。如先按兵不动,等待李纲和韩世忠的部队会师后合力出击,不但必能平定湖南诸寇,而且可以乘势前进到湖北襄、汉之间,以接通四川和陕西。因此,他们就又下诏令给征途中的岳飞,要他"斟酌贼势,如未可进击,即暂且驻扎在袁州,以等待韩世忠部队前来会合"。他们却没有料想到,这时岳飞早已率军越过了袁州,到达了湖南茶陵县境了。

（4）

绍兴二年正月,当曹成已率部抵达道州之后,在湖广宣抚司做参议官的马扩,因在河北进行抗金斗争时曾和曹成有过交往,这时便代表南宋政府去对曹成进行招抚。双方一开始商洽,曹成就把向子諲释放了出来。后因有人认为曹成不必招安,只可促之使赴浙江行在,致使招安又未成功,而曹成的部队又从道州出发,越过五岭山脉而流窜到广南西路的贺州了。❶

岳飞率部跟踪去追击曹成,在绍兴二年的闰四月初,就已经到达岭南的贺州。

当曹成探知岳飞的军队即将追及时,争先控制了贺州境内的险要之地莫邪关。闰四月初六日,岳飞派遣前军统制张宪去攻打这个关口。军士郭进和旗头二人捷足先登,首先杀死贼军的一名旗头,贼军继即大为紊乱,官军一齐赶了上来,贼众纷纷逃散,官军遂得夺关而入。

带领官军夺关而入的军官,是第五将韩顺夫。他好酒贪杯,而且喜欢戏弄妇女。在胜利进关之后,他脱掉身上的盔甲,解掉马上的鞍鞯,以所掳妇人劝酒,要大事享乐一番。却不料埋伏在邻近的贼党杨再兴乘此机会,率众直犯韩顺夫的兵营。官军全未意料到这次突然袭击,便被打败,又从关里退了出来。韩顺夫本人,则被

---

❶《三朝北盟会编》卷一五〇,绍兴二年正月十二日记事。

杨再兴砍掉了一支胳臂而死亡了。❶

岳飞不能忍受这样的失败。他认为：韩顺夫那样的作风，招致了杀身之祸，只能算自食其果；韩的亲随兵也和韩顺夫一同胡作非为，也同样是犯了军法的，因而也把他们一律处斩。他还下令给第五副将，要他必须把杨再兴活捉到，以赎取这次败军之罪。

后来是前军统制张宪和后军统制王经一同前来会师，重新与杨再兴在关前交战。这次官军数量占绝对优势，而杨再兴却力战不屈，不但未能把他捉获，岳飞的弟弟岳翻反而又被他当阵杀死。真是个厉害非凡的家伙。

尽管如此，贼军的颓势却终于是无法挽回的。单在这次战役当中，就有上万的人死伤，而官军还在不停顿地追击。在屡战屡败之后，曹成和杨再兴等人便率领余众流窜到贺州东北的桂岭县去。

过了整整十天，岳飞的部队又在桂岭县境把曹成、杨再兴率领的游寇追赶上了。曹成在接战失败之后，即拔寨奔向连州（今广东连县）。杨再兴则向着静江军（今广西桂林）的方向逃窜，却首先被岳飞的骑兵部队所追及。他看到逃脱无望，便耸身跳到一道深涧中去。追骑想道，那就只好把他射死在这山涧中了。及至箭在弦上时，杨再兴却高声喊叫说：

我是好汉，不要杀我，把我带去见岳飞吧。

追兵答应了这个要求，杨再兴又从深涧中跳上岸来，由追兵们绑了他去见岳飞。岳飞果然很赞赏他的勇武，一见之下，便亲自解开捆绑在他身上的绳索，也不提过去交战中事，开口就向他说道：

我和你是乡人，我知道你是好汉，决不杀害你。你应当

---

❶《建炎以来系年要录》卷五三，绍兴二年闰四月丙申记事。(《三朝北盟会编》卷一五一所记月、日稍不同。)

从此改过,以忠义报答国家。

杨再兴满口答应,而且深表谢意。从此以后,他便成了岳飞部队中的一员将领,极其忠实,极其勇敢。

岳飞下令给前军统制张宪,令其率众紧追奔向连州的曹成。曹成穷蹙无计,又转向湖南的郴州,郴州的知州赵不群乘城固守,曹成攻打不下,又转往邵州(今湖南邵阳市)。恰在此时,做福建、江西、荆湖宣抚使的韩世忠刚在福建把范汝为领导的农民起义镇压下去,全军回到永嘉,表面上要在那里休整一个时期,实际上却经由处州(今浙江丽水县)、信州(今江西上饶县)而迅速到达洪州赣江之滨,连营数十里。这支人马多、战斗力强的部队的突然到来,使得江西以至湖南境内的那几支游寇大为震惊。韩世忠知道曹成屡次为岳飞所败,正困处邵州,就充分利用自己部队新近造成的这种威慑作用,派人前往邵州,对曹成进行招安。曹成在走投无路的情况下,终于在绍兴二年的闰四月内接受了韩世忠的招安。

然而,曹成的部下,一个名叫郝政的,却不肯随同曹成一齐就招。他率领一部分人马,又从邵州西向流窜到沅州(今湖南芷江县)。这伙人都在头上罩一条白巾,号称白头兵,叫嚷一定要为曹成报仇,要对官军抵抗到底。但当他们到达沅州境内时,张宪也很快追来,结果他们还是归附了张宪。❶

绍兴二年的六月初,李宏率领兵马进入潭州,把盘踞在那里的马友袭杀掉。到这月下旬,韩世忠的前军统制官和后军统制官率军进入潭州,又把李宏的部队缴了械,把李宏扣押起来,后来他被韩世忠用为统制官。❷

---

❶《三朝北盟会编》卷一五一,《曹成以其众降于韩世忠》条;《建炎以来系年要录》卷三三,绍兴二年闰四月丙午记事。
❷《建炎以来系年要录》卷五五,绍兴二年六月庚寅、乙卯记事。

这年七月下旬，韩世忠进军岳州，去征讨以白面山为根据地、以刘忠为首的那支游寇。在把刘忠军的营垒布署探察明白之后，韩世忠先派遣锐卒衔枚夜进，埋伏在白面山，次晨，他亲率先锋与前军俱进。交战之后，埋伏在山上的锐卒，急驰入刘忠中军的望楼，树立起官军的旗帜。游寇们看到这一情况，惊慌失措，大败而逃。刘忠这支游寇盘踞在岳州境内已达三年之久，这时却一人不留地、全部向着淮西地区逃去。❶

流窜在湖南地区的游寇，到刘忠这一支被打跑为止，基本上算全被讨平了。

岳飞在率部追曹成及其余部的过程当中，当行经茶陵时，并吞了驻屯在那里的枢密院将领韩京统辖的一支精锐部队；及行经郴州时，又把驻屯在那里的湖南帅司统制官吴锡统辖的一支部队并吞。韩京和吴锡，原来也都是做游寇而后来接受了南宋政府的招安的。❷ 他们的部队被岳飞吞并之后，在这次征讨曹成的过程中也都起了一些作用。在绍兴二年的六月上旬，南宋王朝还下令给广西经略司，把新买到的战马三百匹分拨给岳飞的部队。❸

（5）

岳飞当受命追剿曹成，并已率兵抵达袁州之后，在绍兴二年的四月上旬，他又闻知曹成贼众已离开道州，前去广西，他便率兵进驻到郴州桂阳监一带，"措置进兵掩杀"。这时，他曾写给南宋王朝一道《奏札》说：

臣窃惟内寇不除，何以攘外，近郊多垒，何以服远。比

---

❶《建炎以来系年要录》卷五六，绍兴二年七月庚辰记事。
❷ 同上书卷五三，绍兴二年闰四月己酉记事。
❸ 同上书卷五五，绍兴二年六月癸巳记事。

> 年群盗竞作，朝廷务广德意，多命招安，故盗亦玩威不畏，力强则肆暴，力屈则就招。苟不略加剿除，蜂起之众未可遽殄。臣昨者被奉曹成之命，深以为陛下好生之意如此，为臣子者患不能推广而行之，故先宣布上恩，以期改行。阅日虽久，扞格是闻。臣尝累遣探报，知其贼马已离道州，进趋广西。此寇所为，未肯遽屈，意欲侵犯二广，肆毒生灵，俟其力尽势殚，然后徐为服降之计。臣今进发，自郴州、桂阳监以往，即行措置用兵掩杀，务速除荡，以绥彼民。取进止。❶

岳飞这次之出师追剿游寇曹成，尽管是南宋王朝布置给他的一个军事任务，但在他履行这一任务之前，所着重考虑的，却是为"攘外"和"服远"作准备。及至他把这支游寇已大致讨平，又受命班师返回江州，路经永州祁阳县大营驿时，又在那里写了一段《题记》说：

> 权湖南帅岳飞，被旨讨贼曹成，自桂岭平荡巢穴，二广、湖湘悉皆安妥。痛念二圣远狩沙漠，天下靡宁，誓竭忠孝。赖社稷威灵，君相贤圣，他日扫清胡虏，复归故国，迎两宫还朝，宽天子宵旰之忧，此所志也。顾蜂蚁之群，岂足为功。过此，因留于壁。绍兴二年七月初七日。❷

平荡了一支游寇，对南宋王朝来说，当然要算一桩值得高兴的事，因为从此又减少了它的统治区域内的一个不安定因素。南宋这时的君相，虽则也被岳飞称颂为"贤圣"，他们对此事件的意义的体认，却都只能到此为止。而在岳飞，则当其进军追剿之初，就已明确宣告其目标是为"攘外"和"服远"作准备工作，而凯旋路上

---

❶《金佗稡编·家集》卷一〇，《招曹成不服乞进兵札子》。
❷ 同上书卷一九，《永州祁阳县大营驿题记》。

的《题记》，则更以为平定了这一"蜂蚁之群"，根本算不得什么功绩，他所念念不忘的，还在于日后的"扫清胡虏，复归故国，迎两宫还朝"等报仇雪耻的重大事体。而这里的"蜂蚁之群，岂足为功"，正就是他后来写在《满江红》词中的"三十功名尘与土"句所涵括的具体内容之一；其跋山涉水，远逾桂岭，则又是词中的"八千里路云和月"句所涵括的具体内容之一；其"他日扫清胡虏，复归故国，迎两宫还朝"，不又正与词中的"待从头收拾旧山河，朝天阙"的句意全相符合吗？

（6）

南宋王朝闻知曹成所率游寇已被岳飞和韩世忠部队平定之后，在绍兴二年的六月便下令给岳飞，要他率领全部人马，包括不久前吞并收编的韩京、吴锡两部分人马在内，开往江州去戍守。岳飞的军职虽仍是神武副军都统制，但他的虚衔，则由原来的亲卫大夫、建州观察使而提升为中卫大夫、武安军承宣使了。

韩世忠的主力部队，在连破湖湘地区的几支游寇之后，也在这年的六月内开始由湖南顺流东归。以军贼而接受招安、这时被南宋王朝用作蕲、黄镇抚使的孔彦舟，很怕韩世忠的部队经行这一地区时也把他的部队解决，便率领部下大部分人马北去投降了伪齐刘豫。这时候，南宋王朝要岳飞去戍守江州的命令还不曾送达岳飞的军营。到七月中旬，南宋王朝接到了江西安抚大使李回陈报孔彦舟北遁奏章，就又下诏催促岳飞赶紧率部移屯江州，去控扼那一段江边，以防伪齐阴谋乘机渡江南犯。[1]

当韩世忠扑灭了福建地区范汝为那支起义军的时候，赵构曾派人送给他金蕉酒器一份，作为慰劳他的奖品。绍兴三年二月，赵构又把同样的一份礼品，派人送给了在江州的岳飞。

---

[1]《建炎以来系年要录》卷五五，绍兴二年六月壬寅；卷五六，七月己巳记事。

第五章
南宋王朝建立初期对南方人民的残酷压榨

一　南宋王朝的横征暴敛

南宋王朝的最高统治集团，虽则一直不敢领导或组织军民去抗击女真贵族的南侵兵马，一直想要在南方为其小朝廷找到一个安身立足之地，但是，自从他们南迁以来，对于在他们统治之下的南方人民，却一直是以大敌当前为借口，从政治上和经济上进行极其残酷暴虐的压榨。从赋税方面来看，按民户拥有的农田亩数征收的夏秋两税，全要在原定税额之外加收"正耗"、"加耗"、"和籴米"和"斗面米"，前此本应缴纳一石粮米的，这时就非缴纳五、六石不行了。赵构在渡江之初，还下令向南方农田每亩加征税款一百文，州县官吏因缘为奸，层层加码，落在民户头上的实际负担，每亩就大大超过一百文了。在北宋就已实行的按人口交纳现钱的所谓身丁钱等，这时也要在正额之外加征什么"大礼钱"、"免夫钱"、"纲夫钱"、"赡军月桩钱"等等，旧日交纳一千文的，这时非交纳七、八千文不可了。在交纳实物的过程中，经手的衙吏百般刁难，不论对于谷物或绢帛，总是挑剔成色和质量，一再勒令退换。

当时江南农民大都喜欢栽种占城早稻，南宋政府在征收赋税时，却说早稻不能久贮，规定民户必须交纳晚稻。这样，一般纳税户便必须向大户人家去籴买，因而又把负担成倍地加重。

制造军器所必需的，大量的翎毛、箭杆、牛皮、筋角、铁条、铁叶以及竹木物料，南宋政府也要各地居民按户或按地亩无偿输纳。这类物品，既非一般民户所素有，势须临时向大户人家去购求，因而也成为极其沉重的负担。

南宋王朝借用抗金名义把民脂民膏榨取净尽，实际上却又不肯认真从事抗金的斗争，以致江南的许多地区都直接或间接地遭受到女真兵马蹂躏屠杀的惨祸。还有，在女真兵攻破开封以前和以后，一些从前线上溃败下来的宋方的败兵逃将，例如李成、张用、曹成、孔彦舟等伙，也都流窜到江、浙、湖、广等地区，打家劫舍，奸淫掳掠。南宋政府派兵对他们进行征讨，却又常常造成"官兵盗贼，劫掠一同，城市乡村，搜索殆遍"，以及"大兵所过，肆为虏掠，甚于盗贼"，"兵将所过纵暴而唯事诛求"等类情况。

处在这种残酷的经济剥削和政治压迫下的南部中国的劳动人民，生产既无法继续进行，他们就到处互相聚合，占据湖山险要，攻打城邑，捉杀官吏，对南宋政府的残暴统治进行反抗。所以，尽管从北宋末年到南宋初年民族矛盾一直是主要矛盾，但由于上述种种情况的存在，在南宋王朝的统治区域内，阶级矛盾却并未得到缓和。阶级斗争因而不可避免地就和民族斗争交织在一起。

二 钟相领导的湖湘地区人民的起义。军贼孔彦舟扑灭了这支起义军

（1）

从唐代以来，一直到宋、辽以及宋、金对立时期，中国南北各地的农村当中，都流行着一种集结乡社的风气：为争取田、蚕的丰收，为合力抵抗天灾和人祸，大家结合为什么会或什么社，攒积一

些钱物，在需要时供互助共济之用❶。

在12世纪20年代内，在荆湖南路鼎州武陵县（今湖南常德县）境内，有一个名叫钟相的居民，是一个信奉巫术的人，也常常替人治病，而且大都能够治好。附近的老百姓们，遂即以他为中心而组成了一个乡社。由于共济互助之故，凡加入这个乡社的民户，都能"田蚕兴旺，生理丰富"。因此，愿意加入这个乡社的人越来越多。这些人对于钟相，也不再称呼他的名字，而只称他为钟老爷。

北宋晚期统治集团的腐朽昏暴，官僚豪绅大地主们对土地的肆行兼并和对劳动人民的残酷压榨，在钟相，既有目睹，也有耳闻。他认为这样一些事都极不合理。他针对着这样一些情况，提出了如下一种政治主张：

法分贵贱贫富，非善法也。我如行法，当等贵贱，均贫富。

这是一个极富空想成分的政治主张，然而也是一个深得人心的政治主张。在这一政治主张标举出来之后，环绕武陵县几百里地以内的居民，都怀着十分欣幸的心情，各自随身携带一些食粮，前往武陵县去拜见钟相。前后相继，络绎道途，莫知其数。就这些人的成分来说，其中的最大多数，是洞庭湖周围的"农亩、渔、樵之人"。

当靖康二年（1127）金兵围攻开封时候，宋廷忽而想割地求和，忽而又想组织一些武装力量从事武装抵抗。在一段很长的时间内，一直摇摆于此两种考虑之间，举棋不定。这期间，宋廷也曾号召各地的官吏军民组织"勤王之师"，去挽救它的危亡。在这时，钟相便从他的乡社成员中抽选了五百名，编成一支忠义民兵队伍，由他的长子钟子昂率领着，开往设在邓州的"南道都总管司"，参加到一个姓郑的统制官所统辖的五千名民兵部队当中，开往当时

---

❶ 李元弼：《作邑自箴》。

被作为临时首都的归德府去。却不料新即帝位的赵构,对于从各地集中到归德府来的"勤王之师",心中是深怀疑虑的:既嫌其成分复杂,更怕他们未必真正忠诚于赵宋皇室。在这种疑虑之下,他干脆下令要这些"勤王之师""各归原来去处,各著生业"。钟子昂所率领的五百名忠义民兵也在遣还之列。

钟子昂在归德地区所看到的,在往返道途中所看到的,全是些纷扰混乱局面。而他的家乡,武陵及其附近的各州县,这时也已成了从中原地区溃败下来的散兵游勇的逃窜之所,接二连三地经受劫掠。钟相父子鉴于这种情况,就把参与勤王的民兵队伍全部留在家中,而且把人员数量大加扩充,在武陵县境内的唐封乡水连村的天子岗,修建营寨,造甲练兵。

建炎三年(1129)冬,军贼孔彦舟率领一股匪军由荆门军(今湖北江陵)南窜到澧州,并且要从澧州再向鼎州转移。

孔彦舟在北宋末年就是官军中一员小将,赵构做天下兵马大元帅时,他也是元帅府属下的部将之一。后来留在东平府。在与金军接战被打垮之后,他不但率部向南方流窜,而且叫他的部众一律剃头辫发,改换成女真人的装扮,从淮西流窜到湖南。

和孔彦舟这支军贼流窜到湖南境内的时间相先后,南侵的女真兵马的西路部队,也在渡江之后,由江西而转进到湖南境内。在1129年冬,攻入潭州(今长沙)。在潭州并没有停留很久,就把全城住户大肆劫掠屠杀了一番,又渡江北去。

(2)

洞庭湖周围的几个州郡,特别是潭州、岳州、鼎州、澧州诸地的人民,在南宋初年所遭受到的一些灾难,其中一部分是和南部中国各地人民相同的,但在溃兵、流寇和女真兵马的流窜骚扰这类事件上,例如女真兵马在长沙及其经行各地的焚杀掳掠,和在此以前和稍后,李成、李宏、马友、曹成等游寇的窜扰,有的还曾长时期停留在这一地区,所受灾祸就要比别处更为惨重了。而直到建炎四年(1130)春初,女真兵马虽已北去,孔彦舟的匪军却又有长期盘据在这一带的迹象。

接踵而来的这样一些浩劫,使得这几个州郡所出现的大致情况是,不论城市和乡村,极目所至,都成了一片灰烬。大部分民户都已家徒四壁;而在很多颓垣断壁之内,甚至还断绝了炊烟和人迹。每一个经行这一地区的人,都不免发生一种惨绝人寰的感触。然而南宋政府屯驻在这一地区内的军队,委派在这一地区内的州县官吏,却还在照旧催交各种租赋,对于无屋的百姓照旧催交屋税,对于无丁的人家也照旧催交丁税。依旧向还生存在这一地区内的百姓,进行种种苛酷的勒索。这就迫使每一个还要继续生活下去的人,不能不向那班制造这些灾难的人们展开反抗斗争了。

在建炎四年(1130)二月,钟相以原已组成的那支忠义民兵和乡社成员中的全部丁壮为中心,在天子岗正式建立了政权,定国号为大楚,定年号为元载,对南宋王朝委派在这一地区的昏暴官吏,对窜扰这一地区的大股游寇和女真兵马,展开了积极的抗拒和斗争。

由于已经有了多年的舆论准备,钟相起义之后,立即得到了鼎、澧、荆南各地人民的响应。一些从陕西、陇右等地为逃避女真铁骑的践踏蹂躏而转徙到湖湘地区的人,也全都参加到起义的队伍中来。这样一支浩浩荡荡的队伍,到处焚烧官衙、城堡、寺观、神庙和豪强大户人家的宅院,到处斩杀官吏、儒生、僧道、巫医和卜祝之类,对于农民和渔夫、樵夫,则明确规定不许伤害。他们要彻底推翻旧的社会制度和道德轨范;统治阶级所制定的法令规章,他们一律宣布为邪法,不论言论和行动决不再受其约束;他们只把对于统治者和剥削者们的斩杀惩处叫做行法,认为这才是最合乎正义的法;对于官绅豪强大户们的财产,他们要进行"均平",亦即对于旧来那种不均不平的财产分配关系给予最具体的否定;他们不允许对死去的人办理丧事，这既是对于儒家所提倡的厚葬久丧的孝道的否定，也是为了不要把大量社会财富做无谓的消耗和浪费。

钟相所标举的政治主张，特别是他领导起义以来的一些实际行动，受到了湖湘地区劳动人民的热烈拥护。起义不久，洞庭湖周围的鼎、澧、潭、辰、岳、峡诸州所辖十九县，除个别县城外，全都归入了起义军的掌握之中。

但与此同时，官绅豪商大地主们，对起义军的仇恨和恐怖也越来越厉害。他们感到，如不设法把这支起义军消灭掉，就难免要被这支起义军消灭掉。当时已经聚集在鼎州城内的那些封建上层人物，在窘急情况下，就决定要把孔彦舟匪部勾引到鼎州城内来，要借用这支军贼的力量对他们加以保护，使他们得免于灭亡。

孔彦舟匪军从澧州向鼎州进发的行程中，在一个名叫药山平的地方，遭受到起义军的拦腰袭击，损伤十分重大。孔彦舟本人弃甲曳兵而走，仅以身免。及至匪军终于开进鼎州之后，为了补充其伤亡，孔彦舟竟把全城内丁男的十之八九都强制入伍，令其出城攻击起义民军。

在和起义军屡次交战之后，孔彦舟觉察到，想仅仅凭靠匪军而制胜起义军，是不可能的。于是，他改而采用阴谋诡计，以与他的武力相配合：他派遣匪徒混入起义军中，假称情愿"入法"，以等待时机，起为内应。另外又做了大批竹签，签上都写好两句话：

爷若休时我也休，依旧乘舟向东流。

意思是，如果钟相不再领导起义军对他作斗争，他便也要罢休，要乘舟顺江东下了。此后，孔彦舟匪部每俘获到一名起义军，便把一枚竹签插在他的头发里，放他回去，借以表示匪军有从鼎州撤走的计划，以松弛起义军对匪军的防范。到孔彦舟探知钟相诸首领果然大意起来之后，便在1130年四月的一个夜晚，对钟相的营寨发动突然袭击，前此假称入法的匪徒也都起为内应。起义军措手不及，被匪军打得大败，钟相、钟子昂父子，和起义军中另外几个首脑人物，全成了匪军的俘掳，不久就都被杀害。

这支起义军从此元气大伤，起义斗争在一个时期内转入低潮。

三 王宗石领导的贵溪、弋阳的农民起义和刘光世军对这两县居民的屠戮洗劫

建炎三年（1129）冬季，王璎的军队在长江南岸被金军打败之后，他便带领他的全部人马首先从前线撤退，向江南东路的信州（今江西上饶）地区流窜，又从那里转往福建。王璎这支溃军在信州地区的骚扰劫掠，使得这一地区的人民，又遭受到一次特别严重的灾难。❶ 到1130年春，贵溪和弋阳两县的上二十万的劳苦大众，其中包括了大量的信奉"吃菜事魔"教的人，就推举了经常以念诵摩尼教经典为业的王宗石为首，开始了反抗南宋王朝的斗争。

南宋统治集团把这支起义军称为"魔贼"或"妖盗"。在知道他们起事之后，立即由浙西江东制置使张俊派遣了辛企宗率领部队前去镇压，然而用了几个月的时间，竟没有获得任何结果。❷

此后没有多久，南宋政府又把镇压这支起义军的任务交付给刘光世。刘光世是一个以"养威避事"著名的人物。他所要避的"事"，是一切与抗击金兵有关的事；他所要养的"威"，则是对于人民群众任意生杀予夺之威。对于他目前所接受到的任务，在他看来，正是对人民群众立威的大好机会，他自然是无所惮而不为的。他派遣了他的部将靳赛和一个名叫王德、绰号王夜叉的，率军

---

❶《建炎以来系年要录》卷三二，建炎四年四月甲申记事。
❷ 同上书卷三四，建炎四年六月辛卯记事；《三朝北盟会编》卷二一二，绍兴十二年十二月十四日记事。

到贵溪和弋阳县去。

王夜叉和靳赛接受了这一任务之后,立即以加倍的速度向信州地区急行军。当起义军还没有探知他们的动向,没有作任何抗拒准备时,王、靳二人的部队已经到达两县境内了。

起义群众二十来万人,大部分都分别据守在贵溪、弋阳这两个县城之内。当王夜叉和靳赛的军队把这两个县城包围了时,受到了据守两县城的起义群众的坚强抵抗。王、靳二人和他们的部队的豺狼本性也全部发作出来。到起义群众经过奋勇抵抗而终于被王、靳二人的优势兵力打败之后,这伙豺狼般的"官军"竟采取了灭绝人性的杀光烧光政策,把没有死在战场上的起义群众,连同他们的家属,一律屠杀;把两个县城附近的一些村庄,也全都"洗"了。

起义军的首脑人物王宗石等二十六人,虽也都被王夜叉的部队所俘获,但并没有立即被杀害,这是因为,王、靳二人要把他们押解到越州去,作为向南宋小朝廷报功请赏之用的。这二十六人在抵达越州之后不久,就全都在越州刑场上就义。

当南宋小朝廷的大理寺官员对王宗石加以审讯,并判定了他们应受的刑罚,向皇帝赵构报告时,赵构也竟假作慈悲地说道:

> 这都是愚民无知,自讨杀身之祸。但是,每当我想到贵溪、弋阳两县间的二十万人,无辜就死,也是不胜痛伤的!❶

如果这时真会感到"不胜痛伤",在当初就不会指派大军去进行残酷的镇压。赵构的这句话,无非充分暴露封建统治者们的狡诈和虚伪。但由他口中坦白地说出,贵溪、弋阳两县人民牺牲在这场斗争中的竟达二十万人之多,而且全都是"无辜就死"的,这却是不打自招的最能反映事实真相的一份口供!

---

❶ 《建炎以来系年要录》卷三四,建炎四年六月辛卯记事。

四 范汝为领导的福建人民的起义及其为韩世忠军所扑灭

在建炎三年（1129）内，南宋政府军队中几支哗变的队伍相继流窜到福建境内，焚杀劫掠，肆意蹂践，境内居民大遭其殃。及南宋政府派军队跟踪追击，又逼迫当地居民急忙供应人马的粮饷和饲料。这时候，因为地势较高而被称为福建路上四州的建州（今建瓯县）、南剑、临汀、邵武，年景全很不好，人民对于定额的赋税已苦于缴纳不易，额外的摊派更无所从出。这四州的人民，还因为距海较远，不容易得到食盐。南宋政府在这地区实行食盐专卖（即官运官销）办法，把盐价定得很高，用这一大宗收入供应地方政府的开支。掌管运盐的人员还经常在途中掺入大量灰土，致使居民用高价买到的，却是不堪食用的坏盐。因此，在这地区内便出现了大量贩卖私盐的人。他们成群结伙地到广东的循州、梅州、潮州去贩运。由于路近、费省，又不掺杂灰土，这四州的居民都争相购买。私盐畅销，官盐自然就要失去销路，因而政府严禁运销私盐，派遣武装人员到处巡查缉捕。运销私盐的人群，一遇缉私人员便进行武力抵抗。

税款摊派项目繁多，使得"民不堪命"；居民乐于购食私盐，而贩运私盐的人群却常常受到政府的缉捕。于是，在建炎四年（1130）七月，在建州的吉阳镇，一个以贩运私盐为业，而且是一个几百名运销私盐队伍的首领范汝为，就以他所率领的这支队伍为核心，又聚集了大量的挣扎在饥饿线上的劳动人民，向南宋统治阶级造反了。

起义军首先打败了建州的地方部队，继之又打败南宋政府派来镇压的三千名正规军，参加起义的人数这时已激增到十万以上。南宋王朝也采用"剿抚并用"办法，先后派遣文官谢向、施逵、陆棠等人到范汝为的营寨中去"说谕招安"。却不料谢、施、陆等进入起义军营寨后,看到起义军声势壮大,听了范汝为的言论后,也理解到起义斗争的正义性,反而全都"顺从"了起义军,并为范汝为出谋划策。

在此稍后,在南剑州境内爆发了余汝霖、余胜领导的一支起义军,在崇安县爆发了廖公昭领导的一支起义军。到1131年夏、秋间,这两支起义军也都和范汝为的部队汇合在一起,共同活动于建州和邵武之间。对这一地区的豪强地主们,或斩杀其人,或抄没其财产,展开了激烈的斗争。与此同时,又还打败了李山率领的一支南宋官军,并有前去占领福州的动向。这支起义军的声威所及,已经使得江东、江西、浙东、浙西和湖广等地全都大为震动。

绍兴元年(1131)十一月,南宋王朝派其大将韩世忠为福建、江西、荆湖南北路宣抚使,率领大军去专力镇压福建境内的这支起义军。韩世忠首先把原驻扎在江西的部分官军移驻光泽县和邵武军之间,堵塞住起义军可能采取的一条退路,然后他率领大军由浙江的台州、温州,经福州而直趋建州。他到达后即使用诡计,把谢响、施逵、陆棠诱骗出起义军营垒,把他们逮捕,械送杭州的小朝廷。

起义军缺乏作战经验,当知道韩世忠的部队即将到来时,竟没有充分利用自己方面的许多有利条件,争取主动;却把兵力集中于建州城内,据城坚守。只在建州城外周围百里内的通道上,埋入大量竹木,放置了大量铁蒺藜,挖掘了大量陷马坑,把剑潭(即建水)上的桥梁也焚毁拆除。其目的,是要使敌军随时随地遇到阻碍而无法进军。然而,在敌军开到建州附近时,这些防御设施竟全未生效,敌人很快就把建州城包围,当然也占据了城外的制高点凤凰山。在凤凰山上下瞰州城,如在井底,起义军在城内的一切布置、设施和调度,全都暴露在敌人的视线之内,因而就陷入极端困难的境地中了。

韩世忠的军队在绍兴二年(1132)正月初四日完成了对建州城的包围,使用对楼、火炮、天桥、云梯等攻具,百道齐攻。起义军英勇抵抗。在连续六个昼夜的战斗中，起义群众牺牲在这场保卫战中的有三万人。其余人也都已精疲力竭。建州城因此终于被敌人攻破。起义军中的骁将张雄等与五百多起义群众被敌人俘获杀害，范汝为则又突围回到城外他曾屯驻的回源洞自缢而死。

起义军中另外一些骁将也率众突围：叶谅以一军向邵武军转移，陆必强、熊致远率众继续在建州境内与敌军战斗。但都未能持续很久，先后又被优势的政府军分别扑灭了。

五　虔、吉地区的农民起义及其为岳飞军所扑灭

（1）

在宋廷南渡以后，居住在江南西路的民户，除掉与南方各地居民承担着相同的一些苛重税敛而外，还有这一地区所特有的一些遭遇和负担。例如：

（1）建炎二年秋间，南宋小朝廷听说女真南侵军又有渡江南下模样，便派遣了上万兵马，护送孟太后和后宫妃嫔，以及宫廷服御物品和府库金帛等物，从建康出发，要逃往虔州（今江西赣州市）去避难。不料他们出发没有多久，女真的西路兵马已从黄州大冶渡过了长江，先后攻占了江州以至洪州等地。凡是女真兵马所到之处，总不免要遭受到焚杀掳掠种种惨劫；而凡是南宋政府军所到之处，也同样要掠夺财物，驱掳女口，甚至于喂马也要向民户勒索稻谷，居民的遭殃也无异于遇到金军。当孟太后和护送她的人马逃到吉州太和县境内时，由于女真兵马即将追及，上万的护送兵竟一齐溃散，各自抢劫了一些财物，分散到各地去做土匪，使附近十县内的民户不安厥居，转徙失业，造成虔吉之间一桩经久难除的大患。

（2）在女真铁骑践踏蹂躏、南宋政府护送孟太后的禁卫军流

窜扰乱之后,又继之以李成、曹成等大股游寇在江西境内窜扰,占据城镇,烧劫乡村,致使"编户死于兵火,田庐变为丘墟",复业的农民只不过原来的三分之一,垦种的土地也同此比例。然而,不但旧有的正式赋税都得照数催纳,而上供军粮、和籴等米,月桩、准衣等钱,和买绢、军器物料之类,都是从前所没有的,各地方政府也都得"凿空经画","头会箕敛以塞责"。❶

在上述诸种情况已经陆续发生并在继续发展之际,在建炎四年的十二月内,首先在虔州境内外爆发了以李敦仁为首的一支农民起义军。李敦仁是虔化县(今江西宁都县)的一名乡贡进士,他和他的弟弟李世雄等人,聚集了本县六乡的农民几万人,四出进行攻击,攻占了虔化、石城等四县。第二年春又活动到福建路汀州的宁化、清流两县。到绍兴元年(1131)冬,江西安抚大使司派遣郝晸、颜孝恭两名统制官带兵前往虔州,把这支起义军残酷镇压下去。❷

此后不久,在虔州的邻境吉州(今江西吉安县)又爆发了以彭友、李满等号称十大王的群众起义,徒众多至数万,活动于江西、湖南两路内;而在虔州,则又有以陈颙、钟超、罗闲十等人领导的几支起义农民军十余万众,相继而起。

虔州和吉州虽都属江南西路,却又正介于福建和两广之间,而且是由江南通两广的交通孔道。两州都地形险阻,山深林密。赣水直贯于两州境内,也成为据险反抗的起义人民的联系纽带。爆发在虔州境内的起义军,凭借山区为根据地,分别乘机向四周地区发展,东向到福建的汀州和邵武,南向到广东的循、梅、潮、广、惠、英、韶、南雄各州。❸

南宋政府派在各路的安抚使,本都有调集地方部队、镇压起

---

❶ 张守:《毘陵集》卷三,《措置江西善后札子》。
❷ 《宋会要辑稿·兵》一〇之二八。
❸ 《金佗稡编·家集》八,《再论虔州平盗赏申省札子》。

义人民的职责,然而虔、吉两州既然居于江西、闽、广三路搭界处,也因而成了一个三不管地区。南宋政府偶或调集军队前往攻打,在其未到之前,起义民军先已云散鸟飞,使他们无法追击;到探知官军退却,起义军便又集结如故。这样的情况延续了几年,起义军的力量和影响愈来愈见扩大,以致当时有些统治者便认为,在从虔州到吉州的"阖境之内"已经是"鲜有良民"了。❶到这时,江西、闽、广三路的帅臣便先后向南宋王朝陈报这一严重事态,请求急速抽调部队前去,专力扑灭分据各地的农民起义军。他们还都把最适合于担任这一任务的将帅提了出来,请求南宋王朝迅速调派。所提出的人物,各地又都不谋而同,是岳飞。

前此派往江西路作宣谕使的刘大中,派往广东路作宣谕使的明橐,也在这时写奏章给南宋王朝,大意是说:采访各地的物论,都以为岳飞的部队最有纪律,军风最为整肃,所到之处人情恃以为安;如果打算扑灭江西境内的各支反抗势力,最好是派遣岳飞率军前往;从过去岳飞已有的战功看来,他不但有可以扑灭这支"叛民"队伍的把握,而当他把"叛民"队伍镇压下去,并把其中一部分收编之后,他还能对他们绳以纪律,把他们教练成精强的队伍,可以移用到抗击女真入侵军的战场上去。❷

到绍兴三年三月,南宋政府果然下了一道命令,把镇压虔、吉州农民起义军的任务交付给岳飞。

(2)

当时的统治阶级中人,也有少数比较明白事理的。在他们看来,不论在江西或在其他各地发生的"民变",都是被官府的"科率烦扰"和兵匪的勒索、骚扰而逼起来的,"原其实情,似有可

---

❶ 张守:《毘陵集》卷三,《论措置虔贼札子》。

❷ 《金佗稡编》卷五,《鄂王行实编年》卷二。

矜";因而认为,对待这类人民起来反抗政府的事件,只应从"蠲除苛扰"和"按劾赃吏"着手,❶ 不应当与游寇、叛兵同样对待。但岳飞并没有这样的识见。岳飞与当时大部分统治阶级中人一样,只把各地的起义农民称做"土寇",以区别于李成、曹成等人所率领的游寇,却不知道这两类武装力量在性质上是有绝大区别的。唯其如此,岳飞便也很乐于承担南宋政府交付给他的这一新的军事任务。在他的感觉中,这和前此已经胜利完成的讨平李成、曹成的那些军事任务并没有什么不同之处。

(3)

岳飞在绍兴三年的三月接受到南宋王朝交付给他的这一新的军事任务。

时令虽已暮春,士兵的春服却还没有制备;二万四千人的一支部队,开拔费也不在少数,可也完全无着。岳飞不能做无米之炊,他向南宋王朝陈报了这些实况。赵构马上下令给户部,拨一万五千匹绸子给岳飞,供做军服之用。又下诏给吉州的榷货务,就地拨给他三万贯现钱。

当驻屯在某一地方的时候,粮饷方面稍有短缺是可以将就度日的;当出动大军走上征途的时候,粮饷不足便不容易维持全军的纪律,而纪律的整肃却是岳飞所极端重视的。岳飞也把这一问题提出,请南宋王朝注意安排。南宋小朝廷就下令给江西、广东、湖南三路的转运使,要他们筹措粮饷,协力供应。

四月初七日,岳飞的军队全部到达吉州。

彭友和李满等人,占据吉州的龙泉县(今江西遂川县)界,在县境内的武陵、烈源、陈田三处结扎了无数大小营寨,由十大王分别管领着。岳飞到达之后,决定采取各个击破办法。他和王贵、张

---

❶《建炎以来系年要录》卷四二,绍兴元年二月乙酉记事。

宪等人首先合力攻占了总隘口，切断起义军转往别处的通道。他们还布置了包围圈，每天集中目标，至少要击破一座营寨。但是，在攻击任何一座营寨时，全都遇到了起义群众的坚强抵抗。永新县境内尹花八等人领导的起义群众三千人也赶来参战，"迎敌官军"。岳飞看到不易制胜，便采用了屠杀手段来对付。半个月后，起义民军被杀死的"漫山遍谷"，起义军的营寨大部分被击破，彭友也被岳飞的军队所俘获。❶

最后，还在守险抵抗的，只剩了李满的大寨。

李满的营寨结扎在固始洞内。洞的所在，是一个最高最险的地方，悬崖百仞，攀登极难。因此，在其他营寨被攻破后，这个营寨还安然无恙。固始洞里所聚集的粮米、金帛都特别多，很多起义群众的家口也都随同住在洞内。这里别有天地，李满是这洞里的唯一主宰。把这些情况合拢在一起，起义群众改称李满为李洞天。❷

岳飞把兵力集中起来，先令人用大木做成天桥八座，每天派出一些士兵，试图攀登天桥以攻击山寨。守卫固始洞的起义群众，为了阻挠官军的进攻计划，使其不可能接近营寨，从山上，从洞口，把大批的檑木和炮石投掷下来。多少天都处在这样相持不下的情况下，使得岳飞的军队虽是天天企图爬上天桥，而终于无法达到目的。

然而，固始洞的守卫者们上当受骗了。

等到固始洞里的檑木和炮石都已用光之后，再没有可以阻止官军攀登天桥的武器，山上再也不能采取任何有效的抵抗办法了，岳飞便转而激励部卒，令先锋部队用前后"餍心"（金属制品，略似盾牌）耙山而上，全副武装的士兵紧跟着一拥而上。固始洞终于

---

❶《金佗稡编》卷一九，《虔州捷报申省状》。

❷ 曾敏行：《独醒杂志》卷七《岳公飞之破固石洞》。（《金佗稡编》作固始洞，《独醒杂志》作固石洞，我在正文中必须前后一致，但注出处时却又必须照抄原文。）

被攻破，李洞天也被官军所俘获。聚集在各个民兵营寨中的那些家口，男女老幼共有两万多人，也都被遣送到各自的家乡去了。❶

（4）

吉州的起义农民军被镇压下去，岳飞又率军转向虔州。

虔州起义军的首领，除了陈颙、钟超、罗闲十而外，还有名叫王彦和绰号钟大牙的几个人。他们和吉州的起义军原是声气相通的，岳飞把吉州的起义军已全部扑灭的事实，他们也应知道。那么，岳飞猜想到，他们也许会被他的先声所慑服，因而可以接受他的招安吧。他派人到起义军的各个首领那里去试探，却全然出乎岳飞意料之外，他们没有一个人表示要放下武器，放弃抵抗。

岳飞又决定要使用武力解决了。

在兴国县的衣锦乡一带，岳飞的军队同起义民军接触。由于起义军勇气虽有余，而斗争经验则很欠缺，这就使得岳飞的军队能够很容易地把起义军大小几百座营寨攻破，起义军首领也全被岳飞的军队活捉。而岳飞的军队却几乎没有伤亡。❷

在对吉、虔两州起义军进行镇压的这几次战役中，岳飞的部将当中立"功"最多的，不是王贵和张宪，而是一个前此无甚声名的徐庆。徐庆从此成了岳飞最心爱的将官。❸

---

❶《金佗稡编》卷一九，《虔州捷报申省状》；《金佗续编》卷二八，孙迫编《鄂王事》。

❷《金佗稡编》卷一九，《虔州捷报申省状》。

❸《鄂王行实编年》于岳飞镇压了吉、虔农民起义军之后，又说，赵构因为隆祐太后孟氏（即哲宗的孟后）曾在避难于虔州时，卫兵与当地居民的叛变而大受惊恐，便在岳飞用兵的过程中，有密旨令屠虔州城，后经岳飞屡次奏请只诛首恶而赦胁从，才使虔州居民免遭屠杀。今查《金佗稡编》和《续编》当中，既不见赵构的"密旨"，也不见岳飞的请求只诛首恶的奏疏，疑其全出岳珂虚构，故不取。

（5）

南宋人赵与时所撰《宾退录》卷一，有如下一条记事：

绍兴癸丑（按即绍兴三年），岳武穆提兵平虔、吉群盗，道出新淦，题诗青泥市萧寺壁间云：
雄气堂堂贯斗牛，誓将直节报君仇。
斩除顽恶还车驾，不问登坛万户侯。
淳熙间，林令梓欲摹刻于石，会罢去，不果。今寺废、壁亡矣。其孙类《家集》，惜未有告之者。

新淦县滨临赣江，是往来于南昌和吉州、虔州的必经之地。岳飞之题诗于青泥市的萧寺壁间，当在他扑灭了虔、吉地区的农民起义而"凯旋"之时。从岳飞所题的这首七绝，我们又一次真切地看到，尽管岳飞在近年内所从事的，只是平定南宋境内的游寇，或镇压此起彼伏的农民起义军，而他的头脑中所念念不忘的，却还是报君仇、雪国耻的问题。

（6）

沿长江的中下流，由岳州、鄂州而东到江州；湖、广的山陵地区，由岭南而到虔、吉诸州；这广大地区全都感受到了岳飞军队的威慑力量。从南宋政府的统治者们看来，这种威慑力量却还是为这一地区所继续需要的。鄂州虽是荆湖北路帅臣治所所在之地，那里的驻军却是一些乌合之众，有的甚至连军械也不齐备。江西路的帅臣赵鼎盱衡这一地区的全局，向南宋小朝廷提出了一个"措置防秋"的建议书，主张在"平定"了虔州的"叛变"之后，仍把岳飞的全军留在沿江屯驻，这样，不但江西各州郡借其声援，可保无虞，即湖南和两广，也可赖以平安。赵鼎还特别举述了岳飞去年屯泊江州期内，因钱粮供应不足而发生的困难情况，因而说，这一次可得在事前充分筹措。

于是，岳飞奉诏留五千兵驻虔州，选三千人移戍广州，以精兵万人戍守江州。并且，指明把抚州的桩管钱九万必贯，江西路用折帛钱所籴粮米一万斛，一律拨付岳飞，供作粮饷和军费。

移屯诸事都已办妥之后，岳飞受诏到行朝去朝见皇帝。这时的行朝又已移到杭州了。

九月中旬，岳飞携带着儿子岳雲，抵达杭州，父子两人一同去朝见皇帝赵构。

在大元帅府时代的岳飞，虽然经常有和赵构碰头的机缘，只因他在那时还是一个无名小卒，是不可能为赵构所认识的。时间只相隔七年，现在的岳飞却已经一跃而为头等战将，已经是皇帝赵构所极愿一见的人物了。

岳飞与赵构的相对晤谈，虽然只是头一次，然而，在这几年内，岳飞在各种战场上所赢得的战功和声望，包括他对江西地区起义人民的军事镇压，尽管对人民欠下了血债，却全都为南宋政权解除了极大的忧患，因此，赵构对于岳飞是表现得十分亲切的。

一年前，岳飞驻屯在洪州时，在一次大醉之后，曾把同饮的江西兵马钤辖赵秉渊痛加殴击，险些儿把他打死。赵构在与岳飞对话时竟记起这事，便提了出来，并告诫岳飞从此止酒。岳飞接受了这一劝告，此后再没有让滴酒沾唇。赵秉渊在此后也曾有一段时间被刘光世调到他的部队中去。

在接见之后，赵构赏赐给岳飞父子许多物品。赏给岳飞的是：衣甲、马铠、弓箭各一副，金线战袍、金带、手刀、银缠枪、海皮鞍各一件，军旗一面，上面绣有"精忠岳飞"四字。赏给岳雲的是：弓箭一副，战袍、银缠枪各一件。

几天之后，又有诏擢升岳飞为镇南军承宣使、江南西路舒、蕲州制置使。在一道不许岳飞恳辞这一新职任的诏令当中，异常确切地反映了岳飞当时所已经享有的声名和社会地位。

> 朕以九江之会，襟带武昌，控引秋浦（按指池州，今安徽贵池县），上下千里，占江表形势胜地，宿师遣戍，而以属卿，增壮军容，并加使号，盖图乃绩，顾匪朕私。
>
> 维卿殄寇之功，驭军之略，表现于时，为后来名将。江湖之间，尤所欣赖。儿童识其姓字，草木闻其威声。则夫进秩授任，就临一道，岂特为卿褒宠，亦以慰彼民之望，其尚何辞。❶

岳飞此后继续屯驻在江州。原在江州的傅选的部队，并入岳飞的部队；江西安抚使司所管领的各项军马，此后也全都听许岳飞抽调使唤；驻屯在江北舒、蕲两州的部队也一律归他节制。从此，岳飞的部队才真正壮大强盛起来❷，和驻扎在上游的王瓊，驻扎在下游的韩世忠、刘光世，形成了沿江的四个重镇。实际上，除部队人数还较少而外，若专就素质和作战能力而论，岳家军与其他诸大将的部队相比较，是有过之而无不及的。

此后不久，岳家军的番号也由神武副军改为神武后军。到这年的十二月，后来成为岳家军中主要将领的牛皋、董先、李道等人，也都经宋廷明令令其"听岳飞节制"，岳飞把他们全都用做统制官，并且令其各都带领原来的部队。❸

---

❶《金佗续编》卷三，《辞免镇南军承宣使不允诏》。
❷《建炎以来系年要录》卷六八，绍兴三年八月乙丑记事。
❸ 同上书卷七一，绍兴三年十二月甲午记事。

第六章
岳飞收复失地的强烈愿望及其初步实践。支援淮西友军奋勇抗击敌、伪军

一 把全副心神贯注在抗击敌、伪，收复失地的问题上

(1)

在近几年内，岳飞和他的部队，虽然一直奔驰在为南宋政权安定社会秩序的战场上，但岳飞的心思，却一直萦绕在如何打击敌人、恢复故土的问题上。这从以上几章引录的岳飞的诗、文、题记中都可得到印证。河朔是岳飞家乡所在地，他不能不挂念着那经常在敌骑践踏下的大片沦陷地区，不能不挂念着那经常在敌人奴役下的乡邦的父老兄弟。他是多么热切地盼望着"复归故国"，亦即打回老家去啊。

绍兴三年九月，当岳飞受到皇帝赵构的召见时，赵构曾把话题转到北投伪齐的李成身上。李成拥有的兵众数量极大，他却背叛了南宋王朝而投降了伪齐，使得兵力本不雄厚的伪齐，从此得到了补充和加强。伪齐把李成和他的军队布置在与南宋搭界的几个州郡内，成为侵扰南宋的急先锋。这就是赵构之所以经常考虑到李成的原因所在。赵构示意给岳飞，愿他设法去策动李成反正归来。他

还向岳飞说道：

> 如李成反正归国，朕当以节度使待之。❶

在宋代，节度使虽只是一个并无实职实权的虚衔，但这一虚衔却被视为武将们的极高的荣誉。南宋王朝的几员大将，这时就还很少人荣升为节度使。而赵构居然要以此荣名授予李成，可见他希望李成反正来归的心思何等迫切。李成所率领的一支游寇，窜扰江淮各地数年，是在被岳飞几次打败之后，才在穷蹙中北降刘豫的。眼下再想策动他反正，借以削弱伪齐政权的军事实力，自然也是岳飞不但应尽而且愿尽的一份职责。赵构之所以特地向岳飞提及此事，当即是要将此事全委岳飞去办。岳飞向赵构满口应承，要设法去招降李成。

伪齐傀儡头子刘豫，这时为对南宋进行政治攻势，正在大量招徕宋朝的臣僚和江淮地区的"衣冠之士"。岳飞就利用这一时机，从幕僚当中选取了一个名叫王大节的人，是一个四川的士人，秘密授以此项任务，遣之北去。王大节抵达伪齐之后，被刘豫的儿子刘麟罗致在门下，授给他一个承务郎的名衔，使他做伪皇子府的属官，并且给予他以优厚待遇。❷

当王大节还没有得到与李成相互接触的机缘之前，李成却又已屯兵于襄、汉之境，成为南宋的心腹大患了。

（2）

绍兴三年的腊月，金国又曾派遣李永寿、王翊来南宋王朝，二人倨傲自肆，对南宋君臣均甚藐视。他们向南宋提出以下要求：（1）把在历次战争中所俘获的伪齐方面的军民，一律

---

❶《三朝北盟会编》卷一六一，绍兴四年九月十五日记事。
❷ 同上。

归还；（2）凡西北地区士民之在南宋境内者，也一律遣返其原籍；（3）画长江为界，江北之地划归伪齐傀儡政权。这种咄咄逼人的气势，对于宋廷君臣当然也是一个极大的刺激，使他们不能不认真考虑一下所谓和战的对策问题。殿中侍御史常同向赵构说："必须先振国威，使和战之权操之在我而不要操之在彼。"赵构说："今养兵已二十余万。"常同说："未闻二十万兵而畏人者也。"❶

绍兴四年春季，女真贵族发动了十万人马由陕西南下，要去夺占四川。二三月间，南宋的将官吴玠、吴璘兄弟率师在仙人关（在今陕西凤县西南）以全力进行截击，打败了女真南侵兵马。继此之后还屡战屡胜，终于又先后收复了三年前被金人占领的秦川五路中的凤、秦、陇等州。

女真贵族这次的大举窥川，是在李横、董先、牛皋等人于绍兴三年夏由襄阳向伪齐进军，收复了邓州和颖昌（今河南许昌），继续进军去攻打朱仙镇（在今河南开封市以南），以轻进无援而致大败退之后。伪齐刘豫乘邓州、襄阳防务空虚之际，即在这年冬天命李成率大军进驻其地，企图与川陕地区的女真兵马相互策应。而不幸这一意图果然得逞，在此以后，敌伪双方不但有横断南宋政权联系川陕通道的危险，且将使湖南、湖北的居民也要长期陷入战乱之中，女真的窥川之师虽已被吴玠、吴璘兄弟打败，它却有可能掉头东下，和李成的军队相配合，或犯荆南，或窥淮甸，这却是必须尽先加以防备的。

从南宋方面来说，在川陕地区的多次战役中既已连获克捷，正可说明敌方军事实力之并不雄厚，南宋的他路军队闻此捷音，士气也正因而旺盛。若能利用这个机会，出动大军，北上进取襄、邓诸州郡，实在是最好的时机，最应有的举措。而这也正是岳飞的愿

---

❶《建炎以来系年要录》卷七一，绍兴三年十二月丙午、己酉两日记事。

望。大概是在绍兴四年的二月,岳飞向南宋王朝上了一道奏章说:

> 臣窃惟,善观敌者当逆知其所始,善制敌者当先去其所恃。今外有北虏之寇攘,内有杨幺之窃发,俱为大患,上轸宸襟。然以臣观之,杨幺虽近,为腹心之忧,其实外假李成以为唇齿之援。今日之计,正当进兵襄阳,先取六郡,李成[如]不就絷缚,则亦丧师远逃。于是加兵湖湘,以殄群盗,要不为难。
>
> 而况襄阳六郡,地为险要,恢复中原,此为基本。臣今已厉兵饬士,惟俟报可,指期北向。伏乞睿断,速赐施行,庶几上流早见平定,中兴之功,次第而致,不胜天下之幸。取进止。❶

这道奏章送达南宋王朝之后,也得到了朝廷上一些大臣们的赞同。宰相朱胜非在几个月前就曾提出过经营淮甸的建议,对于岳飞奏疏中收复襄、邓的意见也大力支持。他在一次上朝时向赵构说道:

> 襄阳上流,襟带吴蜀,我若得之,则进可以蹙贼,退可以保境。今陷于寇,所当先取。

赵构当即提出:"今便可议。就委岳飞如何?"
参知政事赵鼎回答说:"知上流利害,无如岳飞者。"❷
在朝廷上的这番商讨之后,岳飞奏疏中的计划全被采纳,收复襄、邓诸州郡的任务也完全交付给岳飞了。

---

❶《金佗稡编》卷十,《乞复襄阳札子》。
❷《建炎以来系年要录》卷七五,绍兴四年四月庚子记事。

二　收复襄阳府等六州郡

（1）

绍兴四年三月十三日[1]，南宋政府用"三省枢密院同奉圣旨"的名义，把进军收复襄阳等地的决定送往岳飞军营。其中的规定是：

一、王㻞现驻军鼎州，招捕杨幺，累有申奏，乞别差官兵防托大江。今差岳飞兼制置荆南、鄂、岳。其湖北帅司统制官颜孝恭、崔邦弼两军，并荆南镇抚使司军马，并听节制使唤。

一、李横退师，据诸处探报：叛贼李成、孔彦舟等占据襄阳府、唐、邓、随、郢州、信阳军，候麦熟，聚兵南来作过。岳飞累有奏陈，措画收复，备见尽忠体国。今差本官统率所部军马，于麦熟以前，措置收复上件州军。

一、今来出兵，止为自通使议和以来，朝廷约束诸路，并不得出兵。伪齐乘隙侵犯，李成等辄敢占据，须着遣兵收襄阳府、唐、邓、随、郢州、信阳军六郡土地。即不得辄出上件州军界分。所至州县，务在宣布德意，存恤百姓。如贼兵抗拒王师，自合攻讨，若逃遁出界，不须远追。应官吏军民来归附者，不得杀戮，一面招收存恤。亦不得张皇事势，夸大过当：或称提兵北伐，或言收复汴京之类，却致引惹。务要收复

---

[1] 此为下面引录的一道《省札》后所系之年月日。《金佗续编》卷五于此《省札》之后，还收录了同年三月二十五日签发的另一《省札》，因知此处所系月日不误。如此则《建炎以来系年要录》把南宋君相之商定委任岳飞出兵事系于绍兴四年四月庚子（二十日），显然是不对的。因无其他资料可据以改正，故只能指明其误于此。

前件州军实利，仍使伪齐无以借口。

一、岳飞本军每月现支钱一十二万余贯，米一万四千余石。会计出师三月军须，合用钱三十六万余贯，米四万二千余石。今来虑有添兵及有犒设激赏，理宜宽剩支降。

今于行在榷货务支银一十万两，每两二贯五百文；金五千两，每两三十贯文。二项计准钱四十万贯。

吉州榷货务于今年见贴纳算请等盐钱内支二十万贯。

以上总计：支钱六十万贯，内以二十万贯充犒设、激赏。米支六万石，于沈昭远催运二十万石内先次发到江上米内支拨；并令岳飞措置随军支遣。如人舡不足，令帅司运司极力应副。

收复诸州，并委岳飞随宜措置，差官防守。如城壁不堪守御，相度移治山寨，或用土豪，或差旧将牛皋等主管。事毕，大军复回江上屯驻。❶

岳飞在奏章中所陈述的意见，本是要在恢复襄阳、郢、邓、随诸州郡后，即以这几个州郡作为前进基地，长驱直入，进军中原的；而南宋行朝却只允许他去克复这六个州郡，决不允许他"辄出上件州郡界分"；并且不允许他"或称提兵北伐，或言收复汴京之类"。但是，尽管有此种种限制，却毕竟还是允许他把平生心愿部分地付诸实践，所以，在岳飞，也还是很愉快地去执行这一使命的。

刚刚拨隶在岳飞统率之下的牛皋，既曾在河南地区与敌、伪军队多次接战，且曾在杭州亲自向皇帝赵构陈说过"伪齐灭亡之道，中原可复之计"❷，是一个有志气也有勇气的人。他熟悉襄、邓以至中原地区的地理形势。有牛皋参与这次进攻伪齐的军事行

---

❶《金佗续编》卷五，《朝省行下事件省札》。
❷《三朝北盟会编》卷一五九，绍兴四年五月五日记事。

动，岳飞觉得特别高兴，他委派牛皋做唐、邓、襄、郢安抚副使，兼统"踏白军"。此后不久，又改命牛皋为神武后军中部统领兼制置司中军统领。❶

绍兴四年五月初一日，南宋王朝授予岳飞以如下官衔和职务；镇南军承宣使、江南西路舒蕲州制置使、兼黄复州汉阳军德安府制置使。还把荆南镇抚使司的马军全部拨归岳飞，以增强岳家军的实力。

南宋王朝还命令韩世忠以万人屯泗上为疑兵，刘光世选精兵出陈、蔡，合势并进，相为犄角，以作声援。

军饷除由户部员外郎沈昭远专力筹措外，皇帝赵构又下亲笔诏给鄂州、岳州以及附近各地的监司和帅守，要他们随宜供应岳飞军的粮饷，不得使其稍有短缺。❷

这是岳家军从来没有受到过的优待和重视。然而这并没有使岳飞产生骄傲放纵的念头。岳飞在接受到上述的命令和任务之后，首先严厉戒饬全军：在进军途中必须严格遵守纪律，眼下正是禾稼满田地的时候，兵马经行，万不得有所践踏。在其后的行军过程中，也确实做到了秋毫无犯。❸

岳家军先已从江州移到鄂州，现又从鄂州渡江北指。军旗上的"精忠岳飞"四字，闪耀在日光下，闪耀在夹道迎送的人们的眼中。

（2）

岳家军首先围攻郢州（今湖北省钟祥县），时间是五月初五。

伪齐派作郢州知州的荆超，是刘豫从其伪"班直"当中破格拔用的人。他骁悍勇武，平素就有"万人敌"的绰号。岳飞派人去

---

❶ 《三朝北盟会编》卷一五九，绍兴四年五月五日记事。
❷ 《建炎以来系年要录》卷七六，绍兴四年五月甲寅记事。
❸ 同上书卷七六，绍兴四年五月甲寅记事。

劝说他主动前来投降,他不接受,而且依靠长寿县的伪知县刘楫为谋主,乘城固守。岳飞派张宪再去劝告,不但依然无效,刘楫还在城上把张宪和岳飞大肆辱骂一番。岳飞被激怒了。他宣告说:等到把郢州城攻下之日,一定要活捉刘楫治罪。❶

岳飞亲自率众攻城。敌人所凭恃的是郢州的高大城墙。可是,在岳飞的一声号召之下,士兵们"累肩而升",登上城头,把这座州城攻占,杀死敌军七千人,尸首堆积起来,竟和城中的天王楼一样高。荆超先自投崖自杀了,刘楫却果然被活捉了来。❷

前此因伪齐军队的占领而逃离郢州城的一些民户,也都回到他们的故居。

然后,兵分两路:张宪、徐庆分兵东向去攻取随州(今湖北随县),岳飞则率兵直趋襄阳。

在襄阳的李成,过去曾屡次被岳飞击败过,这时也还不曾和陕西的金军联结起来,对于南宋这次的主动出师,早就在将恐将惧之中,及至听到郢州失守的消息,又探知岳飞亲自领兵压境而来,便在三十六着中采取了最上的一着,他先从襄阳溜走了。

在克复郢州和襄阳的战役中,拨隶岳家军为时未久的统制官董先,建立了较大功绩。其所以如此,是因董先曾在京西一带与李横、牛皋等人均多次同敌、伪人马接战过,目前所隶属的岳家军又本是一支劲旅,先声夺人,所以能到处奏功。

东去攻打随州的张宪和徐庆,本也以为可以马到成功的,却不料攻打了好些天而未能把随州攻下。牛皋听到了这消息,便向岳飞自告奋勇,要求只携带三天的口粮前往,就一定能收复随州。

张宪和徐庆,前一个是著名善战的将领,后一个因才勇出众而

---

❶ 《三朝北盟会编》卷一五九,绍兴四年五月五日记事;《金佗续编》卷三〇,王自中《郢州忠烈行祠记》。

❷ 同上。

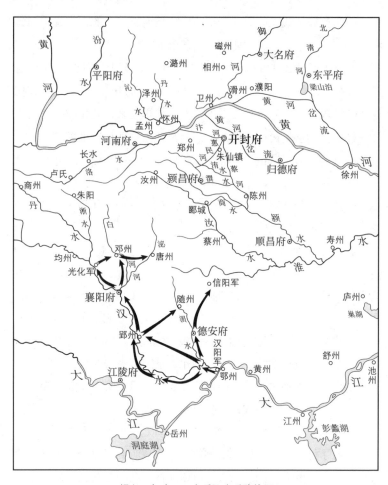

绍兴四年（1134）岳飞出兵路线图

为岳飞所心爱,他们攻打不下的城镇,必有其不易攻下的道理在,牛皋有什么妙法神术,能保证在三天之内就拿得下来呢?人们这样地想着,对于牛皋这次的自告奋勇,便不免都觉得有些卤莽可笑。

实际情况如何呢?三日之粮不是太少,而是太多了。牛皋率部到了随州,并没有把所带粮饷用完,在五月十八日就攻下了州城,❶活捉到伪知州王嵩,把他押送襄阳。这一事实确切说明,牛皋的自知之明,到底胜过别人对他的估量。

然而牛皋却把这次的战功一齐推在张宪身上,而且说:"大家一起为国效力,用不着过分计较究竟是谁的功劳。"❷

岳雲也参加了攻打随州的战役。他手持双锤,首先登上随州城垣。岳雲后来所享有的勇冠三军的声誉,最初就是在此时此地赢得的。

岳飞驻扎在襄阳。他探知伪齐的李成等人还不肯甘心于失败,还在添差一些番兵和签军,在新野、龙陂、胡阳、枣阳等县以及唐州、邓州一带屯驻,人马数量很大。岳飞把这情况报告给南宋王朝,很快就接到了赵构亲自写给他的一道《御札》:

> 敕岳飞:朕具闻卿已到襄阳,李成望风而退。朕虽有慰于心,而深恐难善其后。此贼不战而归,其理有二:一,以卿纪律素严,士皆效死,故军声远振,其锋不可当;一,乃包藏祸心,俟卿班师,彼稍就绪,复来扰劫,前功遂废。卿当用心筹画全尽之策来上。若多留将兵,唯俟朝廷千里馈粮,徒成自困,终莫能守,适足以为朕忧。不知李成在彼,如何措置粮食,修治壁垒?万无刘豫肯为运粮之理。

---

❶《金佗续编》卷六,《除清远军节度使……依前神武后军统制省札》。

❷《三朝北盟会编》卷一五九,绍兴四年六月《岳飞克随州》条。(按此条记事内有"张宪引兵攻随州,月余不能下"一句,与五月十八日攻下随州的事实显相违戾,故不取。)

今既渡江，屯泊何所？及金国、伪齐事势强弱，卿可以厚[赀]金币，密遣间探，的确具闻；盖国计之所在也。故兹笔喻，深宜体悉。❶

在这道《御札》当中，只是表述了赵构的种种顾虑和忧虑，不但丝毫没有鼓励岳飞更向唐、邓、信阳三地进军的意向，甚至还很担心，连新克复的襄阳等地也未必能保守得住。在这里，又一次充分暴露出来，赵构不但被金国的军事威胁吓得发抖，对伪齐的军事力量也是怕得要命的。

岳飞接到这道《御札》后，立即写了一封奏章，对于襄阳等地的防守事宜做出了具体规划，一方面要使赵构安心，另一方面还要借此为赵构打气。奏章说：

……臣窃观金贼、刘豫皆有可取之理：金贼累年之间，贪婪横逆无所不至，今所爱惟金帛子女，志已骄堕；刘豫僭臣贼子，虽以俭约结民，而人心终不忘宋德，攻讨之谋正不宜缓。苟岁月迁延，使得修治城壁，添兵聚粮，而后取之，必倍费力。

陛下渊谋远略，非臣所知。以臣自料，如及此时以精兵二十万直捣中原，恢复故疆，民心效顺，诚易为力。此则国家长久之策也。在陛下睿断耳。

若姑以目前论之，襄阳、随、郢，地皆膏腴，民力不支，苟行营田之法，其利为厚。然即今已将七月，未能耕垦，来年入春即可措画。

陛下欲驻大兵于鄂州，则襄阳、随、郢量留军马，又于安、复、汉阳亦量驻兵，兵势相援，漕运相继，荆门、荆南声

---

❶《金佗稡编》卷一，《高宗皇帝宸翰》上。

援亦已相接，江、淮、荆、湖皆可奠安。

六州之屯，宜且以正兵六万为固守之计，就拨江西、湖南粮斛，朝廷支降券钱，为一年支遣；候营田就绪，军储既成，则朝廷无馈饷之忧，进攻退守皆兼利也。惟是革治之初，未免艰难，必仰朝廷微有以资之，基本既立，后之利源无有穷已。

又，此地夏秋则江水涨隔，外可以御寇，内足以运粮。至冬后春初，江水浅涩，吾资粮已备，可以坐待矣。于今所先，在乎速备粮食，斟量屯守之兵，可善其后。

臣识闻不学，辄具管见，仰报圣问。辞拙事直，伏乞圣慈裁决。……

《贴黄》：臣现今只候粮食稍足，即便过江北。

虽番、伪贼马势重，臣定竭力剿戮，不敢少负陛下。伏乞特宽宵旰之念，不胜庆幸。❶

岳飞在这道奏章中所着重表示的是：襄阳、随、郢诸地，一定能够固守，赵构对此是不必多所顾虑和担心的；唐、邓、信阳三地也一定要前往攻取，不管敌、伪双方发动多少人马应战，也有一定能攻取到手的信心。

在皇帝赵构所下的《御札》之外，南宋政府还向岳飞下达了一道《省札》，全文为：

三省枢密院同奉圣旨：令岳飞详度事机，审料敌情：唐、邓、信阳决可攻取，即行进兵；如未可攻，先次措置襄阳、随、郢如何防守，务在持重，终保成功。

董先、牛皋、李道等，可与不可差委各守一郡？荆南、德安二镇，皆与襄阳形势接连，并是江北屏翰冲要去处。荆

---

❶ 《金佗稡编》卷一〇，《画守襄阳等郡札子》。

南现有多少军马？合与不合增添？德安亦合分屯一军，相为援助。逐处分拨屯军，粮道次第，详细利害，速行条具。

今已夏末，防秋不远，依元降《画一》，大军复回，屯守江上。较其利害，鄂州为重，江州为次。亦速相度，一状闻奏。❶

这道《省札》当中所示意的是，如果岳飞认为唐、邓、信阳这三个州郡难于攻取，即可就此罢休，不再前去攻取。然而这在岳飞是难以接受的，不把原定任务全部完成，他是决不罢休的。而何况，这道《省札》到达岳家军营之日，岳家军早已把邓州攻占了。

（3）

李成从襄阳北逃以后，就和金国的刘合孛堇以及原在陕西的金、伪兵马会合起来，驻屯在邓州的西北，列寨三十余处，要在这里和岳家军决一胜负。岳飞探明了这些情况，就先派王贵取道于光化，张宪取道于横林，分路出发，由两面夹攻。继又派遣董先、王万各以骑兵伺隙突袭。在这几个方面的汇合掩击之下，李成的兵马在各条战线上都被击败，最后他又只好出于一跑，仅指定其部将高仲进入邓州城内拒守。岳家军的将士，乘高仲还未安排妥帖，争先蚁附登城，很快便又把邓州州城占领。时间是七月十七日。

六天之后，即七月二十三日，岳家军又收复了唐州。大概是在八月中旬，信阳军也为岳家军所"克平"。

正当调发兵马去攻取信阳，而且有把握能够旦夕可以成功的时候，岳飞又进一步考虑今后如何巩固这些州郡的防守措施，以及如何把这些州郡建立为抗击敌、伪的前进军事基地的事。为此，他

---

❶《金佗续编》卷六，《措置防守襄阳、随、郢等州省札》。

向南宋王朝写了一道《申状》，说：

……然今防守之策，正在乎分屯劲兵，控扼要害。飞虽已据数量差军马于逐处屯驻，然其势力单寡，难以善后。况今已近九月，天气向寒，边面尤当严备。比闻间探，虏意犹不可测。飞朝夕计虑，不敢少懈。

且以初者恢复之时，贼徒固守，倍费攻取；继又金贼刘合孛堇、伪齐李成合陕西河北番伪之兵，多至数万，并屯邓州，力拒官军。仰赖君相之祐，成此薄效。今既得之，实控上流，国势所资，尤宜谨守，不可失也。

飞所乞六万之兵，虽蒙朝廷俞允，然必待杨幺"贼"平，然后抽摘，第恐水势未减，江湖浩涨，杨幺未可措手；纵待十二月与正月间，湖水减落便能平治，边面备御已失机会。

飞今见管军马，兼拨到牛皋、董先两项共一千余人，合飞本军，都计二万八千六百一十八人，辎重、火头、占破在内。欲望详酌，令湖南留韩京、郝晸两军在潭州弹压外，将任士安、吴锡军马尽数起发，及江西军马内，令选择成头项者，勾拨三千人，湖北帅司崔邦弼、颜孝恭并拨付飞，相度分守。计此五项止是二万人，内有不堪披带、辎重、火头之数，不下三、五千人。余乞朝廷摘那，以足六万之数。速赐遣发前来，布列诸郡，以为久安之计。利害至重，恐不宜缓。伏望早降指挥施行。❶

后来，南宋朝廷基本上依从了岳飞的这些申请，并由岳飞委派官员，酌量分拨一定数量的人马，去镇守这新克复的六个州郡。岳飞

---

❶《金佗稡编》卷一八，《措置襄、汉乞兵申省状》。

本人则率领大军回到鄂州和德安府（今湖北安陆县）去屯驻，并从事休整。

南宋政府继即把襄阳府和郢、随、唐、邓、信阳划为襄阳府路，诏升岳飞为清远军节度使、湖北路荆襄潭州制置使，凡属这一路各州县守令政绩的考核监察，也都委任岳飞相机措置。

(4)

岳飞能按照预定的计划而收复已失的州郡，这是自从南宋建国以来还不曾有人建立过的功勋。赵构对于敌、伪的军事力量素来心存畏惧，对于李成在襄阳之不战而退，更怀疑其必有阴谋诡计。然而岳家军这次出师，竟是每战必胜，每攻必克。这样的战果，远远超出了南宋君相们的预期，他们不禁都加以赞赏。一天，赵构向签书枢密院事胡松年说道：

岳飞行军极有纪律，这是我早就知道的，却没有料想到他能这样地破敌立功。

胡松年回答说：

惟其有纪律，所以能破贼，若号令不明，士卒不整，方自治不暇，缓急之间岂能更有成功？

就是在这种情况和气氛之下，岳飞才得于这年八月二十五日被提升为清远军节度使、湖北路荆襄潭州制置使的。这次升迁官职的《制词》全文是：

师直为壮，正天讨有罪之刑；战功日多，得仁人无敌之勇。羽奏屡腾于戎捷，舆图亟复于圻封。肆酬进律之庸，宣告治朝之听。

镇南军承宣使、神武后军统制、充江南西路、舒、蕲州、兼荆南、鄂、岳、黄、复州、汉阳军、德安府制置使岳飞，精忠许国，沈毅冠军，身先百战之锋，气盖万夫之敌。机权果达，谋成而动则有功；威信著明，师行而耕者不变。久宣劳于边圉，实捍难于邦家。有公孙谦退不伐之风，有叔子怀柔初附之略。

属凶渠之啸乱，乘襄汉之弛兵，窃据一隅，萃厥逋逃之薮；旁连六郡，鞠为盗贼之区。命以徂征，迄兹戡定，振王旅如飞之怒，月三捷以奏功；率宁人有指之疆，日百里而辟土。慰我后云霓之望，拯斯民涂炭之中。嘉乃成功，茂兹信赏：建旄融水，以彰分阃之专；授钺斋坛，以示元戎之重。全付西南之寄，外当屏翰之雄。开茅社于新封，锡圭腴于真食，并加徽数，式对异恩。

呜呼！我伐用张，既收无竞维人之烈；惟辟作福，敢后有功见知之图！尚肩卫社之忠，益励干方之绩。钦于时训，其永有辞。可特授清远军节度使、湖北路荆襄、潭州制置使，依前神武后军统制，特封武昌县开国子，食邑五百户，食实封贰百户。主者施行。❶

从北宋到南宋，在朝廷上流行着一种不成文法：每一个文武大臣在接受到新任命的官职之后，至少要上章请辞两三次，朝廷上每次也都降诏不允，然后才肯接受。岳飞在每次升官晋秩时也都照这种惯例办事。当他这回第一次请辞新职时，宋廷又降诏说：

---

❶《金佗续编》卷二，《清远军节度使……特封武昌县开国子食邑五百户食实封贰百户制》。

……卿禀雄劲之姿，蕴深湛之虑。识通机变，忠贯神明。鼓勇无前，服劳先于士卒；执谦不伐，行事合于《诗》、《书》。

比总偏师，克平叛寇，坐复六州之故地，用苏千里之疲氓。嘉尔设施，出于谈笑。既策勋之甚茂，宜颁爵之特优：建大将之鼓旗，往临三路；授元戎之铁钺，增重六师。奚为逊牍之陈，犹避宠章之渥。亟膺明命，益励远图。庶见方隅绥靖之期，乃称朝廷崇奖之意。所请宜不允。❶

当他第二次上章辞免时，宋廷又降诏说：

敕具悉。卿忠义出于天资，忱恂著于臣节。志徇国家之急，身先行阵之劳。盖尝推功名而不居，岂复私富贵以为意。然赏国之典，轻重视功，师不淹时，役不再籍，连克六城之聚，复还千里之疆，振凯遄归，策勋可后？谦以自牧，卿虽必欲执三命之恭；赏或失劳，朕将何以为万夫之劝？勉服成命，毋复费辞。所辞宜不允。❷

我之所以抄引这三道《制词》的全文或摘要，不是因为这些制词全出于当时的文学侍从之臣之手，其文章值得传诵；而是因为，在这几道制词当中，全都对岳飞的操行、风格和治军作战的英勇气概有一些如实的描述，从中可以看出岳飞之所以为岳飞，以及他和当时其他诸大将的区别之所在。在今后的一些章节当中，我也仍然要引用某些诏令中的文字，其用意也全是如此。

---

❶《金佗续编》卷三，《辞免清远军节度使……食实封贰百户不允诏》。
❷ 同上书卷三，《再辞免同前不允诏》。

三 援淮西

（1）

那个混入伪齐傀儡政府中的王大节，在伪齐的皇子府中作一名属官，几乎每天都有与刘麟谈话的机会，逐渐成为刘麟的心腹人员之一。伪齐企图扩展其境土，金政权也不断催促它去侵扰南宋。这就需要在弓劲马肥的季节以前，先把进军计划做好。有一天，刘麟询问王大节说，要向南宋进军，应把主攻的方向定在哪里？王大节回答说：

四川的百姓，从张浚设置川陕宣抚使司以来，征扰不已，供亿繁重，处境极为困苦。他们极盼大齐能以重兵入川，便都可乘机起而响应。占领了四川之后，发动四川的舟楫，顺江而下，屯戍在江南各地的宋兵必将丢魂裂胆，望风而溃。

刘麟不赞成这样做，说道：

不然。大金已有命令传来，要会同本国之兵，趋淮甸，渡长江，直捣吴会。你意以为如何？

大节说道：

其谋非不善，但恐南兵控扼长江，未必容易渡过，那样则吾师锋锐必将受挫。不如攻四川必取之地，以图万全。进攻四川虽似乎迟而迂，然大功可以必成。

刘麟对此终不谓然，并说金人已将出兵路线规定妥当，不能再变更了。❶

王大节劝说刘麟改变作战计划，不要进攻淮南，而要去攻取四川，这用意，是企图使敌、伪军去绕远路、攻险阻。这计策虽并未能生效，却也从刘麟的口中听到了敌、伪的真实作战计划，这收获自然也很不小。另外，王大节也已了解到，在经过了襄阳、邓州诸战役之后的李成，再也不存在向南宋政权反正的可能性了。于是，王大节又设法从刘麟的军营中逃脱出来，先是逃归岳飞帐下，继又由岳飞遣送杭州，要他向南宋王朝据实陈奏，请求在淮南等地严加防备。

（2）

紧接在王大节逃回之后，金人和伪齐果然合力南犯。金方的军队是以四太子兀朮为统帅，伪齐的军队则是以刘豫的儿子刘麟为统帅。

敌、伪的出兵路线，最初原拟由顺昌趋合肥，犯历阳，然后由采石渡江南下。然而，李成在襄、邓地区的失败，记忆犹新，岳飞兵力之可畏是很明白的。如果由上述路线进军，岳飞的部队很有由襄阳出师挤背攻击的可能，这是很应当着重考虑的事。在这种考虑之下，他们又改变计划，决定由汴河直趋泗州。渡淮之后，以主力扼守盱眙，分兵去攻取滁州、和州和扬州，然后再西从采石渡江攻建康，东从瓜洲渡江攻京口。另外，还要分兵东下，去掠取海州和楚州的粮米。❷

这计划，在1134年的九月付诸实施。金方和伪齐的大军南下，骑兵从泗州进攻滁州，步兵从楚州进攻承州。只在几天之内，

---

❶《三朝北盟会编》卷一六二，九月十五日辛酉记事。
❷《建炎以来系年要录》卷八〇，绍兴四年九月乙丑记事。

敌、伪的骑兵和步兵便一齐渡过了淮水。

杭州小朝廷上的君臣们,又陷入惊惶失措当中。有人主张赶快逃避,也有人主张御驾亲征。但是,如果逃避,逃往哪里才可安定下来呢?自身所能逃往的地方,敌人的兵马岂不全都可以追到吗?确实是无所逃于天地之间的局势了。迫于无奈,赵构只好采用后一种主张。匆遽间先做了一些布置:命张俊镇守建康,韩世忠进驻扬州,刘光世扼守当涂,而由张浚总制各路军马。

金军和伪齐军远远躲避开岳飞的防区,希望受不到岳家军的威胁,这说明,他们在给予岳家军的战斗实力以高度估价的同时,对长江中、下游的南宋军事力量又是如何地轻视。尽管那里有好几员大将率领兵马屯驻着,他们却偏要向这一地区冲进。无奈这估计并不十分错误。即在南宋王朝的君臣们,也是认为只有岳飞的部队才是最可倚恃的。那么,又如何能让岳飞只坐镇上游而不到江、淮之间参加这次防御战呢?

张浚建议调动岳家军参战。经赵构同意之后,岳飞受命率部前往淮西,借以牵制向淮东进发的敌人。赵构在催促岳飞起发的《御札》中说道:

近来淮上探报紧急,朕甚忧之。已降指挥,督卿全军东下。卿夙有忧国爱君之心,可即日引道,兼程前来。朕非卿到,终不安心。卿宜悉之。❶

据此可见,赵构对岳飞的依赖心情是何等殷切。

(3)

在和敌、伪军队接战之后,南宋军队都奋勇抗击敌人,在几

---

❶ 《金佗稡编》卷一,《高宗皇帝宸翰》。

个战场上都得到了胜利：首先是韩世忠在大仪镇大败金兵，捉获到女真铁骑将官挞也；稍后，韩世忠的部将解元又击败金人于承州，擒获一百五十余人；再后来，庐州守臣仇悆又败金人于寿春府。

十一月初，从南宋王朝看来，战局已趋向稳定，甚至可以说，已逐渐呈现出有利于南宋方面的形势了，赵构才在这时候到达平江府（苏州）。接着，为适应当前的军事状况，南宋王朝又把各路军队重新调度了一番：令刘光世移军于建康，韩世忠移军于镇江，张俊移军于常州。

十二月内，金、伪集中主力去侵犯淮右，仇悆又从庐州发兵千人前去阻击，不料全军覆没。幸好这时岳家军已在移师东下的进程之中。岳飞听到这个消息之后，便派遣他的腹心将官徐庆和牛皋二人率领两千士兵前往应援。徐庆、牛皋率领一部分骑兵兼程前往，在十二月十八日到达庐州。不待他们坐定，斥堠便来报告说，五千名金的骑兵即将逼近城下了。仇悆闻悉后色动不安，牛皋便向仇悆自告奋勇，他保证能打退敌人。徐庆也不肯示弱，也要去迎击敌人。这时所有步兵既还都不曾赶到，两人便只带领了随身的那些骑兵出城应战。牛皋遥远地看到了敌人，便向敌方喊话说：

牛皋在此，你们何得前来进犯！

说着，顺手把自己的旗子展示敌人，证明与敌人对面的牛皋并非假冒，而且挥动着手中的稍，一直冲向前去，敌人震于他的威名，也疑心他的前后左右必还有大批伏兵，因而不敢接战，即行奔溃。牛皋率领骑兵追逐敌兵三十多里，沿途敌方人马自相践踏，死伤甚多，其余则皆狼狈逃窜。

仇悆对牛皋新建的这一奇迹般的功勋不胜赞叹，马上就写信给岳飞致谢，并盛称牛皋的"神勇"。

徐庆是岳飞最宠爱的部将，而牛皋则是在一年以前才归属到岳家军营中来的。因此，这次岳飞虽是指派这二人一同前去救援庐州，而在他内心深处却希望徐庆能有超越牛皋的表现和事功。仇悆在来信中所表述的，却只是牛皋如何如何，并没有对徐庆的赞美，这与岳飞的意愿全不符合，使他感到大不高兴。到岳飞向南宋王朝奏报这次救援庐州的功状时，他硬是把牛皋所建奇勋转移在徐庆身上，致使徐庆从武功郎超转为武功大夫，而牛皋的官秩却仅仅提升了两级。牛皋本人对此并不介意，了解这一事实真相的人却全都对岳飞深为不满。❶

金与伪齐的南侵联军，一则为韩世忠及其部将所阻击，在淮东地区受到挫折；二则遇到连绵不断的大雨，粮道不通；三则于移师淮西之际又在庐州吃了这次败仗；兵将均极疲敝，士气涣散，全已失去斗志，只好又由兀朮和刘麟分别率领北归，回去过年节去了。

❶ 此上三段皆据《建炎以来系年要录》卷八三，绍兴四年十二月壬辰记事及附注。

第七章
瓦解湖湘地区农民起义军的罪行

一 湖湘地区的起义军在杨幺郎(太)领导下继续战斗

（1）

在建炎四年（1130）的四月，湖湘起义军的领导人钟相和钟子昂父子被移驻鼎州的孔彦舟那股游寇俘获杀害之后，起义群众转移了地点，仍然在杨太、杨钦、杨华、黄诚、周伦等人的领导之下，继续与侵袭湖湘地区的盗匪、南宋的统治集团和当地的官僚豪绅势力进行斗争。

钟相的另一个儿子名叫钟子仪的，这时被杨太、杨钦等人推戴为起义军的最高首脑，而真正的首脑人物则是杨太。因为杨太这时还很年轻，起义群众不称呼他的名字，而只依照当地习惯，称他为杨幺郎，或简直就呼为杨幺。

进入30年代，在钟相领导的起义军受到严重挫败之后，湖湘地区的人民依然深陷在苦难之中。不但南宋政府和豪绅地主的压榨都还日甚一日，金的南侵兵马，被金兵打败了的几个溃兵军贼集团，南宋政府的一些毫无纪律的军队，也都还相继出没于这个地区。由这些人们所制造的多次浩劫，使得这个地区内的好些州县，不论城市或乡村，都是一片荒残凋敝景象。住户大都是家徒四壁，还有很多地方竟至断绝了炊烟和人迹。然而县镇的官吏或其爪牙,对于荒芜的田地却还是照旧催交田赋,对于并无丁壮的人家也照旧催交丁税。❶ 这等于"为渊驱鱼,为丛驱雀",使起义军的人数迅速发展。在杨幺领导下,未过多久,起义军的实力和声威就都超过了前此的极盛之日。就境土来说,东起岳阳,西达枝江,北自公安,南至长沙的管界之内,全都成了起义军所能控辖的地方。

起义军的活动基地由武陵县移至龙阳县(今汉寿县)。在那里,或依山,或靠水,结扎了许多营寨。每个首领都带领一支起义军驻扎在一个营寨当中。各个营寨分别承担着不同的战斗任务:有的虽结扎了营寨,却以乘船作战为其主要任务;有的虽也具备了船只,却以在陆地作战为其主要任务。参加起义的群众,农忙时节则从事于耕耘,农闲时节则从事于攻战,既兵农相兼,也水陆两栖。

(2)

孔彦舟的那股匪军,在俘获杀害了钟相父子之后,又先后在鼎州和长沙两城内大肆劫掠了一番,又辗转北去投降了伪齐。

建炎四年(1130)的六月,南宋王朝明令委派程昌寓为鼎、澧州镇抚使兼知鼎州。

程昌寓从建炎二年(1128)八月到建炎四年(1130)二月,是在蔡州作知州的。但在建炎三年(1129)金兵侵犯蔡州时候,程昌寓不是组织军民进行抵抗,而是托病请假,躲藏了起来。所有抗击敌人和保境护城的工作,都是由京西转运副使滕膺措划和承担起来的。❷ 到南宋王朝事实上已决定弃置中州之地于不顾的时候,竟又命令程昌寓率领蔡州的军队渡江南下。于是,在建炎四年初,他

---

❶《建炎以来系年要录》卷四一,绍兴元年正月癸亥记事;卷四二,同年二月乙酉记事。

❷ 同上书卷三二,建炎四年四月末记事及附注。

率领所部过江,辗转进驻于鼎、澧之间。这时南宋王朝正打算再接再厉地把湖湘起义军的力量彻底扑灭,便把希望寄托在这一支蔡州部队的身上。这就是为什么把这一职任委派给程昌寓的原由所在。❶

程昌寓是一个凶狠贪残的老官僚。他在蔡州知州任上,搜刮了足够的金银财宝。当他一度到开封任留守判官时,还在那里选取了一名姿色妖丽的妓女小心奴作小老婆。这次从公安县前往鼎州上任,他先打发总管蔡州兵马的杜湛率领兵众官员和僚属取陆路去鼎州,他自己则挈带妻妾和亲随人员兵丁以及全部资财,分别乘坐船只,自公安县的油河出发,要沿鼎江、经龙阳县转往鼎州。船上的这些随行人员,因为在荆南的监利县和公安县居停甚久,这些地方都是荒索的水乡,食物供应都极贫乏,及至龙阳县境之内,看到在沿江的乡村内既有酒坊,居民家中更多猪羊鸡鸭之类,他们便都上岸争买,甚至进行掠夺,酿成了打骂斗殴事件。处在水寨中的起义军,看到船上并无"军兵防护",乘这些随行人员抢购和攘夺食物之际,便各持器刃,群起抗拒,不只制止了官军的劫虏,并进而拦截了这些舟船。只因程昌寓和他的老婆所乘船只走在最后面,闻知前面船只已被起义群众拦截,便急忙换乘小船逃回公安。走在前面的那些船只和船上所载金银物帛,却全归起义群众所有了。小心奴也被起义军俘获,后来做了钟子仪的夫人。❷

尽管程昌寓之受命为鼎、澧州镇抚使兼知鼎州,本即是要他负责镇压湖湘地区的起义群众的,但因在上任途中受到起义群众的这番打击,在他终于抵达鼎州就职之后,他对于当地群众更有仇深似海之感,咬牙切齿地要对他们使用最凶狠恶毒的手段。

可是,程昌寓立即发现,他的处境并不多么美妙。不只是武陵

---

❶《建炎以来系年要录》卷三四,建炎四年六月庚辰记事。
❷ 鼎澧逸民:《杨幺事迹》(《金佗续编》卷二五)。

县本身,即附近许多州县的境土,大半都已被起义军所占据,各州县政府全都没有多少赋税收入。粮价高昂,一斗米值二千文,单是从蔡州带来的两、三千名士兵的供应已难于措办,而北边的澧州需要他出兵应援,与苗瑶搭界的一些县分也还必须调集属郡的峒丁和刀弩手相助守御。另外,其实是更主要的,他为了对付起义军的水战,还招募了两千多人,令其专习水战。这就使得军粮大感困窘,有时一个人要五天才能分得糯米一斗。军人有出卖妻子以自活的。程昌寓无法可施,便把辰、沅、邵、全四州的行政衙门中所聚集的钱财全部提取,供赡军之用。还在鼎州民户身上攫取了和买、预买以及折帛钱六万贯。❶使得这地区的人民,入水益深,入火益热。

为了击破起义军的水寨和战船,程昌寓也要制造大量舟船。他没收了木材商从山区贩运来聚集在桃源县的大量文溪杉片,就近征调了大量木工,赶造了一大批名叫"车船"的大型船只:船身皆为车形装置,有的是二十车,有的二十三车,置人于船的首尾,踏车而使船进退。每船可载兵千人。然而,等到真个用车船装载水军进入芷江(今沅江的上游),要与陆上的步兵并力夹攻夏诚的大寨时,由于河窄水浅,车船笨重,周转不灵,竟致全部车船和水军都落入起义军之手。步兵则因连日阴雨,都陷入泥淖中而难以自拔,为恐覆没,先自撤退。这场战斗,前后共经过了七十多天。到此,程昌寓再也不敢设想在战场上与起义军进行较量了。❷

程昌寓是抱定一不做二不休的主意的。在用武力较量而屡遭失败之后,他又要改换方法,想收买一、两名刺客,到杨幺的水寨中去把杨幺刺杀。到建炎三年五月,由于青黄不接,起义军的营寨中也感到供应不足,程昌寓便派人招诱到杨钦寨中不参加战斗的(因缺乏丁壮)五户人家,共老小二十余口。其中有一名被称为

---

❶《建炎以来系年要录》卷四一,绍兴元年正月乙卯记事;《杨幺事迹》。
❷《杨幺事迹》。

唐教书的，很知道起义军中的一些情况，程昌寓便向他探询说：

> 杨幺的水寨中，可以使人混得进去吗？

唐教书回答说：

> 如别个寨栅，犹自可以通人来往，只有杨幺的水寨，紧凑严密，水泄不通。在大寨周围二十里内，陆路有人员巡逻，水路有船只巡逻，昼夜如此。寨门外更有一群刀手把守，便是大虫豹子也进去不得。

到头来，程昌寓把这个刺杀的阴谋也只好收起来了。

（3）

当南宋王朝认为，不能再指望程昌寓完成镇压湖湘地区起义军的任务时，便于绍兴三年（1133）秋季又派遣了捧日天武四厢都指挥使、神武前军统制王㻛充任荆南府、潭、鼎、澧、鄂等州制置使，率领所部军马三万人，还下令给湖南北所有屯驻部队一律受王㻛节制，还增派了建康府水军正副统制崔增、吴全所统水兵一万人给他，水陆并进，要他前去"讨荡杨幺等贼众水寨"。

王㻛到达湖湘地区之后，程昌寓在军事上并不与他合作，而只想袖手旁观他的成败。所有紧急险恶情况，也全由王㻛的部队承当。王㻛的部队既不熟悉当地地利，又和潭、鼎帅守折彦质、程昌寓不能合作，❶以致先后多次与起义军接战，都被起义军打得惨败。

第一次惨败是在鼎江（即今沅江）口之役，时间是绍兴三年

---

❶《建炎以来系年要录》卷七九，绍兴四年八月壬寅记事。

十一月十三日。这次战役的总过程是：王瓒在十一月初率领水陆全部出发，要去收拾起义军，在鼎江口与之相遇，起义军的船只大都有几丈高。船上人用一些二尺多长的硬木棍，削其两端，与矢石俱下，称之为木老鸦。王瓒所率水军所乘用的"湖海船"，体型低小，又只能用短兵与起义军接战，以致陷入极不利的情况中。王瓒也为流矢和木老鸦所中。迫于这样的形势，王瓒便留下崔增、吴全统辖水军，抵当下游的起义军，而其本人则与神武前军的万余人从陆路逃回鼎州。十一月十三日，崔增、吴全所派遣的刺探人员报告说，有一些既无旗枪又无人员的空船，从上流交横而下，必是被打败的起义军所抛弃的。崔、吴的水军便都争先"撑篙拽牵"，前往抢占这些舟船。及至靠近了这些舟船之后，每一船中却全都擂鼓发喊，起义军都出而踏车回旋，"横冲乱撞"，将崔、吴水军的"湖海船数百只尽碾没入水"。崔增、吴全都当阵死亡。其余散布在砂碛、堤坝上的步兵，也全被掩杀。"一日之间，万人就死。"崔、吴水军所使用的"御前器甲、旗幡、枪刀之属"一律成为起义军的战利品。起义军的威势从此更大大提高。❶

第二次惨败是在鼎州社木寨之役，时间是绍兴四年的七月上旬。——在鼎江口那次损兵折将的惨败之后，王瓒对起义军不敢再采取攻势，只随时派遣一些士兵去蹂躏起义军所种禾稼，还把他所管领的部队分别布署在几个冲要地点，在那里建立营寨，大致上都是由一个将官率领五百人驻守。其主要意图是扼守住这些咽喉之地，使起义军逐渐陷入困境。其中最重要因而驻兵最多的一个营寨，名叫社木寨。到绍兴四年夏天，"江水泛涨，社木寨地势低平，水将登岸"，寨中的驻军要求移至靠近鼎州州城的高阜处驻扎。在还没有得到程昌寓许可时，起义军首领杨钦却利用水的涨势

---

❶《杨幺事迹》；《建炎以来系年要录》卷六九，绍兴三年十月甲辰；卷七〇，同年十一月癸亥记事。

而发动车船直趋社木寨,另有一支起义军则从陆路前来,对社木寨进行水陆夹攻,并且放火烧屋。寨中驻军惊惶失措,无力抗拒,因此,寨中兵将又被起义军杀个精光。起义军这次所歼灭的虽只是一个营寨的官军,但其影响所及,却使得王瓒部署的各寨驻军都闻风丧胆。❶

在王瓒重蹈了程昌寓的覆辙而被起义军打得"败军失将"之后,南宋王朝便考虑,要把这一镇压任务移交给它的王牌部队岳家军了。

二 岳飞用软硬兼施的手法 瓦解了湖湘起义军

(1)

早在绍兴四年(1134)的四月,岳飞还没有开始其收复随、郢、襄阳等地的军事行动,却先后接奉南宋王朝的三省枢密院送来的两道《省札》。

一道是三月二十五日发出的《刘洪道奏李成结连杨幺省札》,其全文是:

> 荆湖北路安抚使刘洪道奏:臣于三月初八日,据权知岳州刘愿申:收到杨幺寨内走出王瓒军统制官吴全下原被捉使臣王忠等,取责到知见伪齐李成结连杨幺等欲南来作过等事。
>
> 臣契勘:近据探报,李成于襄、邓等州添兵聚粮,置造船筏、攻城器具,欲南来作过。缘本路阙兵提备,臣已具利害,奏乞添屯重兵防御去讫。今又据前项权知岳州刘愿申

---

❶ 《杨幺事迹》;《建炎以来系年要录》卷七八,绍兴四年七月癸丑记事。

报，外寇与湖贼结连，欲水陆侵犯，与其他风传探报不同。兼目今江湖水势已涨，上流防御系朝廷大计。伏望详酌臣已奏并今奏事理，速降睿旨施行。伏候敕旨。

右奉圣旨："札与岳飞"。今札送神武后军统制江南西路舒蕲州制置使岳承宣准此。

另一道是四月四日发出的《再据刘愿申杨幺贼徒结连〔李成〕作过省札》，其全文是：

权知岳州刘愿申：契勘荆湖制置使王四厢，复提大军前去鼎州，措置招捕杨幺贼徒。二月二十四日到州，收到被虏军兵王忠等二名，自贼寨脱身出来。寻行取问责据。逐人供：各是水军统制吴全部下人，内王忠是使臣，袁海是效用。去年十一月十一日随吴全乘海船入湖讨捕杨贼，到地名青江上口，逢贼大车船，本军船小，当被围了，势力不加，遭贼擒杀。吴全一行兵将王忠等各被捉缚回寨，得贼首杨幺、黄诚存留在寨使唤。王忠等逐日见杨幺、黄诚等评议下项机密事件：

一、去年十二月三日，见伪齐李成发下使臣，称是康武翼，来下文字，要与贼商议通和。令贼首杨幺、黄诚、〔黄〕寿等打造大车船，准备来年七月间前来鄂州、汉阳、蕲、黄州以来，迎接李成相公一行人马：已备下甲军二十万，就你们大船济渡。许留甲军三万与杨幺、黄寿等，相添装压车船。令贼船取水路下江；李成取陆路，经由江西，前来两浙会合。要赴行在作过。候了日，许杨幺等荆湖两路，与钟相男伪太子建国通和。当时杨幺、黄寿等允许供依。应公文交付康武翼，于当月七日发遣回去。

一、见贼首诬议张宣抚相公招安事。其杨幺、黄寿等所说：目即且权许受招安，图教诸小寨兵夫放心作田，兼要诸处采木，人船稳便。及要疑住诸路人马不动，本寨安然打船。

一、诸贼寨已有大小车船共二十九只。及创行打造大车船一十五只，每只各长一百步，底阔三丈，高三丈五尺，板厚七寸。各要四月半先造成底，推入水，候五月尽船就。令人兵六月间火急收刈早稻，七月间起发。先取岳州，作老小硬寨，将旧车船排泊城下，要抵拦潭、鼎州人马，却将新车船一十五只前去攻取鄂州、汉阳、蕲、黄州以来，迎接李大军马到来济渡，分水陆路，前去浙中会合。

一、贼寨逐时行移文字，只作甲寅年，并不用绍兴年号。今年七月间，定是会合伪齐，攻打沿江州县。

除已将王忠等解赴制置王四厢军前外，契勘本州系据长江上流，西临重湖，北通襄、汉，襟带荆、鄂，屏蔽湖南，自古号扼控重地，今又系杨幺贼船出入要途。若本州可以捍御，必不能侵犯下江州郡。昨累经金人巨寇踩践，民户所存百分之一，州城烧毁殆尽，商贾不通，税赋无入，在州只有些小彫残贫民，四围并无城壁，钱粮储蓄无分文颗粒，捍贼军马无一卒一骑。从来每遇盗贼水陆侵犯，官吏以下必仝城逃避。诸州郡守臣带沿江安抚，特有虚名。

今据王忠等供说，杨幺贼徒已与伪齐李成结连，先取本州，安存老小，以为硬寨，然后顺流而下，侵犯江浙。幸而预知，岂可坐待？若不预为措画，万一贼至，不惟失一岳州，荆湖南北便见隔绝。占据上流，下江所系甚重。

欲望朝廷矜恤本州并无城壁、钱粮、军兵，外贼内寇结连，指日首先攻取占据，要作硬寨，然后侵犯江浙，委是事势迫切，特赐选差前项精锐军马，支拨钱粮，下本州驻扎，仍乞悉听本州节制，庶可为用。

愿已于二月二十四日具此因依，专差成忠郎乌沙镇监酒税权本州司户参军李佐赍申尚书省。愿窃虑前状在路住滞未到，又于当月二十五日再具状申去讫。

今来春水泛涨，杨幺贼船不住出没作过，事势委是危急。伏乞详酌，速赐指挥施行。候指挥。

右勘会，近据刘洪道申到前项事理，已奉圣旨，札与岳飞去讫。今再札送江南西路舒蕲州制置使岳承宣准此。❶

（2）

上面引录的两道《省札》，都是南宋王朝的三省枢密院以正式公文形式下达给一些军事负责人的。从其中的言词可以看出，不论是做荆湖北路安抚使的刘洪道，或权知岳州的刘愿，对于起义军的首领杨幺、黄寿等人已答应与李成勾结，要分别由水陆两路向两浙进发，去攻打南宋王朝一事，都是深信不疑的。而且，在闻知这一消息之后，全都张皇失措，竟似大祸即将临头一般。但是，这两道《省札》中所透露的消息究竟是否可信呢？我们且来认真分析一下。

第一，关于李成派人去与起义军的首领们进行联系的事，在鼎澧逸民的《杨幺事迹》卷下也有如下一段记载：

> 至绍兴四年十一月，水贼周伦寨去岳州稍近，一日，令人赍申状赴岳州太守程殿撰陈诉，称近有伪齐下襄阳府李成太尉，差人自安复州取水路来故县滩水寨，送金帛物□文书，言欲水寨诸首领各备人船战士，克日会合，水陆并进，收复向下沿江州县，得州者做知州，得县者做知县，别命官资，优加犒赏等事。周伦宴设来人，以乾鱼鲊脯回答，报言："周伦等止是鼎州龙阳县税户，为被知州程吏部凌逼，要行尽底

---

❶ 以上两《省札》，均见《金佗续编》卷五，《朝省行下事件省札》类。第二道《省札》中的文字顺序，我略有移动。

杀戮，不得为王民，且在湖中苟逃各家老小性命，不晓得会合事节"，发遣来人归回。后月余日，李成又差三十五人来，内有郑武功、胡大夫二官员，又将官告、金束带、锦战袍并羊靴之类，再三相约诸寨首领克日会合，周伦知事势异常，难以依随，又恐日后多有人来相逼，别生患害，一夜，将来人以酒醉倒，尽行杀戮，沉尸入江中。

这里面所说的程殿撰，是指程千秋而言。程千秋之为岳州守，其赴任应在绍兴四年的五月，到这年的十一月末移知鼎州。❶ 此谓周伦于绍兴四年十一月赍申状向程千秋陈诉，时节相合，当属可信。倘使真如前引《省札》所说，李成派去联系杨幺、黄诚、黄寿的人，已经取得了他们的同意，要从水路陆路分别进军去攻打南宋王朝，为什么又一而再、再而三地派人到周伦寨中去办理同样的交涉呢？既然在五月以后还进行这样的交涉，可知前此派往杨幺、黄诚诸寨的那个康武翼，必然不曾得到杨幺等人的"允许供依"。

第二，倘使杨幺等人果真已于绍兴四年春间已经应允与李成的伪军共攻南宋，则在岳飞于绍兴四年夏间出兵襄、邓去攻打李成的伪军时，杨幺必然要张大声势，出兵与李成遥相配合，使岳家军腹背受敌。事实却是，在岳飞出师北进的全部过程中，杨幺一直没有做出与李成伪军配合的姿态。这也证明，在起义军领导人和李成之间，根本没有在军事行动上有任何合作的默契。

第三，王忠和袁海，都是绍兴三年十一月十三日在鼎江口战役中被起义军俘获的，即使他们确是被留在杨幺、黄诚的营寨中"使唤"，所有有关军事机密事项，特别是与李成勾结共攻南宋王朝这类最怕走漏风声的事项，是万万不会也让他们得以与闻的。但，倘若

---

❶《建炎以来系年要录》卷七五，绍兴四年四月戊戌（十九日）载程千秋起复知岳州；卷八二，同年十一月辛未（廿六日）载程千秋移知鼎州。

是义正词严地拒绝李成的阴谋诡计,那就要尽可能布露出来,不论对任何人就都不存在避忌的问题了。依据这一情理推断,康武翼之前往起义军营寨为李成作说客的事,王忠、袁海是都可以闻知的;起义军的首脑们对康武翼的严词拒绝,也必然为王、袁二人所闻知。但在此二人逃到岳州之后,为要故弄玄虚,以显示自己在被俘期间还刺探到一些什么绝密消息,便把由康武翼携带来而已被杨幺等人拒不接受的那些条款,说成是"当时杨幺、黄寿等允许供依"了。实际上这"允许供依"之说完全是出自王忠、袁海二人的虚构。

根据以上的论证,可以总结说,湖湘地区起义军的所有领导人,全都不曾应允李成的要求,要与之合力进行推翻南宋王朝的军事行动,虽然李成曾不只一次派人到起义军的营寨中作过这样的活动,提出过这样的要求。

尽管王忠、袁海二人的虚假报告是那样地容易被戳穿,但既经南宋王朝以省札的形式普遍下达于沿边各地的军事负责人员,这些军事负责人员,包括岳飞在内,当然更是对它深信不疑的。在深信杨幺、黄诚等人已应允与李成进行军事合作共攻南宋之后,到南宋王朝要派遣岳家军去镇压杨幺领导下的湖湘起义军时,在岳飞更觉得有最充分的理由接受这一军事任务了。

(3)

在绍兴四年的八月下旬,也就是在南宋王朝为奖赏克复襄、邓等六个州郡而擢升岳飞为清远军节度使的那一天,枢密院的长官又乘机向皇帝赵构说道:

> 杨太等作过日久,先因张浚奏乞招安,特与放罪(放罪即免罪),许令出首;而迁延累月,终无悛心,理难容贷。王㺷出师逾岁,不能成功,与潭、鼎帅守每事忿争,不务协心,致一方受弊。

最后便建议调动岳飞的部队去从事镇压,而也立即得到了赵构的同意。于是,在同一天,就又下诏专委岳飞措画讨捕湖湘起义军的事。同时还明令规定:知鼎州程昌寓自上流进兵,湖南制置大使司遣马准、步谅两军听程昌寓节制;荆南镇抚使解潜亦遣兵船约期进讨。命王瓒将所部还江州。❶

岳飞在接奉到这一新的任务之后,立即向南宋王朝写了一道奏章,对于履行这一军事职责,提出了一些具体意见:

……所有措置讨捕黄诚、杨太等贼徒事,切缘臣所管军马,并系西北之人,不习水战。今蒙圣旨驱使,不敢辞免,谨已遵奉指挥外;臣契勘:湖贼黄诚、杨太等占据重湖,猖獗累年,战舰舟船数目浩瀚。又贼众多凭恃水险,出没作过。今来若以湖南帅司马准、步谅两项军马,听知鼎州程昌寓节制;以荆南镇抚司并湖南帅司都发兵船,约期进讨;切虑如此事不专一,临时难以措画,有误指踪。

臣愚欲望圣慈特降睿旨,令湖南帅司除留三千人在潭州弹压外,并荆南镇抚司都共有二千人,乞令臣量留一千人在镇抚司外,将其余军马舟船,尽数并拨付臣,相度分布使唤。兼马准、步谅亦乞令付臣使唤。如鼎州缓急合要军马使用,乞令臣相度分遣,庶几军马归一,斟量调发,免致误事。

兼契勘:王瓒已降指挥江州驻扎;今来讨捕湖贼,正赖舟船使用,欲乞将王瓒随军舟船,除海船及有余船外,只乞战船并海湖船权暂尽数拨付本军,候事毕日归还。

臣访闻湖南州郡系出产材木去处,欲乞行下本路,一就并钉线工匠应副添修本军舟船。

其合用钱粮,窃详湖北路委是阙乏,无以椿办,伏乞特

---

❶《建炎以来系年要录》卷七九,绍兴四年八月壬寅记事。

降指挥，专一令江西应副外，券钱乞从朝廷宽剩支降，庶不有误事机。

所陈利害，并系急切，伏望圣慈详酌，依臣所乞，前去措画，誓尽犬马之劳，以图报效。谨录奏闻，伏候敕旨。

贴黄：臣契勘：湖贼先与伪贼结连。近探得，陕府长安见今点集人马，东京亦已聚兵。今来襄、汉诸州并系边面，防秋是时，切虑不测前来侵犯作过。伏乞添兵屯守，及更抽摘军马，付臣遣发巡边照管，庶免误事。乞速赐措置施行。❶

从这道奏章当中可以看出，岳飞对于新接受的镇压湖湘起义军的任务，是以十分积极的态度去承担的，因而在事前就作了一些周密的考虑。从其所附《贴黄》中所说，又可知他对于杨幺、黄诚诸人要与李成在军事上配合行动，也确认其为必有而不容置疑的事件。

然而，紧接在岳飞递送出这道奏章之后，伪齐与金政权联合进攻的军队已经向淮南地区推进了。南宋王朝必须把全副军事力量集中在江淮之间，也得把岳家军投进去。继之而来的，就是督催岳飞率部渡江去援救淮西的诏令以及"御札"。因此，在绍兴四年的冬季，岳家军开往庐州了，而没有开往起义军势力最盛大的鼎、澧诸州。

（4）

绍兴五年（1135）的二月，抗击敌、伪南侵军的斗争已经基本结束，岳飞的部队也已从淮西回到池州，岳飞便由池州到杭州去朝见皇帝赵构。几天之后，南宋王朝又把镇压起义军的事重新提出，并把岳飞的军职改为"荆湖南北襄阳府路制置使、充神武后军都统

---

❶《金佗稡编》卷十一，《措置杨幺水寇事宜奏》。

制",要他率领所部去讨平"湖贼杨幺"。另外,还赐给他钱十万贯,帛五千匹,作为犒赏军功之费;还委派湖北路的转运判官刘延年充随军转运;并令湖南漕薛弼和江西漕范振负责应付随军钱粮。❶

在王瓒的军事征剿计划彻底失败之后,南宋王朝对湖湘起义军又想采用"剿抚并用"亦即软硬兼施的两种手法,因而在发布了上一道诏令之后不久,就又颁发给岳飞十副金字牌旗榜,供他对起义军首领进行招安时使用。

这时正建立了都督行府、担负着南宋王朝全部军政职责的张浚,对于湖湘起义军也是主张招抚之议的。他不但又派人到杨幺、黄诚、周伦的营寨中去进行诱降,而且深信他们这次一定会出来投降。张浚就此事所做的分析是:

> 建康为东南重要都会,而洞庭实据上流。今湖寇日滋,壅遏漕运,格塞形势,为腹心害,不先去之,无以立国。然寇阻重湖,春夏则耕耘,秋冬水落则收粮于湖寨,载老小于泊中,而尽驱其众四出为暴。前日朝廷反谓夏多水潦,屡以冬日用师,故寇得并力,而我不得志。今乘其怠,盛夏讨之,彼众既散,一旦合之,固已疲于奔命,又不得守其田亩。禾稼蹂践则有秋冬绝食之忧,党与携离,必可招徕。❷

基于这一见地,到岳飞已经受命去负责镇压起义军之后,张浚仍然以都督行府的名义制定了一个《招捕水贼杨幺等约束》,其中所具条款是:一、荆、潭、鼎、澧、岳诸州长官,将每个水寨中最先出来自首的人多方存恤,其首领则申报行府授官,余人给以闲田。

---

❶《建炎以来系年要录》卷八五,绍兴五年二月丙子、丙戌记事。
❷《朱文公文集》卷九五,《张浚行状》。

二、湖南安抚使司统制官任士安❶以兵三千屯湘阴，保护湘江粮道；统制官郝晸屯桥口，王俊屯益阳旧县，吴锡屯公安，崔邦弼屯南阳渡，马准、步谅留潭州。三、鼎州的官兵，令程千秋分拨到紧要去处屯驻。四、应诸校招收到人数，比附出战获级例推赏；其所招收到的人众，报所属给种授田，务令安业；候黄诚、杨太、周伦公参了日，当议蠲免租税，补授官资。除此以外，还把招安黄榜发给任士安等军和岳、潭、鼎、澧诸州的知州，令其随时进行招抚。❷

为了和张浚的这种招安政策和种种部署相配合，在岳家军还没有向湖南地区进发之前，岳飞也向南宋王朝建议说，如果打算招安黄诚和杨太，最好能使二人各去做荆湖南北路中某个州的知州。南宋王朝接受了这一建议，即用黄榜宣布，赦免黄诚、杨太和起义群众的造反罪，同时还下了一道诏令说：黄诚、杨太等如率众出首，当议与湖南北路知州差遣。希望他们率领"人船，趁此春水，顺流赴张浚行府或刘光世军前，当议优与转官，仍旧专充水军。若有愿乞外任之人，许乞本乡或邻近州军钤辖、都监差遣。愿归农人，于鼎、澧州支拨闲田养赡，仍免五年税役。"❸

到张浚和岳飞有关招安的部署和措施都收取不到任何效果时，岳家军这才由池州向着潭州进发。

岳家军的这次出征，虽是去要完成一桩血腥罪行，但在整个行军途中，纪律却极为整肃。骑兵全不敢践踏田野中的禾苗，步兵全不敢欺侮耕田的农夫和采樵的村童。真正做到了市井不扰，耕樵不变。沿途居民馈送一些酒肉表示慰劳，岳家军决不白白接受，每次都是按照时价送钱给这些居民，有时就用开拔前所得赏赐物品作为酬报。赵构闻知这些情况之后，便特地颁降给岳飞一道诏旨，

---

❶ 此任士安即韩世忠拨隶李纲，随李纲而至湖南者。
❷ 《建炎以来系年要录》卷八六，绍兴五年闰二月辛酉记事。
❸ 同上书卷八五，绍兴五年二月戊子记事。

奖励说：

> 卿远提貔虎，往戍潭湘。连万骑之众而桴鼓不惊，涉千里之途而樵苏无犯。至发行赏之泉货，用酬迎道之壶浆。所至得其欢心，斯以宽予忧顾。嘉治军之有法，虽观古以无惭。乃眷忠忱，益加咨叹。故兹奖谕，想宜知悉。[1]

（5）

为恐武将们在出师征讨过程中把事权扩大得太高，朝廷上难以遥制，以致发生武人专擅、尾大不掉的弊病，从北宋中叶以来，就逐渐形成了一个不成文的规定：在负实际责任的武将之上，大都加派一名出身于士大夫的执政大臣去监临，使这个负责武将受其限制，免致坐大。在南宋初年的四五员大将当中，依照辈分来说，岳飞是发迹最晚、年事最轻的一个；但由于在平游寇、破敌、伪的多次战役中立下了杰出战功，遂使他的威名的提高，较之他的官职的升擢更要快些。对于这样一个正在突飞猛进的人物，自然更不能不临以文官，加以防制。在他率师向湖南进发之后不久，那个以一身而兼任右仆射同中书门下平章事兼知枢密院事、都督诸路军马的张浚，便依照久已形成的这一惯例，取得了南宋王朝的同意，也亲去湖南做一个监临岳家军的人物。

在湖南醴陵县的牢狱里关押了几百名起义群众，都是被湖南安抚使的部队先后所掳获，集中关押在那里的。到张浚路经醴陵时，也要利用这批囚犯向起义军进行诱降。他召问这批囚犯，把他们一律释放，还分发给他们一些文书，要他们带回各人的营寨去。文书的大意是：现在在大军的包围之下，既不得耕耘收获，到秋冬

---

[1] 《建炎以来系年要录》卷八八，绍兴五年四月庚申记事；《金佗续编》卷三，《自池州移军潭州奖谕诏》。

必然缺乏食物，将会饥饿致死。因此，不如早早出降，可得赦免，也不致饿死。但是，在这批人回到各自的营寨之后，各营寨的起义群众却并没有人真个出来接受招安。

张浚一心想对起义军的首领进行招安，起义军的首领们也要反转来利用此事愚弄一下张浚。当张浚已经抵达长沙之后，黄诚、周伦便派人去向他示意：准备接受招降；可是，过去既屡次杀害过官方派往水寨进行招安的吏士，怕官方再算这笔旧账，所以还不敢匆遽之间就下定决心。说穿了，这番话无非是想使张浚再受一些时候的欺骗，发生一点缓兵之计的作用而已。及至过了一些日子，张浚如醉初醒、恍然大悟的时候，他只有督催岳飞赶紧向鼎、澧州和益阳县快速进军。❶

（6）

岳飞在前此几次征剿游寇和抗击金、伪南侵军的战争中，虽几乎都获得胜利，且已因此而获得很高的威名，但这次出师所面对着的，却是已被事实证明了的实力十分坚强的起义民军。而更加重要的一点则是，如岳飞自己所说，水战决非岳家军之所长。倘若起义军尽量展其长技，因利乘便，对岳家军随方抗击，岳飞究竟能有多少制胜的把握呢？自从岳飞率军抵达湖南境内之后，就有不少士大夫来向他陈献攻取起义军的策略，这一事实也从侧面反映出，他们对岳飞这次出兵之能否成功，也没有多大的信心。

争向岳飞条陈用兵计划的，还有岳飞军营中的幕僚和策士，荆湖南北路的一些地方官吏。

岳飞和岳家军是在绍兴五年（1135）四月下旬到达长沙的。张浚的到达则在五月十一日。岳飞之率军转进到鼎州城外，则已经是五月下旬了。在四、五月内，本应是洞庭湖及其附近的河流

---

❶《建炎以来系年要录》卷八九，绍兴五年五月甲申记事。

都在涨水的季节，却不料天时反常，正在亢旱，湖水之浅竟和深冬相似。这等于替岳飞的行军提供了有利的条件。当商讨用兵计划时，湖南转运判官薛弼举述了儿童摸鱼的事例。他取来一盆水，一条鱼，把鱼放在水盆当中，随时增损其水，让大家亲眼体认：水多时鱼得纵适自如，水少时立即难以动转，只能任人捕捉。结论是，对长于水战的起义军，应该利用天旱水枯的机会，采用陆攻之策。❶

大家所见从同，决定要从陆路四面围攻。对于每个方面的先后缓急，也进行了一番商讨。

军事行动开始之前，岳飞先派出一些士兵扮作商人，趁起义军前来交易的机会，诱获了几百人。绝大多数的幕僚和部属都认为，官军将士既已被他们杀害了不知其数，现在也只好把这些人一齐杀光，聊以发泄官军将士的气愤。对此表示异议的，只有一个名叫黄纵的幕客，是在岳飞军中主管机密文书的。黄纵以为，对这些人，先之以欺骗，继之以执缚，如再一律杀掉，这正是所谓"不武"；只有好好把他们利用一下，那才是所谓"兵机"。这意见，既体现了软硬兼施的策略，因而也正符合了岳飞的心意。岳飞便对这几百个人进行公开审讯。他问道：

你们造反已久，残害了这一方人民；目前，该是你们应受死刑的时候了。但你们所造罪孽如此深重，单是一死实在不足以偿罪，你们看，应该如何办理？

这几百名俘虏全都认为万无可生之理，也并不向岳飞乞求怜悯，都表示甘愿就死。岳飞却掉转语气，说道：

---

❶ 薛季宣：《浪语集》卷三三，《先大夫（薛徽言）行状》后附《薛弼行述》。

> 我知道你们都是良民,不幸生在这般乱离年代,被人裹胁驱迫,以致到此地步。现在我虽带兵来此,却只是想来拯救你们,不是要来杀害你们的。

接着便又问道:

> 你们居住在水寨当中,究竟有何可乐?

几百人异口同声,都诉说营寨中艰难困苦的情况。

岳飞最后便吩咐,分给他们每个人一些钱帛,要他们各自购买一些东西,带回营寨,分送给各人的老小。暗地里却早已告知市上的生意人,要他们特别把物价降低,赔累的数目由军中贴补。

这批被释放的起义群众各回到营寨当中,外面生活富足的情况也随之而得到传播。岳飞也从此更加紧其经济封锁:在所有重要路口上都分派士兵把守,从四面八方断绝起义军的粮米来源,也断绝其与外方贸易的道路,使起义军民进既不能有所得,退则只有坐吃山空。处在这样日益艰苦情况下的起义群众,其中的确有些人不免发生了动摇、妥协意念。岳飞探悉此种情况,便又派人携持黄榜去试行招安。

被派的人员,一个是黄佐,是前此投降了王燮而被王燮拘押起来的一个人。岳飞释放了他,派他到杨钦的营寨中去,劝说杨钦出来投降。伴随黄佐一同前去的,还有在岳家军中主管机密文书的那个幕僚黄纵。❶

另一个被派的人,是岳飞进入湖南境内以后出而投降的杨华。岳飞给予杨华的使命,是要他去勾结杨幺的左右,使他们设计

---

❶ 黄元振编:《岳武穆公遗事》;汪应辰:《文定集》卷二二,《黄纵墓志铭》。

杀害杨幺,前来投降。[1]

（7）

正当岳飞依照软硬兼施的两手政策而着着加以实施时,南宋王朝却忽然又担心到金人和伪齐的再度南犯,便又下诏给张浚,要他尽早还朝,商定对策后再转往江淮间去,作防御金、伪的措置。

张浚在抵达湖南之初,就曾亲自到洞庭湖附近各地,视察起义军的部署和动静,所得的印象是,军事进攻也恐不易制胜。招安工作虽在进行,起义军的首脑们的反应,却总是令人捉摸不定。这使得张浚十分忧虑,也正有很大畏难情绪。到六月上旬,他看到这一诏令,就决定要遵命还朝,把镇压湖湘起义军的事暂行搁置,或即听岳飞去做长久围困之计。他把岳飞召还长沙,和他会商这计划是否可行。岳飞却拿出了一幅新绘制的行军地图给他,图上把攻讨出入的冲要路径已全都指明,岳飞还向他当面作出保证说:

> 头目们是很容易捉获的。

张浚却仍想按照他已定的计划行事,说道:

> 容易捉获,也恐不是短期内就能做得到的,日子耽搁得多了,那就要影响到甚或耽误了防御金、伪的军事部署。我看还是把征剿杨幺、黄诚的事推到明年再说吧,你以为如何?

岳飞对张浚要立即还朝的打算,还是不肯同意,便又进一步作出保证说:

---

[1] 《建炎以来系年要录》卷八九,绍兴五年五月戊戌记事。

都督且少留。除掉进军、退军的日程，我看只须八天的时间就可把军事行动全部结束。十天之后，都督就可回朝去了。

张浚对于岳飞的这项保证，虽然是将信将疑，好在所争论的归朝日期，相差不过在十天八天之间，对此自也不便过于争执，因而就勉强依从了岳飞的意见，并希望岳飞真能如期成功。❶

（8）

岳飞回到兵营，加紧进攻起义军的部署。

前不久拨归岳飞指挥的任士安、王俊、郝晸诸人，共有兵两万多人。在此以前，他们本也是归王瓒节制的，却都不肯听从王瓒的命令和安排。这也是王瓒在军事上失败的许多原因中的一个。岳飞随时随地都把整顿军队纪律摆在最首要的地位，他不能允许把这种作风带到他的部队中来。在新的隶属关系确定之后，岳飞首先要煞一下任士安的气焰，便举述了他前此的种种过失，把他鞭打了一次。在这次行军计划既定之后，又指定任士安去打前锋，而且宣布军令，限他在三日内一定成功，否则就以军法从事。任士安遵命出师，并扬言说：岳太尉（飞）就要亲率二十万大兵前来了。及至起义军探明前来作战的仅仅是任士安的一支部队时，便集中兵力进行抗拒，使任士安倍感吃力。到第三天，岳飞果然率大军从四面围攻上来，一接战，就把对阵的起义军的大部分打垮，并即坐上起义军的这些船只，乘胜去攻击杨幺的水寨。杨钦勇悍善战，在起义军斗争过程中，他多半奋勇当先，是杨幺恃以为强的一个人物。因此，也成了张浚的诱降政策的一个最主要的目标人物，而他也屡次以愿意接受招安的表示来玩弄和欺骗张浚等人。这一回，岳家军的

---

❶《建炎以来系年要录》卷九〇，绍兴五年六月甲辰记事。

攻势来得这样迅猛，在势穷力屈的情况下，他却不能不率领他的徒众三千人投降了。❶

如连老弱一齐计算在内，杨钦大寨中的人口有一万上下。他们全都成了岳家军的俘虏。大寨中原有上千只舟船，也全都成了岳家军的战利品。因为杨钦是"率先出降"的，岳飞也尽快"申禀都督行府"，给予杨钦以官职，其余较低首领也次第推赏。对其徒众，则拣选其强壮的使充水军，老弱的一概遣归本乡，给以田土，使其仍得各务本业。❷ 其所以急急于作出这样一些安排，为的是，要进一步诱降那些尚未攻破的各个水寨中人。

下一个攻击的目标，是杨幺、钟子仪的大寨。

杨幺的大寨坐落在龙阳县江水北岸。杨幺的态度还照旧坚强。他仍然调度舟船人众，作抗拒官军的部署。岳飞在接受了杨钦的投降之后，又亲自率领牛皋、傅选、王刚等将官，和各人帐下的"精兵虎旅"，分乘大量车船，径直向着目标进发。当杨幺看到他的前卫舟船已被冲散，岳飞的旗帜已经遥遥在望的时候，虽知事势已甚紧急，却仍下定决心，既不要屈膝投降，也不要束手就擒。但他却没有料到，在钟子仪左右的一个名叫陈瑫的小将官，早在暗中与官军有了勾结，一见官军到来，就劫持着钟子仪所乘船只（其上设有金龙交床和龙凤簟等），先去投降了岳飞。杨幺见大势已去，就纵身跳入水中，他却又没料到，竟被官军中的水手孟安没入水中救出来了。杨幺、钟子仪被押解到军营之后，立即为岳飞所杀害，且函首送往都督行府。❸

刘衡、全琮、周伦等人也在这时相继降服；剩下的，只有夏诚所辖的几个营寨了。

---

❶《建炎以来系年要录》卷九〇，绍兴五年六月甲辰记事。
❷ 鼎澧逸民：《杨幺事迹》卷下。
❸《建炎以来系年要录》卷九〇，绍兴五年六月癸丑记事。

夏诚是起义军首领中最有智计的一个人，他的大寨也坐落在一个最险要的处所：三面临江，背负高山。岳飞仍要亲率牛皋等人去进攻这座大寨。牛皋一边接受任务，一边发表意见说：

> 许大杨幺，占据重湖作过，致烦朝廷之忧，虽以王四厢大军数万人，犹自败折空回；今节度太尉提大兵来讨荡巢穴，贼众畏伏虎威，尽已出降，独这杨幺抗拒，亦行擒戮；若不将其手下徒党少加剿杀，何以示我军威？欲乞略行洗荡，使后人知所怕惧。

岳飞不同意这样做，说道：

> 杨幺之徒，本是村民，先被钟相以妖怪诳惑，次又缘程吏部怀鼎江劫房之辱，不复存恤，须要杀尽，以雪前耻，致养得贼势张大；其实只是苟全性命，聚众逃生。今既诸寨出降，又渠魁杨幺已被显诛，其余徒党，并是国家赤子，杀之岂不伤恩？有何利益？
>
> 况不战而屈人之兵，全军为上，自是兵家所贵。若屠戮斩馘，不是好事。但得大事已了，仰副朝廷好生之意，上宽圣君贤相之忧，则自家们不负重责，于职事亦自无惭也。

在结束这段话时，岳飞还连说了几声：

> 不得杀！不得杀！

牛皋只得接受这些告诫，跟随岳飞一同前去。❶

---

❶ 鼎澧逸民：《杨幺事迹》卷下。

夏诚的大寨所倚恃的是山溪之险，岳飞就从破坏这险要着手：他下令部队伐取君山的树木，做成巨筏，把夏诚大寨周围的港汊一律填塞。又从上流积聚了大量的腐木烂草，使其顺流而下，用来填塞了下游的浅水地段。随之而派遣了二千名[1]口齿流利、善于吵骂的人，立于浅水处，且走且骂，向夏诚营寨挑战。寨中人被激怒了，便用瓦石向外投掷。草木瓦石，累积成堆，既填塞了舟船的通道，又等于替官军修筑成进攻的径路。起义军想把船只经由港汊移往湖外，却又到处受到木筏的阻碍。因此种种，官军乃得直冲夏诚大寨攻去。经过一番搏斗，一座最难攻击的大寨终于被攻破，夏诚也为岳家军所俘获。[2]

征讨的大功到此已全部完成，所得丁壮共有五六万人，老弱共不下十万。大小船舶几千只。

从夏诚大寨的被攻克，上溯到岳飞与张浚在长沙的上次晤谈，其间恰恰是八天的间隔。此后又过了不多几天，商旅的来往，居民的耕种，牧夫、樵童和渔民，一切全恢复到事变发生之前的旧样。

三国时期的关羽、张飞和诸葛亮，都是岳飞平素极为羡慕向往的人物，他们的事迹也为岳飞所熟知。到岳飞既已把湖湘起义军镇压下去，将要回军鄂州之时，幕客黄纵便向他建议说："孔明之所以对孟获七擒七纵，是要以此服南人之心，免得军回而复叛。今兵不血刃而平'大寇'，余众散匿于湖山之中者还多得很，他们见德而未见威，我看还有师回复反的可能。因而应先耀兵振旅，然后回军鄂州。"岳飞采纳了这意见，便于回师之前在洞庭湖畔举行了一次大规模的检阅。"军律严整，旗帜精明。观者无不咨嗟叹

---

[1]《建炎以来系年要录》作"二十名"，兹据汉川县尉吴拯编《鄂王事》(《金佗续编》卷二八）及《鄂王行实编年》改正。
[2]《建炎以来系年要录》卷九〇，绍兴五年六月癸丑记事；李龟年《记杨幺本末》(自《中兴小纪》卷一八转引)。

息。"既以显示岳家军的"威武",也要使这次军事镇压能发生较久远的影响。❶

（9）

在半月之内，又几乎是在谈笑之间，岳飞便解决了累年以来南宋王朝所最感头疼的一个问题，这不但大得赵构的欢心，满朝臣僚也都感到欣慰。为酬答岳飞新立的这份功劳，南宋王朝特地发布了一道诏书，把岳飞的官阶提升为检校少保。从此以后，岳飞就被人们以极其尊敬的心情称呼为岳少保了。诏书的全文是：

> 若昔帝王之经武，本七德以和众安民；惟我祖宗之有邦，逮百年而胜残去杀。眷彼南服，远于朝廷。赤子弄兵，始由失职；一方受病，迄至用师。乃嘉将帅之良，能尽威怀之义。肆飏孚号，庸报懋功。

> 镇宁崇信军节度使、神武后军都统制、充荆湖南北襄阳府路蕲黄州制置使、武昌郡开国侯、食邑一千五百户、食实封陆百户岳飞，忠力济时，忱诚徇国。沈勇多算，有马燧制敌之机；廉约小心，得祭遵好礼之实。自出陪于艰运，久专总于戎韬。锋对无前，以征必克；师行有纪，所至孔安。成绩著于邦家，威名震于夷貉。比饬鹰扬之旅，往临鼠盗之区。孚以惠心，开其善意。得好生于朕志，新旧染于吾民。支党内携，争掀狡窟；渠魁面缚，自至和门。服矢韬弓，尽散潢池之啸聚；带牛佩犊，悉归田里之流遁。清湖湘累岁荡汩之菑，增秦蜀千里贯通之势。惟时底绩，可后庸酬？孤棘位朝，其视仪于亚保；戎骈导节，仍叠组于中权。肇开公社之封，益衍圭腴之赋。

---

❶ 黄元振：《岳武穆公遗事》。

> 於戏!《出车》之劳还率，所以知臣下之勤；《彤弓》之锡有功，所以庆人君之赏。往对扬于休命，终克励于壮猷。尚弼一人，永清四海。可特授检校少保，依前镇宁崇信军节度使、神武后军都统制、充荆湖南北襄阳府路蕲黄州制置使，加食邑五百户、食实封贰百户，进封开国公。余如故。❶

这道诏书尽管很长，但其中涉及对岳飞这次行军用兵的评价的，则是中间一段自"孚以惠心"以下，直至"增秦蜀千里贯通之势"诸句。这些语句反映出，岳飞之所以获得成功，是由于他在软硬兼施的两手之中，着重地采用了软的一手，采用了分化离间的各种手段，使其"支党内携"，所以能几乎是"兵不血刃"而收取到把起义军全部瓦解的结果。这一结果对南宋王朝的最直接的经济效益和政治效益，则是把整个长江联系贯通起来，所以才使得南宋王朝的君臣们高兴非常。

（10）

瓦解湖湘起义军的这一罪恶活动，在岳飞虽可算进行得十分顺利，然而，"祸兮福之所倚，福兮祸之所伏"，世事总是要这样辩证地发展的。岳飞镇压起义军的"事功"，固然取得了南宋统治集团当中绝大多数人的赞赏，而在某些高级将官心中，却又引起了一些嫉忌和仇恨。特别在韩世忠、张俊两人，更是如此。

刘光世、韩世忠、张俊是宋廷南迁之初的三员最高军事将领，他们勾心斗角，猜嫌仇怨极深，有时且竟几乎酿成武装冲突。是经过皇帝赵构和几员执政大臣屡次进行调解，才得稍为缓和了一些。及至岳飞的声名和职位都升腾到和这三员大将看齐的时候，一向与岳飞关系较多的韩世忠和张俊，特别是张俊其人，便把嫉恨

---

❶《金佗续编》卷二，《检校少保加食邑制》。

心理又转移到岳飞身上来了。

当韩世忠和张俊已经身任大将，而岳飞还只是一个无人知晓的"列校"（军事小头目）之日，距今不是仅仅七八年的时间吗？岳飞隶属于张俊部下，由张俊指挥他去东征西讨，不更是近在两三年前的事情吗？然而当今的情况却是，岳飞的战功和军事职位，都已飞快地追上了他们。就官阶说，已经成为他们的同列；就威望说，实际已经超驾乎他们之上了。这使得他们感觉到一种"咄咄逼人"的威胁，都在侧目而视，心怀不平。岳飞对这些情况是有所察觉的。他不愿意让他们把这种嫉恨心情发展下去，因而在平素便不断写信给这两位前辈将领。尽管对方都不肯写回信，他也还是照样写去。他希望借助于对他们的这种尊重，平息他们的嫉忌忿怨。单在这一两年内，岳飞写给韩、张两人的信札就有三十多封。及至镇压湖湘起义军的任务结束以后，岳家军获得了这样多的战利品，岳飞从中拣选了两只车船，附带着船上原有的作战人员和战守之具，赠送给韩世忠和张俊各一只。❶ 在岳飞，他是要借此表示，决不愿意有丝毫芥蒂存在于他们三人之间的。他的这个良好愿望，最多只收到了一半的效果：韩世忠收到船只之后，喜悦非常，削减了前此积存的部分嫌怨；张俊收到之后，却认为这是岳飞故意去向他夸耀战功的，在心头反而产生了更多更深的怨仇之情。

---

❶《建炎以来系年要录》卷九〇，绍兴五年六月丁巳记事。

第八章
直捣中原的壮志难酬

一 伊、洛、商、虢的相继克复

（1）

在对付金与伪齐政权的战事上，既已能够取得一些胜利；在对付统治区内的游寇和镇压各地人民的武装反抗方面，也大致取得了成功；到绍兴五年（1135）的秋后，南宋政权的统治局势才算逐渐出现了一个比较稳定的状态。

南宋统治阶级中所有具有民族意识的人，大都在不断地呐喊着"迎还二圣，恢复中原"的口号；沦陷在女真贵族和伪齐政权野蛮统治下的中原、河朔等地的人民，也全在翘首企望南宋政权出兵北伐，去把他们解救出来。然而这样的一些愿望和呼声，和南宋皇帝赵构的意愿却是大相径庭的。在赵构，只希望能苟安于东南半壁，能和金与伪齐互不侵犯，由他继续坐在这个小朝廷的宝座上，继续对东南地区居民施行其统治剥削权力，便于愿已足。倘若抗击金、伪的战争果真顺利进行下去，使金人真能把俘掳去的两个皇帝送回，那样赵构就得把帝位交还给他的哥哥赵桓，然则他将置身何地？过去对于金人的战争，都是在金军长驱直入之下，看来是连立国于江南的可能性也不存在了，才迫不得已而作了一些军事周旋。倘若主动出击而真个取得胜利，则统军将帅的威望势必大大提高，这对于赵构的皇位也同样会构成一种威胁。这种种，才是经常萦回在赵构的心怀中的一些问题。

然而就南宋政权目前的客观形势来说，却确实已大为改善，在对付金、伪的对策上，大可由被动改为主动，由守势改取攻势了。举朝臣僚，由宰相张浚以至内外文武百官，都认为这正是最好的进取时机。

为国和为己，公论和私念，在赵构的胸臆中发生了极大的矛盾。然而他的那个私念终还难以说出口来，他这时还没有甘冒天下大不韪的那种劲头。因而到头来，他还不得不屈从公论，由着满朝文武大臣去积极筹措对付金、伪的军事。

绍兴五年的冬季，南宋王朝把它所直接统属的全部军队，一律由"神武军"改称"行营护军"：张俊的部队改称"中护军"，韩世忠的部队改称"前护军"，岳飞的部队改称"后护军"，刘光世的称"左护军"，吴玠的称"右护军"，王彦的"八字军"称"前护副军"。❶

各军的防区分别划分如下：张俊率军驻屯建康，韩世忠率军驻屯承、楚二州，刘光世率军驻屯太平州，共同担任着长江中、下游和淮水流域的防务；王彦率军驻屯荆南，岳飞率军驻屯鄂州，共同担任着长江中、上游的防务；吴玠则率军扼守着四川以至陕、甘的部分地区。

（2）

驻屯在鄂州的岳家军，论人马数量虽还不及张、韩、刘诸军，然而军容之盛，它却是沿江诸军的冠冕。岳家军的主要组成成分，是岳飞从中原带领来的生长于河北、河东的一些兵、将，其次是历次征剿游寇所收编的人群，再其次便是每当受命出征时由南宋王

---

❶《建炎以来系年要录》卷九六，绍兴五年十二月庚子记事。

朝明令拨归岳飞节制指挥的部队。在不久前镇压了湖湘地区的农民起义军之后,他还把杨幺的余部改编成一支水军。

这时候的岳飞和岳家军,已全都声震遐迩。中原以及两河的豪侠忠义之士,凡要归命于南宋的,都把驻屯在鄂州的岳家军营作为他们投奔的目的地。

在南犯的女真铁骑攻破了太原,占据了河东地区的大部分之后,当地的一些忠义人士梁兴、赵云、李进等便组织了太原、绛州一带的忠义民兵,先后收复过怀州(今河南沁阳县)、泽州(今山西晋城县)、隆德(亦名潞州,今山西长治县)、平阳(今山西临汾县)等城。后来转战到河北境内,继续与女真铁骑战斗。八九年内,和敌人打过几百次仗,先后杀死敌方大小头目三百多人。两河地区的民众对这些豪侠人物都很爱戴,也都愿意听从他们的驱使。

赵云在屡次狙击敌军之后,女真贵族以平阳府路副总管的军职向他诱降,他断然加以拒绝。后来,金人杀掉了他的父亲,把他母亲关进监牢,对他进行逼胁,他仍然没有降服。在绍兴四年的十一月内,赵云也投奔到岳飞军营中来。❶

梁兴反抗南侵金军的能量更大,他的声名因此也更高,人们都亲热地称他叫梁小哥。绍兴五年冬,由于胜不过女真铁骑的扫荡,梁兴和另外几名忠义首领,率领了上百名骁勇骑士,夺河径渡,一直向着鄂州的岳家军营奔来。岳飞急将此事告知南宋王朝,赵构得知之后,便向参知政事沈与求说道:

> 梁兴等既来归,当优与官赏,以劝来者。派往敌方的间探,其报告多半不甚可信,只有这些忠义之士来归,才可借以了解敌方的真实情况。

---

❶ 《建炎以来系年要录》卷八二,绍兴四年十一月丙午记事。

沈与求也附和着赵构的意见,说道:

> 来归者愈多,愈可证明敌人势力确已日衰,其真实情况自也更可了解了。❶

(3)

张浚出发到沿江各地视师,部署对敌、伪的防务。他的名义仍然是以宰相而兼任都督诸路军马事。他的都督行府设置在平江府。岳飞在绍兴六年(1136)的正月,也特地到平江与张浚商讨进军计划。

岳飞的沈鸷和韩世忠的忠勇,经常受到张浚的赞赏。张浚也常常表示,这两人可以倚办大事。依照张浚在绍兴六年春初所作的军事部署,是要张俊练兵建康,相机进屯盱眙;刘光世屯兵庐州,以扼伪军;韩世忠由承、楚州进图淮阳;岳飞则改任湖北、襄阳两路(襄阳路不久即改称京西路)宣抚副使,进驻襄阳,作直捣中原之计。

岳飞从平江转往镇江,然后又转往杭州。大约是在二月中旬的一天,赵构在内殿接见了他。❷ 他在平江还曾把湖北、襄阳两路的一些急须兴革的事件汇报给都督行府,这之后就也转来杭州。接着,南宋王朝发布了一道诏令:湖北、襄阳两路州县如有阙官,自知州、通判以下,都许可岳飞自择精明强干的人去补充,应行升擢和调转的官吏既可由岳飞推荐,而官吏中如有蠹政害民和赃污不法的,也任凭岳飞加以制裁,或者罢免。❸

---

❶《建炎以来系年要录》卷九七,绍兴六年正月癸酉记事。
❷ 同上书卷九八,绍兴六年二月丙辰记事。
❸《金佗续编》卷六,《督府照会有阙官去处知通以下许自踏逐令先次供职申奏给降付身札》。

（4）

在杭州，岳飞还曾受到南宋王朝的诏令，要他向伪齐地区散发一道声讨刘豫和对伪齐军民招降纳叛的檄文，以动摇伪齐的士气民心。岳飞在回到鄂州军营之后，在绍兴六年二月的某一天内，就叫他的主管机宜文字胡闳休写出一篇《移河南郡县讨刘豫檄》：

> 契勘：刘豫窃据汴都，僭称伪号，旧蒙任使，累忝台臣，是宜图报国家，执节效死；乃敢背弃君父，无天而行。以祖宗涵养之恩，翻为仇怨；率华夏礼义之俗，甘事腥膻。紫色余分，拟乱正统，想其面目，何以临人？方且妄图襄汉之行，欲窥川蜀之路，专犯不韪，自速诛夷。我圣朝厄运已销，中兴在即，天时既顺，人意悉谐。所在皆贾勇之夫，思共快不平之忿。今王师已尽压淮泗，东过海沂，驵骑交驰，羽檄叠至。故我得兼收南阳智谋之士，提大河忠孝之人，仗义以行，乘时而动。金洋之兵出其西，荆湖之师继其后。虽同心一德，足以吞彼国之枭群；然三令五申，岂忍残吾宋之赤子。尔应陷没州县官吏兵民等，元非本意，谅皆胁从，屈于贼威，归逃无路。我今奉辞伐罪，拯溺苏枯，惟务辑安，秋毫无犯。倘能开门纳款，肉袒迎降，或愿倒戈以前驱，或列壶浆而在道，自应悉仍旧贯，不改职业，尽除戎索，咸用汉条。如或执迷不悟，甘为叛人，嗾桀犬以吠尧，詈猎师而哭虎，议当躬行天罚，迅扫凶顽，祸并宗亲，辱及父祖，挂今日之逆党，遗千载之恶名。顺逆二途，早宜择处。兵戈既逼，虽悔何追，谨连黄榜在前，各令知悉。❶

---

❶ 程敏政编：《新安文献志》卷四〇（《金佗稡编》卷一九亦收此文，题作《奉诏移伪齐檄》，文中字句亦与此稍有异同）。

（5）

岳飞正在鄂州措置进屯襄阳的事，不料他的七十岁的老母却在三月二十六日病死在鄂州军营当中。在此以前，岳飞已经在庐山上修建了几间房舍，还在山下购置了一些田地，准备以那里作为永久的居址。母亲病逝之后，岳飞立即奏报南宋王朝，而且，并不等待朝廷上回报的到来，他就先自解除了军职，挈带着眷属，扶护着灵柩，要往庐山去安葬。❶

当其时，南宋王朝已经把重兵集中在江淮之间，它料定金国和伪齐必也把重兵向那一地区集中。这样，金、伪在京西一带必有力不暇及之处。如果岳飞能尽速移屯襄阳，并尽速从襄阳出兵去进窥陈、蔡，金、伪必将难于枝梧。❷ 正在这样一个引而未发的关键时刻，怎么能容得岳飞离军去经营丧葬的事呢？因此，南宋王朝在接到岳飞的奏报之后，就以御前金字牌降诏要他"起复"。诏旨大意是：因现正措置进兵渡江，不可等待，令岳飞日下返回鄂州主管军马，措置边事。赵构还特地派遣了一个做"东头供奉官"的宦官邓琮前往庐山，对岳飞进行慰问和敦促。到五月中旬，南宋王朝还没有得到岳飞返回军营的消息，除又降诏给他本人，力加敦促外，还由三省枢密院下令给岳家军的全体属官将佐，要他们共同敦请，如因延迟而致有误军机，他们也要受到处分。既然到了这等地步，岳飞只好"移孝作忠"，又回军营去措置调发诸事。

（6）

在荆南府做知府的王彦，原是有名的八字军的首领，也就

---

❶《建炎以来系年要录》卷一〇〇，绍兴六年四月乙巳记事。
❷ 同上书卷一〇〇，绍兴六年四月壬寅记事；《梁豁全集》卷八九，《乞降诏诸帅持重用兵札子》。

是，在建炎元年（1127）秋率领岳飞等几名小将官一同渡过黄河，一同攻入新乡，又在新乡被金兵打败了的那个统制官。他本是岳飞的上司，新乡溃败之后，岳飞却擅自离开了他，不肯再做他的部属，王彦在此后还几乎因此事把他杀掉。绍兴六年二月，南宋王朝已经公布委派岳飞为湖北、襄阳两路的宣抚副使，而且指令他驻屯襄阳府了，却又在几天之后把王彦调作知襄阳府充京西南路安抚使，表面的理由是：襄阳为军事重地，故特命王彦以所部前往镇守；❶真正的原因却是，当时王彦已经体衰多病，张浚担心他万一去世，很难找到一个合适的人去继续统领他这支部队，若把他调往襄阳，到他果真有个好歹时，部队就可并归岳家军中了。❷宣抚使、副是在地方帅守之上的一种职位，帅守行文给宣抚使、副须用申状。也就是说，王彦如到襄阳去就职，那就必须把从前曾经背离过他的一名部属作为自己当前的上司，而听受其节制。王彦实在还缺乏这样一种雅量，因而向南宋王朝辞掉了这一新职。南宋王朝于这年四月，改派刘洪道去做襄阳知府。王彦则由张浚出面，调他作"前护副军都统制"兼任都督行府参议军事。❸

今天的岳飞，军职既已超越在王彦之上，气度也比王彦宽大得多。在他，以前的嫌隙全可置之度外了。因此，当王彦带领他的全部兵马从荆南顺江而下，要到张浚的都督行府就参议军事之任时，在鄂州的岳飞便派人去与他相约，希望他能在鄂州停舟一见。王彦应允了。两人在江边把手对谈。忽然一阵顺风吹来，王彦立即解缆，乘风鼓棹，顺流驶去，快速如飞。岳飞目送着这艘远去的船只，满口赞赏了好大一阵子。❹

---

❶《建炎以来系年要录》卷九八，绍兴六年二月丙辰记事。
❷《金佗续编》卷二九，赵鼎《奏王彦移军事宜》（辑本《忠正德文集》失收此文）。
❸《建炎以来系年要录》卷一〇〇，绍兴六年四月己未记事。
❹ 同上书卷一〇三，绍兴六年七月辛巳记事。

(7)

由于梁兴等人的先后投奔到岳家军中,南宋王朝也越来越知道河北、河东的忠义军民对于岳飞和岳家军是如何地归心了,所以,在岳飞刚刚由鄂州移军到襄阳之日,南宋王朝便又下了一道诏令给他,要他在移文于伪境的时候,在职位和衔名当中增加"宣抚河东路"和"节制河北路"二事。

岳飞大概是在七月下旬才到达襄阳的。到达之后,他首先派牛皋率兵去攻打伪齐的镇汝军(今地不详)。伪齐所派知镇汝军的薛亨素有骁勇之称,牛皋在出发之前却表示一定要把他活捉了来,献俘于朝廷。到牛皋从镇汝军胜利归来时,果然就带来了一个活的薛亨。❶ 到十一月内,薛亨被押往杭州的南宋行朝。❷

在派遣牛皋的同时,岳飞还派遣王贵、郝晸、董先等人去攻略伪齐统治的卢氏县(当时伪齐把虢州寄治于此)。董先等人以前曾在虢州地区内活动过,熟知当地的地理民情,所以能马到成功,不但攻占了县城,还获得敌人存储在那里的谷物有十五万斛之多。❸

占领了卢氏县城的岳家军,以此作为基地,又分兵西去而攻取了商州(今陕西商县),东由栾川县、西碧潭、太和镇而攻取了伊阳县(今嵩县)。伊阳与洛阳相距只有一百多里路程。❹

在分兵攻取商州和伊阳的同时,驻扎在卢氏县的统制官王贵还委派第四副将杨再兴等统率军马前去收复西京长水县(今河南洛宁县西)。这支部队于八月十三日进抵长水县界内的业阳,在那里遭逢伪齐顺州(治伊阳)安抚使张宣赞下孙都统和后军统制满在,拥兵数千前来拒战。杨再兴当即分布军马,进行掩击。当阵斩

---

❶《三朝北盟会编》卷一六九,绍兴六年八月条。
❷《建炎以来系年要录》卷一〇六,绍兴六年十一月庚寅记事。
❸ 同上书卷一〇五,绍兴六年九月丙寅朔记事。
❹《忠正德文集》卷八,《丙辰笔录》。

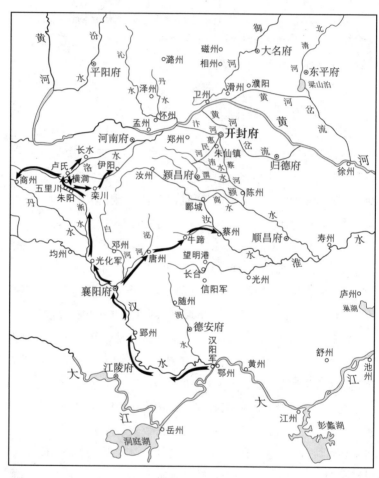

绍兴六年(1136)岳飞出兵路线图

杀了孙都统及其士兵五百余人，活捉了后军统制满在和士兵一百余人。其余残部尽皆奔溃。杨再兴乘胜前进，于十四日到达长水县界的孙洪涧，在这里又遇到张宣赞亲率两千人马隔河列阵，便又鼓率人马，把他们打败，并四向溃散。在这天晚上二更时分，把长水县完全占领。夺到了马万匹，粮万余石，全部分散给当地的官兵和贫苦老百姓食用。❶

（8）

在岳家军已经移屯襄阳，并已从襄阳长驱直入伪齐的统治区内之后，南宋王朝的大臣们便又怂恿皇帝赵构移驾建康，借以振作江、淮间的军事气势。赵构决定在九月初一日离开杭州，在动身之前便先到天竺寺去烧香。刚走出宫门，便遇到一个手持黄旗报捷的人，是岳飞派来奏报虢州和长水县战绩的武翼郎李遇。

赵构听到了岳家军新立的这次战功，虽很兴奋，但他却又担心这捷报有夸张失实之处。他在途中与宰相执政官们谈论此事，说道：

> 岳飞的捷报，恐怕不无兵家缘饰之处。卿等可写信给岳飞的幕属，仔细叩问实情。这并非吝惜爵赏，只是要了解真相和措置机宜罢了。

张浚为要证实岳飞取得的这次胜利，乃是他长时期经营的结果，便答复赵构说：

> 岳飞措置甚大。现今既已到达伊、洛，则太行山一带山寨首领必更易通谋。自从梁兴等归命以来，岳飞的意志就已十分坚决，就已着手经营进取的事了。

---

❶《金佗稡编》卷一六，《复西京长水县捷奏》。

赵鼎也接着说道：

> 河东山寨首领，如韦铨忠等人，虽因力屈暂就金人招安，然还都据险自保，未尝下山。器甲如故，耕种自如。金人只是加以羁縻，实际上却无如之何。一旦岳飞能率王师渡河，则此辈人必为我用。❶

从张浚、赵鼎所说的这些话语，可知他们对岳飞连结河朔的战略决策实际上还都不甚了然。岳飞这时已对河北相州一带的民户作了很多联络工作：凡是那地区中的关隘、渡口上的车夫、舵手，以至食宿店铺中人，大都已与岳家军建立了联系，因而一切从事于反抗女真统治者的军事活动人员，在那一地区都可以"往来无碍，食宿有所"。一些出卖彩帛的铺子以及成衣铺的人，也同样有所联系，只要一朝有了实际军事行动，他们便要拿出彩帛来缝制旗帜。❷

（9）

南宋王朝的君相大臣们，对于岳家军的这次战功，既都作了充分的肯定，遂即下了一道《抚问诏》给岳飞说：

> 敕：叛臣逆命，屡寇边陲。长策待时，始行天讨。卿义不避敌，智能察微，密布锐兵，指踪神将。陈师鞠旅，进貔虎以凭陵；斩馘执俘，戮鲸鲵于顷刻。遂复商於之地，尽收虢略之城。夫瑕叔盈麾蝥弧以登，勇闻旧许；公子偃蒙皋比而犯，

---

❶ 《忠正德文集》卷八，《丙辰笔录》；《建炎以来系年要录》卷一四五，绍兴六年九月己巳记事。
❷ 《金佗续编》卷二七，黄元振《岳武穆公遗事》。

功止乘邱；犹能著在遗编，名垂后世。有如卿者，抑又过之：长驱将入于三川，震响傍惊于五路。握兵之要，坐图累捷之功；夺人之心，已慑群凶之气。精忠若此，嘉叹不忘。故兹抚问，想宜知悉。❶

在南宋王朝作谏官的陈公辅，闻知岳家军所取得的这些胜利，也向赵构上了一道《论已破汝、颍、商、虢、伊阳、长水，乞预防虏、叛会合之计奏札》，其中有云：

恭维陛下以九月初吉銮舆顺动，将抚巡江上之师，六军已行，而京西岳飞先已荡平汝、颍，既而连破商、虢，又取伊阳、长水，捷音五至，中外称快。❷

做江西安抚大使的李纲，在接到岳飞几次告捷的书信之后，也在写给岳飞的一封回信中说道：

纲咨目，再拜宣抚少保麾下：自闻大旆进讨，不果通记室之问。……屡承移文，垂示捷音，十余年来，所未曾有，良用欣快！伊、洛、商、虢间不见汉官威仪久矣，王灵乍及，所以抚循之者无所不至，想见人情之欢悦也。……所愿上体眷注，乘此机会，早建不世之勋，辅成中兴之业，深所望于左右也。❸

上面举述的这些事例，尽管可以充分证明，岳家军这次进军所获得的胜利果实，虽已确实使得"中外称快"，然而岳家军本身

---

❶《金佗续编》卷三，《复商、虢二州及伪镇汝军抚问诏》。
❷ 此《奏札》收入《金佗续编》卷三〇。
❸《梁谿全集》卷一二八，《与岳少保第二书》。

的处境却是并不美妙的。首先,岳家军驻扎在襄阳,距离南宋王朝所在的杭州"数千里",而且是在其上流,粮饷的运送常不及时,因而在平时即"常有粮食不足之忧"。这次岳家军深入陕、洛,留在襄阳兵营中的士兵竟有因饥饿致死的,以致岳飞不能不把已经开赴前线的部分队伍急急抽回。这样,就不但使得进取之计半途而废,而且还把已经克复的部分地区再度陷入伪齐统治之下,并使得当地的忠义军民遭受到敌、伪的屠杀。这就是岳家军为了赢得这次胜利而付出的惨痛代价![1]

就在绍兴六年九月中旬,因为岳家军事实上是处于孤军无援的状态中,岳飞又把他的大本营从襄阳迁回鄂州去了。[2]

(10)

在这次出兵过程中,士兵的战斗情绪之高,每次战役之必致克捷,使得岳飞无时无地不更加坚定其胜利的信心。他念念不忘地盘算着;只要全局部署得当,他的这支岳家军不但可以制胜黄河以南的敌伪军,而且可以北渡黄河,去克复幽燕。

有一天,正在行军,却中途遇雨。岳飞便和部将们下马步行。走了好长一段路,才得进入一座寺庙中避雨。岳飞向部属们闲谈说,他之所以要在雨中步行,是要把身体锻炼得能吃苦耐劳。他还劝告部属们说,要想立功立业,必须先要习于勤劳。距离这座寺庙不远处有一座小山。这小山也使岳飞联想到他立志要去克复的那座燕京城。他又把话题转到进军河朔和恢复幽燕的问题上去:

你们可曾有人见过黄龙城[3]吗?我曾到过那座城下。其

---

[1] 《金佗续编》卷一,绍兴七年岳飞《陈恢复大计手疏》。
[2] 《建炎以来系年要录》卷一〇五,绍兴六年九月壬午记事。
[3] 这里所说的"黄龙城",与下文所载属官发言中所说的"燕地",实均指同一地方,即均指燕京城而言。详见拙撰《黄龙痛饮考释》一文。

城之高也和那边的小山相似。这回咱们杀番贼,要一直杀到那里去。

在前,我极喜欢饮酒。酒醉后也曾作过一些过失。我的老母要我戒酒。后来去见皇帝,皇帝也嘱咐我戒酒。我从此以后便不曾饮酒。等咱们大军向北挺进,一直打到黄龙城时,咱们一定要大大庆贺:你们每人要赏赐两骆驼金帛,我也要再开酒戒,和你们痛饮一番。

一个属官接着说道:

我倒并不想望宣抚赏赐金帛。我们平时都知道宣抚志在恢复中原,今天才知道不仅如此,而是要一直打到燕地。只要打到那里,扫荡了虏人巢穴,使我公大志得以实现,那是远远胜过两骆驼金帛的。❶

岳家军的大部分虽又回到鄂州屯驻,经常萦绕在岳飞心头的,却还是如何更紧密地连结河朔,渡河深进去打击敌人的事。他的脑海里总在翻腾着:全军的战斗情绪这般昂扬,却总是时时处处受到牵制,使其不能勇往直前!深入虢、洛之役,可算得出奇制胜了,结果却仍是不免"以钱粮不继而抽回干事军马,未能成功"。❷一切努力几乎又等于虚掷!真正是壮志难伸。然而这壮志一定要伸!想到这些,岳飞的满腔热血便沸腾起来。通过自己的矢忠矢勇,自强不懈,风尘仆仆地转战于南北各地的各种各样的战场上,固然在三十二三的年岁上已经获得了节度使的荣名和少保的官位,然而目前所已经完成的功业,与自己平素坚定执持的恢复失

---

❶ 黄元振:《岳武穆公遗事》。
❷ 岳飞致李纲公文中语,见《梁谿全集》卷九〇,《乞拨那军马奏状》。

地,报仇雪耻的那一壮志宏图相比,却还有极为遥远的距离。这就要求在今后的岁月里,更加淬厉奋发,用自己的战斗实践,使这一伟大事业能够完成。这样地思念着,一个无限美好的远景又展现在他的遐想当中,使他益发信心百倍。在一个雨天之后,他凭栏远眺,怀着这样的遐想,情不自禁地引吭高歌,唱出了一首成为千古绝唱的爱国歌词——《满江红》:

怒发冲冠,凭栏处,潇潇雨歇。
抬望眼,仰天长啸,壮怀激烈。
三十功名尘与土,八千里路云和月。
莫等闲白了少年头,空悲切!

靖康耻,犹未雪,
臣子恨,何时灭?
驾长车,踏破贺兰山缺!
壮志饥餐胡虏肉,笑谈渴饮匈奴血。
待从头收拾旧山河,朝天阙!

这首词,是岳飞对自己的既往的一番回顾,更是对自己今后要负荷的职责的一道誓词。

二 没有实现的移屯江州拟议

(1)

刘豫在闻知张浚到江、淮之间去视察军务的消息之后,料定南宋方面又要采取军事攻势,便又向金廷去请求救兵,然而结果并未得到金廷的允诺,其中的原由是:

正和南宋最高统治阶层中人在对金政策上意见极为分歧一样，金国的最高统治集团当中，主要的如粘罕、挞懒、兀朮等人，在究竟如何对待南宋的问题上，也存在着一些极不相同的意见。例如，当南宋皇帝赵构扁舟航海，迤逦奔逃于沿海各地的时候，粘罕曾经主张采用南宋降将徐文的建议，用舟师从海道趋昌国、明州诸地，邀截宋方的粮船，追袭赵构的御舟，和陆路上的南犯兵马相配合。兀朮和挞懒等人却以为南侵军马已很困惫，粮储也不够充足，再继续行师于江南卑湿之地，恐无成功，因而不肯赞同。后来，粘罕又主张把军事侵略的重点从江淮地区移往陕西，其他诸人仍然不表同意。

在中原之地树立一个傀儡政权，以为宋、金之间的缓冲，这意见，在粘罕、挞懒，兀朮诸人本是相同的，只有在舍弃宋的降将折可求，而用一个投降的文人刘豫充任傀儡这一点上，是挞懒的意见起了决定性作用的。在此以后，金廷仍以挞懒统率其部属驻屯于山东地区。挞懒在山东地区霸占民田，经营商业，"认山东以为己有"。这也就是说，伪齐政权处在挞懒的直接控制之下。❶

但是，当时在女真贵族中权势最大的，是粘罕、高庆裔这一派的人物。因此，刘豫在被扶立起来之后，只是极力巴结粘罕等人，而不肯专去巴结挞懒。挞懒既然"不能收功于己"，对于扶立刘豫的事便不免有些懊悔。特别是，在对于山东民户的搜括剥削方面，挞懒和伪齐政权经常发生矛盾和冲突。于是，挞懒又向金廷提议说，不如干脆就把伪齐废掉，与南宋划河为界。只因当权的粘罕对此不肯同意，所以未能实现。

1135年正月，金太宗吴乞买逝世。其侄孙完颜亶继位，金国政局也随之而发生了一次变动：粘罕失势，继即忧闷而死，挞懒代之而操持了军政大权。

---

❶《建炎以来系年要录》卷一○五，绍兴六年九月庚寅记事。

刘豫在1136年去向金廷乞求援兵之日，正是挞懒在金廷权势最高之时，其不肯答应刘豫的请求，自是理所当然的事。

（2）

尽管金廷不出兵相援，刘豫也还是采取了以攻为守之计。主攻方向，是江、淮而不是襄、邓。兵分三路：

东路由涡口（今安徽怀远县东北，涡河入淮处）渡淮而犯定远县，进军的目标是宣、徽二州。这一路的统帅是刘豫的儿子刘猊。

中路取道寿春而犯合肥。统帅是刘豫的另一个儿子刘麟。

西路在谷口渡系桥渡淮，去围攻光州❶（今河南潢县），目的是要直趋蕲（今湖北蕲春）、黄（今湖北黄冈）。统帅是孔彦舟。

李成和关师古的部队也都分别编入以上三路之中。

临时签发的乡兵约有三十万人。和前年进犯淮、泗之役相比，声势约略相当。❷

刘猊率领的东路军马刚到淮东，就被韩世忠的军队阻拦住，前进不得，只好就驻扎在顺昌府城内。

刘麟率领的中路军马，系了浮桥由淮西渡水，号称有十万之众，驻扎在濠州（今安徽凤阳县）、寿州（即寿春）之间。这地带是南宋张俊的防区。杨沂中这时恰正拨归张俊指挥，刚好率领人马由杭州抵达淮西与张俊的队伍会合。

两边的军队旗鼓相当，弩张剑拔，战机一触即发。

（3）

南宋皇帝赵构这时刚刚前进到平江府。他闻知前线上这种一

---

❶《梁豀全集》卷九一，《乞下淮西宣抚司差军马前去光州驻扎奏状》。
❷《建炎以来系年要录》卷一○五，绍兴六年九月庚寅记事。

触即发的局势，实在有些胆怯，不愿意再向建康进发。随从在他左右的执政大臣，赵鼎和折彦质，对于张浚力请赵构驻跸建康的事原即不很赞同，而今既已看出皇帝的犹豫踌躇情态，便提出了"皇帝回銮，诸将守江"的对策，而且合力鼓倡。

伪齐的将官刘麟等人下令给签发的乡兵，要他们都改穿女真人的服装，十百为群，经常流动于河南诸处。于是南宋方面又广泛地流传说，金国和伪齐又联合出兵前来了。这使得那个勇于私斗、怯于公战的刘光世更加害怕起来，他便乘机竭力和赵鼎相结托，说什么自己的大队人马驻屯在当涂，前哨却分布在庐州，长江中游又毫无军备，使得他的部队和上下游的声势全都不能相接。言外之意是要把分布在庐州的部队撤退到采石。赵鼎替他商得了皇帝的同意，便由枢密院明令允许他放弃庐州，把前沿部队撤退到太平州（今安徽当涂县）驻扎。❶

赵构还听从了赵鼎的建议，由朝廷下令调遣岳飞的部队由鄂州移驻江州，填补长江中游的空隙。

岳飞这时正患着比较严重的眼病。

自从攻讨曹成，直到扑灭洞庭湖上的起义民兵，在这几年内，岳飞都曾在盛夏行师，又多是行师于烟瘴之地，结果使他积成一种眼疾。及至遭逢母丧，因哭泣太过，这眼疾乃更加重，今年的秋季，他既曾亲赴前线，又到襄阳路和湖北路的一些州郡去视察过，九月二十八日返回鄂州军营，再也不能勉强支持了，便把宣抚司的公事全部委托薛弼代行，把军队交付张宪代领。他的两眼昏花痛苦，简直见不得阳光，在他居室的门窗上，都用帘幔把光线遮隔住。他为此上章请求罢职闲居，以便专心去从事疗养。不料这奏章发出未久，调拨的命令便已到来。

和这调拨命令一同到达鄂州军营的，还有皇帝赵构特地派来

---

❶ 《建炎以来系年要录》卷一〇六，绍兴六年十月丁酉记事。

为岳飞治病的眼科医官,还有皇帝的亲笔御札。御札中一方面嘱咐他把军中一切细务尽量交托僚佐们办理,自己最好但管大计;但另一方面却又催促他赶快提兵东下。

岳飞在接到移屯的命令之后,立即写回文给南宋行朝,说:"俟目疾小愈,即提兵东下。"❶

(4)

然而,对于赵鼎的以上这些措置,刚从淮上视师归来的张浚并不同意。特别是对于他所提出的"皇帝回銮,诸将守江"的对策,反对得尤其厉害,本来嘛,淮南的屯戍正所以屏蔽长江,如果放弃淮南,便无异把长江的险要送了一半给敌人。敌人既得淮南,因粮就运,则长江以南也将难于确保了。这道理本很容易看清,而目光短浅的赵鼎却偏偏对此不加考虑。

对于岳飞和岳家军的调动,张浚也极不赞成。他以为,岳飞带领岳家军镇压上游,有绝对的必要,若调往江州,则一旦襄、汉有警,又将如何抵抗呢?

对于把刘光世驻守庐州的部队撤退到太平州,张浚更极力反对。他向赵构去陈说利害,并请得了赵构的一道御笔军令:"有不用命,当依军法从事"。他携持着这道军令,驰往采石,督催刘光世依然还军庐州,否则就以军法从事。刘光世看到皇帝的御笔,极为惊骇。他集合全军人马,宣告了一切,继即大声向将士们呼喊道:

你们火速进发,否则我的生命要难保了!

说着,即跃马而出。部将也各率其部曲,仓皇追随。❷

---

❶《鄂王行实编年》卷四,绍兴六年记事。
❷《建炎以来系年要录》卷一〇六,绍兴六年十月丁酉条附注引《赵鼎事实》。

当刘光世把庐州驻军撤回到太平州的消息被刘麟探知时,刘麟便下令给他的部队,要分路向庐州前进,到那里会合。不料时机稍迟了些,刘光世的大军已奉命转回,并已从对面奔驰而来了。接着双方展开激烈的战斗。一边是死里求生,另一边是猛不及防,鏖战整日,刘麟的军马终于不支而退。

在刘麟失败后的三几日内,刘猊的一路也被驻守淮西的宋将杨沂中大败于藕塘(今安徽定远县东南六十里)。刘麟闻知此讯,又赶紧拔寨远遁。刘光世的部将王德又和杨沂中合力追至南寿春方才罢休。❶

孔彦舟围攻光州达半月之久而未能攻下,南宋方面虽也一直不曾派兵前来救援,但光州城内的官吏军民却在坚守了半个月之后,更加奋发忠义,出城击敌,终于使孔彦舟解除了光州之围,而引兵向着六安军(今安徽六安县)行进。❷到东路和中路全已败退的消息传来之后,孔彦舟也只有引兵北归。

(5)

调岳飞移师江州,本是由于赵鼎,尤其是刘光世的怯战私心所造成的,而到十月中旬为止,来犯之敌既已开始败退,就越发显得这番调动,只是浪费人力物力,完全没有必要,当岳飞准备移师的奏报到达平江府行朝时,赵构也清楚地觉察到这一点,便向赵鼎说道:

淮西既已无事,岳飞自不须东来。

赵鼎听了皇帝这句话,一定感到十分困窘。他把对话的重心加以转

---

❶《建炎以来系年要录》卷一○六,绍兴六年十月丁酉条附注引《赵鼎事实》。
❷《梁谿全集》卷九一,《乞下淮西宣抚司差军马前去光州驻扎奏状》。

移,回答说:

> 岳飞奉命即准备东来,这足以证明诸将都已知道尊重朝廷,朝廷上的所有命令,他们全都不敢不从了。

赵构原也时常担心武将之难于制驭,赵鼎的这些话很能给予他一些安慰。他在听了之后便又说道:

> 刘麟败退,我以为并不足喜;诸将如真个知道尊重朝廷命令,却确实可喜。❶

随后即由赵构写了一道手札给岳飞,要他不要再移屯了:

> 闻卿目疾小愈即提兵东下,委身徇国,竭节事君,于卿见之,良用嘉叹。今淮西贼遁,未有他警,已谕张浚,从长措置。卿更不须进发。其或襄、邓、陈、蔡有机可乘,即依张浚已行事理,从长措置,亦卿平日之志也。❷

赵鼎虽用尽心计,把自己作战部署上所犯错误加以掩饰,然而他和张浚的意见分歧,不能齐心协力共济军政大计,却是无法弥缝遮掩得了的。对于抗拒伪齐战事的成功,证明了张浚这次的军事部署和调度无不适当,而其中却全无赵鼎的份儿。赵鼎和他那一派的人物因此越来越不能安于其位。到这年腊月,赵鼎、折彦质等人就都相继离开南宋王朝,出外做地方官去了。

---

❶《建炎以来系年要录》卷一○六,绍兴六年十一月癸酉记事。
❷《金佗稡编》卷七《鄂王行实编年》卷四,绍兴六年纪事。

三 在京西陈、蔡地区又一次击退来犯之敌

（1）

在绍兴六年十一月中旬，岳飞发往李纲的江西制置大使司一道公文，是关于金、伪兵马又向岳家军防区进犯的事。全文如下：

今月十二日，据统制官寇成等四状申称：自虢州获捷后，再抚存商、虢、西京长水、福昌、永宁、伊阳一带百姓了当。于十月二十七日探报蕃、伪贼马侵犯铁岭关（卢氏县西北）。其守隘乡兵统领申称贼马厚重，支吾不住。成等所统人马不多，遂移寨前来横涧，设伏提备。于二十九日，有马军千余匹前来见阵，掩击败走。杀死贼兵百余人，夺马二十余匹。内辨认得有蕃人三、二十人。至三十日，有军马千余骑再来冲突，成等鼓率官兵向前迎敌，掩杀贼马退走，杀死数十人，活捉八人。内七人系蕃人，重伤，相继皆死，问不得蕃人头领姓名。一名系刘豫人高收，通说得：蕃人有一万五千余人，马有三千余匹；刘豫有二万余人，马有二千余匹，依旧系伪王太尉、韩观察、傅安抚、成大尹等统率。当时追赶间，其贼众埋伏数路，分头依（？）布前来。成等为见贼马势重，即时拽领军至朱阳（亦在卢氏县界）五里川择利下寨。伏乞使司火速星夜差拨军马前来救援。

同日，又据商州驻扎准备将贾彦十一月初一日申：蕃、伪贼马一万余人，已犯商洛县。

又据统制官王贵十一月初四日申：何家寨伪五大王（刘复）聚集蕃、伪贼马厚重，亦有在旧唐州下寨，侵犯襄阳界分。并镇汝军贼势厚重，现侵犯邓州界作过。贵虽已遵依使

> 司差到干办于大夫备传指挥措置事宜,更乞疾速差拨军马前来,共同掩击。
>
> 并于十一月十一日据统制官崔邦弼今月初六日申:贼马侵犯信阳军作过,遣发将官秦祐于长台镇(在信阳县北)杀散贼马,追赶至望明港大寨。为见贼马众多,却拽领军马回信阳军下寨。伏乞使司疾速差添军马前来,同共掩杀。
>
> 飞契勘诸处申,贼马分路前来侵犯,意欲决图上流。飞虽目疾未安,不免将带在寨军马过江措置外,申本司照会。[1]

这道公文的第一段、第二段所说,是金、伪的兵马又合力向岳家军新收复的商、虢诸地进犯的情况。岳飞还把这一情况报告了南宋政府。但岳飞是否应寇成的请求而发了援兵,在这两个文件中却全未说及,看来始终并未曾派遣救兵。

公文的第四段,叙述伪齐兵马攻袭信阳军而被秦祐打退的事。文中虽说崔邦弼也请求差添军马,看来岳飞也同样没有照办。大概这次战斗就以秦祐追逐敌人至望明港而告结束了。

只有公文的第三段所说,侵犯襄阳和邓州的两路敌军,是岳飞最所重视的,他在下文所说"不免将带在寨军马过江措置"的,也正是针对这两路的敌军而言。这从他写给南宋政府的一道《申状》中可以知道:

> 据王贵申:伪五大王拥贼兵前来,离何家寨四十里地名大标木,依靠山势摆布,迎敌官军。于十一月初十日与贼交战,大获胜捷。
>
> 《小帖子》:飞契勘:伪五大王拥番、伪重兵,侵犯唐、邓州汉上一带作过,飞遂遣发军马措置。今虽获大捷,缘已

---

[1] 据《梁谿全集》卷九二,《乞遣兵策应岳飞奏状》引录。

至蔡州界，去京城大段比近，势未能便行深讨。飞现星夜前去相度，若蔡州可下，即行收复，差官主管州事毕，班师，别听朝廷指挥。伏乞照会。

后来张浚的都督行府送来一道回文说：

右行府契勘：今来已破何家寨等处，如彼处及蔡州一带粮料有余，可以扎立硬寨、分遣轻骑追引虏、叛贼兵前来，择利取胜，即合随宜经画，迟以旬月，因立大功，如探问得大河南北别有番贼重兵相继应援，未须与之轻战，即遵依已降圣旨指挥，及行府累札下便宜指挥施行。❶

（2）

迎击侵犯襄阳、邓州两路兵马的王贵，虽也在十一月初四日向岳飞告急，请求援兵，然而事实上，侵入襄阳界分的一路，却已经由董先、牛皋、李建、傅选诸人率领了好几千人前去迎战。全部人马都归董先节制。董先最初纵兵深入，然而一遇到上万的敌骑，却又立即麾军后退。牛皋对此很不谓然，对董先说：

不战便退，不但要使得敌人轻视我们，岳宣抚也必然不会饶恕我们的。与其现时不战而退，何如当初不纵兵深入呢？

董先不但没有听从牛皋的话，反而一后退就是一百里。敌人紧跟在后面追赶，直到夜晚才停止。第二天，董先还让全军照样后撤，敌人也照样在后面追赶。到第三天，董先才向牛皋等人宣告说：

---

❶《金佗续编》卷七，《伪五大王至蔡州令审料敌情省札》。

> 诸君要与敌人作战，今天才正是时候，就拼了命去干一场吧！

在敌人的部队已经遥望可见之后，董先首先走马去"觇军"，等到敌骑已经走近，董先使用小旗、小鼓和小锣进行指挥。由于事前已经作了充分准备，临阵又指麾得宜，全军一鼓作气，分路击敌，结果迫使敌人不能不向唐州界内的牛蹄、白石地方退却。及至敌军一律放下兵器，准备在这里吃饭时，董先在两天前纵兵深入时埋伏在这里的部队，一齐出来，把岳家军的旗帜插遍山头。这使得敌军惊慌失措，不得不慌忙弃甲曳兵而走。这次战役，岳家军俘获马三千匹，骑兵千余人。从此以后，岳家军的军容和实力更较前盛壮得多了。❶

（3）

当董先、牛皋等人在唐州界内牛蹄、白石地方大败敌军，并又追击前进到蔡州境内的报告递达鄂州军营之后，岳飞便决定亲往蔡州前线去视察战争形势。这便是前面引录的岳飞的一道《小帖子》中所说"飞现星夜前去相度"的那件事。

在寒冬腊月的一个夜晚，三更时分，岳飞到达蔡州城下，他看到敌人的防御工事样样都做得很好：城壁坚实，濠水深阔。城上不见有人防守，只插有几面黑旗。岳家军每一采取攻势，城上的黑旗便有一些动作，随之就有一队一队的敌军登城抵御；待岳家军后退，城上的守兵便也下城。根据这一情况，岳飞断定敌人在蔡州有极周密的军事部署，不可以轻易冒进。因此决定撤退，并指定董先率所部殿后。

岳家军退却，敌人跟在后面追逐。敌方的一名踏白者，是董

---

❶《金佗续编》卷二八，前永州军事判官孙迪编：《岳王飞事迹》。

先军中一名士兵的亲戚，他们相遇之后，踏白者向这一士兵透漏说：

> 我们知道，你们的岳宣抚拥有兵众二万人，其中真能披挂上阵的占十分之七。今次出征，只带了十天的粮食，目前因粮尽而归。我们这边，刘豫现时派遣来李成等十员大将，各领一万人，来此包抄你们，要一直打到鄂州去。我军每人都带有一绳，约定：只要捉到你们南军，就要穿豁他的手心，用绳贯串，每十人串在一起，鼓行东下。此刻就要到来了。

从踏白者这番话看来，可知伪齐方面对于岳家军的真实情况知道得十分清楚。董先除一方面把这一事实派人急报岳飞外，在当地的林莽当中他也选择了一些险要之地，又把殿后军中的大多数人马埋伏起来，他自己则独据河桥，以待李成等率军到来。

李成率领部队到来之后，望见河桥上的董先，果然举着绳索向他高叫道：

> 你别跑掉，我今天先要把你捉住。

董先也高声回答说：

> 我决不跑掉，只怕你要跑掉！

李成等人听到董先的答话这样从容镇定，便疑心他必然在四近埋伏了重兵，因而不敢轻率冒进。但每当他们调遣一支队伍前来作战时，董先也急从林莽中调发一两队伏兵出来应战；敌人退却，伏兵仍回归到林莽之中。在这样情况下相持了许久，岳飞正好率领大军赶回来了。李成等从远处遥望这支大军的行进，直像银流从许多山峰中涌出一般,看来是难以抵当的,即急忙奔溃而回。岳飞率大军渡河追击了三十里方才罢休。

在这次战役当中,岳家军又活捉到敌方的小将官数人,士兵几千人。对于这些俘虏,岳飞都分给他们一些钱物,并向他们宣告说:

> 你们都是中原百姓,也都是大宋赤子,不幸陷入伪境,被刘豫驱遣至此,想非你们所愿。我现在把你们一律释放回去。你们见到中原父老之后,把大宋朝廷的恩德告诉他们。等到大军前去恢复中原时,你们和他们都要随同当地豪杰起而响应。

俘虏们都欢呼而去。少数被俘将校,被押送到南宋行朝去处理。❶

(4)

打击伪齐军队的几次捷报先后送达南宋王朝之后,南宋政府于绍兴七年(1137)二月二十五日颁布了一道诏令,把岳飞的官阶由检校少保擢升为太尉。制词中对于牛蹄地方的那次战役更特别加以赞扬:

> ……起复检校少保……岳飞,沈毅而有谋,疏通而善断。威加敌人而其志方厉,名著甲令而其心愈刚。有虑而后会之机,有誓不俱生之勇。
>
> 曩者分遣将士,深入贼巢,荐闻斩馘之奇,尽据山川之险。至于牛蹄之役,尤嘉虎斗之强:积获齐山,俘累载道。令行塞外,已观奋击之无前;响震关中,将使覆亡之不暇。是用

---

❶ 本节以上各段,皆据《金佗续编》卷二七、黄元振《岳武穆公遗事》。

跻荣掌武，加重元戎：玉佩绛裳，备殊勋之典礼；雕戈金节，增上将之威棱。仍衍爰田，倍敦真食。以厚褒扬之宠，以明待遇之隆。於戏！朕不爱爵禄而用才，庶几无负；汝宜竭股肱而报上，思称所蒙。往图竹帛之光，勉徇国家之急。则朕克济垂成之业，而汝亦有无穷之闻。可特起复太尉，依前武胜定国军节度使、湖北京西路宣抚使、兼营田大使、加食邑五百户、食实封贰百户。❶

---

❶《金佗续编》卷二，《起复太尉加食邑制》。（按，宋代人习惯称武将为太尉；但北宋末又增置太尉一官，作为武人阶官之首，此次授于岳飞者即是；而习惯称谓则沿用如故。）

第九章
合并刘光世军的拟议和曲折

（1）

在绍兴六年的十二月二十一日，南宋王朝发送了一道《省札》给岳飞，内容是："三省枢密院同奉圣旨：岳飞候指挥到，如别无紧切事宜，量带亲兵前来行在所奏事。"由于当时打击伪齐的军事还没有结束，岳飞并没有即时应召而往。到绍兴七年的正月三日，南宋王朝又发出了与上次内容一字不差的第二道《省札》。在这道《省札》送达岳家军营时，对伪齐的战事已基本上胜利结束，岳飞这才遵命东下，二月中旬到达了平江府。恰好南宋派往金国的使臣何藓正在这时返来，他带回兀术的一封信，把宋徽宗和他的皇后相继死亡的消息通知了南宋。赵构因此没有在平江府接见岳飞，只由南宋行朝通知他说，皇帝已决定要巡幸建康，不久就要进发，届时岳飞也扈从皇帝一同前去吧。因此，是在一同到达建康之后，在三月四日，岳飞才受到赵构接见的。❶

去年的淮西之役，刘光世因为怯战，把军队从庐州前线撤退到长江沿岸的当涂，几乎把淮右一带断送给伪齐。当岳飞到达平江时，刘光世正因这一事件而受到朝野人士越来越严厉的指责。有的人说他临阵后退，几误大事，后虽有功，似可赎过，然却绝对不应

---

❶ 两道《令赴行在奏事省札》、《令扈车驾幸建康省札》和《令入内内侍省引对省札》均见《金佗续编》卷八。

当仍任大将,仍握兵柄。有的人说他军纪不整,将校士兵均极恣横,决难恃以为用。身任"都督诸路军马"的张浚,自淮西归来之后,也说刘光世沉湎酒色,不恤国事,一谈到用兵恢复的事,他便意气怫然,很不高兴;所以极应解除其兵柄,借以示警于诸将。在这种舆论的压力下,赵构也很想把刘光世罢斥掉,只是接替的人物还未选定。南宋王朝的三省枢密院一再以《省札》传达赵构的旨意,要岳飞"前来行在所奏事",正表明赵构要进一步考虑岳飞是不是一个最合适的人选。因此,当岳飞被引见时,赵构首先向他谈到的,就是他对于诸大将的期望:

> 现时国家祸变非常,惟赖将相协力以图大业,不可时时规取小利,遂以奏功,徒费朝廷爵赏。须各任方面之责,期于恢复中原,乃副朕委寄之意。❶

岳飞回答了一些什么话,没有记载可考。但赵构日后向大臣们说岳飞近来的识见大有进步,他这次朝见时的一些议论,都很可能因为这次奏对称旨,就使得赵构对岳飞更为信赖和倚重。

君臣的这次对话,还曾从国家大事转到身边小事上去。赵构问岳飞有无可意的马匹,岳飞回答说:

> 旧来曾经养得一匹好马,后来死掉了。现今所骑的一匹很不行,只能奔驰百余里,就疲乏不堪了。

赵构自负最善于区别马的品质的优劣,且曾自夸说,听到马的步骤

---

❶ 《建炎以来系年要录》卷一〇九,绍兴七年二月己酉记事(按此处所系月日均误,应以《金佗续编》所载《省札》为正)。

之声，即使隔着垣墙，他也能分辨出马的好坏。❶ 他接着岳飞的话说道：

> 这还是因你不会识别马的好坏所致。大抵十分驯顺、易于乘骑的，必是驽马，故不耐久骑而易乏。若就鞍之初不可制御，那才是逸群之马。那种马必待驰骤既远，其气力才能发挥得出来。❷

大概这次对话就以这段话结束。

（2）

在从平江府向建康进发途中，赵构接到了刘光世自请解除兵柄的奏章。因为这也是赵构早在考虑中的事，所以他便向左右谈说道：

> 刘光世对于军队的训练，远远不如韩世忠、张俊等人。他这支部队的素质本极骁锐，只是主将太不勤奋，每月耗费了那样多的钱、米，全是民脂民膏，而竟不能加以训练、使之奋战赴功，实在太可惜了！大抵将帅不可骄惰，更不可沉迷于酒色，不然，就无法率领三军之士。

过了三天之后，赵构才亲笔答复刘光世说，到建康后当即召他前

---

❶《建炎以来系年要录》卷一〇八，绍兴七年正月丙寅记事。
❷ 这次赵构与岳飞在对话中谈论马的好坏时，最后的一段话是赵构说的，不是岳飞说的，此在《建炎以来系年要录》卷一〇八及《皇宋两朝中兴圣政》卷二一所载全同。但《鄂王行实编年》所记此次对话，却不载赵构的这段话，而述写了岳飞论马的一大段文字，今查这一大段文字，除《鄂王行实编年》外，再不见于其他任何记载，因可断定它只是岳珂的一篇创作。余参本书《后记》。

去，一切曲折，并俟面言。并未表示挽留之意。❶ 而且在到达建康后，也没有召见他，却把他的军职明令罢免了。

当时还有人说，刘光世之所以提出解除兵柄的请求，乃是因为，以宰相而兼都督重任的张浚，认为刘光世不足倚仗，便派遣其腹心人物吕祉对刘光世进行诱胁，要他这样做的。还说，张浚的打算是，把刘光世的兵权解除之后，就把他的部队整个儿拨交岳飞，使他得以实现其北向大举的计划。❷ 就此后相连发生的一些事节来看，此说也全属实。

上述种种全可证明，在这一时刻，不论皇帝赵构或宰相兼都督军事的张浚，对岳飞是全都十分倚重的。因此，三月十四日这一天内，岳飞接连收到了以下两道文件：

第一件是，诸路军事都督府发来的一道《令收掌刘少保下官兵札》。《札子》的开头说：

> 诸路军事都督府勘会：淮西宣抚刘少保下官兵等，共五万二千三百一十二人，马三千一十九匹，须至指挥。

其下即依次列举了统制官王德、郦琼、王师晟、靳赛、王照、王志、乔仲福、张景、王世忠、李进彦，副统制赵四臣、康渊等人下，各有官兵等若干人，马若干匹。《札子》最后的一段文字则是：

> 右札送湖北京西路宣抚使岳太尉照会，密切收掌，仍不得下司。准此。❸

---

❶ 《建炎以来系年要录》卷一〇九，绍兴七年二月庚申记事及其下附注中所引《赵鼎事实》。
❷ 同上书卷一〇九，绍兴七年二月庚申记事及其下附注中所引《赵鼎事实》。
❸ 《金佗续编》卷八，《丝纶传信录》卷七。

第二件是，赵构写与刘光世的部将王德等人的一道《御札》，是要他们在今后听受岳飞的节制，所以要由岳飞转付王德等人。《御札》全文如下：

> 朕惟兵家之事，势合则雄。卿等久各宣劳，朕所眷倚。今委岳飞尽护卿等，盖将雪国家之耻，拯海内之穷。天意昭然，时不可失。所宜同心协力，勉赴功名。行赏答勋，当从优厚。听飞号令，如朕亲行。倘违斯言，邦有常宪。❶

在督府的《札子》里既已要岳飞"密切收掌"刘光世属下的官兵，在赵构的《御札》里也向王德等人宣告说，"今委岳飞尽护卿等"，"听飞号令，如朕亲行"。据此看来，事情已十分明显：赵构、张浚必已商定，要把刘光世原所统领的全部人马，整个儿拨并到岳家军中去。

（3）

刘光世部队的兵马将佐数目，差不多是岳家军的两倍。把这支部队并合到岳家军中之后，则岳家军的质量和数量，便要远远超过韩世忠或张俊的部队。在赵构要岳飞转致王德等人的《御札》当中，所提出的"盖将雪国家之耻，拯海内之穷"的任务，也正是岳飞经常打算倾全力以赴的，时不可失，应尽快付诸实践。岳飞怀着有些激动的心情，翻来覆去地盘算着这些事，他情不自禁地亲手写成一道奏章，向赵构提出北向用兵的计划：

> 臣自国家变故以来，起于白屋，从陛下于戎伍，实有致身报国、复仇雪耻之心。幸凭社稷威灵，前后粗立薄效。陛下

---

❶《金佗粹编》卷一，《高宗皇帝宸翰》。

录臣微劳,擢自布衣,曾未十年,官至太尉,品秩比三公,恩数视二府,又增重使名,宣抚诸路。臣一介微贱,宠荣超躐,有逾涯分。今者又蒙益臣军马,使济恢图。臣实何能,误荷神圣之知如此,敢不量度夜思以图报称!

臣窃揣敌情,所以立刘豫于河南而付之齐秦之地,盖欲荼毒中原,以中国而攻中国,粘罕因得休兵养马,观衅乘隙,包藏不浅。臣谓不以此时禀陛下睿算妙略,以伐其谋,使刘豫父子隔绝,五路叛将还归,两河故地渐复,则金人之诡计日生,浸益难图。

然臣愚欲望陛下假臣岁月,勿拘其淹速,使敌莫测臣之举措。万一得便可入,则提兵直趋京洛,据河阳、陕府、潼关,以号召五路之叛将。叛将既还,王师前进,彼必舍汴都而走河北,京畿、陕右可以尽复。至于京东诸郡,陛下付之韩世忠、张俊,亦可便下。臣然后分兵浚、滑,经略两河,刘豫父子断可成擒。如此,则大辽有可立之形,金人有破灭之理,四夷可以平定,为陛下社稷长久无穷之计,实在此举。

假令汝、颍、陈、蔡坚壁清野,商於、虢略分屯要害,进或无粮可因,攻或难于馈运,臣须敛兵还保上流,贼必追袭而南。臣俟其来,当率诸将,或挫其锐,或待其疲。贼利速战,不得所欲,势必复还,臣当设伏邀其归路。小入则小胜,大入则大胜,然后徐图再举。

设若贼见上流进兵,并力来侵淮上,或分兵攻犯四川,臣即长驱捣其巢穴。贼困于奔命,势穷力殚,纵今年未尽平殄,来岁必得所欲。亦不过三二年间,可以尽复故地。陛下还归旧京,或进都襄阳、关中,惟陛下所择也。

臣闻兴师十万,日费千金,邦内骚动,七十万家,此岂细事? 然古者命将出师,民不再役,粮不再籍,盖虑周而用足也。今臣部曲远在上流,去朝廷数千里,平时每有粮食不足之忱。是以去秋臣兵深入陕、洛,而在寨卒伍有饥饿而死者,臣故亟还,前功不遂,致使贼地陷伪,忠义之人,旋被屠杀,皆臣之罪。

今日唯赖陛下戒敕有司,广为储备,俾臣得一意静虑,不为兵食乱其方寸,则谋定计审、仰遵陛下成算,必能济此大事。异时迎还太上皇帝、宁德皇后梓宫,奉邀天眷以归故国,使宗庙再安,万姓同欢,陛下高枕万年无北顾之忧,臣之志愿毕矣。然后乞身归田里,此臣夙昔所自许者。伏惟陛下恕臣狂易,臣无任战汗。取进止。❶

与此同时,也正有中原遗民从开封逃来建康的,陈述伪齐的情况说:自从去年淮上之役失败以来,不但刘豫一家意气沮丧,伪廷臣僚也都离心离德,民众都盼望南宋官军的到来;金廷的女真贵族们则正极力指责刘豫一家毫无立国能力。总之,伪齐确已陷入窘急无援的情况下,完全可以用武力去征服❷。这和岳飞在奏疏中所陈各节,几乎全相符合,证明了当前正是可以北向出兵的大好时机。拿"跃跃欲试"这句话来形容岳飞当下要出师北上的心情,大概是最为确切恰当了。

(4)

然而岳飞万万没有料到,并合刘光世军的计划,在他正急切盼望其实现时,却已经突然中变了。

在这次进行所谓并军的过程当中,可以说,原即存在着一个疑窦:虽则赵构已有《御札》给王德等人,令其"听飞号令,如朕亲行";虽则张浚的都督府也已经把刘光世所领的全部将官、人马

---

❶《金佗续编》卷一一,《乞出师札子》。
❷《建炎以来系年要录》卷一〇九,绍兴七年三月己亥记事。

开列了清册，要岳飞"密切收掌"；可是却始终没有用皇帝或政府的名义给予岳飞一道更直接、更明确的公文，指令他去收编刘光世的全部军队。事件的发展很快就证明了，这正是君相两人预定下的，为他们的可能变卦留下的一个余地。

赵构虽在其《御札》当中有"兵家之事势合则雄"一类话语，然而在他的心的深处，却是深恐武将们事权过高，人马过于雄壮，以致出现尾大不掉的毛病。从李纲、赵鼎、张浚等人的一些文章议论来看，知道这班在当时具有代表性的文臣，也全都是抱持这一意见的。因此，在考虑罢免刘光世军职的最初阶段，赵构、张浚虽都有意要把刘光世的部队并入岳家军中，但不久他们便转了念头，以为：既已罢斥了刘光世，就决不应使任何其他大将，再因这事而反得加强其威势，免得将来又难以制驭。他们决定要推翻前议，同时还决定仍把刘光世军作为一支独立的部队，把王德提升为都统制而归都督府（事实上即由张浚）直接统领。❶ 谋划既定，便又由赵构写《御札》通知岳飞说：

> 淮西合军，颇有曲折。前所降王德等《亲笔》，须得朝廷指挥，许卿节制淮西之兵，方可给付。仍具知禀奏来。❷

岳飞当然是极不愿意这事情发生中变的。收到这封《御札》之后，他首先去找张浚，打算用恢复中原的计划，以及非有十万兵众不能恢复中原等情由，去说服他不要把并军之事再行变更。他向张浚说道：

> 想讨平刘豫并非难事。如果把刘光世的部队合并过来，我即当率领这十万人马横截伪齐的北部边境，使金人不能出

---

❶《建炎以来系年要录》卷一一一，绍兴七年五月乙丑记事。
❷《金佗稡编》卷一，《高宗皇帝宸翰》。

兵相援。刘豫势孤力弱，必然抵抗不住，如此则中原即可恢复。❶

张浚本是经常把用兵收复失地的事挂在口头上的，所以岳飞以为用这样道理必可把他说服。然而，张浚此刻既然想把刘光世的部队由他本人统领，他当然不肯赞同岳飞领十万众出击伪齐的计划。结果两人并未谈拢。

于是，岳飞又请求面见皇帝，去再作一次挽救这一事件的努力。他见到赵构之后，除把已经送上的奏章中所陈述各事又摘要举述之外，并特别把由商、虢取关、陕的计策强调提了出来。最后仍然表示了希望并统刘光世全军的意愿。到此，赵构便带着刁难的语气问道：

照你所说的去做，恢复中原的工作何时可以完成？

岳飞回答说：

估计需要三年时间可以做到。

赵构又很不谓然地说道：

我现时住在建康，实际上就是依靠驻守淮南的军事实力作为屏蔽。如果抽拨了刘光世那支淮甸之兵即能平定中原，我当然舍得那支队伍；但如因调动了淮西的这支部队，不但不能恢复中原，却先把淮甸丢失了，那么，势必连建康和杭州也难保安全，那问题就十分严重了！

---

❶《建炎以来系年要录》卷一〇九，绍兴七年三月乙亥记事。

从赵构的辞色和语调看来,知道并军的事已全无商议余地,岳飞只好默默无言而退。❶

此后不久,在建康府的南宋行朝,一方面督催岳飞尽速返回鄂州军营;另一方面也明令宣布,把刘光世原所率领的部队分为六军,一齐接受都督府的领导,由都督府的参谋军事吕祉直接管辖,并且由原任行营左护军前军统制的王德担任提举训练诸将军马的事。❷

岳飞怀着极端灰心失望的情绪,于三月下旬离开建康,溯江西上,路过江州,他便回到庐山东林寺旁他的居第中去。

本是因为皇帝赵构示意要把淮西军改隶岳飞,才又引动了岳飞北伐的雄心。为实现这一雄心,且可使那支骄惰成习的淮西军,能在为国家民族报仇雪耻大业上作出贡献,岳飞在此并无任何私心。然而皇帝和张浚竟都中途变了主意,坚决不肯把淮西军并归岳飞统率!回到庐山居第的岳飞,依然按捺不下自己愤愤不平的心怀,便写了一道奏章给南宋行朝,却又不敢对皇帝表露怨怼之意,只好说因与宰相张浚议事不合,请求解除兵权,留在庐山,为他的母亲持完余服。❸ 鄂州军营中的一切事务,他都委托给张宪去处理。

(5)

赵构收到了岳飞的奏章之后,一方面下御札给岳飞,封还了他的奏札,并且要他复出治事;一方面却又根据张浚的建议,暂先委派兵部侍郎、枢密都承旨兼都督府参议张宗元到鄂州军营去作宣抚判官。❹

前些年,当张浚做川陕宣抚使时,张宗元在宣抚使司中担任

---

❶《建炎以来系年要录》卷一〇九,绍兴七年三月乙亥记事。
❷ 同上书卷一〇九,绍兴七年三月甲申、丁亥记事。
❸ 同上书卷一一〇,绍兴七年四月丁未记事。
❹ 同上书卷一一〇,绍兴七年四月庚戌记事。

主管机宜文字的职务,是张浚最亲信的人物之一。张浚这次之所以推荐他到鄂州军中去充任这一军职,用意原是:如果岳飞不肯回军,就索性把岳家军移归张宗元带领。

岳飞与赵构、张浚之间所发生的这次纠葛,全是关于如何处理淮西军队的问题所引起的,从这一事件所引起的一些反应来看,却证明赵构、张浚所采用的处理办法确实是不妥当的。在岳飞请求解除军职的奏章送达平江的同时,就有一个官员向赵构陈报说:

> 近来颇有传闻,说庐州、寿州之间微有边警。经过进一步调查才知道,乃是因淮西将臣入朝,伪齐逆雏(按指刘麟等)乘间渡淮,而我军竟未能觉察,可见斥堠不明之甚!往年扬州之变,前鉴不远,决不应如此大意。还听说淮西驻军的将校中,有擅自拉了士兵逃往伪境的。那边的主管将领却还一直把这事隐讳不报。此事如果属实,则必是有奸人为伪齐作间探,对淮西军队进行诱惑,主管将领又未能及时察觉,所以奸人就能达到他的离间破坏的目的了。如果主管将领能把军中真实情况随时报告朝廷,就可因事设备,不至于此;如还继续如此,则伪贼间探将愈益猖獗,淮西军心将愈益混乱,朝廷茫然不知,岂不要大败国事!望密诏淮西诸将,明斥堠,广耳目,严为警备,毋稍懈弛。军中所有情况,均应据实上报。有些无稽之言虽然可以不听,然而多听到一些事情总是可以在事前进行戒备的。❶

此人陈述的有关淮西军中军情混乱的情况,是由于长期以来淮西军中各级将领都已人心涣散,无人肯认真负责之故。而将领们之所

---

❶ 熊克:《中兴小纪》卷二一,绍兴七年四月丁未记事;《建炎以来系年要录》卷一一〇,绍兴七年四月壬子记事。

以无人认真负责,则又是由于赵构、张浚对于如何处理淮西军事长时期举棋不定之故。既已知道了淮西军这种动乱不安的情况,张浚便于四月下旬从建康出发,前往太平州和庐州去亲自视察。

(6)

对于岳飞这次请求罢军职、持余服的悻悻然的态度,赵构一直认为是对他的大不敬,因而一直不能忘怀。有一天,左司谏陈公辅请求上殿奏事,他又向陈公辅问及此事。陈公辅是张浚那一派系中人,也知道岳飞之所以如此,是由赵构、张浚的措置失当激成的,可又不能把这内幕和盘托出,遂在下朝之后写了一道奏章,委曲婉转地说道:

> 昨亲奉圣语,说及岳飞。前此采诸人言,皆谓飞忠义可用,不应近日便敢如此。恐别无他意,只是所见有异,望陛下加察。
>
> 然飞本粗人,凡事终少委曲。臣度其心,往往谓:"其余大将,或以兵为乐,坐延岁月,我必欲胜之。"又以"刘豫不足平,要当以十万横截敌境,使敌不能援,势孤自败,则中原必得"。此亦是一说。陛下且当示以不疑,与之反复诘难,俟其无辞,然后令之曰:"朝廷但欲先取河南。今淮东、淮西已有措置,而京西一面缓急赖卿。"飞岂敢拒命!
>
> 前此朝纲不振,诸将皆有易心,习以为常,此飞所以敢言"与宰相议不合"也。今日正宜思所以制之。如刘光世虽罢,而更宠以少师,坐享富贵,诸将皆谓朝廷赏罚不明。臣乞俟张浚自淮西归,若见得光世怯懦不法,当明著其罪,使天下知之,亦可以警诸将也。❶

---

❶ 《建炎以来系年要录》卷一一〇,绍兴七年四月壬子记事。

这道奏章的字里行间,全都隐寓着替岳飞说话,为岳飞申辩之意。所以,对赵构的情绪来说,它多少也会起一些疏解作用的。

（7）

岳飞虽把鄂州军营中事全都委托张宪暂时代管,却不料这时张宪也正因为患病而请了假。及至南宋行朝派遣张宗元作宣抚判官的公文送达鄂州军营之后,军营中更加惶惶不安起来,都以为张宗元既已被授予这一新任,可知朝廷上必已听从了岳飞自请解除军职的要求,决不会再让他回军营中来了。

在湖北京西宣抚使司作参谋官的薛弼,这时已经又兼任了都督府的随军转运副使,实际上,就是岳家军的随军转运使。他看到岳家军这种情况,便去邀请张宪勉强扶病而出,向所有的将校们说:

岳宣抚的心腹事,薛参谋必定是一清二楚的,最好先去向他问个究竟。

将校们去问薛弼,薛弼向他们宣告说:

张宗元侍郎之所以来,乃是经由岳宣抚的请求而委派来的。岳宣抚离开咱们的部队还没有多久,大家就闹得这样乱哄哄地,如果被岳宣抚听说了,他一定会很不高兴的。

而且,朝廷上现今已经派遣专人到庐山去催促岳宣抚还军,张宗元是决不会久留军中的。

全军的情绪这才又安定了下来。❶

---

❶《中兴小纪》卷二一,绍兴七年四月癸卯记事。

（8）

赵构把岳飞申述与宰相张浚议事不合、请求解除军职、留庐山持余服的奏札退还给岳飞之后，岳飞仍然不肯遵命返回鄂州军营。他写了第二道奏札给赵构。这一次，他不再提及与张浚意见不合的事，而只是说要留在庐山持余服了。赵构这次还是采用上次的办法，封还了岳飞的原奏，而且写给他一道御札说：

> 再览来奏，欲持余服，良用愕然。卿忠勇冠世，志在国家，朕方倚卿以恢复之事。近者探报贼计狂狡，将窥我两淮，正赖日夕措置，有以待之。卿乃欲求闲自便，岂所望哉！张浚已过淮西视师，卿可亟往商议军事，勿复再有陈请。今封还原奏。故兹亲笔，宜体至怀。❶

岳飞接到这第二封御札之后，还是不肯遵依"御札"中所指示的，亟往淮西张浚处商议军事，而是又写给赵构第三道奏札，竭力辩明自己的素志是要去克复汴京，要像唐朝那位打败朱泚，克复长安的浑瑊那样，此外决无任何野心和私意。赵构这次仍然是封还原奏，并写了第三道御札给他，说道：

> 比降亲笔，喻朕至意。再览卿奏，以浑瑊自期，正朕所望于卿者，良深嘉叹。国家多事之际，卿为大臣，所当同恤。现遣中使宣卿赴张浚处详议军事。《传》曰："将相和则士豫附"。卿其勿事形迹，以济功勋。今再封还来奏，勿复有请。❷

---

❶《金佗稡编》卷一，《高宗皇帝宸翰》。
❷ 同上。

而在此以外，南宋朝廷又用三省枢密院的名义下了一道《省札》给鄂州宣抚使司的参议官李若虚和统制王贵，要他们同到庐山，去敦请岳飞依旧返回鄂州管军。如违抗此令，不予遵行，若虚等并行军法。李若虚等抵达庐山东林寺去见了岳飞，说明朝廷上的恳切敦请之意。然而岳飞还是坚执不肯出来。到后来，李若虚不得不用一些严厉的词句说道：

> 这样地坚执不听从朝廷的旨意，决非好事。朝廷上岂不要发生疑虑道：岳宣抚要干什么？
>
> 而且，宣抚原只是河北的一个农夫，受到皇上这样的信任，做了一个方面军的统帅，难道您以为可以和朝廷相抗吗？您今次若仍坚持不肯回鄂州军营中去，我们势将受刑而死，我们究竟何负于宣抚，宣抚何忍把我们置之死地呢？难道不要发生愧悔之心吗？

这样的谈判持续了六天之久，岳飞才终于受诏回返军营。❶

到鄂州的宣抚司中去作宣抚判官的张宗元，在八月初就已经回到了建康的南宋行朝，❷ 知其离鄂州东下当在七月下旬。依此推算，则岳飞之由庐山返回鄂州军营，最早也只能在七月中旬。

（9）

在刘光世的军职被罢免之后，南宋行朝明令把淮西军归都督府统辖，而专听都督府参谋官吕祉的"节制"。到这年六月，在张浚的大力推荐下，南宋行朝又把吕祉委派为淮西宣抚判官，❸ 并敦

---

❶《三朝北盟会编》卷一七八，《岳飞赴行在》条。
❷《建炎以来系年要录》卷一一三，绍兴七年八月乙未记事。
❸ 此据《赵鼎逸事》（引自《建炎以来系年要录》卷一一三，绍兴七年八月戊戌条附注）。

促他到庐州去就职。

吕祉之所以得到张浚的信任，是因为他平素最好大谈恢复中原的事，有时甚至说，如能让他专总一军，他保证能把刘豫父子捉获，并把失地全部收复。然而实际上他却是一个不懂军事的人。当张浚力荐他做淮西宣抚判官时，南宋行朝有很多人都表示反对，张浚却不顾一切地用他担任了这一军职。❶

当吕祉到淮西去就职之前，淮西军内诸将校就已矛盾得不可开交。首先是郦琼与其部下小将八人罗列了王德的罪状向都督府告发，接着是王德反告郦琼等人。都督府没有按照郦琼等人的意愿给予王德以任何处分，反而要王德以所领一军赴建康，归都督府直接统辖。这表示了都督府对王德有所偏袒，郦琼等人乃又向御史台递了诉状，控诉张浚对他们间的矛盾未能秉公处理。但又有人警告郦琼说，冒犯了宰相可能会自食其果。这却又使得郦琼等人都担忧害怕起来。因此，当吕祉下车伊始，郦琼一伙二十人一同去找他，求他对此事能从中转圜，免得发生严重后果。吕祉回答他们说：

> 如果说你们前此的做法不错误，那是不真实的。然而这事是可以挽回、救治的。张丞相一向喜人向前，你们倘能向前立功，虽犯严重错误，他也可以宽恕，何况这样的小事！我当极力为你们辩解，保证不会发生事故，请你们不要担心。❷

对郦琼一伙虽暂时这样地加以安抚，然而吕祉通过这类事件，却更了解到淮西军中复杂和不稳的情况。他把这些情况密报于建康行朝，并且建议另派将官"往分其兵"。到七月下旬，南宋行朝就委

---

❶ 《建炎以来系年要录》卷一一一，绍兴七年六月戊申记事。
❷ 郑克撰：《吕祉行述》（引自《建炎以来系年要录》卷一一三，绍兴七年八月戊戌条附注）。

派张俊做淮南西路宣抚使，把宣抚使司设在盱眙军；委派杨沂中做淮西制置使，刘锜做淮西制置副使，置司于庐州。吕祉还派人前往建康，要求杨沂中先派遣他的部将吴锡率领其摧锋军先去庐州，以察视淮西军中的动静。等到杨沂中、刘锜的兵马一齐开到之后，郦琼等军就将调回建康。

吕祉自从到达淮西军营以来，举止傲慢，对于将校们心存轻鄙，每当他们要求与他晤谈时，他总是以种种的托词，例如说正在休息，正在饮食，或正在调弄声乐之类，不肯和他们相见，以致将士之情无法得达，并还惹得他们非常愤怒。❶ 而在另一方面，吕祉却又经常派人往建康行朝和都督府去密报军中情况。在张俊、杨沂中、刘锜等人受任为淮西宣抚使、制置使副等军职的消息传到庐州之后，淮西军中不安不稳的情绪更为加重。恰在此时，吕祉派人向建康递送的揭发郦琼等人罪状的密信，被郦琼截获了。内容一经传播，全军将校大哗。为首的郦琼、靳赛等人决定背叛南宋去投降伪齐。他们在第二天的大清早，就成群结伙到吕祉的住处，又是质问，又是吵闹，吕祉这才知道密报被截，大惊欲逃，却已来不及了，便只好任凭郦琼等人劫持着，随同被劫持的四万士兵，被裹挟的随军老幼和部分当地居民，总数共达十万以上，一同北去。到达霍丘县后，郦琼令人把吕祉杀害，然后，这班淮西军的将校便带领这支庞大的士兵和民众队伍，归附于伪齐政权之下。❷

淮西军的叛变，使得张浚在淮南的一切措划全都成了泡影，淮南西路更顿然豁露在伪齐和金人的军事威胁之下。

从罢黜刘光世淮西宣抚使的军职之日起，对于淮西军的并合和领导等事的措划方面，可以说无一着不是错误的，而这些失误之

---

❶《三朝北盟会编》卷一七八，绍兴七年六月《吕祉还淮西》条。
❷ 同上书卷一七八，绍兴七年八月戊辰记事；《建炎以来系年要录》卷一一三，绍兴七年八月戊戌记事及附注。

责又全应由张浚一人负担。到九月初旬，张浚便因此被罢免了宰相和都督等所有职位。新被起用的宰相是赵鼎，一切的规划和措施全都变了样。

（10）

张宗元于八月初从鄂州回到建康之后，立即把他在岳家军营中所得到的印象向赵构奏陈道：

> 将帅辑和，军旅精锐。上则禀承朝廷命令，人怀忠孝；下则训习武技，众智而勇。❶

这些话是完全符合岳家军的实际情况的。南宋王朝便根据张宗元这一奏报又颁布了一道《奖谕诏》给岳飞：

> 敕：朕致天之讨，仗义而行。秉律成师，誓清乎蟊贼；整军经武，必借于虎臣。眷予南服之区，实捍上流之势。卿肃持斋钺，洞照玉铃，茹苦分甘，与下同欲，裹粮坐甲，唯敌是求。旗甲精明，卒乘辑睦。士闻金鼓而乐奋，人怀忠孝而易从。动焉如飘风，固可以深入；延之如长刃，何畏乎横行。览从臣之奏封，知将帅之能事。卿诚如此，朕复何忧。想巨鹿李齐之贤，未尝忘者；闻细柳亚夫之令，称善久之。故兹奖谕，想宜知悉。❷

在岳飞返回鄂州军营之后，全军更都入于讲武教战，安定而又紧张的情况中了。

---

❶《鄂王行实编年》卷四。
❷《金佗续编》卷三，《张宗元奏军旅精锐奖谕诏》。

淮西军叛变之后，赵构写了一道《御札》给岳飞，说道：

> 国家以疆埸多虞，已及防秋，比降指挥，除张俊为淮西宣抚使，杨沂中为制置使，而庐州统制官郦琼意谓朝廷欲分其兵马，遂怀反侧，不能自安，于八日胁众叛去。朕已降诏开谕招抚，兼遣大兵，如无归意，即行掩捕。卿宜知悉。❶

但在这道《御札》到达鄂州之前，岳飞就已听到了淮西军叛变的消息。他担心这会影响到恢复之计和全盘战略，便先自上疏给赵构，对他进行安慰，并表示自己情愿率军前往淮西，去负责防守：

> 伏睹陛下移跸建康，将遂恢复之计，近忽传淮西军马溃叛，郦琼等迫胁军民而去。然事出仓卒，实非士众本心。亦闻半道逃归人数不少，于国计未有所损，不足上轸渊衷。臣度今日事势，彼必未能便有举动。襄阳上流目即亦无贼马侵犯。唯是淮甸迫近行在，臣愿提全军进屯。万一番、伪窥伺，臣当竭力奋击，期于破灭。仍乞别遣军马，措置襄阳一带。伏乞睿断，详酌施行。❷

赵构对这道奏章给予的《批答》，现已无法查找得到。在《鄂王行实编年》当中，岳珂在摘引了这一奏章的要点之后，接着说道："降诏奖谕而不之许"，说明没有答应岳飞率军"进屯淮甸"。

岳飞"进屯淮甸"的意图虽未如愿，他却不肯甘心安居军营之内。在这年秋季，他又率领部分兵众到防区的边界去巡视。当他把这一行动报告给南宋王朝之后，赵构又写给他一道《御札》说：

---

❶《金佗稡编》卷一，《高宗皇帝宸翰》。
❷《金佗稡编》卷十二，《乞进屯淮甸札子》。

宋高宗赵构付与岳飞的《御札》

卿盛秋之际,提兵按边,风霜已寒,征驭良苦。如是别有事宜,可密奏来。朝廷以淮西军叛之后,每加过虑。长江上流一带,缓急之际全藉卿军照管。可更戒饬所留军马,训练整齐,常若寇至。蕲阳、江州两处水军,亦宜遣发,以防意外。如卿体国,岂待多言。❶

据岳珂说,岳飞接到这道《御札》之后,就遵命"以舟师驻于江州,为淮浙声援"。可是并未明确说出其事究竟发生在何月何日。据《金佗续编》卷八所载绍兴八年二月令岳飞"统率一行官兵人船回归鄂州本司"的《省札》看来,知道岳飞确曾在七年秋后的某月日又统率官兵水军人船到江州去驻扎了。

---

❶《金佗稡编》卷二,《高宗皇帝宸翰》中。

第十章
关于请立赵伯琮（眘）为皇太子的一场风波

一　赵伯琮的被选入宫

（1）

宋高宗赵构是宋太宗赵光义的直系后裔，而不是北宋的开国皇帝赵匡胤的后裔。

赵匡胤是怎样死的，其弟赵光义是怎样得以继承帝位的，这正是"斧声烛影，千古之谜"所指的那件事。在赵光义既已继承了帝位之后，虽千方百计地，想为上述之事搞一个钦定的宣传纲要，颁布一个统一的解说词，而从北宋直到南宋，在其朝野上下，却都在流行着一种传说，以为赵匡胤是被赵光义谋害的，赵光义的帝位是通过阴谋篡弑的办法而取得的。赵匡胤的两个儿子，德昭和德芳，也是被赵光义暗害致死的。因此，在这一长时期内的社会舆论认为，赵光义这一支，不但应当把皇位再归还给赵匡胤的后裔，甚至连篡弑时的那笔血债也得偿还。这样一些传说在长期流行之后，便又和一些离奇古怪的迷信、报应之说夹杂在一起。例如，有一个在北宋灭亡时被俘虏北去的汉人，在他"北狩时就亲见确闻之事"

写成的《呻吟语》❶中,于金太宗吴乞买死后记有一事说:

> 吴乞买当金太祖朝尝使汴京,其貌绝类我太祖皇帝塑像。众皆称异。

金国铁骑的南侵和北宋政权的灭亡,以及赵姓宗室贵戚的大量被俘北去,全都是金太宗吴乞买在位期内干出来的,而被金人俘虏去的北宋皇帝和皇室子女,又全都是宋太宗赵光义的后裔,因此,《呻吟语》中这几句话的言外之意,乃是向人暗示说:吴乞买是赵匡胤辗转托生的,他之所以灭掉北宋而俘虏了赵佶、赵桓父子以及皇室子女多人,乃是赵匡胤借尸还魂,来向赵光义的后裔清算百余年前的那笔血泪旧债的。

因果报应和托生转世之说,在我们看来固会觉得荒唐可笑,然在整个封建社会历史时期之内,除极少数有进步思想和无神论观点的人物之外,这种观点却不只盛行而且经常会发生影响的。

(2)

靖康二年(1127),当南犯的两路金军攻破汴京城时,北宋皇室及其近族的男女老幼,都被北宋朝臣中那些民族败类依照女真贵族的意图,按照《玉牒簿》、《宗正谱牒》而指名追索,一律押解北去。宋太宗赵光义的嫡系子孙,除赵构一人外,几乎再没有得脱的了。赵构在即皇帝位之前曾得一子,在"苗刘之变"平定后不久即因病夭逝。在扬州时因惊怖而发生了生理变态的赵构,已经再不能有生育子嗣的希望,必须从宗室中过继一个儿童来做他的儿子,以备将来继承他的皇位。

---

❶ 《呻吟语》是《靖康稗史》七种之一,作者名氏不详。

于是，在上文中所举述的那些传说，在这时又在南宋社会各阶层人群的回忆当中活跃起来。甚至于那位被尊为隆祐太后的哲宗孟后，也"尝感异梦，密为高宗言之"，更使得高宗赵构恍然大悟❶。孟后做了什么样的"异梦"，为什么只能向赵构偷偷地说，而不能公之于众，并且不能用文字记载下来呢？此中奥秘其实是很容易探测出来的：一定是梦见宋太祖赵匡胤来向她示意，提出要把皇位归还给他的后裔。否则是用不着弄这样的玄虚的。

绍兴元年（1131）六月中旬，上虞县丞娄寅亮乘赵构停留在绍兴府之际，上了一道奏章给赵构说：

> 先正有言："太祖舍其子而立弟，此天下之大公也。……"仁宗皇帝诏英祖入继大统，文子文孙，宜君宜王，遭罹变故，不断如带。今有天下者独陛下一人而已。恭惟陛下克己忧勤，备尝艰难，春秋鼎盛，自当"则百斯男"，属者椒寝未繁，前星不耀，孤立无助，有识寒心。天其或者深戒陛下，追念祖宗公心长虑之所及乎？
>
> 崇宁以来，谀臣进说，独推濮王子孙以为近属，余皆谓之同姓，遂使昌陵（按即太祖）之后寂寥无闻，奔迸蓝缕，仅同民庶，恐"祀丰于昵"❷，仰违天监。艺祖（按即太祖）在上，莫肯顾歆。此二圣所以未有回銮之期，强敌所以未有悔祸之意，中原所以未有息肩之时也。欲望陛下于"伯"字行（按宋太祖第七世孙为"伯"字行）下遴选太祖诸孙有贤德者，视秩亲王，使牧九州，以待皇嗣之生，退处藩服。……庶几上慰在天之灵，下系人心之望。……❸

---

❶《宋史》卷三三，《孝宗纪》一。
❷《尚书·高宗肜日》有"典祀无丰于昵"句，意谓祭祀不当特丰于近亲之庙。
❸ 此据《宋史·娄寅亮传》、《建炎以来系年要录》卷四五，绍兴元年六月辛巳记事、参修。

奏章中既主张从宋太祖的后裔中挑选一人作赵构的继承人，却又说只让他"视秩亲王"，"以待皇嗣之生，退处藩服"，从这委婉的措词中，可知娄寅亮在当时也是深有顾虑的。赵构那时才二十五六岁的年纪，其生理上的变态虽已传遍朝野，却终于还是一桩秘而未宣的事，怎么可以说他今后不会再生"皇嗣"呢？而且，即使这样地委婉其辞，当他把奏章送达绍兴之后，他仍是担心会因此而惹祸。结果却是，完全为他的意料所不及，赵构看到这道奏章之后，不但没有生气，而且立即把他提升为监察御史，并立即派人把"敕牒"（任命状）送往上虞县他的家中。娄家的人突然听到有诏命降临，以为必然是大祸临头，不禁"相与环泣"起来。及至来人把升官的"敕牒"取出，全家才安下心来，而且娄寅亮也跟随来人一同到绍兴府去了。❶

娄寅亮的奏章中的话语不论说得如何委婉，却终于把应当选立太祖之后的意见明确地提出来了；他不仅没有因此奏章得祸，却因之而得以升官。这也反映出来，赵构对于谈论此事并不心存忌讳。从此以后，在绍兴府的南宋行朝上，便时常把它作为一个话题来谈论。宰相范宗尹、参知政事张守、同知枢密院事李回等人，就都先后向赵构谈及这个问题，也都认为应当从太祖后裔中选定一人作赵构的嗣子。以致赵构也明确地向他们说道：

> 艺祖以圣武定天下，而子孙不得享之，遭时多艰，零落可悯！我今如不选取太祖后裔作为我的过继子嗣，何以慰他的在天之灵！
>
> 而且此事也并不难行。只须从"伯"字行中选择一个相宜的人就可以了。❷

---

❶ 黎靖德编：《朱子语类》卷一二七，《高宗朝》篇。
❷ 《建炎以来系年要录》卷四五，绍兴元年六月戊子记事。

在作出这一决定之后,赵构便派人去挑选。最初选来的四五人,赵构亲眼看了之后,认为"资相皆非岐嶷",全都打发回去。到绍兴二年(1132)夏天,又从秀州(今浙江嘉兴县)选来一个名叫赵伯琮的七岁小孩,获得了赵构的认可,这才把他纳入宫中,由得宠的张婕妤负责抚养。这就是三十年后由赵构禅位给他,并改名为赵昚的那个孝宗皇帝。

二 岳飞奏请把赵伯琮正式立为皇子

(1)

赵伯琮被赵构收进宫中,由张婕妤负责养育,这并不等于说,只要赵构不再生子嗣,赵伯琮的继承人的地位便已经被确定下来。实际的情况是:"当时宫中亦有龃龉,故养两人。"❶也就是,在张婕妤负责养育赵伯琮之后不久,另一个得宠的吴才人(即后来的吴后)又力争说,她也要养育一人,以备将来再加挑选。于是就又把一个名叫伯玖的五岁小儿收入宫中,由她抚养。这样一来,赵伯琮和赵伯玖便长期处于相互竞争"皇储"的情况下。

然而因为赵伯琮比赵伯玖年长两岁,到绍兴五年(1135)的夏天,他被封为建国公,并就学于杭州行宫中新建的书院——资善堂。在此以后,岳飞在某次召对时曾得与赵伯琮相见,看到他的相貌,听到他的言谈,觉得他确是一个英明雄伟少年。因此,岳飞认为,如果能把赵伯琮确定为皇位的继承人,那是再好不过了。❷

---

❶《朱子语类》卷一二七,《孝宗朝》篇。
❷《金佗稡编》卷二一,《吁天辨诬·建储辨》。

绍兴七年（1137）的九十月间❶，岳飞被召再到建康行朝去奏事，随军转运薛弼也"被旨"随从岳飞"入觐"。薛弼从另外一个地方赶到九江，才得在船中与岳飞相遇，在谈论了这次"被召入觐"的缘由之后，岳飞又十分严肃地向薛弼说道：

我这次到朝廷上，还将奏陈一桩有关国本的大计。

薛弼请问所要奏陈的是什么事。岳飞回答说：

近据谍报，虏酋要把他们掳去的那位丙午元子（按，钦宗赵桓的儿子赵谌，曾在靖康元年即丙午年立为皇太子，故岳飞以此称之）送回汴京，欲以此变换我方人的耳目。所以，为朝廷计，不如把读书于资善堂的建国公正式立为皇太子，这样就使虏酋无计可使了。

薛弼对于岳飞的这番话未置可否，就默然而退。这次跟随岳飞同行的，除薛弼外，还有家属和随从等人。船只顺流而下，船中的生活平静闲适。这个半生戎马的大将岳飞，却把最大部分的时间用在练习小楷上。所写的正是请求立建国公赵伯琮为皇太子的奏章。不但亲自抄写，连文字也是岳飞亲自撰就的，并且不向别人说破。当薛弼问知他是在抄写这样的奏章时，不免表示一点意见，说道："身为大将，似不应干预此事。"岳飞却只回复他说："臣子一体，也

---

❶ 此据赵鼎《忠正德文集·辨诬笔录》中的《资善堂汲引亲党》云云条。《中兴小纪》系此事于七年四月，《皇宋中兴两朝圣政》及《建炎以来系年要录》系于七年二月，均误。其时赵鼎不在朝廷，不得亲闻其事。岳珂《建储辨》谓系十年事。其误更甚。

不当顾虑形迹。"❶

（2）

岳飞此次被召入朝奏事，究竟是要他奏报什么事体，已无法考知。我们所能知道的是：岳飞和薛弼一同到达建康之后的某一天，他们两人分别被引见于内殿，岳飞为第一班，薛弼为第二班。大概是在谈过了被召入朝的主题之后，岳飞把他在船中写好的奏章，在赵构面前诵读。在诵读的进程当中，他突然又深切地感觉到，真如薛弼所说那样，这样的建议似乎不是他职分以内的事，因而心中感到十分惶恐。这时恰恰有一阵微风吹来，吹得他手中的奏章摇摆不定，他诵读奏章的声音便也益发有些颤动，几至于读不成句。到他读完之后，果然如他最所担心的那样，赵构很不愿意他"越职"论及此事，向他说道：

卿言虽忠，然握重兵于外，这类事体并不是你所应当参预的。

仅仅赵构这一句责难之辞，使得岳飞在退下殿陛之时，面孔直如死灰一般。

薛弼紧接在岳飞退下之后登殿奏事，赵构首先开口说道：

岳飞适才奏请确立建国公为皇太子，我告诫他说："卿言虽忠……"

薛弼回答说：

---

❶ 张戒：《默记》（自《金佗稡编·建储辨》转引）；薛季宣，《浪语集》卷三三，《〈先大夫行状〉笺》后所附薛弼行述。

> 臣虽在其幕中,然而从来不曾听他谈及此事。前几天赶到九江见到了他,只见他整天在舟中练习小楷,知道他是正在书写"密奏"。岳飞的所有密奏,全都是他自撰自写的。

赵构又说道:

> 岳飞听了我的话后,似乎很不高兴。你可按照你的意思,再去对他进行一番开解。

薛弼只好在领受了这一任务之后就退了出去。

这时候,身兼将相重任的张浚已被罢免,赵鼎已再次拜相。在岳飞、薛弼朝见了赵构的第二天,赵构又与赵鼎相见,他仍是首先向赵鼎说道:

> 岳飞昨日奏乞立建国公为皇子,这事情不是他所应当参预的。

赵鼎回答说:"想不到岳飞竟这样地不守本分!"于是,在退朝之后,他把薛弼找来,向他说道:

> 岳飞是大将,现时正领兵在外,岂可干预朝廷上的大事?怎么竟不知道避免嫌疑?岳飞是武人,不可能想到作这样的建议,大概是他幕僚中的村秀才们教他的。你回去后请告知幕僚们,再不要出这样的主意了,这决不是保全功名、善始善终的做法。

对于赵鼎的这番话,薛弼也深以为然,并且答应赵鼎说:

我当细致地告诉岳飞,并且细致地告知幕僚中所有的人。

岳飞这次到建康,不知究竟完成了什么公务,从史册中所能查知的,只是如上所述的奏请"建储"的事。看来他这次在建康并没有停留多久,就又回到江州军营中去了。❶

---

❶ 以上两节,皆据《默记》(转引自《建储辨》)及《忠正德文集·辨诬笔录》。

第十一章
宋、金对立形势的又一次大变化

一 刘豫傀儡政权的被废及其在南宋统治阶层中的反应

（1）

1135年春，金太宗完颜吴乞买病死，由金太祖完颜阿骨打的孙子完颜亶继承帝位。前此权势高强无比的军事首脑粘罕，从此受到皇帝和完颜宗磐、挞懒等人的合力压抑，权势一天天被削弱。到1137年秋，金国的当权派为要进一步打击粘罕，先把他最倚重的人物高庆裔以赃罪处死。在相隔不及一月之后，粘罕也以"阴怀异议"和"奏对悖慢"等罪名，被逼迫得"绝食纵饮，悲闷而死"。❶此后不久，金廷以挞懒为左副元帅，兀术为右副元帅，这两个军事首脑便又代替粘罕而成为金国权势最高的人物了。❷

刘豫本是因挞懒的大力支持而被金朝立为傀儡皇帝的，在已被立之后，他却只用力去巴结当时最当权的粘罕以至高庆裔诸人，按时按节厚有馈献，此外的人，包括挞懒在内，却都为他所蔑视。

---

❶《三朝北盟会编》卷一七八，绍兴七年八月记事。
❷《金史》卷四，《熙宗纪》。

这样做的结果，便致使这班人对刘豫都心怀怨恨。❶ 对之怀恨最深的挞懒，几年以来且曾屡次动议要把刘豫和伪齐政权干脆一并废掉。

当郦琼以南宋的淮西军渡淮投降了伪齐之后，刘豫自以为他的军事实力又较前加强，却不知正因此而反遭女真统治集团之忌。他又一次派人去向金的统治者们陈说，最好能出兵相助，以新投降的郦琼为向导，乘势并力，一同去攻打南宋。

女真统治集团当初之所以在中原扶植一个傀儡政权，主要是因为本身的力量还不够充足，还难以在与南宋直接对垒的情况下，把中原地区牢固地控制起来。它仍希望借用这样一个傀儡政权作缓冲，既代理女真统治者统治这一地区，并且为女真统治者抵挡住南宋的军事力量。然而，在伪齐政权建立以来的七八年内，它一直还在依赖着金朝的军事支援，事实上并无异于用金的实力为伪齐支撑这全副场面。这使得金朝的大部分当权者们都把伪齐视同赘疣一般。于是，在高庆裔、粘罕一派势力垮台之后，挞懒的废除伪齐的主张便更容易为金廷所采纳。到刘豫这次又派人前来请求金朝出兵相助共攻南宋之时，金廷的当权者们便将计就计，要乘势把它搞掉。

（2）

1137年的九月中旬，金朝的尚书省和元帅府共同向金国皇帝上了一道论劾伪齐的奏章，其中有云：

> 自赵佶、赵桓失道，兴兵讨伐，废灭社稷，举族北迁，后准元帅府申到，……建立张楚。无何，旋为彼人所废。王师再举，无往不克。后来帅府复申前议，册立刘豫，建号大齐。置国之初，恐其不能自保，故于随路分驻兵马，至今八年。载

---

❶ 张汇：《金房节要》（自《三朝北盟会编》卷一八二转引）。

念上国大事以来，大劳远戍，兼齐国有违元议，阙乏军需，比年以来，益渐减损。……与之征讨，则力既不齐；为之捃循，则民非我有。凡事多误，终无所成。

况齐人假我国家之力，积有岁年，事悉从心，尚不能安国保民，……兹实有乖从初康济生灵、免其荼毒、使天下早致隆平之意，反使庶民困苦，两国耗乏。相度从初所申，实为过举。既知其非，岂可不行改置。……今臣等议欲定一民心，变废齐国，不惟亡宋旧疆，至于普天之下，尽行抚绥，是为长便。

这奏章奏陈之后，立即得到如下的批示：

奉圣旨：齐国建立，于今八年，道德不修，家室不保，有失从初两获便安之意，岂可坐视生民久被困苦。宜依所奏施行。委所司速为措置。❶

既然作出了这样的决定，到刘豫这次又来乞求救兵时，金廷既很慷慨地应允，还向刘豫提出要求：一、要他先把伪齐军队调发集结到淮水北岸；二、伪齐军队也要听从金国将帅的统一指挥。另外，还约请刘麟单骑到浚州、滑州之间，去与金的军事首脑会谈。十一月中旬的一天，刘麟带领了二百名骑兵前往，刚到黄河岸上，全部人马却都成了金人的俘虏。紧接着，兀朮、挞懒等人便率领数千骑兵驰赴开封，捉获了刘豫，把他囚禁起来。金廷接着又颁布了一道正式诏令，废掉刘豫，也废掉那个建立了刚刚八年的伪齐政权。这道诏令的主要部分是：

---

❶ 杨尧弼：《伪齐录》卷下（据《建炎以来系年要录》卷一一七，绍兴七年十一月乙巳条附注中引文校改）。

朕丕席洪休，光宅诸夏，将俾内外悉登成平。故自浊河之南，割为邻壤之界。灼见先帝举合大公：罪则遄征，固不贪其土地；从而变置，庶共抚其生灵。

建尔一邦，逮今八稔，尚勤吾戍，安用国为！宁负尔君，无滋民患。已降帝号，别膺王封。罪有所归，余皆周治。……❶

从此，宋、金之间去掉了一个缓冲力量。这两个政权便又入于直接折冲之中。

（3）

伪齐既为金政权所废，在中原百姓以及伪齐官吏和将士的心头，随之就又都产生了一个新的疑虑：今后岂不将要陷入女真贵族更直接的统治下吗？在一些人的思想里，也搅起了一些故国之思，从而也产生了乘机反正的打算。原为伪齐任用的知临汝军（今河南新蔡县）崔虎和知蔡州刘永寿，就于绍兴八年（1138）的正月先后率领部众归附于鄂州的岳家军营。伪齐的知亳州宋超，伪齐军队中的一名统制官王宗，也都在同一月份内分别率众归附了南宋。王宗于抵达建康之后，且还受到了赵构的引见、迁官和赐予银帛。❷

伪齐官吏军民的这种动向，也足可证明，刘豫傀儡政权的被废，正是南宋恢复中原的大好时机。因此，南宋的殿中侍御史金安节就上疏给赵构，说道：

---

❶ 杨尧弼：《伪齐录》卷下（据《建炎以来系年要录》卷一一七，绍兴七年十一月乙巳条附注中引文校改）。
❷ 《三朝北盟会编》卷一八三，绍兴八年正月十四日记事；《建炎以来系年要录》卷一一七，绍兴七年十一月末及十二月戊辰记事；卷一一八，绍兴八年正月辛丑记事。

> [金人之废伪齐,] 是殆上天悔祸,复为国家驱除,以启中兴之运尔。……此诚天下举安之机,南北复合之会,不可失也。臣谓正当申严守御以固吾疆陲;多遣间谍以招彼携贰。通好之使,未可遽遣,顺动之计(按指南宋王朝又打算由建康返回杭州事),更宜缓图。使民心不摇,军听无惑,养威持重,徐观其变,然后起而赴之,则定计审而临机果,庶几举无遗策矣。臣愿陛下上承天眷,下副人望,命心腹大臣深谋审处,无失机会,以定中兴之业,天下幸甚。❶

金安节在这道奏章中所表达的思想见解,可以说在当时是最具有代表性的,南宋文武臣僚中的绝大多数都是这样想的;他所不能代表的,只是南宋小朝廷上那几个最当权的人物——赵构、赵鼎,特别刚被召回到南宋政府任枢密使的秦桧。他们的所想、所见、所作、所为,却不但与此奏疏中所说两样,也与南宋文武官员和广大军民的意见恰恰反背着的。例如:

——奏章说"通好之使,未可遽遣";而赵构却说什么"朕以梓宫及皇太后、渊圣皇帝未还,晓夜忧惧,未尝去心。若敌人能从朕所求,其余一切非所较也"。❷ 当赵鼎反映说:"士大夫多谓中原有可复之势,宜便进兵,恐他时不免议论,谓朝廷失此机会;乞召诸大将问计。"赵构也仍是说道:"不须恤此。今日梓宫、太后、渊圣皇帝皆未还,不和则无可还之理。"❸ 赵构说这般话,实际上就是在公开向人表示,他要无条件地向金国屈服投降。

——奏章说"顺动之计,更宜缓图";而赵构、赵鼎和秦桧等人却已经"议定回跸"到杭州去,并且在八年正月明确宣告要"复

---

❶《建炎以来系年要录》卷一一七,绍兴七年十二月戊辰记事(据《新安文献志》卷七三《金安节家传》校改)。
❷ 同上书卷一一七,绍兴七年十二月癸未记事。
❸ 同上书卷一一八,绍兴八年正月乙巳记事。

幸浙西（即杭州）"了。❶

——伪齐的武将或者地方官吏，在伪齐被废之后，有些人便归附于南宋。这从南宋的军民看来，全认为是一件好事。然而，当知亳州的伪官宋超要率众投归南宋时，赵构却认为："此事于朝廷无毫发之益。但如人子来归，为父者岂可却而不受？然已遣使人与金议事（按即商洽屈膝投降的事），可下沿淮：不得擅遣人过淮招纳，引惹事端。"❷

——金国废掉了伪齐，在女真统治集团与伪齐的傀儡集团之间，必然会产生一些激剧的冲突，出现一些混乱情况。在有志恢复的南宋臣僚和军民看来，这又正是收复中原的一次大好机会；而在赵构、赵鼎、秦桧看来，却又只觉得，在宋、金之间去掉了伪齐这个缓冲势力，从今后随时随地要与金人直接接触，实在是更为可怕。而这也正是他们之所以急于派人去向金人"乞和"，之所以急于要从建康迁回杭州的根本原因之所在。

估计是在绍兴七年的冬季，岳飞又由江州回到鄂州军营中去。伪齐的被废，崔虎、刘永寿等人的投奔到岳家军中，这都使岳飞按捺不住自己的进兵中原的心怀。然而南宋行朝几个最高当权人物在这一事变后所决定的对策，所采取的措施，他也都看得十分清楚。他料定，倘若在此时再提出率师北伐的计划，当权派必定是通不过的。然而，他的这一意愿又是必须求其实现的。因此，他乘此机会，于绍兴八年正月下旬上书说，他所驻防的这个"上流"地区，面积过于广阔，万一金人在废掉刘豫之后又大举南犯，他的军队实难把这一广大地区照顾周全。为求避免敌人的乘隙和乘虚而入，他请求增加他的部队人马。他以为，在实力充实之后，他就可

---

❶《建炎以来系年要录》卷一一七，绍兴七年十二月壬午及卷一一八，绍兴八年正月戊戌记事。

❷ 同上书卷一一八，绍兴八年正月辛丑记事。

以相机进取。

可是,半年之前,为了并合刘光世的淮西军而发生的那次风波,何以竟被岳飞忘记了呢?赵构对于在那一事件中所定下的方针政策,却不但没有忘记,而且是依然坚持的。在接到岳飞请求增兵的奏章之后,他就向左右大臣说道:

> 岳飞所防守的上流地分诚然阔远,但宁可把他的防区缩小,也不可以再增加他的人马。今日诸将之兵,已患难于分合。末大必折,尾大不掉,古人所戒。近来的事势虽还没有发展到那样严重,但与其增添大将的实力,倒不如再另外添置几支部队,庶几缓急之际易为分合。❶

赵构的这番话,是绍兴八年二月初六日说出的,到第二天,他就从建康出发,要把小朝廷依然迁回杭州。

(4)

当张浚被罢斥出南宋王朝之后,虽然南宋王朝又用秦桧、沈与求等人作枢密院的负责人,他们在当时诸大将的心目中却都无任何威信,起不了领导和统帅的作用。到赵构既已回到杭州之后,充任兵部侍郎的王庶,在召对于便殿之际,对秦、蜀两地的形势利害,向赵构口陈手画,极为赵构所赏识,因而,在奏对的当天,就被提升为兵部尚书,几天之后,又做了枢密副使。这也可能是因为王庶还具有另一优越条件:素有威望,能为诸大将所服。❷

王庶是一个喜欢谈论军事,而也确实懂得军事的人。在绍兴六年(1136)内,他曾做鄂州的知州兼湖北路安抚使,与岳飞的关

---

❶《建炎以来系年要录》卷一一八,绍兴八年二月壬戌记事。
❷《三朝北盟会编》卷一八三,《王庶枢密副使》条。

系也很不错。他就任枢密副使几天之后,又受命到江淮视师,并调遣诸路兵马预为防秋之计。

王庶到了江淮之间,又把这一地区的驻军作了一番移动:把知庐州的刘锜调往镇江,以为江左根本;改派张宗颜率所部七千人去驻守庐州,并即以张宗颜知庐州兼主管淮南西路安抚司公事;命巨师古以三千人屯太平州;又分韩世忠部队中的两支人马去屯戍天长和泗州,使其缓急之际可以互为声援。❶

王庶视师所到之处,不论大将或沿边州郡的地方官吏,全都向他表示了同样的意见,以为"若失今日之机会,他日劳师费财,决无补于事功"。❷

岳飞闻知王庶到淮视师的消息之后,更写了一道《咨目》给他,斩钉截铁地向他表示:

> 今岁若仍不用兵,我就要交还帅印,请求罢官,回庐山闲住去了。❸

二 汉奸秦桧重登相位

绍兴二年(1132)的秋季,做殿中侍御史的黄龟年上章弹劾宰相秦桧,说他"专主和议,沮止恢复,植党专权,渐不可长"。秦桧因此被罢免了相位。其后因继续被论劾不已,便又被剥夺了"职衔",张榜朝堂,示不复用。

其实,赵构之所以贬黜秦桧,乃是迫于当时的形势,迫于当时的舆论,不得已而这样做的。他虽把秦桧远远地斥逐出政府,却

---

❶《三朝北盟会编》卷一八三,绍兴八年四月十四日记事。
❷《建炎以来系年要录》卷一二〇,绍兴八年六月癸酉所载王庶奏章。
❸ 同上书卷一二〇,绍兴八年六月癸酉所载王庶奏章。

也把他牢牢地记忆在心头。他知道,在需要而且可能对女真贵族屈膝投降的时候,离开秦桧这样的坏蛋是不容易搞成的。

挞懒和兀朮合谋,于1137年推翻了粘罕一派,其后他们就变成了金朝最有权势的军事首脑。秦桧前一次在南宋王朝掌权拜相,不就是因为他自我吹嘘,能在挞懒那里起如何如何的作用之故吗?在赵构的脑子里记忆得最为牢固的,也正是这一事体。因此,当赵构闻知挞懒已成为金朝的头等当权人物时,他认为这又是秦桧能够发挥作用的时候了,便不顾那个"张榜朝堂,示不复用"的处分,首先恢复了秦桧的"职衔",继即用他知温州、知绍兴府,继又把他召进行朝,到绍兴七年(1137)正月,即又"授桧枢密使,恩数视宰臣"了。❶

在废除刘豫傀儡政权的事变当中,更加证明,挞懒在金廷的权势是超越乎兀朮之上的。赵构对于这一事实所作出的最直接的反应是,在绍兴八年(1138)三月,拜秦桧为右仆射、同中书门下平章事兼枢密使。❷

从此以后,秦桧悍然不顾一切地摆出女真贵族代理人的姿态,"挟虏以自重,劫主以盗权"(胡寅《读史管见》中语),无所不至其极;而赵构也打定主意,在此后,在向女真贵族屈膝投降的勾当上,一切都要依从秦桧的摆布和教唆。

三　金对南宋的诱降和南宋朝野的反应

(1)

金国把伪齐政权废掉之后不久,就又把南宋派去交涉赵佶灵柩

---

❶《宋史》卷四七三,《秦桧传》。
❷ 同上。

的使臣王伦、高公绘遣返。在他们临行时，挞懒告诉他们说："好报江南（按指南宋政权），自今道路无阻，和议可以平达了。"❶ 兀朮则要他们带书信给赵构说，如果他肯屈服于金国，则不但赵佶的灵柩和赵构的生母韦氏可以送还，而且还允许把刘豫旧日所统辖的河南之地也归还南宋❷。当王伦等在绍兴八年春间回到南宋，向赵构汇报上述这些事件时，赵构竟喜出望外般地高兴，给予王伦以特别优异的赐赠品。❸ 仅仅隔了一天，就又派遣王伦以奉迎梓宫的名义再一次到金国去❹，实际上就是在迎合着女真统治者们的意愿，借此向他们明确表示，要在"议和"的幌子之下，实行屈服投降，并要求金朝派遣正式使臣到南宋来，把"和约"共同议定。

王伦把赵构、秦桧这伙人的真情实意透露给女真贵族们之后，金朝接着就于五月内派遣了乌陵思谋和石庆作为回报使臣，前往杭州。这消息传到南宋行朝之后，赵构又急忙催促在淮上视师的王庶回朝，要他共同研究怎样与金国的来人进行"议和"的谈判。

王庶是坚决反对"和议"的。他在返回杭州的途程中就写好了一道奏章，力说"议和"之非策：

> 先帝北征而不复，天地鬼神为之愤怒。陛下与贼有不共戴天之仇，忍复见其使乎？其将何以为心，其将何以为容，其将何以为说？
>
> 且彼之议和割地，不过画淮、画河二者而已。若曰画淮为界，则我之固有，安用和为？若曰画河为界，则东西数千里荆榛无人之地，倘我欲宿兵守之，财赋无所从出，彼必厚索岁帛以重困我矣。不若拘其使而怒之。

---

❶《建炎以来系年要录》卷一一七，绍兴七年十二月癸未记事。
❷ 同上书卷一一九，绍兴八年五月戊子记事。
❸ 同上书卷一一七，绍兴七年十二月癸未记事。
❹ 同上书卷一一七，绍兴七年十二月癸未、丁亥两日记事。

及至回到杭州之后，王庶又写了一道奏章，力执前议，说道：

> 陛下当两宫北狩之后，龙飞睢阳，匹马渡江，扁舟航海，以至苗、刘之变，艰难万状，终无所伤。天之相陛下厚矣至矣。今虽未能克复旧疆，銮舆顺动，而大将星列，官军云屯，百度修举，较之前日，可谓小康。何苦不念父母之仇，不思宗庙之耻，不痛宫闱之辱，不恤百姓之冤，逆天违人，以事夷狄乎！

两封奏章所换得的是同一种结果：不理。❶

反对借"议和"之名而实行向金人屈膝投降的，决不只王庶一人。在南宋行朝的文武官员，听到乌陵思谋即将到来的消息时，舆论顿时大哗，许多人都上章或请求面见赵构，陈说女真贵族之万不可信。然而赵构要"屈己求和"的决心已不能改变，对于臣僚的这些意见，他有时是严词拒绝，有时则是大发脾气。赵鼎觉得君臣间这样争吵不休并非好事，便乘一次没有别人在场时，向赵构说道：

> 陛下与金人有不共戴天之仇，今乃屈体请和，诚非美事；然陛下不惮为之者，凡以为梓宫及母、兄耳。群臣愤懑之辞出于爱君，非有他意，不必以为深罪。陛下宜好谓之曰："讲和诚非美事，以梓宫及母、兄之故，不得已而为之。议者不过以敌人不可深信；但得梓宫及母、兄今日还阙，明日渝盟，吾所得多矣。此意不在讲和也。"群臣以陛下孝诚如此，必能相谅。❷

---

❶《三朝北盟会编》卷一八三，绍兴八年六月记事。
❷《建炎以来系年要录》卷一二〇，绍兴八年六月丙子记事（文后附注云："赵鼎语以《［赵］鼎事实》修入"）。

乌陵思谋到达杭州之后,一不肯交出他所携带的《国书》,二不肯屈尊到"都堂"(宰相办公厅)去与南宋的文武大臣会谈,而却要求南宋宰相到他所居住的宾馆去会谈。后因考虑到北归期限的迫促,才不得不与石庆二人同赴都堂。

南宋方面参加这次会谈的是赵鼎、秦桧、王庶三人。赵鼎、秦桧与金使互相问答,王庶却只坐在一旁,心酸气噎,如醉如痴,口未尝相交一语,目未尝少觑其面。

经过这次会谈,虽已把交递国书和由南宋宰相引领乌陵思谋去见赵构的仪式定了下来,但到二人真被导引去见赵构时,他们的态度却仍极倨傲,当他们递交了《国书》后,他们要求赵构对《国书》中所提出的议和条件当场表态。赵构没有照办,叫他们回宾馆去,等南宋朝廷做出决定之后再通知他们。❶

究竟在乌陵思谋携来的这份《国书》当中,包含了一些什么事体和条件呢?据后来陆续透露出来的,计有:一、送还赵佶的棺木;二、送还赵构的生母韦氏;三、把原属伪齐的黄河以南、淮水以北的地区一律拨归南宋政权统治。以上诸事,当然是南宋的最高统治集团所最乐于接受的。但在这份《国书》当中却还载明:南宋政权如真愿得到上述诸项"恩赐",还必须以履行下述诸事为先决条件,这些条件却是南宋君相始终秘而不宣的了。据在此事件的进程中所证实的,那些先决条件是:一、向金主称臣纳贡;二、赵构自动取消帝号并自动取消宋的国号,只作为金国的一个藩属。

赵构早经下定的对金投降的决心,并无丝毫改变。决定不惜一切代价,去换得女真贵族不再以大军南来,让他在东南半壁称孤道寡,鱼肉万民,他就会感到于愿已足。因而对于金廷在《国书》中所提条件,他是愿意接受的。他之所以不肯在乌陵思谋面前明白作出表态,则是希望辅相大臣们能与他一同承担责任之故。赵鼎前

---

❶《建炎以来系年要录》卷一二〇,绍兴八年六月丁丑记事。

此虽也是一个主和的人，却并不主张无条件投降，他认为金方在《国书》中所提条件，对南宋政权侮弄太甚，是不能接受的。秦桧呢，则是久在等候的机会到目前才算到来，作为女真贵族代理人的他，从此才得开始施展其伎俩。因而，他顺从着赵构的意旨，主张把《国书》中的条件全部接受。最后，不管又有多少人上章反对"和议"，却仍是按照赵构、秦桧的意见向乌陵思谋作了答复。

（2）

女真贵族们的予取予求既都得如愿以偿，乌陵思谋这次南来的使命可说已胜利完成。到他北归复命之后，赵构、秦桧又于绍兴八年七月派遣王伦出使金国，名义是迎请赵佶的棺木，实际却是再去向女真贵族们郑重表白，他们是决定要无条件地投降了。

赵构、秦桧虽力违众议，又把王伦派往金国，而在南宋朝廷之上，关于是否应如此屈辱求"和"的问题，却还继续在争辩不休。赵鼎依然坚持反对意见，秦桧则因看透了赵构的内心意向，也更加肆无忌惮地主张无条件投降。

到十月上旬，南宋朝廷已经听到了一些消息说，在王伦与乌陵思谋一同到达金廷之后，金的最高统治集团批准了乌陵思谋与宋廷谈判的结果，而且又派遣张通古和萧哲两人随同王伦南来，依照前此谈判结果正式订立条约了。这消息促使南宋朝廷上持不同意见的各派人的争论又激化起来。

在十月上旬的一天，秦桧和赵鼎以及其他大臣共同朝见赵构，商谈了一些事件之后，秦桧独自留下，要与赵构讨论对金"议和"的事。他向赵构说道：

> 讲和之议，臣僚之说皆不同，各持两端，畏首畏尾，此不足与断大事。若陛下决欲讲和，乞陛下英断，独与臣议其

事，不许群臣干与，则其事乃可成。不然，无益也。

赵构回答说：

> 朕独与卿议。

秦桧说：

> 臣亦恐未便。欲望陛下更精加思虑三日，然后别具奏禀。

过了三天，秦桧又单独朝见赵构，赵构向他表示欲和之意甚坚。然而秦桧却依然说道：

> 臣仍恐别有未便，欲望陛下更思虑三日，容臣别奏。

又过了三天，秦桧仍单独朝见赵构，赵构仍然向他表示：欲和之意，坚确不移。秦桧这才写出了一份《奏札》，请求明确做出"讲和"的决定，而且不许群臣干与。

事到如此，赵鼎自然也不可能再稳坐钓鱼台了，便自称有病，请求罢相。这年的十月二十一日，赵鼎果然罢相，被调做绍兴知府并兼任两浙东路的安抚制置大使去了。❶

（3）

金国这次派遣到南宋来的两名使者，张通古所戴的头衔是诏谕江南使，萧哲所戴的头衔是明威将军。这两个头衔，对南宋来

---

❶《三朝北盟会编》卷一八四《赵鼎罢知绍兴府》条；《建炎以来系年要录》卷一二二，绍兴八年十月甲戌记事。

说,都是极尽侮辱、诬蔑之能事的。因为,称南宋为"江南",是袭用宋太祖对十国中的南唐的用语,是不把南宋作为与金对等的主权国家看待,而只把它作为金国的一个属邦看待,因而就把他所携带的交涉文本称为"诏书"了。在赵构、秦桧口中无时无刻不称做"讲和",而金朝却偏为萧哲冠以"明威"(实即立威、示威),这当然就是把南宋作为金人立威、示威的对象,也当然不是要在今后长时期和平相处之意。

一系列难以忍受的侮辱接踵而来:张通古在进入南宋境土之前,先派遣了一个银牌郎君去告知南宋政府官员说,诏谕使进入宋境之后,"接伴官"在迎接时须跪膝阶墀;州县官则必须望"诏书"迎拜;及到达临安府日,还必须要赵构脱下皇袍,改穿大臣服装,拜受这道"诏命";赵构之对待诏谕使人,则又必须像接待宾客那样,亦即相互以对等地位相待。还说:上面所谈及的种种礼节,都是在金的朝廷上规定了的。意即不准有所改变。❶赵构闻知敌方这些要求之后,便向朝臣宣告说:"若使百姓免于兵革之苦,得安其生,朕亦何爱一己之屈。"十一月二十六日金使抵达南宋边界,接伴使范同体会着赵构的心意,北向金使再拜,问候金朝皇帝的"起居",把他们迎接入境。"军民见者,往往流涕。"❷

"诏谕江南使"和"明威将军"南来的消息传播开来之后,南宋的朝野上下都大为震动,立即出现了群情汹汹,万口籍籍的情况。文武官员争着向赵构上疏,或写信给秦桧,或则当面与他们力争,分别把他们用作对金投降的种种借口加以驳斥,希望能够挽狂澜于既倒。

大将当中的韩世忠,因为驻防地区正当金使的来路,所以最先连续几次上疏,力言不可。他在十一月十二日所上的奏章中说:

---

❶《建炎以来系年要录》卷一二三,绍兴八年十一月辛卯、戊申两日记事。
❷ 同上。

> 窃详金人[与]本朝结怨至深，又金人事力炽盛，贼情窥伺已逾十年，朝夕谋画，意在吞并。今遣使讲和，及传闻许还关陕诸路，谓是惧我兵威？谓复是曾遭毒杀，事不得已，故来讲和？臣深思熟虑，但恐以交割诸路为名，先要山东、河北等路军民，或先要应北来归朝投附女真、契丹、渤海、汉儿签军等，出此声势，摇动人情。或假此讲和割地，或以兵势逼胁，有无厌难从须索，蠹耗国用，使陛下先失天下人心，坐致困弊，方为大举。
>
> 今国家避地东南，目前军势贼尚提防，虽谋吞并，未敢轻易深入，故用此谋，诈许交还陕西，意望移兵就据，分我兵势。其贼必别有谋画，志在一举，决要倾危[本朝]，绝彼后患。况陕西诸路，出兵产马，用武根本之地，岂肯真实交割，资助我用？显是巧伪甘言以相诳赚。切恐使人暗赢陛下礼数，轻赐许诺，传播四方，人心离散，士气凋沮。事系安危，在此一决，委非细事。❶

这主要是从宋、金双方强弱之势进行分析，断言在金人的所谓讲和的背后，必还存在着极险恶的阴谋。

枢密副使王庶自从乌陵思谋南来时即接连不断地上疏反对，到张通古、萧哲南来，他更加愤激。他首先向赵构提出请求说："乞特降处分，遇有和议文字，许免签书。"以此表示他对"和议"的抗议。赵构却"亲降御笔"批答说："不许辞免签书'和议'行遣事。"❷王庶只有更进一步，接连上疏请求罢免他的枢密副使职务。他在最后一道辞职札子中，仍对所谓讲和的利害进行论述说：

---

❶《建炎以来系年要录》卷一二三，绍兴八年十一月甲午记事。
❷《三朝北盟会编》卷一八七，绍兴八年十一月二十六日记事。

臣窃详王伦之归，以为和好可成，故地可复，皇族可归。……独臣愚闻，不达事机，早夜以思，揣本齐末，未见其可。……

且以目今虏人利害言之：讲和为上，遣使次之，用兵为下。何以言之？

虏人之破大辽，及长驱中原，几三十年矣。所得土地数倍汉唐；所得珠玉子女，莫知纪极。地广而无法以经理，财丰而恃势以相图。又老师宿将死亡殆尽，主幼权分，有患失之虑，此所以讲和为上也。

虏人灭大辽，荡中原，信使往来，曾无虚日。得志两国，专用此道。矧自废豫之后，丑迹败露，机阱不安，故重报使人以安反侧，兼可以察我之虚实，耗我之资粮，离我之心腹，怠我之兵势，彼何惮而不为？此所以遣使为次也。

虏人之兵，内有牵制，外多疑忌。所用之人非若昔日之勇锐，所签之军非若昔日之强悍。前出后空，尝有覆巢之虞，率众深入，不无倒戈之虑。又淮上荒墟，地无所掠；大江浩渺，未易可渡；诸将兵势不同曩时，此所以用兵为下也。

今彼所行皆上策，至为得计，吾方信之不疑，堕其术中，惟恐不如所欲。臣不敢效子胥出不祥之言，杀身以立后世之名，于国何补？惟陛下深思之，速断之，无使后之视今，亦犹今之视昔，天下幸甚。

臣蒙陛下过听，擢置枢庭，……愚鲁自信，滞固不移，……兼自今冬以来，疾疹交作，精神昏耗，脚膝重腿，……伏望矜臣衰惫，保臣始终，俾解职事，……以便医药。

赵构大概从这道札子看出，王庶是无论如何不肯参与对金投降的勾当了，便免去了他的枢密副使，而由秦桧推荐其党羽孙近，以参

知政事而兼权同知枢密院事。❶

赵构、秦桧为要把官绅士大夫们的意志牵引到赞成投降的方向上来，在十一月十九日下了一道诏令说：

> 大金遣使至境，朕以梓宫未还，母后在远，陵寝宫阙久稽汛扫，兄弟宗族未得聚会，南北军民十余年间不得休息，欲屈己就和。在廷侍从台谏之臣，其详思所宜，条奏来上，限一日进入。

诏中把"欲屈己就和"的调子明白宣布出来，当然是希望在朝臣僚能群起附和的；而从其"限一日进入"条奏看来，又可知他要屈膝投降的心情是如何迫切。但是，紧接在这道诏命之后，接踵而来的，如礼部侍郎曾开的奏章，兵部侍郎兼权吏部尚书张焘的奏章，张焘率侍从官同上的奏章，吏部侍郎魏矼的奏章，三省检正诸房文字林季仲的奏章，礼部侍郎兼侍讲尹焞的奏章，等等，等等，却无一不是力主反对之议。下面我再摘录当时传诵最广的几个人的奏章，以见当时舆论激烈到何等程度。

一、吏部侍郎晏敦复的奏章：

> 自古夷狄为中国患，世皆有之，然未有若今日之甚者；自古夷狄与中国通和，亦世皆有之，然未有非中国强盛、力足以制之、而自肯与中国和好者也。大金两次遣使，直许讲和，非畏我而然也，且币重而言甘，乌知非诱我也？此不可不疑也。
>
> 陛下以梓宫未还，母后在远，陵寝宫阙久稽汛扫，兄弟

---

❶《建炎以来系年要录》卷一二三，绍兴八年十一月庚子记事；《三朝北盟会编》卷一八八，《王庶……遂乞解枢密职事》条。

宗族未得会聚，南北军民不得休息，意欲屈己就和，此诚圣人之用心也。然所谓屈己者，当思有益于事，则小屈可为也，倘于大事非徒无益，且又因而别致祸患，则可不深思熟虑之乎？

一事既屈，则又以他事来屈我矣；小事既屈，则必有大事来屈我矣。且以目前可见者言之：今所遣使以"诏谕"为名，倘欲陛下易服而拜受，还可从乎？又欲与陛下分庭而抗札，还可从乎？设或如此等事从其一二，则与彼上下之分已大定矣，自此之后可以号令我矣。

彼或又行诏令，授陛下一两镇节钺，封陛下一王号，还可从乎？又或下令将本朝大臣诸将尽行封拜，还可从乎？又或下令用彼年号正朔，还可从乎？又或下令尽遣西北人归乡里，还可从乎？

姑略举此数事，则过此以往可推而知之。倘谓今日许和出彼诚意，或别有道理，今日小屈之后，更无他事可虑，则臣所不能知；万一有如臣所言，则自今以往，一事有不顺从者，彼便可以违命之罪加我矣，尚何梓宫可保必得乎？皇族可保必还乎？地界可保必守乎？如此则休息之期当益远矣。

且我之所急者，梓宫也，宗族也，而敌独先以地界来议，则事之可疑者亦多矣。何则？以河为界，敌亦谓我未必能守，一也。使我舍江淮之险而趋平地，二也。西北之人怀土者皆使散走，三也。如此，梓宫宗族牵制我矣，小有违异即衅端也。审如是，则社稷之存亡在敌掌握尔。陛下必欲屈己就和，愿陛下周思而熟虑之，谨择而善处之。若已屈之后必不致有如臣前所陈之祸患，陛下小屈以就大事可也。

臣又窃料：专以和议为是者，必谓和议既成，则兵可不用而得休息。是大不然。臣窃谓和议与用兵二者不可偏废。若和议既成之后，敌之诏令必有不可从者，不免违异，而敌以逆命来,则兵可不用乎?然则屈己之事诚不可不审而后行也。使敌知我不惮用兵,则和或有可议之理,然则屈己之事似未可轻易许也。愿陛下加圣心焉。❶

二、吏部员外郎许忻的奏章:

臣窃闻房使之来,陛下以祖宗陵寝废祀,徽宗皇帝、显肃皇后梓宫在远,母后春秋已高,久阙晨昏之奉,渊圣皇帝与天族还归无期,欲屈己以就和,遣使报聘。……请试别白利害,为陛下详陈之。……

彼既以诏谕江南为名而来,则是飞尺书而下本朝,岂讲和之谓哉!……万一奉其诏令,则将变置吾之大臣,分部吾之诸将,邀求无厌,靡有穷极。当此之时,陛下欲从之则无以立国,不从之则复责我以违令,其何以自处乎?

况犬羊之群,既已惊动我陵寝,戕毁我宗庙,劫迁我二帝,据守我祖宗之地,涂炭我祖宗之民,而又徽宗皇帝、显肃皇后銮舆不返,遂致万国痛心。是谓不共戴天之仇。彼意我之必复此仇也,未尝顷刻而忘图我,岂一王伦所能和哉!

方王伦之为此行也,虽闾巷之人亦知其取笑于夷狄,为国生事;今无故诳诱胡房,悖慢如此,若犹倚信其说而不寤,诚可恸哭。使贾谊复生,谓国有人乎哉,无人乎哉!

古之夷狄,固有不得已而事之以皮币,事之以珠玉,事之以犬马者,曷尝有受其诏谕,惟夷狄之欲是从,如今日事哉!

脱或包羞忍耻,受其诏谕,而彼所以许我者不复如约,则徒受莫大之辱,贻万世之讥;纵使如约,则是我今日所有

---

❶《建炎以来系年要录》卷一二三,绍兴八年十一月壬寅。

土地，先拱手而奉夷狄矣！……

自虏使入境以来，内外惶惑，如居风涛，汹汹靡定，倘或陛下终以王伦之说为不妄，虏人之诏为可从，臣恐不惟堕夷狄之奸计，而意外之虞将有不可胜言者矣。此众所共晓，陛下亦尝虑及于此乎？……

为今之计，独有陛下幡然改虑，布告中外，以收人心。谓"……今虏使之来，邀朝廷以必不可从之礼，实王伦卖国之罪，当行诛责"，以释天下之疑。然后激励诸将，谨捍边陲，无堕狂虏之计；进用忠正，黜远奸邪，以振纪纲，以修政事，务为实效，不事虚名，夕虑朝谋，以图兴复，庶几乎可矣。……

今在廷百执事之臣，与中外一心，皆以虏人之诏为不可从。公言如此，陛下独不察乎？

若夫谓"粘罕已死，夷狄内乱，契丹林牙复立，故今虏主复与我和"等语，皆是行诈疑我师之计，非臣所敢知也。……❶

三、枢密院编修官胡铨乞斩秦桧、孙近、王伦的奏章：

臣谨按，王伦本一狎邪小人，市井无赖，顷缘宰相无识，遂举以使虏。专务诈诞，欺罔天听，骤得美官，天下之人切齿痛骂。今者无故诱致虏使，以诏谕江南为名，是欲臣妾我也，是欲刘豫我也。

刘豫臣事丑虏，南面称王，以为子孙帝王万世之业牢不可拔，一旦豺狼改虑，捽而缚之，父子为虏。商鉴不远，而伦

---

❶《宋史》卷四二二，《许忻传》；《三朝北盟会编》卷一八九，绍兴八年十二月一日记事。

乃欲陛下效之。夫天下者祖宗之天下也，陛下所居之位祖宗之位也，奈何以祖宗之天下为犬戎之天下，以祖宗之位为犬戎藩臣之位！陛下一屈膝，则祖宗社稷之灵尽污夷狄，祖宗数百年之赤子尽为左衽，朝廷宰执尽为陪臣，天下士大夫皆当裂冠毁冕变为胡服，异时豺狼无厌之求，安知不加我以无礼如刘豫也哉！……

伦之议乃曰："我一屈膝，则梓宫可还，太后可复，渊圣可归，中原可得。"呜呼，自变故以来，主和议者谁不以此说啗陛下哉，然而卒无一验，是虏之情伪已可知矣；而陛下尚不觉悟，竭民膏血而不恤，忘国大仇而不报，含羞忍耻，举天下而臣之甘心焉！就令虏决可和，尽如伦议，天下后世谓陛下为何如主也？况且虏变诈百出，而伦又以奸邪济之，则梓宫决不可还，太后决不可复，渊圣决不可归，中原决不可得。而此膝一屈不可复伸，国势陵夷不可复振，可不为恸哭流涕长太息哉！

向者陛下间关海道，危如累卵，当时尚不肯北面臣虏，况今国势稍张，诸将尽锐，士卒思奋。只如顷者丑虏陆梁，伪豫入寇，固尝败之于襄阳，败之于淮上，败之于涡口，败之于淮阴，较之前日蹈海之危，固已万万不侔。倘不得已而至于用兵，则我岂遽出虏人下哉。今无故而反臣之，欲屈万乘之尊，下穹庐之拜，三军之士不战而气已索，此鲁仲连所以义不帝秦，非惜夫帝秦之虚名，惜夫天下大势有所不可也。

今内而百官，外而军民，万口一谈，皆欲食伦之肉，谤议汹汹，陛下不闻，正恐一旦变作，祸且不测。臣窃谓不斩王伦，国之存亡未可知也！

虽然，伦不足道也。秦桧以心腹大臣而亦为之！陛下有尧舜之资，桧不能致陛下如唐虞，而欲导陛下为石晋。近者礼部侍郎曾开等引古谊以折之，桧乃厉声责之曰："侍郎知故事,我独不知?"则桧之遂非愎谏,已自可见。而乃建白,令台谏侍臣会议可否,盖畏天下议己,而令台谏侍从共分谤耳!有识之士皆以为朝廷无人,吁可惜也!……

　　孙近附桧,遂得参知政事。天下望治有如饥渴,而近伴食中书,漫不知可否。桧曰"虏可讲和",近亦曰"可[和]";桧曰"天子当拜",近亦曰"当拜"。臣尝至政事堂,[三]发问而三不答,但曰"已令台谏侍从议之矣"。呜呼,身为参政,不能赞佐大事,徒取充位如此,若虏骑长驱,近岂能折冲御侮耶?

　　[臣]窃谓秦桧、孙近亦可斩也!

　　臣备员枢属,义不与桧等共戴天。区区之心,愿斩三人头竿之藁街,然后羁留虏使,责以无礼,徐兴问罪之师,则三军之士不战而气倍。不然,臣赴东海而死,宁能处小朝廷而求活耶!❶

胡铨把这道奏章进呈之后,市井之间也都争相传诵,一直喧腾了好几天。秦桧和孙近这时便故作姿态,共同上表待罪,说道:

　　臣等比以金使及境,各进愚计,务欲接纳适中,可以经久。朝廷之体贵在缜密,不敢漏言。铨上章历诋,盖缘臣等识浅望轻,无以取信于人。伏望睿断,早赐诛责,以孚众听。

赵构又赶快下诏给二人说:

---

❶《三朝北盟会编》卷一八六,绍兴八年十一月二十五日记事;《宋史》卷三七四,《胡铨传》。

> 卿等所陈，初无过论，朕志固定，择其可行。中外或致于忧疑，道路未详其本末。至彼小吏，轻诋柄臣，久将自明，何罪之有。

于是，秦桧成了一个无罪可待的人，而且越发扬扬得意起来。面对着社会舆论对他的强烈谴责，他竟恬颜无耻地说："我欲济国事，死且不避，宁避怨谤！"❶ 此后他便照旧进行其卖国投降的罪恶勾当，而且计议着如何对胡铨进行打击。他代替赵构对胡铨的奏章写了一道批示说：

> 北使及境，朝廷夙夜讲究，务必上下安帖，责得和好久远。胡铨身为枢属，既有所见，自合就使长建白；乃狂妄上书，语言凶悖，仍多散副本，意在鼓众劫持朝廷。可追毁出身以来文字，除名勒停，送昭州编管，永不收叙。令临安府差使臣兵级押发前去。候到，具月日闻奏。仍令学士院降诏布告中外，俾知朕安民和众之意。❷

后因在朝的臣僚多替胡铨鸣冤呼救，秦桧和赵构迫于公论，才又改变了对胡铨的处分，不要他去广西的昭州（今平乐县），改命他去监广州的盐仓。

翰林学士院遵照赵构、秦桧的旨意，降诏布告中外说：

> 朕以眇躬，抚兹艰运。越自初载，痛二帝之蒙尘；故兹累年，每卑辞而遣使。不难屈己，徒以为亲。虽悉意以经

---

❶ 范如圭：《贻秦桧书》中语，见《三朝北盟会编》卷一八七，《建炎以来系年要录》卷一二三。

❷ 《建炎以来系年要录》卷一二三，绍兴八年十一月辛亥记事。

营，终未得其要领。昨者惊传讳问，恭请梓宫，彼方以讲和而来，此固当度宜而应。朕念陵寝在远，母兄未还，伤宗族之流离，哀军民之重困，深惟所处，务适厥中。既朝虑而夕思，又广询而博访。言或同异，正在兼收；事有从来，固非创议。枢密院编修官胡铨，职在枢机之属，分乖廉陛之仪。遽上封章，肆为凶悖。初投匦而未出，已誊稿而四传。导倡陵犯之风，阴怀劫持之计。倘诚心于体国，但合输忠；惟专意于取名，故兹眩众。悯其浅虑，告尔多方：勿惑胥动之浮言，庶图可久之大计。❶

这道诏的主旨，一则是借以再次表明，屈膝投降的政策已经是一定而不可移易的了；二则是企图借斥责胡铨狂妄凶悖，把南宋朝野反对屈膝投降政策的声浪镇压下去。

然而这是徒劳的。虽然一道道的诏令要人们都"三缄其口"，而每一个具有浓厚民族意识的人，不论官僚士绅或一般军民，却全都把个人的利害置之不顾，而继续上书给赵构，写信给秦桧，极力反对忍辱求和。这种纷纷扰扰的情况，甚至逼令主管殿前司公事的杨沂中、权主管马军司公事的解潜和主管步军司公事的韩世良共同写了一个拒绝接受金国来书的意见，一齐到宰相办公厅去递交，并当面告诫秦桧说：

听说皇上就要接受金国的来书，必欲行屈己之礼。万一军民汹汹，闹出大乱子来，我们可是弹压不了的。

第二天，三衙的这几个首脑又把他们递交秦桧的那个文本的副本，

---

❶《三朝北盟会编》卷一八八，绍兴八年十二月一日《戒谕和议诏》；《建炎以来系年要录》卷一二四系此诏于初四日丙辰。

共同去递交给御史中丞勾龙如渊,也当面向他说道:

> 这也不是我们平白生事,只因有那大底三个(按指韩世忠、张俊、岳飞)驻防在外,假如日后他们来责问我们说:"你们是宿卫将领,为何却让官家行屈膝受敌人诏书的礼数!"我们将如何回答他们?

馆职官胡珵、张扩、凌景夏、朱松、常同、范如圭诸人也于这时联名上奏章说:

> ……前者上皇讣闻,陛下方宅大忧,天下受其辱矣;今者闻诸道路,口语藉藉,审如是,将辱在陛下之身,……
>
> 臣闻四太子者方据汴都,晏然抚有中原之民,关辅、淮楚之备未始一日撤,而戍卒各不下数万,屹然不移,彼方厚毒而稔恶,未有可图之衅,彼亦何忧何恐而一旦无故与我连和?幡然若是,何为也哉?顾易晓尔:彼狃夫荐食之威,动辄得志,而我甚易恐,故喜为和之说以侮我;又虑我训兵积粟,蓄锐俟时,而事有不可测知者,故不得不为和之说以挠我。
>
> 中国民力日就困竭,而虏使之至无已时,盖坐敝敌国,疲于奔命,无出此计者。不惮一费而获永宁,犹之可也;今年秋如是矣,冬又如是矣,明年又如是。子产之言曰:"用币必百两,百两必千人,几千人而国不亡?"臣所不忍闻也。
>
> 殚竭膏血以养骄惰之兵,屯戍不用,郁其愤懑,缓急则曰讲和讲和,使此辈一旦借口而召乱,将何以弭其变哉!……
>
> 而况夷狄无信,所从来久,狼子野心,鸣镝于父子之亲;而乃嗜其甘言,信之不惑,其料事亦疏矣!彼以和之一字得志于我,十有二年矣,以覆我王室,以弛我边备,以竭我国力,以解体我将帅,以懈缓我不共戴天之仇,以绝望我中国

讴吟思汉之赤子，奈何至今而犹未悟也！

　　陛下躬曾闵之行，受夷狄之侮，不过曰："使我获伸东朝一日之养于天下，是亦足矣，遑恤其他！"臣恐圣虑未必得所求，而祸生于意外之所未尝防也，岂可不为寒心哉！

　　信如道路之言，则虏人之要我至不逊也，至无稽也，是坐而约降我也。艰难以来，彼苟可以毒我者无遗力矣，独欠约降一事耳。今不虑而从之，且梓宫何在，在境已乎？母后何在，渊圣皇帝何在，皆在行已乎？中原故地版图何在，在使者所已乎？陛下奈何不顾祖宗社稷二百年付托之重，将不虑而从，轻以万乘之尊，冒险而侥幸；彼犬羊苟获济其不逊无稽之谋，而蹂躏以逞，将焉避之哉？刘豫之鉴甚未远也。……❶

　　稍前或稍后于这班馆职官们而上书力持反对意见的，还有前此曾做过宰相的李纲，现任户部侍郎李弥逊，监察御史方庭实等。

　　不论反对声浪在如何日益高涨，赵构、秦桧的投降活动却还在继续进行。到这年的十二月二十四日，金国派来的"诏谕使"和"明威将军"，终于被迎接到杭州府城之内，而且以左仆射府作为他们的下榻之所了。

　　张通古在进入南宋国境前就已通知南宋王朝，他携带来的是"诏书"，必须赵构改扮成大臣模样，跪拜在他的面前，接受这份"诏书"。及至他既已进入南宋首都杭州之后，南宋王朝投降派中人物，在如何接受这道国书的问题上，也发生了意见分歧：有的人以为，由赵构跪拜在张通古面前接受这份国书，未免过于丢脸，因而主张，最好是能由金国的使臣不声不响地把国书递交到南宋王朝；而在赵构和秦桧，则已经下定的投降决心，丝毫也无所改

---

❶ 《三朝北盟会编》卷一八六系绍兴八年十一月二十一日，《建炎以来系年要录》卷一二四系十二月二十一日。

变，仍坚持要行"屈己"之礼。最后起了决定性作用的，当然是大权在握的赵构和秦桧的意见。

杭州城内外的文武臣僚和军民人等，全都不断发出一些愤激语言。街头巷尾也随时随地出现一些标语，写一些"秦相公是细作"❶等类的话。有些人更喧叫说，如果皇帝和宰相真要照金人所要求的，行屈己跪拜之礼，他们便要采取激烈行动来抗议了。不但杭州内外的官民住户都为此而朝夕惴惴不安，有紧张到终夜不能成眠的；就连靠近杭州的常州、镇江、会稽诸地，其城乡居民也全都传说纷纭，到处呈现着惊恐不安现象。❷

在绍兴八年（1138）的全年之内，亦即从赵构、秦桧开始开展其对金投降活动之日起，到金国所派诏谕江南使和明威将军进入南宋首都杭州之日止，我们全看不到岳飞对这一事件有任何表示。原因何在呢？我以为：第一，岳飞身居鄂州军营当中，对于南宋王朝的种种政治活动，虽不会无所闻知，但传闻总会有不甚翔实之处，自然不便据以表态。第二，在一年以前，为了请求确定皇太子名位的事而遭受到赵构的那些申斥："卿言虽忠，然握重兵于外，这类事件并不是你所应当参预的。"言犹在耳，岂容再轻易去触怒这位皇帝？因此，他只有暂且隐忍着，等待掌握了最确实的信息之后，再行表态。

---

❶ 《朱子语类》卷一三一。
❷ 李弥逊：《筠溪集》卷末附录李珏撰《李弥逊家传》。

第十二章
屈膝丑剧的扮演和岳飞的坚决抗议

一 投降、受降仪式之举行

（1）

采用什么方式使张通古把所挈国书递交出来，这成为自张通古进入杭州以来，南宋王朝的君臣们朝夕发愁的一个问题。他们最感为难的，是必要赵构亲自跪拜在金使面前接受一事。以为这使赵构在南宋臣民面前丢脸太甚，继此之后，还有何等脸面对南宋军民发号施令、作威作福呢？然而在赵构本人，却已经有了思想准备。他回想到建炎三年（1129）从明州逃往海中的事，那时候，赵鼎是御史中丞，他却主张与金人画江为界；他甚至还心甘情愿地留在明州充当接伴金使的人，要与金人磋商画江为界的事。只因后来金使未来，所以此议未能实现。❶这件往事说明，那时即使有意要向金人跪拜，还苦于得不到机会呢！有了这番回忆之后，赵构便认为，若不得已而亲自跪拜在金使面前接受其国书，也没有什么不可以的。因此，他有一天竟声色俱厉地向台谏官勾龙如渊、李谊等人发牢骚说：

---

❶《建炎以来系年要录》卷一二四，绍兴八年十二月癸亥记事。

> 士大夫但为身谋！向使在明州时，朕虽百拜亦不复问矣。

这话虽是直接针对着赵鼎而发，实际上却也是说给目前所有不同意屈膝投降的人们听的。李谊便乘机提议说：

> 此事莫须召三大将来与之商议？总须商量得一个最妥善的办法才好。

赵构不吭声，过了半晌又说道：

> 王伦本是专为此事（按指"屈己求和"）出使金国的，到今天他却又首鼠两端，动摇起来了。秦桧素主讲和之议，现今却也来求去（按：此指因胡铨上书，秦桧上表待罪事），他走掉当然无甚关系，今后金人只会来要我，岂能要他秦桧！❶

这些话语，表明赵构对于屈膝投降的事是如何地死心蹋地，还表明，倘若一定要他亲自跪拜接受金的国书，他也已有了充分的精神准备：照办！

然而南宋王朝的臣僚们，包括那些力主投降的人们在内，却总认为这是过分丢脸的事，总应当尽量避免赤裸裸地进行那样的表演才好。在朝堂上聚议此事时，有人便建议说：

> 既然北面拜受金人诏书，已成为无法改变的事，那就最好把我朝祖宗的"御容"（画像）都陈列出来，而把金人的"诏书"置于祖宗"御容"中间，这样，就假称是在跪拜祖

---

❶《建炎以来系年要录》卷一二四，绍兴八年十二月戊寅记事。

宗御容,面子上庶几可以过得去。❶

这样地纷纷议论了好几次,却终于还是做不出最后的抉择。

(2)

秦桧不但受到赵构的委托,有关对金投降的全部事体一律由他负责去办;在他本人主观愿望上,更极愿意把全部事情都承担下来,替他的女真主子真正干一桩事业出来。因此,如何接受金朝国书的事,在秦桧家中和宰相府里,也是一个最最主要的议题。有一天,给事中楼炤向他说道:

《尚书》上有"高宗谅闇,三年不言","百官总己以听于冢宰"的记载,皇上目前也正在守丧,丞相岂不正可引此为据,代替皇上去跪拜接受这份"国书"吗?

秦桧听了这些话语,恍然大悟。于是,他和赵构商定,由他以宰相身份去跪拜接受金朝的"诏书",赵构则躲在深宫中,不用亲自出场。

张通古提出的要求当中,还包括:在接受了"诏书"之后,要把它安置在"玉辂"当中,然后送往南宋的朝廷之上,把它收藏起来;并且要宋的文武百官们,一部分在玉辂之前引路,另一部分则在玉辂之后护从。这当然也必须照办不误。

腊月二十八日,秦桧作为赵构的代理人,到左仆射馆去拜见了张通古,并且跪拜接受了金国的诏书。他敬谨遵守张通古的旨意,在事前就把"玉辂"安置在馆门之外,并且叫三省中的一些吏员分别穿上绯色的或绿色的服装,腰间各带银鱼,装扮成一般官员

---

❶《三朝北盟会编》卷一八九,《金人退还河南地》条。

模样；枢密院的一些吏员则穿上紫色服装；腰间佩带金鱼，装扮成更高级官员模样。等到"诏谕江南使者张通古"出来之后，或作前导，或作扈从，既护卫金的诏书，也护卫金的使臣。[1]

接受了金朝的"诏书"，亦即承认了南宋只是金朝的藩属，承认了金、宋之间的君臣关系。"诏书"中的语气，早已把这种君臣上下之分充分表现出来，不再像前此的国书那样，即不再把南宋视为对等的国家，而对于赵构也直呼其名了。因而，在南宋赵甡之的《遗史》当中，关于此事的一段记载便说道："通古所持诏，其辞不逊。上皆容忍之！"

二 秦桧、赵构恬不知耻地大肆宣传"和议"的成功

绍兴九年（1139）的元旦，赵构下诏说：

> 大金已遣使通和，割还故地，应官司行移文字，务存两国大体，不得辄加诋斥。布告中外，务令知悉。

金朝的诏书早已不把南宋作为对等国家看待，其中又全是以上临下的语气，亦即南宋人所说的"其辞不逊"，可见在金朝一方原无所谓"存两国大体"这一概念，而赵构此诏，无非要限制南宋所有具有国家民族意识的臣民，再不要对他和秦桧的屈膝投降行径加以论列罢了。

到正月初五日，赵构又下了第二道诏书说：

---

[1]《建炎以来系年要录》卷一二四，绍兴八年十二月庚辰记事及附注；《三朝北盟会编》卷一八九《金人退还河南地》条。

> 朕以眇躬，嗣承丕绪，明不能烛，德不能绥，为人子孙不能保其所付，为人父母不能全其所安。虽穷宵旰之勤，未息边隅之警。当国难军兴之既久，而师老财匮之是忧。被甲荷戈者苦暴露之劳，行赍居送者困征诛之扰。衣冠流离而失所，黎元憔悴而靡堪。由朕一人，昧于治理，祸贻尔众，罪在朕躬。胡颜以宁，侧身思咎。
>
> 至于宗祧缅腼，陵寝久荒，梓宫未卜于因山，天属尚留于远域。荼苦斯极，振古未闻。
>
> 赖将相之元臣，推忠协德；资爪牙之众士，戮力同心。缮甲治兵，内以训练于行伍；固军峻垒，外以保守于封陲。
>
> 上穹开悔祸之期，大金报许和之约：割河南之境土，归我舆图；戢宇内之干戈，用全民命。自兹爱养士卒，免罹转战之伤；蠲减赋征，渐息编氓之力。俾南北悉臻于绥靖，而国家遂致于敉宁。嘉与群生，格于康乂，肆颁旷荡之恩，用慰迤逦之俗。於戏！睦邻修好，既通两国之欢；和众安民，以图万世之利。尚赖文武之士，同寅协恭；疆场之臣，慎终如始。共扶兴运，永底丕平。咨尔多方，体予至意！❶

在这一道诏令当中虽已耍尽花招，掩盖真相，欺弄国人，并极力形容金朝对宋怎样地皇恩浩荡，然而只因有"上穹开悔祸之期"一句，却仍使金朝贵族大为不满，以为不应当归德上帝而不归德金人。❷ 在此诏命后面，还附有大赦条款如下：

> 应河南新复路分现任文武官，各安职守，并不易置。山

---

❶《三朝北盟会编》卷一九一，绍兴九年正月五日丙戌条（《建炎以来系年要录》卷一二五，谓系秦桧党羽楼炤所作）。

❷《建炎以来系年要录》卷一二七，绍兴九年三月丙申记事。

第十二章 屈膝丑剧的扮演和岳飞的坚决抗议

寨土豪等，优与推恩。

应陕西掌兵官，昨缘抚驭失宜，致有离散，非其本心，今来既已归还，各仰安职。

应进士诸科，曾因刘豫伪命得解者，并与理为举数。

应新复州县，放免苗税三年，差徭五年。

应两淮、荆襄、川陕新旧宣抚使及三衙管军，并特取旨，优异第赏；统兵官等第推恩；内外诸军，并与犒设。

张邦昌、刘豫僭号背国，原其本心，实非得已，其子孙亲属，并令依旧参注；无官者仍许应举。

军兴以来，州县失守投降之人，不以存亡，并与叙复，子孙依无过人例。

靖康围城伪命，及因苗傅、刘正彦名在罪籍，见今拘管编置者，并放逐便；未经叙用者与收叙。

绍兴八年特奏名进士，试入第五等人，并特依下州文学恩例。

江、浙诸路今年和预买绸绢，每匹特免一贯文。

江西、湖广等路，见有盗贼啸聚去处，并许自新，前罪一切不问。❶

在颁布这道大赦诏令之后，接着便又派遣韩肖胄去金国报聘，派遣王伦去作交割地界的专员，派遣方庭实去宣谕汴京和西京洛阳、南京归德、北京大名诸地，派遣周聿、郭浩去宣谕陕西，派遣郭仲荀去做汴京的守臣，派遣皇亲赵士褭，张焘去河南"恭谒祖宗陵寝"，还派遣楼炤到永兴等路去"宣布德意"。以上所派遣的七种使臣，全都随身携带了数量浩瀚的官吏兵民同往，每种使臣的开销都

---

❶《建炎以来系年要录》卷一二五，绍兴九年正月丙戌记事。

不下三数十万贯，总而计之，其所费至少应在二百万贯以上。❶

上述种种事件都表明，赵构、秦桧在搞成了丧权辱国的对金投降罪恶勾当之后，竟是那样的得意洋洋，那样拼命地扩大宣传，目的只是企图此后能顺顺当当地仰承金人的鼻息，对东南半壁的人民继续进行其政治压迫和经济剥削。是的的确确地不知羞耻为何物了。

三　岳飞对降敌罪行的激烈反对

（1）

南宋王朝绍兴九年正月五日的赦书，于一周以后的正月十二日递送到鄂州的岳家军营。赦书中所谈到的"新复州郡"的一部分，即西京河南府一带，原即划归岳飞的辖区之内，按照定例，岳飞应当在接奉这道赦书之后上表致谢。岳飞就利用这一机会，委托幕僚当中那个出身河朔、豪侠尚气的张节夫撰写了一封谢表：

今月十二日准进奏院递到赦书一道，臣已即躬率统制、统领、将佐、官属等望阙宣读讫。

观时制变，仰圣哲之宏规；善胜不争，实帝王之妙算。念此艰难之久，姑从和好之宜。睿泽诞敷，舆情骨悦。臣飞诚欢诚抃，顿首顿首！（以上为第一段）

窃以娄敬献言于汉帝，魏绛发策于晋公，皆盟墨未干，歃血犹湿，俄驱南牧之马，旋兴北伐之师。盖夷虏不情，而犬羊无信，莫守金石之约，难充谿壑之求。图暂安而解倒垂，犹之可也；顾长虑而尊中国，岂其然乎！（以上为第二段）

---

❶《建炎以来系年要录》卷一二八，绍兴九年五月庚辰朔记事。

恭惟皇帝陛下，大德有容，神武不杀，体乾之健，行巽之权，务和众以安民，乃讲信而修睦。已渐还于境土，想喜见于威仪。（以上为第三段）

臣幸遇明时，获观盛事。身居将阃，功无补于涓埃；口诵诏书，面有惭于军旅。尚作聪明而过虑，徒怀犹豫以致疑：谓无事而请和者谋，恐卑词而益币者进。（以上为第四段）

臣愿定谋于全胜，期收地于两河。唾手燕云，终欲复仇而报国；誓心天地，当令稽颡以称藩！（以上为第五段）

臣无任瞻天望圣，激切屏营之至！谨奉表称贺以闻！❶

岳飞虽自称是"奉表称贺"，其实这与其称做"贺表"，远不如称做"抗议书"更为确切。《南宋书·张节夫传》谓秦桧读此表，切齿痛恨！可见对其讥刺之深。我们不妨把全文稍加剖析。

表文的第一段，都属于官样文章，不说明任何问题。

表文的第二段，就都是论证金人之决不可信，和平之决不可保。从此所能得出的最符合逻辑的推论，当然就是：不要在"和谈"的幌子之下对金实行投降。

表文的第三段，是替赵构说几句遮羞的话。

表文的第四段，则是以自我批判的形式，揭示这次投降事件之可耻；并还进一步说，不要以为投降和受降的仪式已经举行，即可保证无事；金人的阴谋诡计是随时都会施展的。

表文的第五段，是全文的画龙点睛之处，也是岳飞所一贯坚持的主张。岳飞斩钉截铁地把自己的主张又借此机会提出，这就等于说，对于所谓的"讲和"，他是从根本上不予承认的；他不但坚决反对赵构、秦桧向金朝称臣纳贡的行径，而且还要坚定不移地去

---

❶《金佗稡编》卷一〇，《谢讲和赦表》（据《三朝北盟会编》卷一九二引文校改）。

收复失地，收复燕云，最终还要把金政权变作宋政权的一个属国藩臣！

这道所谓《贺表》，悲愤激昂，壮怀激烈。它迸发出多年来郁结在岳飞胸中的积愤，也凝聚着全国亿万人民从丹田释放出来的心声。因而更能激励人心，鼓舞士气。在它传布出来之后，立即被人们传诵在口。由于岳飞大军在握，而这支大军又是当时最精锐的劲旅，所以他在《贺表》中写进了这样一些话语，也更显得格外响亮，格外雄壮。它给予所有具有民族意识的南宋人民和官僚士绅以极大的希望、信心和力量。然而也正是因其如此，便又惹得秦桧、赵构等民族败类对岳飞嫉恨得咬牙切齿。

具有反抗恶潮逆浪的勇气，并挺身而出而与之搏斗的人，是最应赢得世人尊敬的人，而岳飞用其全副身心精力与之搏击的，却正是当时最大的逆浪和恶潮。

（2）

绍兴九年正月十一日，南宋王朝为了庆贺"和议"的成功，把京湖宣抚使岳飞和川陕宣抚副使吴玠的官阶都进升为从一品的开府仪同三司。为岳飞进升官阶的《制词》是：

> 门下：搜卒乘而缮甲兵，尤谨艰难之日；听鼓鼙而思将帅，不忘闲暇之时。乃眷爪牙之臣，夙勤疆场之卫。爰加褒律，丕告治廷。
>
> 太尉、武胜定国军节度使、充湖北京西路宣抚使、兼营田大使、武昌郡开国公、食邑三千五百户、食实封一千肆百户岳飞：霍卫有闻，沈勇多算。有岑公之信义，足以威三军；有贾复之威名，足以折千里。临敌而意气自若，决策则机智若神。陷阵摧坚，屡致濯征之利；抚剑抵掌，每陈深入之谋。眷彼荆襄，实勤经略。边鄙不耸，几卧鼓而灭烽；流亡还归，

皆受田而占籍。奠兹南纪,隐若长城。

属邻邦讲好之初,念将阃宣劳之久。肆因庆泽,式表高勋。是用进同三事之仪,仍总两藩之节。衍封多井,增实脾租,以昭名器之崇,以就宠光之渥。

呜呼!丰报显赏,盖以褒善而劝功;远虑深谋,尚思有备而无患。祇若予训,益壮尔猷。可特授开府仪同三司,依前武胜定国军节度使、湖北京西路宣抚使、兼营田大使、加食邑五百户、食实封三百户。封如故。主者施行。❶

在这道《制词》当中,既把岳飞与西汉的卫青、霍去病相比,又把他与东汉的岑彭、贾复相比,说他临敌有智略,决策若神明。全文虽都是褒奖之词,却又全都没有超出乎岳飞和岳家军的实有的事功之外。这样的一道褒奖诏令,既不是为了论功行赏而发,其用意当然是专在对岳飞进行笼络,免致岳飞再对这次的所谓"和议"出而作梗。却不料赵构、秦桧所企求的这一目的,不仅完全没有达到,相反,岳飞还借用"辞免"的机会,对这次所谓"和议"进行了又一次无情的抨击:

臣正月二十四日准都进奏院递到白麻一道,除臣开府仪同三司、加食邑五百户、食实封三百户者。臣初捧制文,尚怀疑惑:岂谓非常之典,遽及无功;又于二月十四日准本司往来干办官王敏求差人赍到前件告一轴,乃知朝廷以逆房归疆,而将阃之寄例进优秩。不惟臣一己私分愈切惊惶,至于将士三军,亦皆有靦面目。

伏念臣奋身疏迩,叨国显荣,每怀尸素之忧,未效毫分之报,岂可因此霈泽,遂乃滥预褒升!伏望圣慈,特此睿断,

---

❶《金佗续编》卷二,《开府仪同三司加食邑制》。

> 毋嫌反汗，亟寝误恩。所有告命，臣不敢祗受。已令本司签厅牒鄂州寄收，以待朝廷追取外，冒犯天威，不任激切俟命之至。取进止。❶

岳飞在这里既提出了"岂谓非常之典遽及无功"，作为他不应进官加封的理由，也说到"至于将士三军，亦皆有觍面目"，借以表达岳家军全都反对这次借和议之名而屈膝投降的强烈反应。

宋朝的文武大臣，每逢进官升秩等事，总都要上表辞谢，大致都是在辞谢三数次之后方肯受命。就岳飞的这首《札子》的内容看来，态度倔强，措词激切，用意决不在于履行一些照例的公事，而是坚决地不愿意把自身和岳家军全体人员也被裹入赵构、秦桧卖国降敌的罪恶勾当之中。然而南宋王朝的当权者们是不肯作这样的理解的，于是又依照惯例下诏给岳飞，不许他再上书辞免。岳飞在二月二十七日接到不许辞免的诏书后，又上书恳辞，说道：

> 臣近者累犯天威，力辞恩宠，庶几陛下洞烛危恳，终赐矜从。而温诏谆谆，未回睿听。踧地吁天，不知所措。
> 夫爵赏者人君所以为厉世磨钝之具，人臣得之，所以荣耀乡里而显贵宗族也，谁不欲贪多而务得哉！然得所当得，固以为荣；受所非受，反足为辱。伏念臣奋迹羁单，被恩优腆，使臣终身只守此官，已逾涯量；岂可分外更冒显荣，遄速颠隮！虽陛下推天地至宽之量，在所兼容；而微臣抱金石图报之心，宁无自愧！所有臣为将不效、献言悖理之实，臣于累奏中固已缕陈，更不敢谆复亵烦圣听。伏望陛下检会臣累次札子，追寝成命，特降俞音，庶使微臣少安愚分。取进止。❷

---

❶ 《金佗稡编》卷一四，《辞开府札子》。
❷ 同上书卷一四，《辞免开府第三札子》。

尽管岳飞再三恳辞，赵构却一直是不允所请。所以李心传在《建炎以来系年要录》中说："[岳]飞以议和非计，累表辞所进官，不许。"这样，在此后岳飞的系衔当中，便不能不把"开府仪同三司"列在首位了。

（3）

开封是北宋的首都，也是北宋的宗庙社稷之所在；而洛阳则是北宋各代皇帝陵墓之所在。这两地都包括在这次金政权赐予南宋的地区之内，因而当赵构、秦桧对"和议告成"大事粉饰夸说之际，秘书省正字范如圭便又向赵构建议说：

> 两京版图既入，则九庙八陵相望咫尺，而朝修之使未遣，何以仰慰神灵，下遂民志？

于是，在绍兴九年的正月上旬之末，赵构便派遣了判大宗正寺的赵士褭和兵部侍郎张焘一同到洛阳远郊县区去朝拜那八座陵墓。至于宗庙，则因开封城市还没有办好"交割"手续，赵构是不敢贸贸然派人前去"朝、修"其宗庙社稷的。到二月中旬，赵士褭和张焘从杭州出发，要经由武昌、信阳、蔡州、颍州以达洛阳。由于这些地点全在京西湖北宣抚使岳飞的辖区之内，赵构于赵、张二人出发时便又下令给岳飞，要他负责供应修理诸陵墓所需的人工和费用。

其实，岳飞在正月十二日看到那份所谓"讲和赦书"之后，就已经写了一道奏章，表示要躬诣诸陵进行洒扫。其奏章略谓：

> 西京河南府系臣所管地分，自刘豫盗据以来，祖宗陵寝久失严奉，臣不胜臣子区区之情，欲乞量带官兵，躬诣洒扫。

谨录奏闻,伏候敕旨。❶

南宋王朝在二月三日给予岳飞的回答是:

> 已降指挥,差同判大宗正事士㒟、兵部侍郎张焘前去祗谒陵寝。三省枢密院同奉圣旨:札与岳飞照会;候逐官起发,申取朝廷指挥,量带亲兵,同共前去祗谒。

其实,岳飞申请前往洛阳地区的目的,并不单纯在于"祗谒陵寝"和"躬诣洒扫",而还别有用意:要去深入了解敌方的军政情况及其可乘之机。这后一种用意他更迫不及待地要尽快实现。因此,当他虽已闻知赵士㒟、张焘被派前去"朝修祖宗陵寝",但还没有接到南宋王朝二月三日那道《省札》时,他又一次上书申请,要随同二使前往,并在书中把真情实意略加透露:

> 北虏自靖康以来,以和款我者十余年矣,不悟其奸,受祸至此。今复无事请和,此殆必有肘腋之虞,未能攻犯边境;又刘豫初废,藩篱空虚,故诡为此耳。名以地归我,然实寄之也!臣请量带轻骑,随二使祗谒陵寝,因以往观敌衅。❷

及至二月三日的《省札》已经递达鄂州,赵士㒟和张焘也已经到达鄂州之后,岳飞又第三次上书给赵构说:

> 今日祗谒陵寝同判大宗正事士㒟、兵部侍郎张焘已到鄂

---

❶ 《金佗稡编》卷一二,《乞祗谒陵寝奏》。
❷ 同上书卷一二,《论虏情奏略》。

州，臣见办集行役，只俟得士襃、张焘关报行期，便同起发。或恐陛下别有使令，愿赐一一训敕。谨具奏知。❶

从岳飞接二连三的这几道奏札可以看出，他要到最前方去窥察敌人情况的心思如何迫切。他却完全没有料到，在看到他的论述虏情的那一奏札之后，赵构、秦桧知道岳飞之所以急欲前去洛阳地区，原来还是别有怀抱的，他们就已改变了主意，不让岳飞量带亲兵同往了。他们为此特地下诏给岳飞说：

> 敕，具悉。朕以伊瀍顷隔于照临，陵寝久稽于汛扫，逮兹恢复之日，亟修谒款之仪。卿慨然陈情，请为朕往。虽王事固先于尽瘁，然将阃不可以久虚。殆难辍于抚绥，徒有怀于忠荩。寤寐于是，嘉叹不忘。已降指挥，止差将官一两员，部押壕寨人匠、军马共一千人，随士襃、张焘前去，卿不须亲往。故兹诏示，想宜知悉。❷

很明显，赵构和秦桧之所以中途变卦，主要是害怕岳飞在"前往观衅"之后，难免又会寻觅战机，去触犯金朝的军事贵族；倘使他果然做出那等事来，则刚刚搞成的屈己媾和局面便又会被他破坏了，那是万万使不得的。

四 在反对无效之后愤请解除军职

在三番五次地接受到告诫诏令之后，岳飞是否就心安理得地遵命留在鄂州军营当中"存抚军旅"了呢？并不。反对"讲和"的

---

❶ 《金佗稡编》卷一二，《奏申谒陵寝行期札子》。
❷ 《金佗续编》卷四，《以将阃不可久虚不须亲往祗谒陵寝诏》。

意见既然不被采纳,祇谒陵寝的请求也未获邀准,他在难以抑制自己愤懑情怀的情况下,便又决定,索性把自身所担任的军职一律辞掉好了。那样,在面对着当前这些屈膝降敌的无耻行径时,也许可以免得再发生"身居将阃,面有惭于军旅"的那种内疚和惭愧感了。于是,在绍兴九年二、三月之交的某一天内,他奏进了第一道《乞解军务札子》,全文是:

> 臣窃谓事君以能致其身为忠,居官以知止不殆为义。伏念臣受性愚戆,起家寒微,顾在身官爵之崇,皆陛下识拔之赐。苟非木石,宁不自知!每誓粉骨糜身以图报称。然臣叨冒已逾十载,而所施设未效寸长。不惟旷职之可羞,况乃微躯之负病。盖自从事军旅,疲耗精神,旧患目昏,新加脚弱。虽不辞于黾勉,恐有误于使令。愿乞身稍遂于退休,庶养痾渐获于平愈。
>
> 比者修盟漠北,割地河南,既不复于用兵,且无嫌于避事。伏望陛下俯照诚悃,曲赐矜从,令臣解罢兵务,退处林泉,以歌咏陛下圣德,为太平之散民,臣不胜幸甚。他日未填沟壑,复效犬马之报,亦未为晚。臣无任激切战惧俟命之至。取进止。❶

赵构和秦桧看到这道奏章之后,料定这必是岳飞在气愤之下所采取的一种行动,而其中的"比者修盟漠北,割地河南,既不复于用兵,且无嫌于避事"诸语,还未必不寓有讽刺之意。因此,他们决定采取不予理睬的做法,干脆不给予岳飞以任何回音。在等待了许久而仍是信息杳然之后,岳飞便又奏进了《乞解军务第二札子》,全文是:

---

❶《金佗粹编》卷一五。

臣顷以多病易衰，仰渎宸听，乞退处丘垄，以便养疴。伏蒙陛下未忍弃去，尚冈俞音。不免控沥肺肝，再虑悃愊。

　　今贤能辈出，才智骈臻，干城腹心之士，可付以军旅者类不乏人。则臣之所请无邀君之嫌。

　　今讲和已定，两宫天眷不日可还，偃武休兵可期岁月。则臣之所请无避事之谤。

　　臣不揆庸愚，幸免此二事。止以疾病余生，恐误任使。久享厚禄，坐费太仓，夙夜以思，身不遑处。所以不避斧钺，至于再而不自已。伏望陛下垂溥照之明，回盖高之听，曲加仁恻，洞照愚衷，使一夫之微终遂其欲，特许退休，就营医药，臣不胜感戴圣德愿望之至。取进止。❶

这道奏章递达南宋王朝之后，果然迫使赵构作出批示来了。其批示的全文是：

　　敕：具悉。卿竭忠诚而卫社，迪果毅以临戎，元勋既著于鼎彝，余暇尚闲于俎豆。蕃宣所赖，体力方刚。遽欲言归，殊非所望。顾安危注意，朕岂武备之可忘；惟终始一心，汝亦戎功之是念。益敦此义，勿复有云。所请宜不允。❷

欲进不得，欲罢不能，事到如此，就只能牢守在鄂州军营当中"存抚军旅"了。

---

❶《金佗稡编》卷一五。
❷《金佗续编》卷四，《乞罢军政退休就医不允诏》。

第十三章
风范一斑。生活点滴

一　岳飞初露头角时期所赢得的声誉

在南宋政权建立的最初期，岳飞就已经以其言论和忠勇气质，深受当时关心国家前途和民族命运的士大夫们的器识。最显著的例子则是张所、赵九龄和宗泽等人，他们已大都觉察出来，不论岳飞的职位在当前如何卑微，从其发展前途看来，他却极可能成为一员具有杰出才能的武将。直到建炎四年（1130）为止，岳飞的职位虽仍远远不能和刘光世、韩世忠、张俊诸大将相比，然而从其在战斗实践中所制定的谋略、所表现的气概来说，却几乎全可说超驾乎那几位大将之上了。

就在建炎四年，江南东路有一个名叫邵缉的人，他熟悉岳飞的生平和家世，也深知他近年以来治军、抗敌的种种情况，他很希望岳飞更能受到南宋王朝的重用，以使他得以展其长才，因而特地写信给当时的当政大臣，对岳飞作出了如下的评价：

……窃闻中兴之君得中兴之佐，则有功；中兴之佐得中兴之将，则有功。……方今急于中兴，如吾君之明，又二三执政大臣皆天下之极选，上下相得，诚千载一时矣，终未能立非常之功、雪无穷之耻、大有以慰天下之望者，此何故哉？岂将非其人而然乎？

然将有二说，不可不察也。有天下之将，有一国之将。天下之将实难其人，一国之将或有之，然未见其奉职胜任，显然立功名者，又何为耶？特有之而不用，用之非其人之过耳。求其大者既不可得，其次或有焉而不审择之，欲天下之早正速定，不可得也。

以缉田野庸人，而耳目之所熟者仅得一焉，诚未足为天下将，在今日才难之际，谓之一国之将斯可矣，敢率尔陈之，惟阁下少垂意焉。

伏见武德大夫、英州刺史、御营使司统制军马岳飞，骁勇精悍，沉鸷有谋，临财廉，与士信，循循如诸生，动合礼法。顷在河北，尝以数十骑乘险据要，却胡虏万人之军。又尝于京城南薰门外，以八九百人，破王善张用二十万之众，威震夷夏。去冬江上之战，将士蜂屯，飞独争先奋击，迨官军不胜，他将皆鸟奔鼠窜，飞独置寨蒋山，孤军转战，且行且击，斩首以千百计者不知其几。诸将溃为群盗，纵兵大略，飞独顿兵广德境中，资粮于官，身与下卒同食，而持军严甚，民间无秋毫之扰。虏人签军经涉其地者，或闻其威名，或相谓曰："岳爷爷军也"。争来降附，前后几万余人。……

且虑金人徘徊于建康京口之间，势必欲留军江南，控扼险阻，牵制官军，大为东南之患，飞能奋不顾身，勇往克复建康及境内县镇，为国家夺取形胜咽喉之地，使逆虏扫地而去，无一骑留者，江浙平定，其谁之力也？

缉谓如飞者，朝廷宜优擢之，假以事权，益责后来之效。

方今大将，皆富贵盈溢，不肯用命，甚者握强兵以胁制上下，有鹰扬跋扈之态，此可复用也哉？

驾驭此曹，譬之养鹰隼然，饥则为用，饱则飏去。今诸大将，皆未尝从禽而先已饱肉，是以用之向敌则皆掣去不顾。如飞者,虽有数万之众,其官爵甚卑,朝廷未尝宠借之,眇然在偏裨之间,此饥隼侧翅时也。如使之立某功则赏以某爵,成某事则宠以某恩,如鹰之得一兔则饲以一鼠,得一狐则饲以一禽,以术驾御之,使歉然有贪敌之意,必能为国家显立战伐之功。……

今飞军中精锐能战之士几(及)万人,老弱未壮者不在此数。胜甲之马亦及千匹。朝廷诸将特然成军如飞者,不过四五人耳。飞又品秩最卑,此正易与时也。朝廷不收拾旌宠之,则飞栖栖然持数万之众,将安归乎?

飞常与人言:"使飞得与诸将齿,不在偏校之列,而进退禀命于朝,何功名不立,一死焉足靳哉!要使后世书策中知有岳飞之名,与关张辈功烈相仿佛耳。"飞武人,意气如此,岂易得哉!亦可谓人[死留名]、豹死留皮之意也。

伏望朝廷论飞之功,加之爵赏,使与韩、刘辈特然成军者势力相抗,犬牙相错,……破奸党媮靡之风,折强梗难御之气,使之相制以为用,相激而成功,此诚朝廷无穷之利也。……❶

这封书信虽是邵缉一人所写,它却表达了当时一般士大夫们对岳飞的观感和印象。然而,后来的事实证明,邵缉的这些意见,在南宋小朝廷上并没有得到任何反应。

二 喜欢和文士们谈论历史和现实问题

(1)

南宋初年,由于兵荒马乱,社会动荡,居住在中原、西北和华

---

❶ 《金佗续编》卷二八,《江东邵缉献书》。

北的人们，经常为了逃避战祸而流徙无常。一些被排斥在科场和仕宦之途以外的读书能文的士大夫们，便有很多人通过乡党亲故等等关系，或通过权贵人物的介绍，分别去投靠在各个高级乃至中级武将的军营当中，去作他们的清客，被通称为"效用使臣"，从军营中领受一定数量的薪俸。一些从科举出身而又得置身仕宦之徒的士大夫们，对于这班效用使臣十分鄙视，因而有些在科场失意的人便只肯做一个挂名的支干薪的"使臣"，却并不实际到军队中去供职、投效。在刘光世、韩世忠、张俊等大将们的军营当中，投效或挂名的"使臣"的员额，最多时大都是在几千名以上。❶

建炎四年（1130），南宋小朝廷刚从海船上移徙到越州（今浙江绍兴）之后，翰林学士汪藻便向这个小朝廷写了一道《条具时事》的奏章，其中论述当时军队中收养使臣的一段说道：

> 今一军之中，非战士者率三居其二：有诡名而请者，一人而挟数人之名是也；有以使臣之名而请者，一使臣之俸实兼十人战士之费，而行伍中使臣大半，是养兵十万而止获万兵之用也；有借补官资而请者，异时借补犹须申禀朝廷，谓之真命，今则一军之出，四方游手者无不窜名军中，既得主帅借补，便悉支行禄廪，与命官一同，无有限极。访闻岳飞军中，如此类者几数百人。州县惧于凭陵，莫敢诃诘，其盗支之物至不可胜计。❷

这段文字，是把在军队中收养大量的"非战士"，作为当时军政中的一大弊端而加以论列的。在当时将帅当中，又特别提到岳飞，可见在汪藻的印象当中，岳飞的军队当中所存在的这一弊端

---

❶ 洪适：《盘洲集》卷四二《论招军之弊》；《朝野杂记》甲集卷一八《诸军效用》。

❷ 辑本《浮溪集》卷一，《行在越州条具时政疏》。

最为突出。根据当时的情况来说，岳飞还只是一名初露头角的小将官，先是率军驻扎在宜兴县境，后来又被派去做通泰镇抚使，而竟被汪藻点名进行指责，这就无可否认，在岳飞的军队当中，必然收养了比其他部队占有更大比例的不刺面、不涅手的"非战士"。但是，汪藻只把岳飞军队中的这一特点，不加区别地与其他部队相提并论，只作为弊端最为严重的一个例证，这却是很不公允的。因为，岳飞之所以收养这些人，并不是让他们吃闲饭、拿干薪的。

（2）

岳飞，尽管出生在北方的一个农民家庭中，幼年很少读书机会，以致文化水平并不很高。但在他参军入伍，特别是在身任低级将领之后，却非常喜欢与书生接近。当他在开封留守宗泽、杜充部下作偏裨将佐时，他的周围已经有了一大群读书人。后来他率军南下，这些人也跟随他一同南下，数量也与日俱增。到他驻军宜兴县以至做通泰镇抚使时，便如汪藻奏章中所说，军营中的效用使臣已达数百人了。

在这些效用使臣当中，当然有一部分人是听受使唤，为军营中办理一些杂务的；但对其中具有较高文化水平的一些人，岳飞却经常请他们讲说一些历史事件，著名的战争，兵法将略，以及议论当前的一些国家大事，等等。岳飞还常常提出自己的意见，和他们"商论古今，互相究诘，切直无所违忤"。❶

在和这些文士们经常接触和交谈的情况下，岳飞的文化水平和历史知识都迅速地得到提高。古代一些名将，从很早以来就是岳飞极为景仰崇敬的人，也越来越被岳飞取作自己行师用兵乃至立身处世的榜样。这也使他每一想到现时的几员大将，特别是刘光世

---

❶《金佗续编》卷三〇，王自中：《鄂州忠烈行祠记》。

的"玩寇养尊",张俊的"任数避事"❶,以及他们共有的嫉功害能等等恶劣作风,更常常引以为戒。然而,直到建炎四年为止,岳飞却还是屈居于张俊的节制指挥之下。他怀着强烈的愿望,要从张俊的约束控制之下解脱出来,以便能主动地去建树一些事功。在与部下的文士们交谈时,岳飞有时便向他们吐露出这种怀抱:

> 我如果也能像现在的几员大将那样,直接听受朝廷的指挥,独自承当一面的事任,我便可以不受牵制,一意去为国立功,像三国时候的关羽、张飞那样。要使后代的书册当中,写上我岳飞的名字,能与关、张相提并论才好。❷

(3)

在绍兴元年(1131),岳飞率军与张俊的部队相配合,把李成、张用这两股游寇扫荡平定之后,岳飞和他的部队依然被留在洪州(南昌),准备着对这一地区还可能出现的盗贼进行镇压。

岳飞依然是经常与部队中的以及当地的一些文人学士们往还和会谈,话题也仍然是从历史事件直到当前的现实问题。

一次,在谈及纷乱的现实世局时,在座的便有人很感慨地说道:

> 天下纷纷,不知几时才可太平!

这在岳飞看来,倒是一个比较容易回答的问题。他直捷了当地说出他的意见:

---

❶ 叶适:《水心别集》卷一二,《四屯驻大兵》。
❷ 《金佗续编》卷二八,《江东邵缉献书》。

只要文官不爱钱，武官不怕死，天下自然就会太平！❶

这个答案，成了千百年来传诵极广的名言。岳飞也正是以这般的识见和谈吐，再辅之以极其公正恳挚的态度，才使得广大的文士阶层都乐于和他接触酬酢，把他当作一个蔼然可亲的儒将类的人物看待的。

（4）

岳家军驻扎在鄂州（武昌）的几年内，岳飞亲近学士大夫的作风仍没有丝毫改变。岳家军的军营中，仍然是食客常满。然而这些食客，却大都是一些"彼君子兮，不素餐兮"的人。岳飞敬重他们的学问和议论，他们钦佩岳飞的忠勇、正直、谦虚和笃实。两者之间虽是文武殊途，却没有界线分隔着。

这时的岳飞，已经厕身于大将之列。凡能罗致到的文人，他都愿意而且也有条件把他们留在营幕之中。

汝阴的袁溉，是当时一个很负盛名的人。在金人灭掉北宋政权之后，他曾聚集乡民，为保卫家乡而屡次打败来犯的金兵。金人占据了中原地区，他避地于金州、房州的山谷之间。他对于经史百家之书，无所不读，并且旁及于博弈、方术和兵书，他更以精研李靖兵法而著名。有一次，他顺江东下，路过鄂州，岳飞闻知，就去看他，诚恳地希望他能留在岳家军营之中，既可帮助岳飞增进学识，也等于多添了一名高级军事参谋。然而，袁溉是一个老于世故的人，他觉得岳飞以一个武将而却非常"泥古"，是不合时宜的，可能还会因此而招致许多麻烦，便偷偷地离开了鄂州。❷

严州人朱梦说，是一个博学之士，也是一个有忧国忧民之心

---

❶《金佗续编》卷二八，吴拯所记：《鄂王事》。
❷ 薛季宣：《浪语集》卷三二，《袁溉传》。

的人。在北宋晚年，他看到"宫中奢侈，内侍乱政，小人满朝，贤士窜尽"，就在政和五、六、七三年（1115～1117）内再三上奏章论列其事。现在只从政和七年他所进的一道《时务策》中摘录其主要内容如下：

> 对于当时全国性的社会政治方面所出现的严重问题，他指出："入仕之源太浊，不急之务太繁，宦寺之权太重。"又指出："东南困于水潦，西北扰于蛮夷，州县严于督责，良民敝于敷配。"又指出：国内诸路"漕司无积年之储需，常平有借支之弊。"
>
> 对于赵佶的搜采花石，修造苑囿，他指责说："又况饰宫观，叠危山，檐楹绘以丹臒，梁栋饰以珠玉，费用不资，目击可见。驱役丁匠，逃窜无方，科责士庶，吁嗟道路。耗祖宗积累之财，殚府库历年之蓄，陛下岂不为寒心乎！"又说："陛下累层峦以为麋鹿之苑，浚污池以为鱼鳖之宅，构楼观以为禽兽之笼，臣恐伤陛下仁民爱物之美化。"
>
> 对于宦官之肆意为非作歹，他指责说："宦官委任华重，名动四方。营构私第，强夺民产。名园甲第，雄冠京辇，卖官鬻爵，贷赂公行。人莫敢言，道路以目。盖位高而不可抑，势大而不可制。官人以爵而有司不敢问其贤否，刑人以罪而有司不敢究其是非。禄养之臣畏罪而不敢言，四方之士欲言而不能达。是终无可言之时也。更相蒙蔽，亦非治平之世所宜有也。"

这些奏章虽使得赵佶对他很不高兴，然而在士大夫群中却博得了一个忠的美名，后来也为岳飞所闻悉。到岳飞升擢为湖北京西路宣抚使时，便邀请朱梦说为宣抚使司的干办公事。当他随同岳飞入朝时，目睹南宋王朝的萎靡不振局势，更深有感触，便写信给御史中丞辛炳，指出："时尚禽色之乐，多无用之物。二圣播迁而未还，中原陷没而未复，万民涂炭。上无良相，朝乏贤臣。"并且指责辛炳对于这些问题竟安之若素，不发一言，未免有亏职守。辛炳看信后甚为气愤，索性把这封信转与皇帝赵构，赵构看后也同样气愤，就告诉岳飞，要他解除朱梦说的干办公事的职务。岳飞虽然不能不遵命办理，但在朱梦说临行之际，他却赠与他一份很厚重的礼品。❶

（5）

经常和使臣、效用、幕僚以及驻屯地区内的士大夫们往还酬酢，上下其议论，这也使得岳飞常常在暗自警惕：千万不要去做任何对不起当代以及后代的事，以免被这班文人用笔杆子记载下来，受到后代人的责骂。

有时，岳飞就直白坦率地，和与他交谈的幕僚和士大夫们说出他的戒慎恐惧之情：

我被主上拔擢到这般地位，倘若犯了这样那样的错误，被你们这班儒生们写在史书上，那是万千世都不会涂抹得掉的。所以，我如果有了过失，诸公千万见告才是！❷

三 对待部属恩威并用

（1）

由南宋投降了伪齐的郦琼，在伪齐被废之后，他又被拨归兀

---

❶《三朝北盟会编》卷一五九，引《中兴姓氏录》。
❷《金佗续编》卷二七，黄元振《岳武穆公遗事》。

兀朮的节制之下。当兀朮要率军南下侵宋时,因为郦琼熟悉南方的山川险易,便把他召至军营,要他对南宋的军事实力和地理形势作一番陈述。郦琼首先对南宋的几员将帅进行评论说:

江南诸帅,才能不及中人,每当出兵,必身居数百里外,谓之持重。

或旨召军旅,易置将校,仅以一介之士,持虚文谕之,谓之调发。

制敌决胜,委之偏裨。是以智者解体,愚者丧师。幸一小捷,则露布飞驰,增加俘级,以为己功,敛怨将士。纵或亲临,亦必先遁。

而又国政不纲,才有微功,已加厚赏;或有大罪,乃置而不诛。……

江南军势怯弱,皆败亡之余,又无良帅,何以御我?……

吾以大军临之,彼之君臣方且心破胆裂,将哀鸣不暇。盖伤弓之鸟,可以虚弦下也。❶

郦琼的这番话语,是为了助长兀朮的威风而发,其中自不免有许多过甚其词之处。例如说每次出兵作战,将帅必身居数百里外,即是过分夸大了的。但就当时南宋大将刘光世、张俊、王瓊诸人的作风而论,郦琼的话有一部分是与事实相去并不太远的。

然而,不论就岳飞的治军和行己来说,与郦琼所说的这种情况却都是全然异样的。

(2)

岳飞在已与刘光世、韩世忠、张俊诸人的地位略相等同,而

---

❶《金史》卷七九,《郦琼传》。

被目为四大将之一之后,他也并没有习染上丝毫骄奢淫佚恶习,甚至连大将们所都具有的那副排场也都没有。

每逢有出战任务时,岳飞总是向他的部属们慷慨陈词。凡说到国家所受灾祸,便不禁愤怒激昂,且常是泪流满面。他本人不但每次都亲临战阵,而且经常身先士卒,自己担任"旗头"。成千上万兵将们的动止进退,都唯"旗头"是瞻,看岳飞如何挥动手中的旗帜。

对于奔赴前线的士兵,岳飞只向他们提出一些极容易做到的要求。例如说:在上阵之后,只要能拿枪拿得稳,能运用自如,心里不战战兢兢,口中有唾液可咽,便称得起勇敢的人了。既然每次在与敌人厮杀鏖战之际,大都有主将亲自在火线上指挥、领导,这自然会使得全体战士的心情都感觉有所倚恃,对于岳飞向他们提出的这些要求,战士们也便人人都易于做到了。❶

对于部属们的管教,凡与维持军队纪律有关的事,岳飞一律采用严格办法,强取民间一钱一物的,也必重罚不赦;在部队驻扎之地,岳飞常常带领十来名骑兵到军营附近各处巡视,惟恐有一人作出违反纪律的事。凡属于练习武技方面的事,他却只着重采用教导、训练办法,并告诫他的部将们说,不要为这类事而轻易地笞责和辱骂士兵。凡立功的必受赏,凡有过的必受罚。待千万人如待一人:公正无私,恩威相济。❷ 这就使得岳家军的全体官兵,在平时都严于守法,在战时都乐于用命。

岳飞的性格,庄重严肃,不轻言笑,也不随口说长道短。遇到僚属们犯了过失时,他只略示微意,加以启发,而不进行苛责。然而受到告诫的人,却无不凛然诚服,注意改正。❸

---

❶《金佗续编》卷三〇,王自中:《鄂州忠烈行祠记》;同上书卷二七,黄元振:《岳武穆公遗事》。

❷ 曾敏行:《独醒杂志》卷七,《绍兴六帅》条。

❸《金佗续编》卷二七,黄元振:《岳武穆公遗事》。

（3）

　　岳飞处事坚定果断，极少发生犹豫迟疑情况；他谦逊，因而常能接受善言。正是他所具备的这些优点，使他得以避免犯这样那样的一些错误。

　　进攻蔡州的那次战役，他和许多部将都去参加了。部将们的家属依然留住在鄂州。及至事定归来，有一名部将叫做贺舍人的，举发自己的妻子与某寺一个和尚私通。岳飞把这一男一女传呼了来，讯问其事，却不料由这两人的口中又供出了许多起相类事件：几乎是全寺的和尚各都有一个姘妇，而所姘的又无一个不是岳家军部将的家属。这可使岳飞发愁了：怎么办呢？他把参谋官薛弼找来共同商酌。他首先把这两人的供词拿给薛弼看，随即向薛弼说出自己准备怎样处理，以及心头十分为难的情形：

> 部将们到前线作战，家中却发生了许多这样的事，如果置之不理，便很觉得对不起诸位将领；如果学取唐代柳公绰的办法，把这许多犯了通奸罪行的男女一齐投入江中，又实在于心不忍。究竟怎样处理才好？

薛弼在看过供词之后，认为其中所牵连的人物，未必一一属实，便回答岳飞说：

> 举发自己的妻子犯奸的，只有贺将一人，那些被供出来的男女，既全难证实，很可能只是这一对犯奸男女任意捏造出来，借以遮盖自身的丑行，希图减轻自身的罪过的。

这些话并没有把岳飞完全说服。岳飞总还以为，那些供词不会全属造谣诬蔑，总不应一概放过不问。薛弼便又进一步开解他，说道：

这些将领的眷属,多半是在战乱情况下凑合在一起的,以正道得之的大概不多。如今若把牵连所及的男女一一穷追治罪,其夫妇感情原来较好的,必将抱怨你无恩;愿意顾全面子的,又必怨恨你暴露了他们的家丑。这样,势必要使三军之情有所动摇,怎还能算对得起他们呢!

这才使得岳飞感到确须慎重处理,便听从了薛弼的话,把被牵及的人和事一律密不宣布,只使他夫人把被涉及的女人先后请来家中闲谈,这才知道,受牵连的妇女大都已经过了中年,不是卖弄风情的年岁了,便一律放过不问,而只把贺将的老婆和那个和尚治了罪。事后不久,贺将也竟懊丧致死。这更证明了薛弼识见之合理和高明。岳飞特地为此而向薛弼表示感谢说:

若不是听了你的话,不知还要得罪多少人呢![1]

(4)

在岳家军中主管机宜文字的黄纵,有一次被派往外地去料理公事,忽又有事需要他回营来办理,岳飞派了一名士兵送信请他速回。这时,天气已很寒冷,而这一士兵身上却还只穿了一件单布衫。黄纵一见,便觉得他的衣着过于单薄,问他说:

军中的待遇过分微薄,致使你衣不得暖,你对此是否感到不满?

士兵回答说,决无不满之意。并更进而向黄纵陈述说:

---

[1] 薛季宣:《浪语集》卷三三,《先大夫行状》后所附薛弼行述。

如在别个大将的部队中,所应得到的请给,总要被克扣一些,所余的部分还要强令去制做衲袄之类,本人虽然能够穿得暖些,眷属老小却不免受到饥寒冻馁。独有岳宣抚这里不然。军中所得给养,规定多少就实得多少,从不减克一文,而又听凭每人自行支配,不强令去做这样那样的衣物。我的衣着之所以单薄,是由于家累太重,把所得请给全都用在家小身上之故。既不曾受到上层的克扣,我又有何不满?❶

四 自奉菲薄。不蓄姬妾

(1)

不论在战时或在平时,岳飞总是和士卒们同甘共苦,在饮食起居种种方面,全无任何特殊之处。他日常的饭菜,大多只是一盘煎猪肉和几样面食,基本上是没有两样肉菜的。有一次,厨师做了鸡来,岳飞不免有些奇怪,便问道:"为什么要杀鸡来吃?"厨师说:"这是鄂州的某个官员送来的。"岳飞便嘱咐厨师说,以后不要接受这样的礼物,自家也不要杀鸡来吃。

有一名原不直接隶属于岳家军,不久前才被拨并了来,并也屯驻在鄂州的军将,名叫郝晸,是一个最讲究吃喝的人。有一次,他请岳飞到他的营寨吃饭,饭桌上摆了"酸馅"(按,不知此系何种食品)。岳飞从来没吃过这种美好食品,也不知道它的名称,是临时询问了郝晸,才知道叫"酸馅"的。岳飞吃了一个,便告知左右的人把所余的一律收起,说道:"留待晚饭再吃罢,不要一次吃光了。"郝晸听了之后,感到十分惭愧。

---

❶《金佗续编》卷二七,黄元振:《岳武穆公遗事》。

（2）

岳飞在南渡之后所娶的李姓夫人，当疾病缠绵的婆母在世之时，一直由她服侍着，养其生直到送其死。夫妇间的感情也很融洽，并已生了几个孩子。

除了这位李姓夫人之外，直到身任大将时候的岳飞，也没有纳妾蓄姬之类的事。家中可能经常有一名侍女，那却主要是为了供岳飞的母亲和李姓夫人使唤的，而不是岳飞的姬妾。这和另外的那几员大将也是截然不同的。

川陕宣抚使吴玠，为了商洽军务，曾派了一名使臣到鄂州军营中来。岳飞设宴款待。在这位远客的意想中，以为在宴会席上必会有歌姬之类出而侑酒，像其他大将招待客人时那样；却不料直到宴罢，所见到的只是将佐和幕僚，并不见一个女子，场面实在显得冷落。他回去后，就把这一情况告诉了吴玠。吴玠为求与岳飞建立更好的关系，便以二千贯钱在当地买了一个"士族女子"，并委派了两名使臣的妻子把她送来鄂州。岳飞还没有与这个"士族女子"和陪送她的两位夫人见面，便把这三人安排在一个房间，他只在屏幛前面告知她们说："我这一家人，所穿的全只是细布衣服，所吃的全只是粗菜和面食。女娘子可能共得这种甘苦，过得来这种生活吗？如果能够，就请留在这里；如果不能，我却不敢相留。"房间里没有对这一问话直接作出回答，岳飞却听到了从那里传出的吃吃的笑声。这分明是对于这种朴素生活的嘲笑。那么，好，从哪里来的还回到哪里去罢。岳飞连那个女子的颜面还未曾目睹，这份姻缘便这样完结了。❶

---

❶《金佗续编》卷二七，黄元振：《岳武穆公遗事》。

第十四章
金人变卦撕"和约",
刘锜顺昌败敌军

一 女真贵族撕毁了宋、金和约

(1)

南宋王朝在大事宣扬和庆贺和议成功的同时,还派遣了大量的文武官员,到河南和陕西地区,去接收那些已被金廷允许交还的州郡。例如,委派了孟庾、刘锜去作东京开封府的正、副留守,路允迪、李显忠为南京应天府的正、副留守,李利用为西京洛阳的权留守,等等。

在这期间,金朝女真贵族之间的矛盾斗争也再一次激烈爆发。自从粘罕一派的势力被推翻以来,在金朝最掌大权的挞懒、宗磐一派,操权得势并没有多久,就因受到兀朮一派的对抗和打击,很快地走向下坡路,并很快地被铲除掉了:金熙宗天眷二年(南宋绍兴九年,公元1139年)七月,宗磐首先以"谋反"罪名被杀头;紧接着挞懒也被派往燕京去做"行台左丞相",到任还不及一月,便又以"与宋交通,倡议割地"的罪名而被逮捕,押解到兀朮军营所在地祁州(今河北省安国县),全家在那里都被杀害。

把旧属伪齐刘豫的河南、陕西之地割归南宋,不论挞懒所持理由是否充分,在兀朮是并不同意的。而今,兀朮既已进位为都元帅,成为金朝大权独揽的人物,他首先就要推翻宋、金间的这一成约。

从当时宋、金对立的形势来看,军事上的主动之权,一直是操持在金方的女真贵族手中,而不是操持在南宋的最高统治集团手中。因此,随着金朝当权人物的更替,其对宋的进攻或"议和",亦即采取军事行动或政治攻势,便完全可以因人而异,因时而异,而且予取予求,大多均能如愿以偿。宋、金双方十多年对立斗争的经历,更助长了女真贵族们的傲慢之气。他们为所欲为,对南宋王朝的军事政治实力的估计,越来越低。

天眷三年五月,金朝下诏给兀朮的都元帅府,要他"兴师问罪,尽复疆土",亦即要复取河南、陕西之地归于金的统治之下。接着,金军分四路南下:聂黎贝堇出山东,李成犯河南,左监军撒离喝自河中(今山西省永济县)趋陕西,都元帅兀朮率兵自黎阳(今河南省浚县)趋汴京。

兀朮率领孔彦舟、郦琼等人,以精兵十余万人去攻打开封,宋方刚刚派来的东京留守孟庾望风迎降;李成去攻打洛阳,宋方的权西京留守李利用弃城逃跑;前此曾任归德府知府的葛王完颜褎,这时仍被金朝委以旧任,当他率领数千骑前往归德上任时,宋方新派去的南京留守路允迪也投降了。其后,兀朮就又率领了几个头目的大军前去攻打顺昌府(今安徽省阜阳县)。本也以为必可马到成功的,却不料竟被刘锜打得大败。

(2)

在绍兴九年(1139)的夏秋之交,当南宋王朝派遣文武官员到河南、陕西去接管"新复州郡"的同时,还派遣了王伦和蓝公佐为正、副使臣,出使金国。他们抵达金廷之后,金廷派人质问他们,是否知道挞懒犯罪被杀的事,他们答说"不知",然后此人便又斥责他们说:

你们这次奉使，并无一言涉及岁币，却专谈割地的事；你们只知道有个挞懒，哪里知道还有个大金朝廷！

就因为对话双方的口径距离太大，金方便把王伦扣留，而只令蓝公佐南归，要他禀报南宋朝廷，首先要考虑岁贡数量，誓表措词，改奉金朝正朔，接受金朝册命等事，并且还要索还河东、河北流移到南方的士民。❶

南宋王朝的臣僚闻悉这一情况之后，预料到局势又将发生变化，便向赵构、秦桧建议，要及早作些军事准备，以防万一。然而赵构、秦桧并不听从，他们仍要继续派人出使金朝，去答复女真贵族们所提出的问题和要求。于是，右正言陈渊在再三上书论谏而不见听从之后，又在绍兴十年（1140）正月二十三日写了一道《上殿札子》，说道：

> 近因蓝公佐归自金国，而同时正使王伦辄为金人所留。又闻金人尽诛往日主议之人，且悔前约，以此重有邀索。国事之大，无过于此。于是辄以和战二议不可偏执之说，仰恩宸严，冀以少塞臣责。……
>
> 且陛下既知今日之和自当以战为主，则和之不可坚守而战之不可不备也审矣。今乃急于遣使而不及其他，此臣所以疑也。
>
> 且"使"之所以不可不遣者，以虏之不能无求，而我亦不得不许也。虽不得不许而亦有不可许者。如取河北之民则失民心；用彼之正朔则乱国政；若此类者，诚不可许。至于誓书之有从违，岁币之有多寡，又在夫可许与不可许之间，斟酌而予夺之，尤所当慎也。盖誓书之未行，必待岁币之有定，

---

❶《建炎以来系年要录》卷一三二，绍兴九年十月辛亥及月末记事。

而岁币之数,寡则可从,多则难继。彼方挟强以凌我,求之者多而与之者寡,必不谐矣。且为后日之计,又不可多。然则"使"其可遽遣而莫之议乎!……

盖和战两途,彼之意常欲战,不得已而后为和;我之意常欲和,不得已而后有战。战非我之意,和亦非彼之意,不能以相异也。……然则和之必变,可立而待矣。或者必欲多与之币以幸其久而无变,无是道也。

故臣愿陛下以和为息战之权,以战为守和之备,惜财以厚民,吝予以存信,不务目前之利,务为长久之策……❶

另有一个名叫张汇的兖州人,因随父仕宦于河北而陷入金人统治下。在1140年初,他听到蔡靖的儿子蔡松年(时任兀朮元帅府的"主管汉儿文字")说,金朝有撕毁"和约"、再以大军南侵的意图,便与三数友好潜行渡过黄河,奔赴杭州,写了一封奏疏,指陈金朝的许多弱点,并对当前宋、金对立斗争的形势作了一番分析,说道:

敌主懦将骄,兵寡而怯,又且离心,民怨而困,咸有异意。邻国延颈以窥隙,臣下侧目以观变。寇盗外起,亲戚内乱。加之昔之名王良将如粘罕、挞懒之徒,非被诛则病死,……内有羽毛零落之忧,外失刘豫藩篱之援。譬之有人自截其手足而复剖其腹心,欲求生也,不亦难乎!此乃皇天悔祸,眷我圣宋,复假贼手以去群凶,特以良时付之陛下,周宣、汉光〔武〕中兴之业也。……

又况当前河北人心未安,而河南废齐之后,人心亦且摇动。王师先渡,则弊归河北而不在中原;设若兀朮先犯河南,

---

❶ 陈渊:《默堂文集》卷十三。

则弊归中原而不在河北。但能先渡河者,则得天下之势,诚今日胜负之机,在于渡河之先后尔。而兀朮已有南犯之意,臣恐朝廷或失此时,反被敌乘而先之。❶

不论是陈渊的或张汇的奏章,话都说得十分平静温和,全没有使用带刺激性的字眼儿。对一心想要屈己降敌的秦桧和赵构既不曾稍加指责,而对于敌方情况的分析,也大可激励秦桧、赵构的报仇雪耻的志气。倘借此真能唤醒他们的天良,他们就应该痛改前非,振作起来,做一些抗敌御侮的战争准备。而事实却又大谬不然。他们仍在那里"我行我素",只希图不惜以任何代价向敌人乞讨得一个苟且偷安的残局。及金的南侵大军攻占了开封、洛阳等地的消息传到南宋王朝时,赵构、秦桧竟全感到突如其来,大为震惊,惶恐不知所为。他们"顾盼朝士,问以计策"。在座有一个名叫张嵲的人,低声背诵了《尚书·咸有一德》中的话说:

德无常师,主善为师;善无常主,协于克一。

秦桧听到之后极为欣赏,到别人散去后便特地把张嵲留下,问他适才细声背诵《尚书》语句的用意所在。张嵲又向秦桧说:

天下之事,各随时节,不可拘泥。曩者相公与虏人讲和者,时当讲和也;今虏人既败盟,则曲在彼,我不得不应,亦时当如此耳。❷

说完这些话,张嵲还向秦桧出谋献策,要他赶快诏谕驻防外地的诸

---

❶《建炎以来系年要录》卷一三四,绍兴十年正月乙酉。
❷《朱子语类》卷一三一,《中兴至今人物》上。

大将,一并作应战的准备。赵构、秦桧果然采纳了他的意见,颁布了一道诏旨。全文是:

昨者金国许归河南诸路,及还梓宫、母、兄。朕念为人子弟,当伸孝悌之义,为民父母,当兴拯救之思,是以不惮屈己,连遣信使,奉表称臣,礼意备厚。虽未尽复故疆,已许每岁输银绢至五十万。所遣信使,有被拘留,有遭拒却,皆忍耻不问,相继再遣。不谓设为诡计,方接使人,便复兴兵。今河南百姓休息未久,又遭侵扰,朕蠹然痛伤,何以为怀。仰诸路大帅各竭忠力,以图国家大计,以慰遐迩不忘本朝之心,以副朕委任之意❶。

还以"三省枢密院同奉圣旨"的名义颁布了一道《赏格》说:

两国罢兵,南北生灵方得休息,兀朮不道,戕杀其叔,举兵无名,首为乱阶。将帅军民有能擒杀兀朮者,见任节度使以上,授以枢柄;未至节度使以上,授以节使;官高者除使相;见统兵者仍除宣抚使;余人仍赐银绢五万匹两,田一千顷,第一区❷。

二 刘锜顺昌败金军

刘锜本来驻守淮西,在绍兴十年三月内被调为东京副留守,同月下旬,他率领所部全部兵马以及新从殿前司拨与他的三千名步兵,用了九百艘船只装载着,"绝江溯淮",要往开封去上任。走

---

❶《金佗续编》卷四,《金人叛盟兀朮再犯河南令诸路进讨诏》。
❷《三朝北盟会编》卷二〇〇,绍兴十年五月二十五日戊戌条。

了四十多天才抵达顺昌府界,而金军这时已经把开封、洛阳、归德三城攻占,且又分兵进入陈州(今河南省淮阳县),向着顺昌府的方向进军,距离顺昌府城也只有三百里的路程了。

刘锜的部队于五月十八日全部开进顺昌城。刘锜与顺昌知府陈规共同商定坚守此城之后,即又分命诸将去担任四门的守御。

在五月二十五六两天内,金军中韩常和翟将军的人马最先到达顺昌城外,刘锜的部队与之接战,取得了几次胜利。二十九日,金方的龙虎大王和三路都统葛王褒的军队也都从陈州前来增援,人马共达三万以上,把顺昌城从四面包围起来。刘锜派兵从四门开出,与布置在城上的士兵呼应作战,对于距离远的敌人则以破胡弓、神臂弓和劲弩射击,对于近距离的敌人则以步兵邀击。从上午一直激战到日暮,打得金军"慌怖四奔",溺死在小河中的人马"不可胜计"。又是一次大胜仗。

六月初七日,兀朮率大兵到来,与龙虎大王、三路都统、翟将军、韩常诸头领的部队"连接下寨,人马蔽野,骆驼牛马纷杂其间,毡车、奚车亦以百数。攻城战具来自陈州,粮食器甲来自蔡河"。气势好不盛大威武。

多年来和宋军交战的经验,使得兀朮对宋军只是充满了轻蔑之感。当他知道龙虎大王诸人都曾被宋军打败时,他对他们都痛加斥责,而且向他们布置战斗任务说:

顺昌城壁如此残破,可以用靴尖把它踢倒。来日一定要打进城去,进入知府衙门去会餐。谁个能掳获妇女玉帛,即归谁个所有。

说罢还折箭为誓,表示决不食言,借以激励部众。到初九日凌晨,兀朮就调动龙虎大王诸首领下的全部人马,"甲兵铁骑十有余万",

再一次包围了顺昌城。他本人自领其护卫牙兵三千人，东西奔驰，回环指呼。

刘锜把一部分将兵分布在城上，另外的将兵则每五千人分作一支，令其轮番出城应战，集中力量，选择重点去突击敌人。最初是出击东门外的敌兵。只须城上的守兵认为战机已到，发擂击鼓，出城的部队即与敌人交锋。

虽还只是夏历六月上旬，然而顺昌却是属于大陆性气候的地区，天气已进入酷暑季节。而北人最怕暑天，这是刘锜所深知的。于是，他要充分利用金军的这一弱点：他令士兵把一副甲胄曝晒在日光之下，待其热甚不可着手之时，便急令当番的五千人赶快出城奋勇击敌。宋军这时刚到日光之下，衣甲均不甚热，而金军则暴露在日光下已经多时，衣甲已经热得不堪着手，实在难于冒暑应战，所以一经接触，便又被击败。

金军的主力——骑兵，全为女真族人。凡其从汉族居民中强行签发的士兵，均为步兵。上阵作战时，大多是把步兵摆在正面，使之首先冲锋陷阵，而把骑兵摆在左、右翼（汉人之被签从军者称左、右翼骑兵为"拐子马"）。兀朮身边的侍卫亲军皆"重铠全装"，更是骑兵中之最精锐者。宋军的主力则是步兵，其驰骋冲击之力远不能与骑兵相比。因此，在前此宋、金战争的所有战役中，宋军总是难以招架得住的。刘锜在这次作战之前却急中生智，他要出城作战的士兵，每人都带一个竹筒和一把大刀，竹筒中装满煮豆，入阵后把竹筒投掷地上，煮豆狼藉满地，竹筒也到处乱滚，金军的马匹在饥困之余，既要低头去吃豆，其腿脚又为竹筒所绊搅，根本无法行进。这时，宋军士兵便以大刀去斫马足。一只马足被斫折，则人马皆仆，前后左右互相蹂践，更要连累十数人马。这样，宋军就赢得了这次大胜仗。这一天，"西风怒号，城土吹落，尘霾涨天，咫尺不辨"。金军的"毙尸倒马，纵横枕藉"，约计损伤了十之七八。所丢弃的旗帜器甲，像稻、麻、苇、竹一般，到处都是。金军在全部撤退之后，其首领们总结这一次战役说："自从与南朝作战以来，已达十五年之久，却从来没有失败得像这次一样。这必是南朝从外国借来了鬼兵，我辈是无法抵抗得住的。"❶

杨汝翼的《顺昌战胜破贼录》在把顺昌战役全部叙述完了之后，又写道：

> 方金贼在城下，得递到御笔，"刘锜择利班师"。太尉以方御敌，未敢为进止。

李心传的《建炎以来系年要录》于绍兴十年六月乙卯记"顺昌围解"后也写道："宗弼之未败也，秦桧奏'俾锜择利班师'，锜得诏不动。"并于"班师"下加注说，《顺昌破贼录》所说"递到御笔云云，其实宰相所拟也"。而《宋史·高宗本纪》（六）在绍兴十年六月记述了顺昌战役之后，也说道：

> 初，秦桧奏命［刘］锜择利班师，锜不奉诏，战益力，遂能以寡胜众。

不论从上引哪一条记载看，都不能知道这道"择利班师"的御笔究系何日发出、何日递达的，姑且抄在这里，借以说明，即在敌人已经以大军进逼之际，赵构和秦桧也还是没有下定决心坚决抵抗，当然更没有乘胜进击的打算了。

南宋王朝这次不肯乘胜进取，确实是坐失良机。被扣留在金国的南宋使臣洪皓这时从燕京写密信通知南宋说，"顺昌之役，虏

---

❶ 杨汝翼：《顺昌战胜破贼录》（《三朝北盟会编》卷二〇一）；《朱子语类》卷一三六。

震惧丧魄。燕之珍宝悉取而北,意欲捐燕以南弃之。王师亟还,自失机会,可惜也。"❶可见在屡胜之后的这一次大的挫败,给予女真贵族们的震动是十分严重的。

在顺昌战役期间正充任顺昌府通判的汪若海,也在事后写信给南宋王朝的一位高级官员,大意说:

> 刘锜所统不过二万人,又只用其中的五千人出战,而终能打败敌人的大军。现今诸大将所统之兵均多于刘锜,若乘刘锜战胜之后,士气百倍之际,诸路并进,兀术之兵即可一举而破,此断非难事,只可惜把机会错过了!❷

当然,这次的大好机会尽管已经错过,倘使南宋王朝真有克敌制胜、报仇雪耻的决心,在此以后,也仍随时可以捕捉到良好战机,而实现战胜攻取的目的的。

---

❶《建炎以来系年要录》卷一三六,绍兴十年闰六月己亥("虏"原作"敌",据《宋史全文》改)。
❷ 同上书卷一三七,绍兴十年七月庚午记事。

第十五章
从头收拾旧山河

一　赵构连续以《御札》催促岳飞出师

（1）

金人已经在向河南、陕西进军的消息，陆续传来南宋王朝之后，赵构也连续不断地以《御札》督催岳飞赶忙作些应急的军事准备，并要他派遣部队去应援在顺昌抗敌的刘锜。单是收录在《金佗稡编》卷二《高宗皇帝宸翰》中的，就有以下几件《御札》：

一、金人过河，侵犯东京，复来占据已割旧疆。卿素蕴忠义，想深愤激。凡对境事宜，可以乘机取胜、结约、招纳等事，可悉从便措置。若事体稍重，合禀议者，即具奏来。付卿亲札，想宜体悉。

二、览卿来奏，欲赴行在奏事，深所嘉叹。况以戎事之重，极欲与卿相见。但房首在近，事机可乘，已委卿发骑兵至陈、许、光、蔡，出奇制变，因以应援刘锜，及遣舟师至江州屯泊。候卿出军在近，轻骑一来，庶不废事。卿忧国康时，谋深虑远，必有投机不可淹缓之策，可亲书密封，急置来上，朕所虚伫也。遣此亲札，想宜体悉。

三、金贼背约，兀术见据东京。刘锜在顺昌，虽屡有捷奏，然孤军不易支吾。已委卿发骑兵策应，计已遣行。续报撒离喝犯同州，郭浩会合诸路，扼其奔冲。卿之一军，与两处形势相接。况卿忠义谋略，志慕古人，若出锐师邀击其中，左可图复京师，右可谋援关陕，外与河北相应。此乃中兴大计，卿必已有所处。唯是机会不可不乘。付此亲札，想宜体悉。

四、已降指挥，委卿遣发军马，往光、蔡以来，策应刘锜，以分贼势。缘锜首与虏人相角，稍有挫衄，即于国体士气所系非轻。卿当体国，悉力措置，无致少失机会。付卿亲札，想宜体悉。

五、刘锜在顺昌府捍御金贼，虽屡杀获，其贼势源源未已。卿依已降诏旨，多差精锐人马，火急前去救援，无致贼势猖狂，少落奸便。不得顷刻住滞。六月六日巳时。

六、览卿亲书奏，深用嘉叹。非忱诚忠谠，则言不及此。卿识虑精深，为一时智谋之将，非他人比。兹者河南复陷，日夕怆然。比遣兵渡淮，正欲密备变故，果致傲扰。刘锜战退三路都统、龙虎等军，以捷来上，顾[彼]小敌之坚，深轸北顾之念。卿可附近乘此机会，见可而进，或犄角捣虚，或断后取援，攻守之策，不可稽留。兵难遥度，卿可从宜措置，务在取胜，用称所望。已进卿秩，并有处分，想已达矣。建不世之勋，垂名竹帛，得志之秋，宜决策于此。他处未曾谕旨，今首以诏卿，蔽自朕意，想宜体悉。[六月]十一日。

七、累降诏旨，令发精锐人马应援刘锜。今顺昌与贼相对日久，虽屡杀获，恐人力疲困不便，卿可促其已发军马，或更益其数，星夜前去，协助刘锜，不可少缓，有失机会。卿体朕此意，仍具起发、到彼月日奏来。六月十二日。

八、览卿奏，已差发张宪、姚政军马至顺昌、光、蔡，深中机会。卿乞赴行在所奏事。甚欲与卿相见，缘张俊亲率大兵在淮上，已降指挥，委卿统兵并力破贼。卿可疾速起发。乘此盛夏，我兵得利之时，择利进取。候到光、蔡，措置有绪，轻骑前来奏事，副朕虚伫也。付此亲札，想宜体悉。

九、刘锜在顺昌屡捷。兀朮亲统精骑到城下，官军麾击，狼狈遁去。今张俊提大军在淮西，韩世忠轻骑取宿。卿可依累降处分，驰骑兵兼程至光、蔡、陈、许间，须七月以前乘机决胜，冀有大功，为国家长利。若稍后时，弓劲马肥，非我军之便。卿天资忠智，志慕古人，不在多训。十九日三更。❶

（2）

上面引录的这几道《御札》，虽然并不是每一道都载明了颁发的日期，但就每一道中所涉及的事节看来，总还可以断定，其中的第一道，最早也应在绍兴十年的五月下旬，而最末一道则为六月十九日所发出。这说明，它们是在不满一月的时间内所发出的。

从上面引录的第一、第二、第八诸札看来，岳飞在闻悉金人变卦，并要用十五万大军南下收复河南、陕西之地以后，曾不只一次要求到南宋王朝去面陈用兵机宜，却一直没有得到赵构的同意。赵构只允许岳飞把自己的计策"亲书密封，急置来上"。而从第六札看来，则岳飞确实亲自写了一道奏章送达南宋王朝，其中所论何事，却完全不得而知，因为这道奏章已经散失不见了。但岳珂在这道奏章前面所加按语，却以为是岳飞陈请把赵伯琮（即赵昚）立为皇太子一事。这当然是错误的。因为，那是在绍兴七年岳飞在建康向赵构亲自提出的，后来因遭受到赵构的责备，以后便永没有再度提出过。所以在绍兴十年内用上书的形式提出此事之说，完全是出于岳珂的臆造，是并不足信的。

从第三道《御札》当中所说的："卿之一军，与两处（按指陕

---

❶ 以上各《御札》的先后顺序，与《金佗稡编》原列次第不尽相同，是依据各札所涉及的事节先后另行排列的。

西与河南）形势相接"，"左可图复京师，右可谋援关陕，外与河北相应"，可见当日的南宋王朝对于岳飞和岳家军是如何地倚重，几乎是把抗拒四路南侵金军的重任一并交付给他们了。

从上面这些《御札》还可以看出，南宋王朝这次被迫对南侵金军进行抗击，事实上却还只限于被动的应付，既没有作出战略性的决策，因而也没有战略性的部署和措施，只在那里左枝右梧，手忙脚乱。

二 岳飞的战略部署及其"连结河朔"的政策所奏功效

（1）

绍兴十年（1140）六月初一，南宋政府把岳飞的官位晋升为少保，其制词的全文是：

门下：除凶翦乱，救民本仁义之兵；料敌出奇，命克必神明之将。眷予阃帅，久抚戎韬，俾宣布于皇灵，用外攘于寇侮。惟日之吉，敷告于廷：

武胜定国军节度使、开府仪同三司、充湖北京西路宣抚使、兼营田大使、武昌郡开国公、食邑四千户、食实封一千七百户岳飞：智合韬钤，灵钟河岳，气吞强虏，壮哉汉将之威稜；志清中原，奋若晋臣之忠概。师屡临于京洛，名远震于荒夷。念国步之方艰，顾戎心之未革：诡谋行诈，以为盗贼之计；阻兵怙乱，以重涂炭之灾。信义俱忘，群情共恶；残虐不道，神理靡容。其遂整于我师，用奉行于天讨。默用万全之计，亟收九伐之功。乃宠畀以使名，斯示濯征之义；仍进跻于孤棘，特隆委寄之权。

呜呼！一弛一张，文武乘时而致用；百战百胜，方略因敌以为师。举素定之成谋，摅久怀之宿愤。往底必禽之利，丕昭不世之勋。勉尔壮猷，钦予时命。

可特授少保。依前武胜定国军节度使、充湖北京西路宣抚使、兼河南北诸路招讨使、兼营田大使、加食邑七百户、食实封三百户。封如故。❶

南宋王朝在绍兴五年（1135）九月授予岳飞以检校少保的官称，后又擢为太尉，擢为开府仪同三司，而今又改为正任的少保。从此以后，人们更都不再称呼岳飞的名和字以及别的官职，而只喜欢称他为岳少保了。

从上引的这篇制词全文中，可以看到，南宋王朝对于此时此刻的岳飞是如何评价，如何看待以及如何使用的。可是，晋升岳飞为少保，并不表明南宋王朝这时对岳飞的倚重超越于其他几位大将之上，因为，在与岳飞晋升为少保的同一天，原以少师而充任淮东宣抚处置使的韩世忠晋升为太保了，原以少傅而充任淮西宣抚使的张俊晋升为少师了。从晋升的级差来说，他们三人是完全一样的。

（2）

身为大将的岳飞，现时所承担的职务，既是湖北路和京西路的宣抚使，又是河南路和河北路的招讨使。从宋、金战争的全局来说，他所管辖的这个军区，地区虽已够广阔，终于还只是一个局部。而身负统筹全局重任的皇帝和宰相，亦即赵构和秦桧，却又全不是有心于救亡图存，有心于报仇雪耻的人，他们是不可能作出足以克敌制胜的战略决策和部署的。因此，当刘锜在顺昌抗击金兵之际，岳飞虽已派遣了张宪和姚政率领部队前去支援；当知道金军的

---

❶《金佗续编》卷二。

这次南犯，是要把新近交割给南宋的河南、陕西之地重行夺占时，岳飞本人虽也率领其全部兵马由鄂州北上迎敌；然而在岳飞的心思当中，对南宋王朝这时究竟有无全盘战略决策，终于还是不能不怀抱着很大的忧虑。他在这一期间之所以屡次请求到杭州行朝去向赵构面陈机宜，我猜想，必与此事有关。

(3)

作为岳家军屯驻地的鄂州，就其地势来说，既在长江的沿岸，而东起南昌以东，西至江陵以西，南到长沙以南，分布于这数千里内的一些军事重镇，也全都是以鄂州为襟带的，因而鄂州也就是居处在它们中间的一个控扼之所。以鄂州为战略基地，既可以溯江而上接川蜀，也可以北向而北定宛洛，也可以经信阳、蔡州而直指汴京，还可以东下而应援淮南的西路和东路。岳飞之成为这一军区的负责人，尽管不是出于他本人的意志，也并非出于南宋王朝的有意识的安排，而只是由于如前边几章所说的那些历史因素造成的，然而，正是这个军区，使岳飞形成了一个囊括全局的战略思想，而这一战略思想，更坚定了岳飞要使这一战区尽量发挥其影响战争全局作用的意志。

所以，自从岳飞独自承当着长江中游这一防区的军事职责以来，他的一些高瞻远瞩的抗敌规划，也大都是与战争全局有关的。例如，绍兴四年（1134）岳飞主动陈乞出兵收复郢、随、襄、邓等六州郡，绍兴六年岳飞又一次主动北向进军，直抵伊、洛、商、虢诸地，继之又进军于陈、蔡地区，就都是把他的这种战略思想付诸实践。而在绍兴七年，当知道要把刘光世军并合在他的指挥节制之下时，岳飞之所以感到异常兴奋，也正是因为他的战略思想可因此而获得实现的最大可能之故。至于他所制定的那个"连结河朔"的战略方针，当然也不只是与他所负责的防区的军事成败有关，而是对于整个战局密切相关的。当他这次从鄂州出兵北上之际，他所考虑的重点,也就是如何配合现实情况,而把这一"连结河朔"的战略方针切实运用,使之能发挥更强大作用的问题。

事实证明,岳飞在最近几年之内,一直就在把"连结河朔"的战略方针实际运用着。而在岳家军与河北忠义民兵的联系工作方面,最活跃也最起作用的几个人物,则是李宝、梁兴、孟邦杰等。

李宝是山东乘氏县(今山东菏泽县)人,在少年时候就好抱打不平,见义勇为,因而就被乡人称为泼李三。金军占领了山东地区之后,李宝聚集了三千名壮丁,要去杀害金朝委派的濮州知州,所谋未能成功,他遂脱身南下。绍兴七年他在南宋行朝与岳飞相见,表示愿意加入岳飞的部队当中,嗣即随从岳飞同回鄂州。岳飞把他编入骑兵当中充当一个小头目,他却觉得岳飞对他不够重视。李宝在暗中计议仍要潜回山东,去发动那里的忠义民兵,起而反抗金的统治。他在岳家军中联络了四十余人,要一同渡江北逃。刚商定出发日期,不料就被岳飞察觉,要把他们一齐禁锢起来。李宝出而自首,并说明了他要去敌占区立功报国的意图。这不但得到了岳飞的谅解,而且深为岳飞所赞赏。岳飞授予李宝一个"河北路统领忠义军马"的名义,并提供了必需的条件,让李宝和他所联络过的部分人员,一同返回山东。❶

这班人返回山东之后,又分头联系了八九百名当地的忠义民兵,作为在敌后从事军事活动的骨干,再分别到各地去串联所有不愿屈服于女真统治者的汉族人民。

正是由于李宝等大批人员的策动,在绍兴九年内,虽然是在宋、金"和议"订立之初,而在新旧黄河之间的山东地区,特别是从郓州到徐州这一带地方,涌现出大量的不愿作金国顺民的忠义民兵,打着岳家军的旗帜,寻找机会,给予南侵金军以打击。

郓州(即东平府)地处梁山泊旁,是山东地区的一个重要军

---

❶《三朝北盟会编》卷二〇〇,绍兴十年五月十八日记事。

事基地。金朝在天眷元年（1138）委派完颜奔睹为东平府尹，去镇守这一区域。到第二年夏，有一支打着岳家军旗帜的民军，约计可达十来万人，前来攻打东平府城。完颜奔睹手下的金军人马不过五千上下，仓猝出御，惊慌异常。因为正是桑柘方茂季节，金军便在树林内多张旗帜以为疑兵，完颜奔睹本人则率领精兵出而应战。双方众寡之势虽极悬殊，然而这支号称岳家军的民军却只是乌合之众，根本不曾作过战，指挥调度也全很紊乱。在相持几天之后，"岳家军"既未能把府城攻下，也未能在其他方面取得成功，便又全军转移，去围攻邳州（今江苏邳县）城了。

忠义民兵中有很多人都知道，邳州城内西南角有一道深沟。当包围了邳州城后，在这些人的建议下，忠义民兵即着手在城外挖掘地道，使与城内深沟相通，以便从这一渠道攻入城中。驻守邳州的金军只有一千多人，他们也料想到攻城民兵可能要穴地而入，便急忙把城西南角的深沟填平，并急忙派人到东平府去请求救兵。在地道迟迟挖不通，东平府的金兵又已开到之后，这支攻城民军就又从邳州撤退，而且大部分又都转回到各自的本乡本业去了。❶

上面追述的这次军事行动，尽管并未取得攻占城邑，收复失地的实质性效果，然而从中仍可看出，岳飞的"连结河朔"的政策已在如何广泛的范围内起着巨大的作用。

（4）

李宝等人在绍兴十年内又已转移到共城县西山上的忠义民兵营寨中去。这里，十几年前曾是王彦等人抗金的基地。这次金军又要夺占河南、陕西诸州郡的迹象已经显著时，李宝和孙彦、孙定、曹洋、王靖等人便率领大量民兵，夺取了停泊在黄河沿岸的一些船只，顺流而下，于五月初十日以后到达曹州附近，并曾在濮阳县境

---

❶ 《金史》卷八四，《完颜奔睹传》。

内和徐文（一个由宋降金的将官）的军队进行过战斗。五月十四日，他们探悉兀朮的前军有四个千户，各率千余骑兵，到达了宛亭县（在今菏泽县境内）界荆堽地方下寨，由于长途奔驰，人困马乏，到后即都去睡眠休息等情况，便在当晚一更天左右，由水陆两方对这支金军进行劫袭。杀死女真大将鹘旋郎君和三个千户，其士兵被杀死和被拥入黄河淹死的，不知其数。夺获战马一千匹，写着"都元帅越国王前军千户某某"字样的白旗一面。

荆堽以东二十里的渤海庙下，也有兀朮的一支兵马在那里停歇。李宝、曹洋等人又于五月十八日率众乘舟而往，又是乘金军全都入睡之后前去劫寨，用刀斧猛砍猛杀，顷刻间便砍杀了几百人。有些金兵从睡梦中惊醒，不及乘马便四向逃命，以致许多人从金堤上掉下去摔死了。这次又获得了很多的马匹。本想从水路把马匹送回军营，然而金堤既高且陡，无法把马装到船中，为了不使它们再被敌人获得，只好忍痛把马杀掉，一马砍作数段，从岸上丢进船中，载之回营，充作全部民军改善膳食的物品。

六月二日，金军中的一个金牌郎君，率领着驻扎在开封远郊的女真兵马，来向李宝的这支忠义军挑战，并还打算把李宝捉获。李宝率领忠义民兵奋勇应战，致使对方无法招架，便败下阵去，向南逃跑。忠义军紧跟追击了二十多里路程，把敌人拥入黄河中淹死的又是不知其数，夺获的武器、战马、衣甲等也都不少。❶

三　岳家军直捣中原，目标在于收复河朔

（1）

岳飞在连续不断地收受到赵构的《御札》，督催他进军陈、

---

❶《三朝北盟会编》卷二〇〇，绍兴十年五月十八日记事；《金佗稡编》卷十九，《鹘旋郎君捷报申省状》；《金史》卷七九，《徐文传》。

蔡，并出兵救援顺昌之际，他不但把《御札》中的指示一一照办了，而且还按照自己要"从头收拾旧山河"的壮志雄图而采取了种种措施。例如，当他侦悉金人有"败盟"的动向时，他就又把"连结河朔"的任务交付梁兴、董荣和孟邦杰等人，要他们尽快暗渡黄河，去联系黄河以北各地忠义社的人物，把他们集结起来，与李宝、孙彦等发动起来的群众互相配合，去攻袭河东、河北和山东的某些州县；而岳飞的主要部将王贵、牛皋、董先、杨再兴等人，以及绝大部分战士，一齐从鄂州分路出发，北向进军。岳飞本人，则在把进军的全盘计划和后方的防守安排都作了周密的考虑和部署之后，把他的司令部向北移徙。他这次的进军计划，大大超出了南宋王朝指定给他的那一任务：他不只要经营陈、蔡，而且要经由陈、蔡而去进取旧都汴京，并由汴京北渡黄河，去收复河朔的大片失地！

牛皋的部队从鄂州进入京西路，京西路是牛皋前此长期活动过的地方，地理民情最为熟悉，所以，一与敌方军马接触，在六月十三日便首战告捷。

六月二十三日，岳家军中的统领官孙显大破金人排蛮千户于陈、蔡州界。

上述两次战斗的规模虽都不很大，但是这两个战役的胜利，总可算得旗开得胜，总能证明岳家军的战斗力是不容低估的。

然而，安坐在杭州的南宋王朝，负担着统筹战争全局重任的赵构和秦桧，对战、守与屈服投降数者间的何去何从，一直还并没有拿定主意。更精确地说，他们其实还是在那里想方设法，要再度寻找出一个停止战斗、屈己降敌的办法。所以，到六月中旬，他们便决定派遣朝臣到韩世忠、张俊和岳飞的军营中去"计议军事"，带去的书面诏旨虽还说了些要他们奋勇击敌的话，而要他们口传的"密旨"，意思却完全两样。被派往岳飞军营中"计议军事"的是李若虚，他带给岳飞的《御札》全文是：

> 金人再犯东京，贼方在境，难以召卿远来面议，今遣李若虚前去，就卿商量。凡今日可以乘机御敌之事，卿可一一筹画措置，先入急递奏来。
>
> 据［今来］事势，莫须重兵持守、轻兵择利？其施设之方，则委任卿，朕不可以遥度也。
>
> 盛夏我兵所宜，至秋则彼必猖獗。机会之间，尤宜审处。遣［此］亲札，指不多及。❶

这道《御札》的真实涵义是什么呢？第一，其中允许岳飞可以相机处理的，只是属于"乘机御敌之事"，而不包括防御战以外的对敌进攻。第二，甚至关于防御战的一些"筹画措置"，也还得先用"急递"奏报给赵构、秦桧知晓。第三，依照赵构、秦桧对当前战争形势所作判断，他们认为岳飞的主力部队只应持重不动，而只以"轻兵"（意即少数人马或别动队之类）去与敌人周旋。第四，在盛夏之月，来自北方的金军最畏酷暑，此对宋军固为有利，但若把战争坚持下去，则一到秋高马肥季节，金军的锐气便又不可挡了，所以还是尽快把战事结束为宜。

当李若虚携带上述《御札》到达鄂州之日，岳飞却已经率领所部兵将北向进军，其本人已经抵达德安府（今湖北安陆）。李若虚只好赶往那里去见他了。除了那件《御札》之外，他还向岳飞传达了赵构、秦桧的一个更机密的旨意，说道：

> 面得上旨：兵不可轻动，宜且班师。

尽管《御札》写得那样吞吞吐吐，羞羞答答，令人煞费分疏；李若虚口传的密旨却是完全赤裸裸地了。联系到刘锜在顺昌战役过程

---

❶《金佗稡编》卷二，《高宗皇帝宸翰》卷中。

中所得到的要他《择利班师》的命令,可知李若虚口传的密旨,较之他所携来的《御札》是更足以代表赵构、秦桧的真实意向的。然而,诸部将既已率兵分路进发,岳飞当然不肯接受这一"乱命"。他依然按照他原来的计划和安排行事。李若虚本人事实上也是完全同意岳飞的意见的,便又改口说:

> 事势既已发展到当前地步,当然只能有进无退,那就照旧进军罢。矫诏之罪,当由我承当。❶

于是,岳家军全按原定计划前进。

(2)

闰六月中旬,岳家军的主力部队全已开抵现今河南省的心腹地带,到处都受到当地民众的热烈欢迎,都得到他们的密切合作。黄河以北诸地的忠义民兵已在敌后积极活动起来。因此,当岳家军与南侵金军遭遇之后,几乎是每一路每一天都赢得一些或大或小的战功。根据岳飞写给南宋王朝的战报,我们可以知道以下几次战役的一些详情。

一、克复和守卫颍昌府(今河南许昌)的战役

金将韩常的部队,在顺昌被刘锜打败之后,退往颍昌府去驻守。因此,岳家军这次北向进军之后,也便把颍昌府作为第一个要攻取的主要目标。这个任务,交由前军统制张宪担任。闰六月十九日,张宪的部队到达距离颍昌府城四十里的地方,与韩常的金军大队在这里展开了战斗。战斗的结果,是韩常的队伍被打败,又缩回到颍昌城去。岳家军乘胜向前追赶,逼迫敌人在颍昌城立脚难定,

---

❶ 《建炎以来系年要录》卷一三六,绍兴十年六月乙丑记事。(《三朝北盟会编》卷二〇二所记与此稍异。)

最后只有撤离。闰六月二十日岳家军克复了颍昌城❶。

在颍昌城既被克复之后，岳飞指令踏白军统制董先、游奕军统制姚政诸将率众驻扎在府城之内。闰六月二十五日辰时，有金军的一支兵马，从颍昌以北的长葛县开来。董先和姚政闻悉之后即统率军马，出城迎敌。到城北的七里店与敌军相遇。率领金军前来的将领，是兀朮、韩常和邪也孛堇。所率兵马约在六千以上，已经在那里摆成阵式。董先、姚政等人也把军队分成几支，士兵个个奋勇争先，奔向敌阵中冲杀。大约战斗了两个小时左右，把来犯的敌军杀退。其后仍乘胜追杀了三十来里，才停止下来。除杀死杀伤大量敌人外，还捉获了不少俘虏和战马。❷ 颍昌府城的局势暂时又得稳定下来。

二、克复陈州（即淮宁府，今河南淮阳县）的战役

金人韩常的部队在颍昌打了败仗之后，退回陈州。岳飞又派遣牛皋、徐庆两人，率部去与张宪会师。及至张宪等人于闰六月二十日进占了颍昌府城，并经安排了部分部队驻扎在颍昌府城之内，在当月的二十四日，张宪、牛皋等人便又率领几名统制官向陈州进军。当日午时，行进到距离陈州还有十五里的地方，与敌方的三千兵马相遇。激战之下，敌军全部向陈州城撤退。张宪等人布置军队分路前进，在距城还有几里路的地方，敌方又有翟将军率部前来迎战，另外还有从开封城附近开来的敌军，会合在一起，摆布大阵。张宪等"鼓率将士，分头入队掩击"，金军又被打败，甚至连陈州也不敢据守，于是张宪又把陈州城收复。在这次战役当中，敌军将兵伤亡很多，另外还有一名王太保被捉获，夺到的战马也不少。❸

---

❶《金佗稡编》卷一六，《复颍昌府奏》。
❷ 同上书卷一六，《陈州、颍昌捷奏》；《建炎以来系年要录》卷一三六，绍兴十年闰六月丙申记事。
❸ 同上书卷一六，《陈州、颍昌捷奏》；《建炎以来系年要录》卷一三六，绍兴十年闰六月丙申记事。

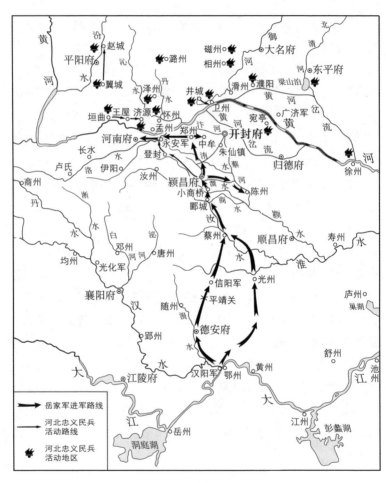

绍兴十年(1140)岳飞出兵路线图

岳家军收复了陈州即淮宁府之后，岳飞就委派一名部将刘永寿去做"权知淮宁府"，还派了另一部将史贵，大概是做刘永寿的副手，两人相偕率领人马，前去上任。张宪等人的部队则奉命向颍昌府界转移，以便集结力量，去攻取开封。但到七月中旬的一天，金方的兵马突然又来攻打淮宁府城，刘永寿和史贵并没有认真进行抵抗，即带领兵众，弃城逃回岳家军司令部的所在地。岳飞认为他们过于怯懦，便罢免了他们的权知淮宁府的职务，而另行委派了胜捷军统制赵秉渊带领军马去代替他们。赵秉渊于七月二十三日进入淮宁府城。全部战争到这时已只是尾声，赵秉渊进入淮宁府没有几天，就也把它放弃，经蔡州而回鄂州去了。❶

三、克复郑州的战役

岳家军在攻取颍昌府和淮宁府的当儿，其中军统制王贵还派遣了部将杨成等人统率军马前去攻打郑州。杨成等人的部队于闰六月二十五日到达郑州南郊。驻扎在郑州的金军万户漫独化率领五千以上人马出城迎战，杨成等鼓舞将士与敌人拼命厮杀，直杀得金军再也支持不住，便从郑州撤离，郑州又为岳家军所占领。❷

漫独化从郑州撤军到中牟县去。王贵就又派遣准备将刘政等人去攻打中牟。金军是在中牟县城外扎寨居住的，刘政等人便于闰六月二十九日夜间去劫敌人的营寨。金兵在事前毫无警觉，因而在睡梦中被岳家军杀死的不知其数。宋军这次所夺获的战利品也特别多，计有：战马三百五十多匹，驴、骡一百多头，衣物器用不计其数。漫独化是否也死在这次战役中则不能确知。但是，从此以后，此人再不曾在敌军中出现过，可知其存活的可能性是不大的。❸

---

❶《金佗稡编》卷一八，《论刘永寿等弃淮宁申省状》、《差赵秉渊知淮宁府申省状》。
❷ 同上书卷一六，《郑州捷奏》。
❸ 同上书卷一六，《漫独化捷奏》。

四、克复洛阳的战役

王贵在派遣兵马去攻打郑州的同时,还派遣了中军副统制郝晸等人统率军马前去攻打洛阳。全部将兵前进到距离洛阳六十里的地方便扎营下寨。七月初一日,驻扎在洛阳的金军发出好几千人马,向着岳家军下寨的方向进发。在探悉这一情况之后,郝晸立即派遣将官张应、韩清等率领骑兵,去迎头截击敌军。双方接战之后,只经过一番厮杀,金军即又败回洛阳城去。郝晸这时又率领全部人马追击,于当日傍晚直逼洛阳城下。金军驻扎在洛阳的是李成的部队,其中还夹杂着大量的河北、山东的汉人,与宋兵作战,他们鼓不起斗志,在郊外作战既已败退,当宋兵已经进逼城下时,他们在当夜就又放弃了洛阳城而逃遁。岳家军在七月十二日大清早进入洛阳城,对官吏和居民都加以抚问存恤,令其各安职业。❶被北宋王朝定为西京的洛阳城就这样又被收复。

五、忠义民兵克复垣曲、翼城、赵城诸县的战役

当岳家军全军出发,北上抗击南犯金军时,岳飞也派遣了那些与河朔忠义民兵素有联系的梁兴、董荣等人从岳家军营出发,要他们"渡越黄河,剿杀金贼,占夺州县"。梁兴、董荣诸人在七月初一晚上到达原京西北路西北角的黄河南岸,初二日早晨渡到北岸,因为装扮与平民无异,没有引起把守河岸的金军的警觉,遂得打败这些金兵而直趋绛州的垣曲县。金军在垣曲县城内闭门坚守。梁兴等张贴榜文,劝说他们开门投降,城内人并不听从。忠义民军便捆绑云梯,一拥而上。有人跳下城墙去打开城门,里应外合,杀死金兵不知其数,并活捉到千户刘来孙等十余人,夺到战马一百余匹。当日把垣曲城完全占领。❷

梁兴、董荣、李进、赵云等人,又会合了大量忠义人马,一齐

---

❶ 《金佗稡编》卷一六,《复西京奏》。
❷ 同上书卷一六,《郾城县北并垣曲等捷奏》。

从垣曲县东进,越过王屋县,到达了孟州济源西曲阳地方。当地金军约有五千人马,由高太尉带领着前来应战。梁兴等人分头统领人马掩击,从辰时战到午时,敌兵伤亡严重,横尸布野,达十数里,还有八十余人被活捉了来。后来忠义人马到营寨休息,高太尉却又调来一万以上的人马,前来挑战。梁兴等迎敌血战,从未时战到酉时,把金军中的步兵杀散了十分之八以上,夺到战马和驴、骡共二百余匹,活捉到将士一百余人,最后才又把金军赶回城中。

忠义军整日不停息地作战,伤亡数目也很不小。在敌军退走之后,梁兴等人便统率全部军马到济源县北十多里名叫燕川的地方去下寨歇息。❶

几天之后,这支忠义军又追击高太尉于翼城县,并且收复了这个县城。

再以后,这支忠义军又与乔握坚所统率的一支会合,并力去收复了赵城县城。

六、忠义民兵克复南城军的战役

岳飞交付给统领忠义军马孟邦杰的任务,是要他率领忠义人马去"措置收复南城军"。他受命之后,就差遣他的将官杨遇等人带领人马前往攻取。七月初四日夜间二更左右,杨遇的部队到达南城军北角与金军交锋。金军人马被赶往河中,落水淹死的不计其数,被杀死的将士有三千多人,并还夺得大量鞍马、舟船、器甲、弓箭、旗枪等物,最终把金军逼逐出城,上船渡河逃走。七月初七日,杨遇所领忠义人马占领了南城军,"抚存官吏居民,各安职业"。❷

这里所说的"南城军",究竟是指的什么地方呢?查《宋史·地理志》和其他有关的史书、方志上,全都不见有此地名,在《三

---

❶《金佗稡编》卷一六,《河北颍昌诸捷奏》。
❷ 同上书卷一六,《复南城军捷奏》。

朝北盟会编》卷二〇七所引录的那篇《岳侯传》（作者不详）中，所述岳家军在绍兴十年所立战功一段有云：

> [岳]侯率兵自屯郾城县。又遣王贵、董先、姚政、冯赛、岳云等兵三万占据颍昌，为永驻之计。
>
> 又分兵攻战诸州：遣郝晸、张应、韩清取郑州；孟邦杰、刘政攻永安军；郝晸、张应与孟邦杰并兵攻战河南府。

而在《金史》卷七九《徐文传》中也记有一事，说当兀朮率军复取河南之日，徐文曾打败宋将孟邦杰于登封。

上引两条记载，都说明，孟邦杰的部队当时是在河南府（洛阳）界之内活动的。而在这一地区之内，只有《岳侯传》中所说及的永安军，此外再无称"军"之建置。所谓永安军者，乃为卫护北宋诸帝陵墓而设，其地濒临洛水南岸，与孟邦杰部将杨遇等人在《申报》中所说"拥掩落水，溺死贼众不知其数"、"逼逐贼兵出城上船渡河"诸情况也正相符合。因而可以断言，此处之南城军必即指永安军而言，或即为永安军的别称。

七、郾城县境的两次战役

在颍昌府城被岳家军收复之后，岳飞本打算以重兵驻守在这一府界之内，并长期驻扎在这里，作为再北向进军的前进基地。却不料这时在淮南东路迎击金军的张俊和王德的部队已经从亳州撤回庐州，岳家军已经处于孤军无援的情况下。金人探察到这一情况，兀朮便决定把原来分作几路的军队合而为一，集中力量去打击岳家军。❶

郾城县居于颍昌府界的东南端。岳家军的司令部设在这个县城之内，岳飞本人也还留在这里。但当把重兵已经派往颍昌府城，

---

❶《建炎以来系年要录》卷一三七，绍兴十年七月记事。

部将们也都率兵分路去与敌人作战的时候,留在郾城的军队数目是并不太多的。于是,在金人探知这一实际情况后,兀朮就决定采用"擒贼先擒王"的原则,要把岳家军的司令部尽先消灭掉。他率领了龙虎大王、盖天大王和韩常等将领,并从他们的部队当中挑选一万五千多名骑兵,个个衣甲鲜明,绰取径路,要直趋郾城抄袭岳家军的大本营。当探明他们已经到达郾城县北二十几里的地方时,岳飞即遣发他的亲卫军(背嵬军)和游奕马军前去迎击。战斗在申时开始。吸取了顺昌战役的经验,岳飞命令他的将士,每人各持麻扎刀、提刀和大斧这三样东西,入阵之后即与敌军"手拽厮劈",上砍敌人,下砍马足。鏖战数十回合,被杀死杀伤的敌兵躺满郊野,不计其数。杨再兴奋勇当先,单骑闯入敌阵之中,打算把兀朮活捉了来,结果却没有把他找到,只手杀敌军数百人,自己也受了几十处创伤,这才又杀出敌阵。双方冲杀到天色昏黑,金军终于感到不能支撑,向着临颍县的方向撤退回去。❶

过了两天,即七月初十日,岳家军的巡绰骑兵回营报告说:

> 在郾城北五里店地方,有女真兵马一千以上,正在急速前进。后面尘土不绝,必尚有大队人马跟随发来。

岳飞听了这一报告之后,立即亲自率领兵马,出城迎击。他首先派遣了背嵬将官王刚等人率领背嵬使臣五十余人骑,前去探察敌情。岳家军到达五里店,敌军也在那里摆布成一字阵相待。两军交锋之后,岳家军看到敌阵内有一人物,其衣甲外面还罩了一件紫袍,便认定他必是敌军中的一名首领,并即把他作为攻击的主要目标之一。大量人马,并力向前,集中力量把这个披紫袍的人物首先砍死。另外的兵将,或直冲敌阵,或袭击其左右两翼,终又迫使敌军

---

❶《金佗粹编》卷一六,《龙虎等军捷奏》。

一齐溃退。岳家军跟踪追击了二十多里路，方才罢休。在那个身披紫袍人的尸身上，和他所骑战马的马鬃上，捡到红漆牌子两个，上面都写着"阿李朵孛堇"诸字，证明果然是敌军中的一个重要头目。❶

南宋王朝获悉岳家军郾城战役胜捷之后，下诏加以奖励，诏文为：

> 敕岳飞：自羯胡入寇，今十五年。我师临阵何啻百万，曾未闻远以孤军，当兹巨孽，抗犬羊并集之众，于平原旷野之中，如今日之用命者也。盖卿忠义贯于神明，威惠孚于士卒；暨尔在行之旅，咸怀克敌之心，陷阵摧坚，计不反顾。鏖斗屡合，丑类败奔。念兹锋镝之交，重有伤夷之苦。俾尔至此，时予之奉！惟虏势之已穷，而吾军之方振，尚效功名之志，亟闻殄灭之期。载想忠勤，弥深嘉叹。降关子钱二十万贯，犒赏战士。故兹奖谕，想宜知悉。❷

通过这道诏旨，也可知道，岳家军在郾城战役中的胜利，确实是得之非易的。如果再与张俊、王德在淮南东路的撤退军队联系起来看，就更可想象到岳家军在这次战役中的艰苦卓绝的战斗精神了。

八、临颍县境的两次战役

在郾城两次被打败的金军，全部撤退并集结在临颍县境。(《岳侯传》说："兀朮并龙虎大王、威武将军韩常兵十二万屯临颍。")七月十三日，岳家军的骁将杨再兴率三百名骑兵巡绰到临颍县境内的小商桥，突然遇到敌方的大队人马。虽非意料中事，

---

❶《金佗稡编》卷一六，《郾城县北并垣曲等捷奏》。
❷ 程敏政：《新安文献志》卷二，《奖谕湖北京西宣抚使岳飞郾城胜捷诏》(按此诏亦见《金佗续编》卷四，但多脱误)。

而正因事出仓卒,更不能不奋勇应战。在战斗过程当中,竟也能杀死敌兵二千人,万户撒八孛堇、千户长、百户长等大小头目百余人。然而终因双方的众寡之势过于悬殊,杨再兴和王兰、高林等裨将都陷入敌军的重围,成了真正的众矢之的,诸人均当阵殒命。当时正下了大雨,溪涧沟壑无不决溢,敌骑陷在这一片汪洋和泥淖当中无法驰逐,岳家军才得以退回。把杨再兴的尸身焚烧之后,所得箭镞将及二升。❶

当岳飞闻悉张俊的部队从亳州撤退,岳家军已陷入孤军作战的境地之后,他曾立即派人去向淮北宣抚判官刘锜告急,希望他能率领所部,与岳家军协同作战,共同迎击金军。刘锜按照岳飞的意见,派遣统制官雷仲率兵北进。当在小商桥进行遭遇战时,雷仲的部队刚刚开抵太康县境,对于金军还不可能起到牵制作用。幸好在十三日的下午,张宪已从颍昌府带领着背嵬军和游奕军赶到临颍县界,于次日清晨在小商桥投入激烈战斗之中,不但把金军杀退,而且追赶金军越过临颍县城三十余里,杀死金兵甚多。金军向着颍昌府尉氏县的方向退走了。❷

七月十八日,又有金的骑兵五千以上,出现在临颍县的东北。张宪探悉之后,分别派遣统制官徐庆、李山、寇成、傅选等人率领骑兵与之对战,把敌军打败后又追赶了十五里,又把敌兵砍杀得横尸满野,并夺到战马一百余匹,器甲无数。❸

九、颍昌府的大决战

兀朮把各路金军集结在一起,要集中力量以对付孤立无援的岳家军。他虽然也分出一些人马去侵扰临颍等地,但那只是一些牵制之师,他的最主要的攻击目标却是颍昌府城。因为,王贵、董

---

❶《三朝北盟会编》卷二〇四,绍兴十年七月十四日记事。

❷《建炎以来系年要录》卷一三七,绍兴十年七月乙卯记事;《金佗稡编》卷一六,《小商桥捷奏》。

❸《金佗稡编》卷一六,《临颍捷奏》。

先、姚政、胡清、冯赛、岳雲等带领了三万精兵,事实上亦即岳家军的主力部队,驻扎在那里。七月十四日晨,又有镇国大王偕同昭武大将军韩常及万户长四人,率领女真骑兵三万余人。直抵颍昌府西门外,摆列阵式,要进行攻击。王贵把府城内的所有防卫工作完全交托给董先和胡清,他本人则亲自统率着中军和游奕军的全部人马,另由岳雲统率着背嵬军,一同出城迎击金军。自辰时战至午时,总共血战了几十个回合,人都成了血人,战马也都成了血马,岳家军的将士却无一人肯回顾、想退却。到这时,守城的董先和胡清,看到敌人的优势还难以压制下去,便也率军出城参战。这样才得把战局扭转过来。在这次战役中,当阵杀死敌方的统军上将军夏金吾(兀朮之婿),这使得敌军大为震惊。还先后杀死千户五人,活捉到渤海汉儿王松寿、女真汉儿都提点、千户张来孙、阿黎不等大小首领七十八人,杀死敌兵五百余人,重伤的敌军和夺到的战马、金鼓、旗、枪、器、甲等,全都不知其数。❶

(3)

在以上所举述的一系列战役的进程当中,可能还是在张俊的部队刚从亳州撤退,消息还没有透漏出来,兀朮还没有把所统辖的南侵军集结起来,并力以对付孤军无援的岳家军的时候,亦即在七月初四或初五的某一天内,岳飞又曾在郾城发出一道奏札给南宋王朝,说道:

> 臣今得卫州忠义统制赵俊差人赍到申状,自闰六月二十七日起离本州,于今月初四日到臣军前,报臣:"比遣兵过河,会合忠义统制乔握坚等,已收复赵州了当。"

---

❶ 《金佗稡编》卷一六,《王贵颍昌捷奏》;《金佗续编》卷二七,《岳武穆公遗事》。

又遣本司统制梁兴、董荣两头项过河,河北州县往往自乱,民心皆愿归朝廷,乞发遣大兵前来措置。臣见措置外,臣契勘:金贼近累败纽,其房酋四太子等令老小过河。惟是贼众尚徘徊于京城南壁一带,近却发遣八千人过河北。此正是陛下中兴之时,乃金贼灭亡之日,若不乘势殄灭,恐贻后患。

伏望速赐指挥,令诸路之兵火速并进,庶几早见成功。取进止。❶

（4）

在以上所举述的一系列战役当中,岳家军的每支部队和每名将兵,都表现了有进无退的精神。将领们的号令赏罚公正严明,士兵们恪守纪律,奋勇争先。每个人所发挥的战斗力量,全都抵得过敌方的好几个人。即使在采取守势的时候,将士们也全都具有"守死无去"的决心,结成牢固的屹然不可冒犯的严阵。敌军常常是使用了排山倒海之力,却不能把岳家军的阵容稍稍动摇。经过多次接触之后,在敌人的阵营中便对岳家军做出这样的评语:

撼山易,撼岳家军难!

不过,事实尽管确是如此,若以为根本不需要别路友军的配合,仅凭岳家军即可抗击从河北和山东发来的几路南侵金军,却完全是不恰当的。所以,在岳家军顺利北向进军之日,在金军已有准备从河南撤退的迹象之时,岳飞就已经向南宋王朝发出呼吁,要它"速赐指挥,令诸路之兵火速并进";及至张俊的部队从亳州撤退之后,金军并力来打击岳家军时,在郾城和颍昌府的几次战役当中,岳家军虽然还勉强获胜,不曾落得失败的下场,而用战略眼光来估

---

❶《金佗续编》卷一〇,《收复赵州获捷奏状》。

量这场战争,却已注定是必败之局了。

四 十年之功废于一旦!
——岳飞被迫奉诏班师

(1)

在绍兴十年闰六月的中下旬,李若虚还留在岳飞的军营当中,并还随同岳飞自湖北而向陈、蔡地区前进的时候,岳家军在每个战役中全部能取得胜利。岳飞在这时就向李若虚说过,他盱衡战争的全局,认为东起淮上、西至川陕的各路宋军如果部署得妥善,他的这支岳家军即可毫无顾虑地勇往直前,敌人就可"不日授首";但如单纯靠岳家军孤军深入,而"他将不相为援",则战争前途就非常值得忧虑。❶

不幸的是,岳飞所担心、所忧虑的事,并没有过得许久就出现了。

张俊的部队,在绍兴八九年内原是全部驻扎在淮西庐州(今安徽合肥市)的。当兀朮围攻顺昌时,张俊部将淮西宣抚司都统制王德曾奉命率军前往应援,然而一路上迁延逗留,到战争已胜利结束时他才赶到,不久即又全师回庐州。绍兴十年夏,张俊的部队又奉命北上击敌。王德这次是由寿春(今安徽寿县)直趋宿州,他于闰六月十四日到达而且攻占了符离和宿州州城。张俊也经由寿春而向亳州进发,于同月二十六日到达亳州,因敌方驻守亳州的郦琼闻风而遁,所以张俊得以不战而进入亳州州城。王德也在这时由宿州率部转来亳州与张俊相会。但是,南宋王朝前此派往张俊军营中

---

❶《建炎以来系年要录》卷一四四,绍兴十二年正月戊申载罗汝楫论劾李若虚疏中语。

去"计议军事"的枢密都承旨周聿,也早已把赵构、秦桧那个"兵不可轻动,宜且班师"的"密旨"传达给张俊,张俊对这一"密旨"的精神也颇能心领神会,于是,在闰六月的最末一天,在既没有与敌人作战,也没有感受到敌军的威胁和压力的情况下,张俊、王德等人又从宿、亳地区班师回庐州去。

如果张俊、王德的部队能在宿、亳长期驻守下去,即使不再作前进之计,也终于可以牵制大量的敌军,和鏖战于京西地区的岳家军总还可以构成犄角相应之势。而现在他们突然撤走,使岳家军突然处于孤军深入,无友军可以应援的情况之下,使敌军既可专力对付岳家军,还可对岳家军构成从正侧两面合击之势。这怎能不使岳飞忧心如焚呢?

南宋张嵲的《紫微集》卷二五,有《为张俊乞赏缴奏》和《为王德、田师中除正任承宣使缴奏状》两文,前一篇中论及张俊于绍兴十年夏奉命出师宿、亳事时说道:

> 全军而出,仅能取已降之宿、亳,又不能经理,复不俟命而擅退师,使岳飞军孤,敌人复振,此俊之罪也。国人莫不深咎俊,以为在所必罚;陛下宽假,一切不问,于俊甚厚,在俊当皇恐以图后效,上报国恩,下塞人言;今乃敢公肆欺谩,上功求赏;何其不愧于人、不畏于天如此也!

第二篇中论及王德在这次出师事时说道:

> 臣窃闻前者王德从大军至宿、亳之日,正岳飞与敌人鏖兵于京西之时也。成师以出,仅能收复两郡,乃擅退军,遂使岳飞军孤,敌势猖獗。议者莫不归咎,至今国(?)言未已。而乃遽上功状于朝,受赏如此之厚,臣所谓应罚而反赏者此也。

就此两段引文都可看出,张俊、王德之由宿、亳地区撤兵,给予奋勇抗战、勇往直前的岳家军的影响是何等严重。事实上,这对抗金战争的事态发展也给予了致命的打击。此事所造成的祸害尽管无比重大,然而张俊却仍受到皇帝赵构的"宽假"、"一切不问",而他本人还"上功求赏";王德则不但本人"上功状于朝",而且还"受赏如此之厚";这里岂不又透漏出一个"个中消息":他们的撤军,乃是遵照赵构、秦桧前此的密旨而采取的行动。这就更可进一步断言,前段引文中所说张俊"不俟命而擅退师",和后一段引文中所说王德"乃擅退军",都还是张嶤的曲笔,是有意以此为赵构、秦桧进行掩饰的。

(2)

岳飞在七月初四、五日从郾城发出的奏章,虽已向南宋王朝呼吁:"伏望速赐指挥,令诸路之兵火速并进",而赵构、秦桧对于正在由宿、亳地区撤退途中的张俊、王德的部队,却仍然任其继续撤退,并不采取任何应急的改变措施。而对于岳飞的呼吁,只于七月十六日发出一道回文说:

> 右勘会已降指挥,杨沂中除淮北宣抚副使,于今月二十五日起发;刘锜除淮北宣抚判官。三省枢密院同奉圣旨:"札与岳飞照会。"今札送湖北京西路宣抚使兼河南北诸路招讨使岳飞少保。

事实上,从岳飞发出那个呼吁之日,到南宋王朝发出这道回文之时,中间虽仅仅是十数天,而抗金战场的形势却已发生了绝大的变化(实即逆转)。在郾城、临颍和颍昌府的诸次战役之后,岳家军作出了最大的努力,也承受了最大的牺牲,实在已经精疲力竭,难以再独力支撑这一危局。赵构、秦桧之所以行使诡计,先把张俊、王德的部队从宿、亳撤离，原即是为要把岳家军陷入孤军无援，处于如不班师便要丧师的狼狈境地。所以《岳侯传》说："时侯（按指岳飞）屯军于颖昌府、陈、蔡、汝州、西京、永安府，前不能进，后不能退。"其所以说"前不能进"，就是因为现时的岳家军已成为金军并力合击的唯一对象，如再奋力前进击敌，那就等于自行跳入赵构、秦桧所设下的陷阱；其所以说"后不能退"，则是因为，恢复中原，直捣幽燕，原是岳飞在近十来年内所要全力以赴以求其实现的最大目标，这一次，经全军将士浴血奋战了许多天后，刚刚做到"遂取许昌以瞰陈留"（王自中《郢州忠烈行祠记》中语），亦即刚刚出现了实现这一目标的可能，他怎么能在当前所遭遇到的，尽管是万般困难情况下，忍心作退兵之计呢！

然而，正在此时此刻，南宋王朝却以"金字牌急递"送来了一道指示给岳飞，其内容等于重申了六月中李若虚口传的那道密旨，要岳飞"措置班师"！❶

通过"措置班师"这四个字所给予岳飞的压力，有如泰山一般沉重。因为，在接到这一指示之后如还不班师，那就是违抗朝命。那就不但可以使已经设置的陷阱发挥其作用，即假手金军而把岳家军翦除；南宋王朝也可借口于惩治其违抗朝命之罪，具有充分的理由，调动张俊、王德、杨沂中等人的部队，对岳飞和岳家军大张挞伐。

处境尴尬的岳飞，邀集了他的主要部将们共商对策。部将们一致认为，既然目前面临的问题，是只能在班师与丧师二者之间选取其一，那就只好遵命班师！

又经过几次三番的慎重考虑之后，岳飞终于作出最后的决定：忍痛班师！

---

❶ 参据《岳侯传》、《宋史·高宗纪》及《金佗稡编》卷三，《班师二诏》之一。

（3）

"措置班师"的诏是在颍昌府大决战后的第三天，即七月十七日收到的，班兵南回的决定也是在同一天作出的。当其时，岳飞悲愤填膺，肝胆欲裂，他感到从来不曾经受过的痛楚、灰心和绝望。他顿足捶胸，向着他的部将们绝望地哀叫道：

> 十年之功，废于一旦！所得州郡，一朝全休！社稷江山，难以中兴，乾坤世界，无由再复！❶

在稍微冷静下来之后，岳飞立即写奏札给南宋王朝，其中的大意是说：已经在遵照诏旨"措置班师"，然而在已经收复了颍昌、郑州、洛阳等如此重要的一些城镇之后，不充分利用这一时机，"令诸路之兵火速并进"，给予敌人以歼灭性的打击，而却对已经开赴前线迎击敌人的宋军，一路接续一路地，令其"择利班师"、"措置班师"，这种坐失良机、自毁长城的做法，实在令人痛惜！

金军这时既已专力来对付岳家军，倘使其闻悉岳家军已作出班师的决定，则金军骑兵一定要快马加鞭、切断岳家军的归路。为使不致发生这种可能，岳飞在考虑着撤军步骤的同时，还故意虚张声势：下令要科买布帛，制造战牌，宣称要继续与金军鏖战。乘着金人还没有探明真情之际，在七月二十一日，岳家军的大部分已从颍昌府撤退到郾城县境的裴城地方（今裴城公社），紧接着就又和设在郾城的司令部一同转移到蔡州去了。❷

可能是在七月中旬，亦即在岳家军尚全无撤退的打算时，前此派去驻守淮宁府（陈州）的刘永寿、史贵二人，却因不敢独当一

---

❶ 《三朝北盟会编》卷二〇七，《岳侯传》。
❷ 同上书卷二〇七，《岳侯传》。

面的战守之责，在并无敌兵来临的情况下，就"将带人兵，弃城前来"郾城岳家军营。岳飞除对这两人的擅自弃城之罪依军法加以惩处外，又改派统制官赵秉渊去做淮宁府的知府。赵秉渊在七月二十三日刚进入淮宁府城，岳家军却已于其时撤退到蔡州去了。岳飞在抵达蔡州之初，就听到了金军又去围攻淮宁府城的消息，他分派了部分人马，由统制官李山和史贵率领着去解淮宁之围；其余诸将领，则带领大军仍回鄂州驻扎。岳飞本人，以二千亲兵自随，由顺昌渡过淮水，前往杭州去向皇帝赵构禀报一切。

岳家军班师南旋之后不久，前此被岳家军所攻克的那些州郡，又都相继为金军所占领。

（4）

七月初渡过黄河，在河朔地区联系忠义民兵，攻城夺地，扰乱金军后方的梁兴、李宝等人，在岳家军从京西路班师之后，还一直坚持从事敌后的活动。根据先后从各方面陈报给南宋王朝的消息，计有如下一些事项：

一、梁兴等人过河占领了怀州（今河南沁阳县）、卫州（今河南汲县）之后，曾逼令兀术不得不派兵到滑州（今河南滑县）去策应。❶

二、在大名府的开德府（今河南濮阳县）界内，梁兴等人所策动的忠义民兵，还曾经截取了金朝送往山东路的金帛纲和河北路的马纲。❷

三、李宝率领的一支忠义民军，五月中旬在曹州境内的渤海庙袭击金军取得胜利之后，即从黄河顺流而下，越过了广济军（今山东定陶）界，即又遇到了敌军运送军需物资的纲船，夺取到银、

---

❶《金佗续编》卷一一，《令（岳飞）契勘梁兴见今措置事宜开具申闻省札》。
❷ 同上。

绢、钱、米甚多。到十月中旬又继续顺流而下,在将要到达徐州时,又和金方的兵船相遇,船上所载兵马,正是要用以戍守徐州的。当金军还没有觉察到李宝部队的船只时,李宝即下令掩击,金军猝不及防,连枪仗都来不及操持,只有束手就毙,还有七十余人被活捉。李宝运载这批俘虏,抵达淮阳(今江苏邳县)的清河口(当时黄河与淮水交汇处)便登上南岸,把战俘送往楚州(今江苏淮安)韩世忠的军营中去,受到韩世忠的丰厚犒劳。❶

四、直到这年冬十一月内,在徐州的金军,深恐山东地区的忠义民兵从梁山泊内乘船下来,还在徐州东门外清河岸上靠城修立炮座;在清河内则经常有些敞槽船,每只船上都有金军在练习驾驶,准备万一。❷

据此可知,岳飞的"连结河朔"的战略方针一直还在起着颇为强大的作用。

---

❶《三朝北盟会编》卷二〇四,绍兴十年十月十五日丙戌记事。
❷《金佗续编》卷一一,《令(岳飞)契勘梁兴见今措置事宜开具申闻省札》。

第十六章

金军再犯淮西。柘皋战役前后的岳飞和岳家军

一 金军再犯淮西

在金朝撕毁"和约",并集结了大量部队去围攻顺昌城时,顺昌府通判汪若海曾亲自赶往南宋王朝去请求救兵。到绍兴十年的七月末,中原地区以至淮东地区的战事都已结束,亦即宋军已全部从这些地区撤退之后,汪若海写了一封信给南宋王朝的一员大臣,提出了南宋王朝在这次战争中的失策之处。信中说:

[刘锜顺昌击敌之时,]所统不过二万人,其中又止用五千人出战,[然而一战胜敌。]今诸大将所统甚众,使乘锜战胜之后,士气百倍之际,诸路并进:以淮西之兵(按即张俊的部队)塞其南侵之路;俾京西之兵(按即岳飞的部队)道河阳,渡孟津;淮东之兵(按即韩世忠的部队)卷淮阳,渡彭城(今江苏徐州);俾陕西之兵(按指川陕吴璘、郭浩等人的部队)下长安,渡蒲坂;则河朔之民必响应冠带而共降,几尤可不战擒也。

今诸大帅惟淮西最务持重,不肯轻举。闻淮西之师得亳便还,义士莫不叹息,甚为朝廷惜之。❶

---

❶ 《建炎以来系年要录》卷一三七,绍兴十年七月庚午记事。此处所引,对原文顺序稍有移动。

汪若海信中所着重指陈的，是南宋王朝在这次战争中所犯的战略性错误。以后的事实却越来越证明，这全都是赵构和秦桧主动的有计划要采取的一些做法。信中还着重指出，在南宋目前的几员大将当中，最缺乏对敌作战勇气的，是淮西宣抚使张俊。

其实，岳家军的英勇善战和张俊的怯懦畏战，在宋、金双方长时期的交战过程当中，也早已被金人体察得十分清楚了。因此，1140年夏秋间的这次战争刚停息了没有多久，兀朮在这年秋冬之交到燕京去朝见了金熙宗，继即重返开封，又在那里点检粮草，调集兵马，作大举用兵的准备。他这次用兵所采用的原则，是先拣弱的打，亦即避开岳飞负责的那一路，而只打算进犯两淮，并把张俊负责的淮西地区定为最先攻击的目标。

从腊月下旬开始，金军就已逐步由开封附近诸地向南移动。第二年的正月中旬，兀朮、韩常等人的军队就已越过淝水，攻占了寿春。

淮西宣抚使张俊，这时正率部停留在杭州，在淮西地区他仅仅布置了一个"流星马斥堠"队（即飞骑侦察队），由部将姚端主持其事。当金军南向出发之后，这支侦察队驰马报警的前后交错于路，淮甸居民无不大为惊扰。❶这时候，南宋王朝一方面督催张俊赶紧经由建康率领全军渡江迎击，同时还急令驻扎在太平州（今安徽当涂）的淮北宣抚判官刘锜率军渡江去防守庐州。

张俊前此留在庐州的部队，只是统制官关师古的一支，共仅二千余人。庐州的官吏军民惊恐万状，四散逃避。刘锜抵达之后，绕城巡视一周，也认为无法守御，便与关师古相偕率众南返。行至巢县东南一个名叫东关的地方，在那里依水据山，从事于截击金军的准备。当刘锜、关师古还没有撤退到东关的时候，金军却已经把庐州占领，在城内外"大纵杀戮"，而且还不断派兵到无为军和和

---

❶《三朝北盟会编》卷二〇五，绍兴十一年正月十七日记事。

州境内大肆劫掠。❶

金军是在二月初三日进入庐州的。当南宋王朝得知金军抵达庐州界内的消息之后,便发给岳飞一道《御札》,要他星夜前去江州,乘机照应,以便金军腹背受敌。但在发出这道御札的同时,岳飞也于二月初三、四日连续发出两道奏章给南宋王朝,头一道是建议在敌人举国入寇之时,最好由岳家军去捣敌人之虚,再度长驱中原,去袭取汴京和洛阳。第二道则是因为又考虑到,眼下最紧迫的任务是遏制敌人迅猛南下的来势,便改变前议,又提出另一个建议说:

> 今虏在淮西,臣若捣虚,势必得利。万一以为寇方在近,未暇远图,即乞且亲至蕲、黄相度,以议攻、却。且虏知荆鄂宿师,必自九江进援,今若出此,责得不拘,使敌周测。❷

在发出这道奏章后的第五天,即二月初九日,岳飞才接到那道令其出兵江州的诏令,他经过再三考虑,仍以为去江州不如去蕲、黄,于是即向全军发出号令,决定于十一日移师蕲、黄、舒州界内,去"相度形势利害",并把这一决定奏报南宋王朝。

南宋王朝在十天之后才看到岳飞这道奏章,便又用赵构的名义以《御札》加以奖许说:

> 得卿九日奏,已择定十一日起发往蕲、黄、舒州界。闻卿见苦寒嗽,乃能勉为朕行,国尔忘身,谁如卿者。览奏再三,嘉叹无斁。……❸

---

❶ 《淮西从军记》(自《三朝北盟会编》卷二〇五转引)。
❷ 《金佗稡编》卷三,《高宗皇帝宸翰》下。
❸ 同上。

前去占领庐州的金军,主要是兀朮率领的亲卫军,而龙虎大王、三路都统和韩常等人的部队,则又分别去占领了柘皋和含山县,其游骑则出入于无为军和和州界内。是在这样急追的情况下,张俊、王德才于二月初四日离开建康,在采石渡江,争先进入和州城内的。虽然也夸称"收复",其实和州城内本无金军的一人一骑。❶

不知出于怎样的考虑,金军南进的势头又逐渐减弱。因此,张俊、王德的部队,在渡江之后的十来天内,便把含山县、巢县、全椒县和昭关等地都相继"收复"了。❷

二 南宋军队在柘皋的胜利和在濠州的失败

(1)

当金军又从和州等地向后撤退时,其行军速度异常缓慢,有时一天只走三五里,最多时也不过一二十里。当它于二月十七日退到巢县以北的柘皋镇时,其统兵将官以为,这地方一抹平川,正是最适合于女真骑兵施展其威力的地方。因此,他们就把所率铁骑十余万,全部布置在这里,分为左、右两翼,夹道而阵,以待宋军前来。南宋方面最先到来的是刘锜的部队,接着是张俊、王德率部来与他会合,殿帅杨沂中也于同时率领三万人从杭州赶到柘皋镇来。十八日双方展开激战。杨沂中轻敌冒进,首先遭到挫败。王德继之麾军上阵,集中力量去攻击敌军的右翼。王德向着敌方指挥部队的

---

❶《建炎以来系年要录》卷一三九,绍兴十一年二月癸酉记事,及其下附注所引张俊《乞阵亡人推恩状》。(《三朝北盟会编》卷二〇五所系诸事日期均稍迟,今不取。)

❷ 同上。

将官引弓一发,敌将应弦堕马,这使得敌军士气大受影响。王德更乘势大呼,全军也都齐声鼓噪,与敌方的两翼骑兵(拐子马)激烈战斗,并把它打败。金军因此只好又从柘皋镇撤离,退回到镇北的紫金山去。

张俊没有再去进击紫金山的金军,却乘胜而向庐州进军。留守庐州的金军的实力十分薄弱,张俊因得于二月二十日又占领了庐州城。其后不久,杨沂中和刘锜,以及他们的部队,也全都相继抵达庐州城内。

柘皋捷报送达南宋王朝时,在那里所引起的第一个反应,并不是鼓励身在前线的将士们乘胜前进,而是下了一道诏书给前线将士,首先说了几句夸奖的话,以为"捷书累至,军声大张,盖自军兴以来,未有今日之盛";接下去却把话锋一转,告诫他们说:"尚思困兽之斗,务保全功。"用意十分明白,是要他们适可而止,不要对金军逼迫太甚,致使他们再进行反扑。这道诏令不但颁发给张俊、杨沂中、刘锜诸人,连韩世忠和岳飞也全都收到了。❶

颁布这样的诏令,虽是赵构、秦桧在每一次对金作战时(特别是在作战取得胜利时)所惯于采用的手法,就岳飞来说,他也已领略了不只一次两次了,但在读过这次的诏令之后,在岳飞的心头却又一次对抗金战争的前景感到极度的灰心和失望。

(2)

在柘皋打了败仗的金军,经由紫金山又向北撤退。究竟金军的北退将以哪儿作为终点呢?是否在稍事休整之后还要南来呢?这在张俊、杨沂中和刘锜诸人全都是无法判断和预料的。然而自金军南下以来就一直在围困中的濠州(今安徽钟离县),正处在北撤金

---

❶《建炎以来系年要录》卷一三九,绍兴十一年二月乙未记事。

军的必经路上,守城的人极为恐惶,便连续派人到张俊军前告急求援。恰在此时,金军却也正在玩弄花招,愚弄宋军:他们只把有限的一支人马渡淮北去,把大多数人马埋伏在濠州四郊,却故意地扬言说,金军都已从濠州地区撤离了。有几名被金军从和州、庐州等地捕捉的俘虏,这时正从金军中逃了出来,为金军特意制造的假象所欺骗,便急忙跑到张俊的军营里去反映情况,说金军已经全部渡过淮水,向更北的地区撤退;通向濠州的道路已经可以畅通无阻了。❶

张俊得知这样的消息之后,认为战事快告结束,很想独享这次战胜敌人的大功,便于三月初五日告知刘锜,要他先退军回太平州去,张俊自己则要与杨沂中去耀兵淮上。❷

不料前项军事情报并不属实。当刘锜率部离开庐州的第二天,张俊、杨沂中又得到探报说,金军围攻濠州甚急,遂又急派驰骑去追截刘锜,要他一同会师去救援濠州。❸ 三天后,这三支部队刚抵达距离濠州尚有六十里的黄连埠,就又得到探报说,濠州城已被金军攻陷了。

三将筹商对策。张俊和刘锜都以为"敌人诡计莫测",最好先据险下寨,慎重将事。杨沂中却坚持认为,敌人刚把濠州占领,应当乘其嚣乱未定之际进行袭击。他"率兵驰至城下",却"寂然无所闻"。派往城中探察的人也回报说,城中并无金兵。及至杨沂中令其士卒入城之后,埋伏在北门外的金军却突然出而涌入城内。宋军在惊惧之下赶忙撤退,"南奔无复纪律"。金军也在后面驰骑紧追。张俊闻悉杨沂中兵败之后,出兵救援,"与败兵相逆而行",这才使得金军不再继续追击。然而杨沂中部

---

❶ 《建炎以来系年要录》卷一三九,绍兴十一年三月甲辰、乙巳记事。
❷ 同上。
❸ 同上。

队中的步兵，因都被金兵所追及，死伤在这次溃退程途中的，为数甚多。❶ 三天之后，韩世忠也以淮东宣抚司的舟船数百艘运载他的部队，溯淮而上，要把濠州夺回。还没有与金军接触，他便得到一个情报说，金军已到淮水下游的赤龙洲去采伐树木，打算在那里设置障碍，使韩家军的舟船欲归不得。因此，韩世忠也命其舟船速回。在金军还没有来得及把树木填塞在淮水中时，淮东宣抚司的舟船已全部顺流而下了。❷

杨沂中的部队被金军打败之后，不停息地向南奔跑，在三月十二日就从宣化渡江而返回杭州；张俊则于三月十四日渡江而返回建康；刘锜的部队在和州稍事休整，到三月十八日从采石返回太平州去。❸ 在这同一时期内，韩世忠的舟师也回到楚州去了。❹

三 岳飞在移师淮西以后

（1）

岳飞率军抵达舒州之后，就派遣属官去与张俊联系。那正是张俊、王德的军队在柘皋打败了金人，张俊、杨沂中和刘锜都已在庐州会合的时候。当时张俊虽还不能对金军此后的动向作出判断，但金军的北撤却正助长了张俊要独享战功的私念，而当时刺探军事情报的人员，又一再报称金军已全部渡淮北去，张俊自然更不愿意岳飞这时前来分享胜利果实。因此，张俊所告语于岳飞的属官的，就只是"敌已渡淮"一事，言外之意，则是不要岳飞和岳家军

---

❶《三朝北盟会编》卷二〇五及《建炎以来系年要录》卷一三九，绍兴十一年三月戊申、辛亥两日记事。（《中兴小纪》卷二九所载与此稍异，今不取。）
❷ 同上。
❸《淮西从军记》（自《三朝北盟会编》卷二〇五转引）。
❹《三朝北盟会编》卷二〇五，《张俊、杨沂中、韩世忠、刘锜皆班师》条。

再到庐州这个前沿据点来了。

岳飞得到这一回报之后,立即把它奏报给南宋王朝,并说他和他的部队仍只能留在舒州待命。三月十一日这奏章送达杭州,南宋王朝立即以《御札》回复他说:

> 得卿奏,知卿属官自张俊处归报,虏已渡淮,卿只在舒州听候朝廷指挥,此以见卿小心恭慎,不敢专辄进退,深为得体,朕所嘉叹。
>
> 据报:兀术用郦琼计,复来窥伺濠州。韩世忠已与张俊、杨沂中会于濠上,刘锜在庐州柘皋一带屯军。卿可星夜提精兵裹粮起发,前来庐州就粮,直趋寿春,与韩世忠等夹击,可望擒杀兀术,以定大功。此一机会,不可失也。
>
> 庐州通水运,有诸路漕臣在彼运粮。
>
> 急遣亲札,卿切体悉。十日二更。❶

岳飞接到这一《御札》,当即遵命从舒州开拔,前往庐州。当他的奏报到达杭州后,又换来一道《御札》,说道:

> 得卿奏。卿闻命即往庐州,遵陆勤劳,转饷艰阻,卿不复顾问,必遄其行,非一意许国,谁肯如此!
>
> 据探报:兀术复窥濠州。韩世忠八日乘捷至城下,张俊、杨沂中、刘锜先两日尽统所部前去会合,更得卿一军同力,此贼不足平也。中兴勋业,在此一举,卿之此行,适中机会。览奏再三,嘉叹不已。遣此奖谕,卿宜悉之。❷

---

❶《金佗稡编》卷三,《高宗皇帝宸翰》下。
❷ 同上。

宋廷的这些指示,即使是以金字牌急急递送的,而从杭州送达岳家军营所在地,不论是庐州或是舒州,也往往需要五六日的时间,这就不可避免地,要大大落于战争前线的事态发展。事实也正是如此。《御札》中尽管夸奖岳飞"闻命即往庐州"、"此行适中机会",而在岳飞率师到达庐州的时候,却正是宋军在濠州吃了败仗,杨沂中、张俊、刘锜的军队都已自动撤离淮西,奔向江岸的时候,岳家军自然也无法独自留在庐州。岳飞在探明张俊、杨沂中和刘锜诸部都已撤退之后,便也率军仍回舒州。❶

（2）

关于岳飞在这次淮西战役过程中的表现、行动及其所起的作用,从这次战役结束不久以后开始,直到南宋后期为止,曾出现过许多违背当时实际情况的议论和记载。现在,姑且把岳飞下狱前后秦桧党徒的弹章中的一些诬枉言论留待后章引用,在此只引录两段有关记载:

第一,秦桧的死党王次翁的《叙纪》(其子王伯庠编写)中说:

> 绍兴辛酉,虏人有饮马大江之谋。大将张俊、韩世忠欲先事深入,惟岳飞驻兵淮西不肯动。以亲札趣其行者凡十有七,飞偃蹇如故。最后又降亲札曰:"社稷存亡,在卿此举。"飞奉诏移军三十里而止。上始有诛飞意。❷

第二,岳飞冤死后不久,即曾有人编写了一部《野史》行世,

---

❶《金佗稡编》卷三,《高宗皇帝宸翰》下,绍兴十一年三月十七日《御札》有云:"累得卿奏。往来庐、舒间,想极劳勤。一行将士,日夜暴露之苦,道路登涉之勤。朕心念之不忘",既云"往来庐、舒间",知岳家军必又自庐州回舒州去了。

❷ 自《金佗稡编》卷二二,《淮西辨》转引。

其中的《岳飞传》述写岳飞不肯遵命出援淮西,说道:

> 绍兴十一年,兀朮重兵攻淮西(上诏湖北宣抚使岳飞以兵援淮西),飞念前此每胜,复被诏还,壮心已阑,且轧于和议,辞以乏粮。及濠梁已破,方以兵来援。张俊、秦桧皆恨之。❶

这两种记载一出,其后撰写南宋历史的人,如熊克和李心传等,全都不加分辨地抄袭沿用,而李心传在《建炎以来系年要录》中的记事,竟还把《叙纪》和《野史》中的话糅合在一起,并且把《野史》中的"及濠梁已破,方以兵来援"句改为"及濠州已破,飞始以兵至舒、蕲境上"。而这又为后出的《皇宋中兴两朝圣政》及《宋史全文》诸书所辗转抄袭。但是,我们把当时一些具体事件与《叙纪》、《野史》的记载稍加核对,便可知道,这两种记载全都是不真实、不可信的。我们不妨对证一下:

——指令岳飞出兵救援淮西的《御札》,已被岳珂全部收入《金佗稡编》的《高宗皇帝宸翰》卷下内了,其中,只有在闻知岳飞移师庐州时所降《御札》中,有"中兴勋业,在此一举,卿之此行,适中机会"诸语,乃是对岳飞的移师庐州进行嘉奖的话语,而不是督迫他出师的话语。在此外的各道《御札》中再也找不见"社稷存亡,在卿此举"一类话语。可证《叙纪》所载全属无稽之谈。既然是从舒州移师到了庐州,则所谓"飞奉诏移兵三十里而止"者,当然也同样是无稽之谈。

——根据《金佗稡编》所收录的《援淮西一十五诏》看来,岳飞第一次接到令其出兵江州的《御札》,是在绍兴十一年二月初九日,而在二月十一日他就遵命由鄂州率部出发,不是前往江州,而

---

❶ 自《金佗稡编》卷二二,《淮西辨》转引。

是直趋淮西地区的舒州。到二月十九日就又得到赵构《御札》的夸奖。在这中间，何曾有如《野史》所说，以乏粮为辞，不肯奉诏出兵的事呢？

——岳飞之率军抵达舒州，应为二月中下旬之间的事，其后没有多久，就又奉命移师庐州。当他和岳家军抵达庐州之日，正是杨沂中、张俊之军已从濠州溃退南奔之时。《建炎以来系年要录》把《野史》之文改为"及濠州已破，飞始以兵至舒、蕲境上"，这与当时事实真相自然就相去愈远了。

就在绍兴十一年的岁末，秦桧及其党羽们陷害岳飞致死，他们虚构了好几桩罪状，而不肯出兵救援淮西即是其中之一。及岳飞身遭惨杀六十多年之后，他的孙子岳珂为了辨雪岳飞的沉冤，特地写了《吁天辨诬录》一书，其中的第一篇即为辨正秦桧党徒所捏造的岳飞不肯奉命出援淮西的种种谰言，但是。不论就这篇《淮西辨》来说，或就岳珂附加在《援淮西一十五诏》每一《御札》之前的小段文字来说，也全都包含了不真实的成份在内，因而也不是全可信据的。为要恢复这一事件的本来面目，我特地在此把赵构的《御札》和岳飞的行动，以及此二者与淮西战役的先后次第，稍稍做了一番梳理和排比，免致读者陷入五里雾中。

第十七章
赵构、秦桧收兵权

一 前此几次未能实现的收夺兵权的谋划

害怕武将们因为立了战功而致威望日高,以至于专擅跋扈,使得朝廷上不易加以制驭,这是随时都萦系在赵构心头的一个问题,也是随时萦系在宰辅大臣们心头的一个问题。

在绍兴六、七年(1136、1137)间,张浚以宰相而兼任都督诸路军事时,就曾打算把刘光世的兵权收揽到他的都督行府,由他本人掌握,借以减去一员最傲慢的武将。只因他未能把那件事处理妥善,他选派到淮西去收夺兵权的吕祉疏狂高傲,激成了郦琼的杀害吕祉、北降伪齐,遂使收夺武将兵权的计划不得不宣告流产。

张浚在因淮西军队叛变而罢相,赵鼎被起用继任宰相之后,在绍兴八年依然想把收夺大将兵权的政策付诸实施。他和枢密副使王庶、监察御史张戒共同谋划此事。他们所拟采用的办法与张浚稍有不同,是想把各大将部下的偏裨将佐加以升擢,使每个人都能独立成军,这样就把各大将的权势化整为零了。

在淮西军队叛变之后,刘光世的声势已经一蹶不振,因此,当赵鼎诸人要实行收夺武将兵权时,他们所定的第一个目标人物是张俊,因为,几年来对金作战的经历证明,在现有的几员大将之中,张俊的养威避事的作风几乎已达于极致。所以,王庶视师江淮,首先就把张俊的部将张宗颜的部队移驻庐州。张俊对此大不高兴，并很快作出反应。当时王庶属下有一个钱粮官名叫刘时，是张俊的同乡，张俊便用酒菜宴请他，待他酒酣之后，问他说：

> 乡人能为我言于子尚（按，王庶字子尚）否？易置偏裨，似未宜遽。先处已可也。不知[子尚]身在朝廷之上能得几日，其已安乎？

到刘时果然把这番话转告王庶时，王庶又托他致语张俊说：

> 为我言于张七：不论[自身在朝廷之上]安与未安，但[在职]一日即须行一日事耳。❶

尽管王庶的话说得十分坚决，但削夺兵权的事却终又因此而搁置起来。其后不久，赵鼎、王庶和张戒都相继罢官，继之就是秦桧一人独居相位的局面。

二　赵构、秦桧收夺三大将兵权

（1）

张浚、赵鼎诸人之谋划收夺大将兵权，全都是由于担心：倘若不及时地把武将们的威权和实力加以减杀和收缩，则他们的将来，必会个个发展到飞扬跋扈，会使南宋小朝廷承担极为严重甚至极为危险的后果之故；秦桧这次之所以要收夺大将兵权，却是在上述原因之外，还有一个对他具有更大的刺激性，使他最敏感、最头

---

❶ 张戒：《默记》（自李幼武：《四朝名臣言行别录》卷七，《张俊言行录》转引）。

疼、咬牙切齿于几员大将，必要加以铲除而后快的另一原因：岳飞、韩世忠诸人对宋、金议和（实即南宋王朝对女真贵族的投降）问题的力加梗阻。如果不把这几员大将及其部队实力从根本上加以摧毁，在秦桧，对于能否顺利降敌的事便不能不有所忧虑；即使向金朝屈膝降服了，也终还不能保证岳、韩等人不再滋生事端。

正当秦桧劳心焦虑地思考着如何下手收拾这几员大将的时候，秦桧的一个死党，在两年前率先跪拜迎接金朝使臣张通古的范同，却向秦桧献计说：三路宣抚使皆久握重兵，难以制驭，索性就借口于这次柘皋之捷，论功行赏，把三大将都调入朝内，改任枢密使和副使，明升其官，暗夺其权，岂不甚妙！这正投合了秦桧的心意，赵构自然也完全赞同。于是，立即下诏给三大将，令其前来行朝奏事。❶

然而，倘被三大将看穿了这次诏令还朝的真实用意，万一他们串通在一起，不遵从这道诏令，那将如何得了？秦桧，以及与之同谋的参知政事王次翁、直学士院范同诸人，从发出这道诏令之日起，直到已经收夺了兵权以后的许多天，全都在为此而惴惴不安。表面上尽管还都故示镇静，夜里却都合不上眼，睡不成觉。

韩世忠与张俊的驻地距离杭州都较近，因此，他们都很快就到了杭州。岳飞驻军在上游的鄂州，见诏较迟，自然不可能与韩、张同时抵达。然而，岳飞不到，全盘策划便不能宣布。于是，秦桧每天都装出要设筵欢迎三大将的架势，却又总因岳飞未到而一次接连一次地把宴会推迟。这样延迟了六七天，岳飞也终于抵达杭州。❷

秦桧以盛筵招待过了之后，赵构于四月十一日召见了这三员

---

❶《三朝北盟会编》卷二〇六，绍兴十一年四月二十四日记事。
❷《建炎以来系年要录》卷一四〇，绍兴十一年四月乙未条，及同条下《附注》所引《王次翁叙记》。

大将。当天晚上，便由直学士院的范同和林待聘二人分别作成了三道《制词》：韩世忠、张俊都改官枢密使，岳飞则改官枢密副使。在一两天后又宣布了第二道诏令，把三大将的宣抚司一齐废罢；使每个宣抚司中原有的统制官，"各统所部，自为一军"，并一律在其军衔上加"御前"二字，亦即改由南宋王朝直接统辖，所以同时还作出规定说："将来调发，并三省枢密院取旨施行。"❶

三大将全都俯首听命，交出了兵权，莅临了新职，没有发生丝毫问题。前此曾因收夺兵权拟议而与王庶发生过争执的张俊，这次因为在阴谋对金屈服问题上早已与秦桧情投意合，其表示更为卑顺：调他任枢密使的诏命刚一发布，他就率先上了一道奏章说："臣已到院治事，现管军马，伏望拨属御前使唤。"❷

在没有引惹起任何事端的情况下，秦桧和赵构收夺了三员大将的兵权，对此，他们虽感到十分得意，但也还不能完全放心。某一天，赵构便乘机向新上任的这三位枢密使、副进行安抚说：

> 朕昔付卿等以一路宣抚之权尚小，今付卿等以枢府本兵之权甚大。卿等宜共为一心，勿分彼此，则兵力全而莫之能御，顾如兀朮，何足扫除乎！❸

没过好久，又向原属三宣抚司的诸军发出了一道进行安抚的诏谕说：

> 朕昨命虎臣，各当闻寄，虽相望列戍，已大畅于军声；而专统一隅，顾犹分于兵力。爰思更制，庶集全功。延登秉钺

---

❶ 《建炎以来系年要录》卷一四〇，绍兴十一年四月乙未记事，及其下《附注》所引《王次翁叙纪》。
❷ 同上。
❸ 同上。

之元勋，并任本兵之大计。凡尔有众，朕亲统临。肆其偏裨，咸得专达。尚虑令行之始，或堕素习之规，其当励于乃心，以务肃于所部。简阅无废其旧，精锐有加于初。异绩殊庸，人苟自懋；高爵重禄，朕岂遐遗。尚摅忠义之诚，共赴功名之会。咨尔任事，咸服训言。❶

（2）

赵构、秦桧这次的收夺大将兵权，取消三个宣抚司，实际上是在摧毁南宋的国防力量，借以向金朝表示自己确有屈服投降的决心和诚意。不论因此而会招致如何严重的后果，全都是在所不计的。在前述各事已经成为定局之后，当时任礼部侍郎的郑刚中便乘机向秦桧进言说，不要因这一事件的得手而过分高兴，因为，天下之事，"利害得失，常对倚而不废；遇事更变，则激发而复起。就其利不忘其害，见其得愈忧其失，而后可以大有为。"因此，他又向秦桧提出七条善后意见，劝他应当思患预防：

> 一、沿边州县，倚兵为安。比自淮甸蹂践之后，人情往往忧危，大帅又舍之而去，结罢之初，传闻或失实，远地何知，一家狼顾，余皆相和而惊矣。——俾知本末，不可无告喻之文。
>
> 二、三宣抚之兵，纪律不同，平日分而用之，各安其所主；他日合而用之，固有以更屯易帅为便者，亦有顾思念旧而不能忘者。——安慰人心，当有混一之道。
>
> 三、三宣抚所分之地，平日有警，便各任责；今既只是统制将官在外，有如尘高敌厚，使谁纠合而前？必待飞檄告急，然后朝廷发遣，晚矣！——豫为期约，当有应卒之策。

---

❶《三朝北盟会编》卷二〇六，五月七日甲辰记事。

四、宣抚司诸将首领，尽是收拾散亡与杀降剧贼，其间悍狠虐下，顽钝嗜财，荡淫纵欲者，色色皆有，平时畏大帅不得逞，一旦释去，其陵损士卒，交相贸利，藏匿子女之弊，岂得无之？——弹压整齐，当有画一之政。

五、君子可以义劝，小人可以利诱。前日诸帅恐其下有见利而逸者，故或质其文书，属其妻子，以系累其心；今一旦去其统帅，敌人朝暮伺之，垂钓设饵，宁无贪饷之人？——然则察视防闲，当有杜绝之计。

六、宣抚司教阅之法最号严肃，垂赏示劝，人人精进。今既分立头项，其淬砺思奋、立功自拔者，必多有之；至荒废晏安、苟且自便者，安得无也？——训练作成，当有劝沮之术。

七、诸军钱粮，专系总领司应办，宣司按月勘请；所有器甲，尽系朝廷颁降，宣司量事分给。——今宣司既罢，合渐就法制，使无冒请之弊；立为准程，使无损阙之患。

传曰："平乱责武臣。"相公以道佐人主，提纲振领而收其成功。军旅之事，宜尽以责右府，经画曲折，一一使之思虑；相公酌其可否，裁其议论，付之施行，他日进退攻守，彼皆不得以为言矣。❶

郑刚中考虑到的这些问题，由于是向秦桧提出的，都极尽委婉温和之能事，而决无激烈尖锐言词，然而单就这七个问题而论，如边境居民的惊慌情绪，军队纪律的维持，战时的动员、集结与指挥，将官与士兵的关系，防范敌军进行收买、拉拢等等，却无一而非极现实的要害问题。每一条的最后，他都提出了可行的补救措施。然而对秦桧说来，这却正是所谓"以不入耳之言来相劝勉"，当然不会

---

❶ 郑刚中：《北山文集》卷一。

发生丝毫作用。他本来是要彻底地"自毁长城",目前所已经实现的一些破坏工作,还远远不能使他感到称心如意,怎么能希望他反转来再进行修葺整补呢!所以,这番话之不被理睬,乃是理所当然的一个结果。

三 秦桧进一步摧毁南宋的国防力量

（1）

韩世忠、张俊、岳飞解除了兵柄,充当了枢密使和副使之后,虽然也要按时进入枢密院衙门中去,实际的军政大计却并不交他们去处理。对于这次军职的大变动,他们做出的反应并不相同:在张俊,是怡然自得,不但不改故常,且还比往常更为得意;而在韩、岳二人的表现,就不能不在内心极为愤懑的情况下,只在表面上故示悠闲:韩世忠特地制了一条"一字巾",每逢到衙门中去,就把它裹在头上,有意地从装束上作出一点特殊样式,出了衙门之后,便由几名亲卫兵跟随着,到处跑跑玩玩;岳飞也脱卸了他的军服,换上一身文职官员衣装,披襟雍容,故作幽闲之状,每次与人闲谈,也屡屡表示羡慕山林闲居之适,对于国事,则表示只想摆脱,不愿再闻也不愿再问了。

韩世忠和岳飞的这样一些举止行动,都不过显露了他们的胸怀中仍然充满着愤愤不平之气,这就使得秦桧和他的党羽们对韩、岳更加切骨痛恨。

秦桧和他的党羽们把刚刚过去的一些事件回想一下,他们也更加认为,消除兵权的事应当是一不做、二不休的。

在秦桧、赵构对女真贵族进行卖国投降活动的过程中,三大将中的张俊虽在极力曲意逢迎,而韩世忠和岳飞却一直在极力反对。当金朝派遣张通古南来,和南宋王朝派遣官员出使金国时,韩世忠曾连续五六次上书反对所谓的"和议",且还明白对秦桧加以指斥。岳飞在这一时期的多次表态,如前几章中所说,其激烈程度更在韩世忠之上。这就使得秦桧对韩世忠和岳飞都同样地深恶痛绝。而今韩、岳的兵权虽已被解除,却仍不足以解尽秦桧的心头之恨。紧接在淮西战役之后,秦桧、赵构已经又开始了向金朝进行投降的活动,若不把原来的韩家军和岳家军彻底摧毁,这一桩卖国勾当还可能照旧遇到梗阻。对这两支军事力量,还需要进一步把它们收拾掉。

大将们解除兵柄是一桩极不寻常的重大变局,他们所统领的部队中的兵将,一时自不易摸得着头脑,因而不免发生这样那样的揣测,以致纷纷咬啦,呈现出一些动乱情况。秦桧和他的党羽们,决定借口于此而首先向资望最老的韩世忠及其原来统帅的部队开刀。所要采用的手法,是利用三大将之间原有的嫌隙,使其互相诬陷和残害。秦桧(当然是借用赵构的名义)指派张俊和岳飞前往楚州,即韩家军驻屯之地,名义上是去拊循韩世忠的旧部,❶并把他们一律从楚州调到长江南岸的镇江府。❷在此调动期间,如果觉察到韩家军稍有动摇生事等不稳情况,便可由张、岳二人挟嫌诬构,夸大事态的严重性,把它彻底解决。

到韩家军已被彻底解决之后,便再指派张俊去把岳家军彻底摧毁。

(2)

张俊、岳飞行经镇江时,首先把驻扎在那里的韩家军的一部分调往教场检阅。对于张、岳二人这次之被指派阅视韩军旧部的用意,张俊是理解得最为透彻的,因而,他提议把韩世忠的背嵬

---

❶《三朝北盟会编》卷二〇六,《张俊、岳飞往淮东抚定韩世忠之兵》条。
❷《建炎以来系年要录》卷一四〇,绍兴十一年五月丁未记事。

军（即亲卫军）拆散，把他们分别编插到别的部队中去。岳飞立即提出反对意见，说道：

不可以这样做。因为，目前我们国家内真能领兵作战的人，只有咱们三四人，若图恢复，也只有依靠咱们，万一再要用兵作战，皇上再令韩枢密出而主管军队，我们将有何面目与之相见呢？

张俊虽然被问得张口结舌，默不作声，在内心里却又大大增加了对岳飞的仇恨感。❶

张俊和岳飞于六月十六日到达楚州。岳飞就住宿在楚州知州的衙门里，张俊却住在楚州城外。在他们到达的第二天，原任韩家军中军统制的王胜，率领了一支全副武装的军士到楚州城外去与张俊会面。在王胜到达之前，就已有人告诉张俊说，看王胜的这种来势，似有要杀害枢密使（按指张俊）之意。张俊亲自看到这支全副武装人员，也不免有些胆怯和惊慌，便质问王胜说：

你们这班将士，来与我相见，为什么都要全副武装呢？

王胜回答他说：

枢密使是来检阅兵马的，所以不敢不以军人装束相见。

张俊要他们必须一律卸掉军装，然后才能会谈，王胜等虽也全都照办了，然而张俊对他们的疑虑和仇恨却终难消失。

张、岳两人按照军籍名册点视了韩家军的全部人马，这才确

---

❶ 《野史·岳飞传》（自《金佗稡编》卷二三《山阳辨》转引）。

知,这支雄据淮东十余年的韩家军,总共才只有三万人马。就这样一支部队,不但使得女真兵马不敢轻易进犯,而且还有余力去北图山东,连获胜捷。岳飞对此不禁感到由衷的钦佩,而且对于有这样治军本领的韩世忠,也深加赞叹说:真算得一名奇特非凡人物!❶

张、岳二人有一天一同"登〔楚州〕城行视",看到城墙有倾圮之处,不便固守。张俊便又提议说,应当把城修好,以便守御。岳飞听到后很不同意,因而不作回答。张俊再三要他作出答复,岳飞便勉强回答说:

吾曹蒙国家厚恩,当相与努力,恢复中原;今若修筑楚州城池,专为防守退保之计,将如何去激励将士?❷

张俊听了这番话大不高兴,接着就又说了一些攻击岳飞的话语,岳飞虽然没有做任何反应,张俊却还是怒不可遏,随即迁怒于身边的两名"候兵",强加于他们一个罪名而下令斩首。岳飞恳切劝止,终是不肯听从。及至返回南宋行朝之后,张俊更把岳飞的意见加以歪曲,在朝内朝外到处散播谣言,颠倒是非黑白,对岳飞进行诬蔑。他说岳飞曾在楚州当众宣言:楚州不可守,因而楚州城何必修?❸ 张俊之所以制造这类谣言,是要说明岳飞立意要放弃楚州,亦即放弃淮东整个地区,而退保长江。然而事实上,真正要放弃淮南而退保长江的,却并不是岳飞,而是张俊、秦桧和赵构诸奸贼。他们从此玩弄起贼喊捉贼的手法。

张俊的上述诸行为,越来越受到赵构和秦桧的赏识和宠信。他们目前暂先撇开岳飞,依然共同策划收拾韩家军的勾当。原在韩

---

❶《三朝北盟会编》卷二一六,《张俊、岳飞至楚州》条。
❷《野史·岳飞传》(自《金佗稡编》卷二三《山阳辨》转引)。
❸ 同上。

家军总领钱粮的胡纺,这时已被秦桧、张俊所收买,便揣摩着当时事势与主使人意图,出而诬告韩世忠的部曲耿著"鼓惑众听,希图生事"。耿著立即被逮捕入狱,继被判决"杖脊,刺配吉阳军牢城"。秦桧等人的意图,是要把这一案件尽量扩大,实行株连蔓抄,以最后达到惩治韩世忠本人这一目的为止。❶

岳飞的为人,忠直强项,直情径行。这次楚州之行,没有使秦桧、赵构顺利达成其收拾韩家军的目的,更使得这伙操权得势的奸恶集团,对岳飞的仇恨又远在韩世忠之上了。于是,还没有来得及把耿著的案件照原来的阴谋扩大下去,秦桧、张俊、赵构等人的怨毒之气,又要一股脑儿往岳飞身上去发泄。

---

❶ 《建炎以来系年要录》卷一四一,绍兴十一年七月壬寅记事。

第十八章
丧权辱国的"绍兴和议"的签订

一 兀朮诱和

尽管赵构、秦桧对于柘皋之捷大事吹嘘，然而和与战的主动之权，直到此时，依然还是操持在金朝当权的那几个女真军事贵族手中。兀朮这次的进犯淮南，不但没有捞取到大的便宜，并且在人马和辎重等方面都遭受到严重损失，有时兵马竟至"饥心嗷嗷"[1]。因此，他又转变了念头，想改用诱和办法而使南宋王朝就范。在1141年的八月初，他又把原来扣押在他的军营中的南宋使臣莫将、韩恕二人放回南宋，并且要他们带来一封书信，说道：

> 爰念日者国家推不世之恩，兴灭继绝，全畀浊河之外，使专抚治，本期偃息民、兵，永图康乂；岂谓画封之始，已露狂谋，情不由衷，务欲惑乱。其余详悉条目，朝廷已尝谆谕蓝公佐辈。厥后莫将之来，辄申慢词，背我大施。寻奉圣训："尽复赐土"。谓宜存省，即有悛心。乃敢不量己力，复逞蜂虿之毒：摇荡边鄙，肆意陆梁，致稽来使，久之未发。而比来愈闻妄作，固革前非，至于分遣不逞之徒，冒越河海，阴遣寇

---

[1] 李大谅：《征蒙记》（自《建炎以来系年要录》卷一四二，绍兴十一年十一月辛丑条下附注转引）。

贼，剽攘城邑。考之载籍，盖亦未有执迷怙乱，至于此者！

今兹荐将天威，问罪江表，已会诸道大军水陆并进，师行之期，近在朝夕。义当先事以告，因遣莫将等回。惟阁下熟虑而善图之。❶

赵构、秦桧看到这封来书之后，惊恐万分，赶紧派遣刘光远、曹勋二人带了一封求饶告哀的书信，出使于兀朮军前。答书的主要段落是：

莫将等回，特承惠书，祗荷记存，不胜感激。构昨蒙上国皇帝推不世之恩，日夜思惟，不知所以图报，故遣使奉表，以修事大之礼。至于奏禀干请，乃是尽诚，不敢有隐，从与未从，谨以听命。不谓上国遽起大兵，直渡浊河，远踰淮浦。下国恐惧，莫知所措。夫贪生畏死，乃人之常情，将士临危，致失常度，虽加诛戮有不能禁也。（按，自"不谓上国"至此，均指前此的淮西战役而言。）

今闻兴问罪之师，先事以告，仰见爱念至厚，未忍弃绝。下国君臣，既畏且感。专遣光州观察使·武功县开国子·食邑五百户刘光远、成州团练使·武功县开国子曹勋往布情悃。望太保·左丞相·侍中·都元帅·领省国公特为敷奏，曲加宽宥，许遣使人，请命阙下。生灵之幸，下国之愿，非所敢望也。惟祈留神加察，幸甚！❷

刘光远和曹勋于1141年十月初四日到达了兀朮的军营，到十月十日，兀朮就又给赵构写了第二封信，令刘、曹带回。其内容，一则

---

❶《三朝北盟会编》卷二〇六，《金人遣莫将、韩恕回》条。
❷ 同上书卷二〇六，《朝廷遣刘光远、曹勋使于兀朮》条及十月乙亥条。

是谴责赵构回信中措词之不当,二则是指明刘、曹两人官位太低,不配作为谈判对手。其主要部分是:

> 今月四日刘光远等来,得书,审承动静之详为慰。所请有可疑者,试为阁下言之:
> 自割赐河南之后,背惠食言,自作兵端,前后非一,遂致今日鸣钟伐鼓,问罪江淮之上。故先遣莫将等回,具以此告,而殊不见答,反有"遽起大兵,直渡浊河"之说,不知何故。虽行人面对之语深切勤至,惟曰阃外之命是听。其书词脱略甚不类。如果能知前日之非而自讼,则当遣尊官右职、名望夙著者持节而来。及所赍缄牍,敷陈画一,庶几其可及也。惟阁下图之。❶

二 赵构、秦桧对南宋主权、领土和人民的大出卖

对于以赵构、秦桧为君为相的南宋政权来说,金国乃是它的宗主国亦即上国,金统治者的予取予求,它自然是不敢不遵命奉行的。兀朮在这次的来信当中,既有"如果能知前日之非而自讼,则当遣尊官右职、名望夙著者持节而来"的话,这就是告诉赵构、秦桧说,现在再给予你们一次悔过自新、屈膝告饶的机会,然而却必须改派有名望、能做主的高级武官去充当谈判代表人物才行,刘光远、曹勋这类中级官僚是不行的。这自然使得赵构、秦桧已经感到喜出望外;而下面的"及所赍缄牍,敷陈画一,庶几其可及也"诸语,对赵构、秦桧就具有更大的诱惑力了。因为,"敷陈画一"就

---

❶ 《三朝北盟会编》卷二〇六,《朝廷遣刘光远、曹勋使于兀朮》条及十月乙亥条。

是指令赵构、秦桧自行提出一个投降方案，亦即南宋政权究竟肯支付出多大代价，让新委派的交涉人员携带前去。这就使得赵构、秦桧更明确地理解到，女真贵族确实有纳降的意图了。于是，在十月中旬，赵构、秦桧又派遣了官位较高的魏良臣和王公亮二人，以"禀议使"的名义，带了赵构的书信到兀朮的军营中去，恳求他先要按兵不动，投降纳降的条件则全听兀朮的意见。答书的主要部分是：

> 刘光远、曹勋等回，特承惠示书翰，不胜欣感。窃自念昨蒙上国皇帝割赐河南之地，德厚恩深，莫可伦拟；而愚识浅虑，处事乖错，自贻罪戾，虽悔何及。
>
> 今者太保·左丞相·侍中·都元帅·领省国公奉命征讨，敝邑恐惧，不知所图，乃蒙仁慈先遣莫将、韩恕明以见告；今又按甲顿兵，发回刘光远、曹勋，惠书之外，将以币帛。仰念宽贷未忍弃绝之意，益深惭荷。今再遣左正议大夫·尚书吏部侍郎·文安郡开国侯·食邑一千户魏良臣，保信军承宣使·知阁门事·兼客省四方馆事·武功县开国伯·食邑七百户王公亮充禀议使、副。
>
> 伏蒙训谕，令"敷陈画一"，窃惟上令下从，乃分之常，岂敢辄有指述，重蹈僭越之罪！专令良臣等听取钧诲，顾力可遵禀者，敢不罄竭以答再造！仰祈钧慈特赐敷奏：乞先敛士兵，许敝邑遣使拜表阙下，恭听圣训。❶

在这封回信里，赵构虽然表示，关于投降和受降的条件，他一切听从兀朮的"钧诲"，不敢"辄有指述"，"敷陈画一"，以免"重蹈僭越之罪"，而事实上，他却已经和秦桧商定了在卖国卖人民方面所

---

❶《三朝北盟会编》卷二〇六，《魏良臣、王公亮使于金国》条。

愿意承担的幅度，例如，要求以淮水为宋、金两国的分界线，并提议每岁向金朝贡纳银二十五万两、绢二十五万匹，等等，全都要由禀议使、副当面向兀朮商洽。其所以如此，则是为恐，如在书面上一一明确写出，倘若不能满足金方的欲望，则对白纸黑字另行修改，便更觉难堪。所以把这类具体条件均由口述，那就既有伸缩余地，而且不着痕迹。及至魏良臣、王公亮向兀朮递交了赵构的书信，并口头转述了割土地、纳岁币诸具体事项之后，竟果如所料，和兀朮的欲望还很有差距，特别是在划淮水为界这一点上。后经魏良臣等再三叩头，苦苦哀求，才终于获得了兀朮的允诺。于是兀朮又于十一月初七日写了回信给赵构，并派遣萧毅、邢具瞻奉使南宋，审定各项具体条件。回信的主要部分是：

近魏良臣至，伏辱惠书，语意殷勤，自讼前失。今则唯命是听，良见高怀。昨离阙时，亲奉圣训，许以便宜从事，故可与阁下成就此计也。

本拟上自襄江，下至于海以为界，重念江南凋敝日久，如不得淮南相为表里之资，恐不能国。兼来使再三叩头，哀求甚切，于情可怜，遂以淮水为界。西有唐、邓二州，以地势观之亦是淮北，不在所割之数。来使云岁贡银绢二十五万匹两，既能尽以小事大之礼，货利又何足道，止以所乞为定。

淮北、京西、陕西、河东、河北自来流寓在南者，愿归则听。理虽未安，亦从所乞。外有燕以北逋逃，及因兵火隔绝之人，并请早为起发。今遣昭武大将军·行台尚书户部兼工部侍郎·兼左司郎中·上轻车都尉·兰陵县开国伯·食邑七百户萧毅、中宪大夫·充翰林待制同知制诰·兼右谏议大夫·河间县开国子·食邑五百户邢具瞻等奉使江南，审定可否。其间有不可尽言者，一一口授，惟阁下详之。

> 既盟之后，即当闻于朝廷。其如封建大赐，又何疑焉。❶

赵构、秦桧这班民族败类，得到这封回信之后，欣喜欲狂。很可能就是由秦桧本人，赶紧依据已经兀术批准和提示的那些项目，撰写了一篇表示坚决投降的《誓表》，内容是：

> 臣构言：窃以休兵息民，帝王之大德；体方述职，邦国之永图。顾惟孤藐之踪，猥荷全存之赐，敢忘自竭，仰答殊恩！事既系于宗祧，理盖昭于誓约。契勘今来画疆，合以淮水中流为界，西有唐、邓二州，割属上国，自邓州西四十里，并南四十里为界，属邓州；其四十里外，南并西南，尽属光化军，为敝邑沿边州军。既蒙恩造，许备藩方，世世子孙，谨守臣节。每年皇帝生辰并正旦，遣使称贺不绝。所有岁贡银绢二十五万匹两，自壬戌年为首，每春季差人般送至泗州交纳。
>
> 淮北、京东西、陕西、河北自来流移在南之人，经官陈理愿归乡者，更不禁约。其自燕以北人，见行节次遣发。今后上国逋亡之人，无敢容隐。寸土匹夫，无敢侵掠。其或叛亡之人，入上国之境者，不得进兵袭逐，但移文收捕。
>
> 沿边州城，除自来合该置"射粮军"数并巡尉等外，不得屯军戍守。上国云云，敝邑亦乞并用此约。
>
> 既盟之后，必务遵承，有渝此盟，神明是殛，坠命亡氏，踣其国家。
>
> 臣今既进誓表，伏望上国早降誓诏，庶使敝邑永有凭焉。❷

---

❶《三朝北盟会编》卷二〇六，十一月七日辛丑条（据《建炎以来系年要录》卷一四二同日记事附注所载此信校补）。
❷ 此系参据《金史》卷七七《宗弼传》及《建炎以来系年要录》卷一四二绍兴十一年十一月庚申条附注合并引录。

写就了这一道《誓表》之后，便又急急忙忙地派遣何铸和曹勋二人作"报谢，进《誓表》使、副"，并携带赵构的一封答书，再去朝拜兀朮。答书的主要部分是：

> 特蒙专遣信使，惠以书翰，良马厚币，札以勤腆，鄙情感激，已难具陈。至许成就大计，最为重恩，自惟孤危，何以得此！又如逐项事目，一一曲荷开谕，虽甚愚暗，岂不省会。即奉钧谕，逐项遵承。
>
> 再惟大计已定，其间不免少有恳告：如坟域所在，至甚紧切，计钧鉴处之必是不错。上国方以孝理天下，若使祖宗不缺祭享，是为至望。
>
> 岁贡银绢，见排办来年数目，先次发纳。
>
> 已差端明殿学士·朝奉大夫·签书枢密院事·文安郡开国侯·食邑一千户·赐紫金鱼袋何铸，容州观察使·知阁门事·兼客省四方馆事·武功县开国子·食邑五百户曹勋充报谢进誓表使、副，专附此书，叙谢钧造。❶

在兀朮的上件来书中，曾有"其间有不可尽言者，一一口授，惟阁下详之"诸语，究竟口授给魏良臣的是些什么话语呢，这从赵构的这次复信和誓表中并无迹象可寻。但岳珂在其所撰《鄂王行实编年》卷末写道：

> 查籥尝谓人曰："虏自叛河南盟，岳飞深入不已，桧私千金人，劝上班师。金人谓桧曰'尔朝夕以和请，而岳飞方为河北图，且杀吾婿，不可以不报。必杀岳飞，而后和可成也'。"桧于是杀先臣以为信。

---

❶《建炎以来系年要录》卷一四二，绍兴十一月丁巳条附注。

据我看来，查籥所追述的这段话，必即是兀朮口授给魏良臣的话语中的一事。当其时，秦桧等人残害岳飞的恶毒阴谋已在着着进行，只须何铸、曹勋再把秦桧、赵构的答话带去向兀朮面陈即可，所以也无须在回信中涉及其事了。

何铸和曹勋把回信和《誓表》送往兀朮军营，兀朮看后，认为这全是他在八月初写与南宋的那道"檄书"（即宣称"荐将天威问罪江表，已会诸道大军水陆并进"的那封进行军事讹诈的信）所赚取来的，单凭他"私心用智"，居然成就了这样一桩"万世不传之上策"，❶这使他感到非同寻常的得意。他立即派何铸、曹勋二人把誓表送往会宁府给金国皇帝去看。而赵构、秦桧则不待金朝《誓诏》到来，在十一月二十六日，亦即何铸、曹勋离开杭州的第三天，就恬不知耻地以那篇《誓表》告祭天地、宗庙、社稷。❷

在告祭了天地、宗庙、社稷之后，还必须把这次"和议"的成功告知南宋境内的全部官吏和军民。然而究竟要怎样措辞，却也得慎重地加以考究。因为，在两年之前，由女真军事贵族挞懒发动和包办的，归还河南、陕西之地给予宋方的那次和议，南宋王朝于"和约"订立之后所发布的《曲赦新复州县》的《赦文》说：

> 上穹开悔祸之期，大金报许和之约。割河南之境土，归我舆图，戢宇内之干戈，用全民命。

女真的军事贵族们看到之后，以为这未免过于夸大了上帝的作用，而对于女真贵族赐予南宋王朝的恩德又未免估计得过低，因而感到很不满意。这一次，自当力求避免重犯这一错误，以期博得女真

---

❶ 李大谅：《征蒙记》（自《建炎以来系年要录》卷一四二绍兴十一年十一月辛丑条附注转引）。

❷ 《建炎以来系年要录》卷一四二，绍兴十一年十一月庚申记事。

贵族们的欢心。因此，秦桧特地选定他的孽子秦熺和党羽程克俊在他亲自指导下撰写了这篇文告，说道：

上穹悔祸，副生灵愿治之心；大国行仁，遂子道事亲之孝。可谓非常之盛事，敢忘莫报之深恩。而况申遣使䟽，许敦盟好；来存殁者万余里，慰契阔者十六年。礼备送终，天启固陵之吉壤；志伸就养，日承长乐之慈颜。❶

金朝的当权人物果然也未再对此表示异议。到此，宋、金双方的肮脏交易似乎可以告一段落了，却又不然，因为，在此后，还有一个并非无关紧要的尾声。

我在上面引录的，兀朮写给赵构的最后一封信中，有"其如封建大赐，又何疑焉"一句，这反映出，魏良臣、王公亮在兀朮面前所提出的问题当中，必还有要求金朝以正式文告宣布南宋作为藩属国而存在，并册封赵构为宋国皇帝诸事。及至何铸、曹勋把南宋的《誓表》送达金廷之后，金廷果然撰就一道《册文》，派遣"左宣徽使刘筈使宋，以衮冕、圭宝、珮璲、玉册，册康王为宋帝"。册文是：

皇帝若曰：咨尔宋康王赵构，不吊（按，此二字前疑有脱文），天降丧于尔邦，亟渎齐盟，自贻颠覆，俾尔越在江表，用勤我师旅，盖十有八年于兹。朕用震悼，斯民其何罪！

今天其悔祸，诞诱尔衷，封奏狎至，愿身列于藩辅。今遣光禄大夫·左宣徽使刘筈等持节，册命尔为帝，国号宋，世服臣职，永为屏翰。呜呼钦哉，其恭听朕命！❷

---

❶ 岳珂：《桯史》卷五。
❷《金史》卷七七，《宗弼传》。元苏天爵：《滋溪文稿》卷二五《三史质疑》说："金初一切制度，皆〔宇文〕虚中所裁定。如册宋高宗为帝文，亦虚中在翰林时所撰。"

不论以何等奴颜婢膝的丑行,更不论以几多人民、土地、主权为代价,赵构、秦桧这班民族败类,总算从其女真主子那里讨得了让他们直接统治东南半壁的疆土,直接压榨东南半壁广大人民的权力了。从此以后,为了继续获取主子的欢心,他们对于南宋境内的士气和民心,更肆力加以摧残;对于在他们统治下的劳动人民,也更尽其最大可能加以压迫和剥削。

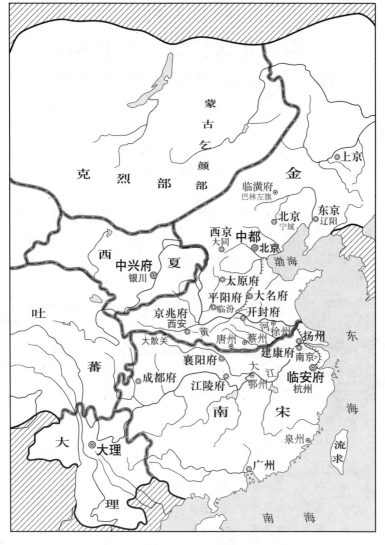

南宋、金、西夏分界图

第十九章
秦桧、张俊肆意罗织诬陷，岳飞、岳雲和张宪惨遭杀害

一　岳飞被劾罢官

是岳飞，使得秦桧、张俊等人收拾韩家军的阴谋未能得逞。这使得秦桧、张俊等把怨毒之气又全部转移到岳飞和岳家军的身上。收拾韩家军的阴谋既因事前的策划不周而未能实现，这一次，在集矢于岳飞和岳家军时，事前自然要策划得更细致周密一些。

张俊、岳飞安拊韩家军完毕之后，于七月初回到杭州。到这月下旬，张俊就又奉命到镇江的枢密行府去"措置事务"，美其名曰"沿江视师"；而岳飞却被留在杭州。这，一则是因为岳飞与张俊在许多事情上总都不能协作，二则因为岳飞在回到杭州之后，就已经受到了右谏议大夫万俟卨的弹劾，弹章略谓：

> 臣伏见枢密副使岳飞，爵高禄厚，志满意得，平昔功名之念，日以颓惰。今春敌寇大入，疆埸骚然，陛下趣飞出师，以为掎角，玺书络绎，使者相继于道，而乃稽违诏旨，不以时发，久之一至舒、蕲，匆卒复还。所幸诸师兵力自能却贼，不然，则其败挠国事，可胜言哉！
> 比与同列按兵淮上，公对将佐谓山阳不可守，沮丧士气，动摇民心，远近闻之，无不失望。

伏望免飞副枢职事，出之于外，以伸邦宪。❶

赵构看到这道奏章之后，丝毫不加分辨，认为所说全是事实，就向秦桧说道：

> 山阳（按即楚州）要地，屏蔽淮东。无山阳则通、泰不能固，贼来径趋苏、常，岂不摇动！其事甚明。比遣张俊、岳飞往彼措置战守，二人登城行视，飞于众中倡言："楚不可守，城安用修。"盖将士戍山阳厌久，欲弃而之他，飞意在附下以要誉，故其言如此，朕何赖焉！

秦桧也随声附和，说道：

> 岳飞对人之言乃至于是，中外之人或未知也。（他的言外之意，是应即加以宣扬，使人周知！）❷

由张俊编造的谣言，经过投降派的君、相、言官们的齐声合唱，并大加发挥，岳飞的罪状就这样铸定了。既然断定岳飞犯了这样一些罪行，当然不能让他再与张俊一同到镇江的枢密行府去"沿江视师"、"措置事务"了。

尽管万俟卨已在奏章中提议免去岳飞的枢密副使之职，把他"出之于外"，然而，赵构、秦桧却还迟迟没有对岳飞作出具体的惩处措施。于是，进入八月之初，御史中丞何铸和殿中侍御史罗汝楫便又相继上疏，内容仍然是重复万俟卨弹章中的那些话，最后则是催促赵构、秦桧对岳飞"速赐处分，俾就闲祠，以为不忠之

---

❶《建炎以来系年要录》卷一四一，绍兴十一年七月壬子、癸丑记事。
❷ 同上书同卷，绍兴十一年八月甲戌、己卯记事。

戒"。而且，万俟卨等人还把前后所上奏章全都抄了副本，一并交与岳飞去看。事情发展到这等地步，岳飞只好提请辞职。八月八日下了诏旨，免掉了岳飞的枢密副使之职，要他以"武胜定国军节度使充万寿观使"，也就是"俾就闲祠"去了。❶

岳飞的亲信和幕僚十一人，当岳飞作枢密副使之日，本也都挂名一些闲散职务而居住在杭州，到岳飞被劾罢官之后，他们也都被派遣到江、湖、闽、广的州郡当中，去充当"添差"（按即"编外"，并不承担公务）人员，而且都勒令立即前去。在八月十三这一天内，同时被派遣出去的就有五人：右朝议大夫直秘阁于鹏，去做广南东路安抚司的参议官；右奉议郎党尚友，去做广南西路安抚司的参议官；右朝奉郎孔戌，去做江南西路安抚司的参议官；左朝散郎孙革，去做兴化军的通判；左宣教郎张节夫，去做南剑州的通判。❷

二 王鵰儿诬告张宪，意在牵连岳飞

（1）

岳家军中的各将领，几年以来，为了功赏等事，相互之间也积有一些嫌隙。例如都统制王贵和前军统制提举一行事务张宪的感情就不融洽。更有个名叫王俊的副统制，是一个最惯于反复变诈、喜欢出卖同僚的人，人们因此早呼他为"王鵰儿"，在岳家军中也是一个害群之马。一意想要取得秦桧的欢心、也一心想要把岳家军彻底摧毁的张俊，探听到岳家军中有这样一个无赖小人可供利用，便派人去与他勾结，唆使而且帮助他搞了一份《告首状》，

---

❶《建炎以来系年要录》卷一四一，绍兴十一年八月甲戌、己卯记事。
❷ 同上。

诬告岳飞最倚重的部将张宪要领兵到襄阳去造反。今将他这篇《告首状》的全文抄录于下：

左武大夫、果州防御使、差充京东东路兵马钤辖、御前前军副统制王俊

右俊于八月二十二日夜二更以来，张太尉（按指张宪）使奴厮儿庆童来请俊去说话。俊到张太尉衙，令虞候报复，请俊入宅，在莲花池东面一亭子上。张太尉先与一和尚何泽一点着烛，对面坐地说话。俊到时，何泽一更不与俊相揖，便起向灯影黑处潜去。俊于张太尉面前唱喏，坐间，张太尉不作声，良久，问道："你早睡也？那你睡得着。"

俊道："太尉有甚事睡不着？"

张太尉道："你不知自家相公（按指岳飞）得出也？"

俊道："相公得出那里去？"

张太尉道："得衢、婺州。"

俊道："既得衢、婺州，则无事也，有甚烦恼？"

张太尉道："恐有后命。"

俊道："有后命如何？"

张太尉道："你理会不得。我与相公从微相随，朝廷必疑我也。朝廷教更番朝见，我去则必不来也。"

俊道："向日范将军（按指范琼）被罪，朝廷赐死，俊与范将军从微相随，俊元是雄威副都头，转至正使，皆是范将军兼系右军统制、同提举一行事务。心怀忠义，到今朝廷何曾赐罪？太尉不须别生疑虑。"

张太尉道："更说与你：我相公处有人来，教我救他。"

俊道："如何救他？"

张太尉道："我遮（这）人马动，则便是救他也。"

俊道："动后，甚意思？"

张太尉道:"遮里将人马老小尽底移去襄阳府不动,只在那驻扎,朝廷知后,必使岳相公来弹压抚谕。"

俊道:"太尉不得动人马。若太尉动人马,朝廷必疑,岳相公越被罪也。"

张太尉道:"你理会不得。若朝廷使岳相公来时,便是我救他也。若朝廷不肯教岳相公来时,我将人马分布,自据襄阳府。"

俊道:"诸军人马,如何起发得?"

张太尉道:"我房劫舟船,尽装载步人老小,令马军便陆路前去。"

俊道:"且看国家患难之际,且更消停。"

张太尉道:"我待做,则须做,你安排着,待我教你下手做时,你便听我言语。"

俊道:"恐军中不服者多。"

张太尉道:"谁敢不服?"

傅选道:"我不服。"(按,傅选原未在场,此处当有脱误。)

俊道:"傅统制慷慨之人,丈夫刚气,必不肯服。"

张太尉道:"待有不服者,都与剿杀!"

俊道:"这军马做甚名目起发?"

张太尉道:"你问得我是。我假做一件朝廷文字教起发,我须教人不疑。"

俊道:"太尉去襄阳府,后面张相公(按指张俊)遣人马来追袭,如何?"

张太尉道:"必不敢来赶我。设他人马来到遮里时,我已到襄阳府了也。"

俊道:"且如到襄阳府,张相公必不肯休,继续前来收捕,如何?"

张太尉道:"我有何惧?"

俊道:"若蕃人探得知,必来夹攻太尉。南面有张相公人马,北面有蕃人,太尉如何处置?"

张太尉冷笑[道]:"我别有道理:待我遮里兵才动,先使人将文字去与蕃人,万一枝梧不前,教蕃人发人马助我。"

俊道:"诸军人马老小数十万,襄阳府粮少,如何?"

张太尉道:"这里粮尽数着船装载前去。鄂州也有粮,襄阳府也有粮,可吃得一年。"

俊道:"如何这里数路应副钱粮尚有不前,那里些少粮,一年以后,无粮如何?"

张太尉道:"我那里一年以外不别做转动?我那里不一年,教蕃人必退。我迟则迟动,疾则疾动,你安排着。"

张太尉又道:"我如今动后,背嵬、游奕服我不服?"俊道:"不服底多。"

[张太尉]又道:"游奕姚观察、背嵬王刚、张应、李璋服不服?"

俊道:"不知如何。"

张太尉道:"明日来我遮里聚厅时,你请姚观察、王刚、张应、李璋去你衙里吃饭,说与我遮言语。说道:张太尉一夜不曾得睡,知得相公得出,恐有后命。今自家懑(们)都出岳相公门下,若诸军人马有语言,教我怎生制御?我东西随人,我又不是都统制,朝廷又不曾有文字教我管他懑,有事都不能管得。"

至三更后,俊归来本家。次日天晓,二十三日早,众统制官到张太尉衙前,张太尉未坐衙。俊叫起姚观察于教场内亭子西边坐地。

姚观察道:"有甚事,大哥?"

俊道:"张太尉一夜不曾睡,知得相公得出,大段烦恼,道破言语，教俊来问观察如何。"

姚观察道："既相公不来时，张太尉管军，事节都在张太尉也。"

俊问观察道："将来诸军乱后如何？"

姚观察道："与他弹压，不可教乱，恐坏了遮军人马。你做我复知太尉，缓缓地，且看国家患难面。"

道罢，各散去，更不曾说张太尉所言事节。

俊去见张太尉，唱喏，张太尉道："夜来所言事如何？"

俊道："不曾去请王刚等，只与姚观察说话，教来复太尉道：'恐兵乱后不可不弹压。我游奕一军钤束得整齐，必不到得生事。'"

张太尉道："既姚观察卖弄道，他人马整齐，我做得尤稳也。你安排着。"

俊便唱喏出来，自后不曾说话。

九月初一日，张太尉起发赴枢密行府，俊去辞，张太尉道："王统制，你后面粗重物事转换了著，我去后，将来必不共遮懑一处，你收拾，等我叫你。"

重念俊元系东平府雄威第八长行，因本府缺粮，诸营军兵呼千等结连俊，欲劫东平府作乱，岁时俊食禄本营，不敢负于国家，又不忍弃老母，遂经安抚司告首。奉圣旨，补本营副都头。后来继而金人侵犯中原。俊自靖康元年首从军旅，于京城下与金人相敌斩首，及俊口内中箭，射落二齿，奉圣旨，特换成忠郎。后来并系立战功，转至今来官资。俊尽节仰报朝廷。今来张太尉结连俊别起事，俊不敢负于国家，欲伺候将来赴枢密行府日，面诣张相公前告首。又恐都统王太尉（按，指王贵）别有出入，张太尉后面别起事背叛，临时力所不及，使俊陷于不义。俊已于初七日面复都统王太尉讫，今月初八日纳状告首。如有一事一件分毫不实，乞依军法施行。兼俊自出官以来，立到战功，转至今来官资，即不曾有分毫过犯。所有俊应干告敕宣札在家收存外，有告首呼千等补副都头宣缴申外，庶晓俊忠义，不曾作过，不敢负于国家。谨具状披告，伏候指挥。❶

在这道《告首状》之后，王俊还附有一个《小贴子》，说道：

契勘：张太尉说，岳相公处来人教救他，俊即不曾见有人来，亦不曾见张太尉使人去相公处。张太尉发此言，故要激怒众人，背叛朝廷。❷

（2）

我在上面一字不遗地抄录了王俊《告首状》的全文，为的是，要使每个读者都可就此《告首状》细加推敲和思考：其中究竟有没有哪怕是一星半点的值得相信之处。

——王俊既是一个以常常出卖同僚而落得"王雕儿"恶名的人，他与张宪又素无交谊，何以张宪在有意造反之时先去与他透漏私情而无所顾忌呢？

——根据两人的全部对话来看，在张宪与王俊密谈此事之前，张宪还不曾与任何人进行过联系，连原为岳飞亲卫军（背嵬军）和游奕军的首脑们都还毫无所知，还都要由王俊去代他进行联系，久征惯战的张宪是断不会如此愚蠢的。

——张俊既已加入了赵构、秦桧的卖国集团，他当然有可能去勾结金军来与他一同夹击岳家军；张宪刚在临颍、颍昌等地与金军

---

❶ 王明清：《挥麈录余话》卷二，《王俊首岳侯状》(以《金佗粹编·张宪辨》及《建炎以来系年要录》卷一四三，绍兴十一年十二月癸巳条下引文校正)。

❷ 自《金佗粹编》卷二四，《张宪辨》转引。

多次拼杀，怎么竟在"万一枝梧不前时"能教金方"发人马相助"呢？

——张宪既已向王俊说明："朝廷教更番朝见，我去则必不来也"，何以到九月初一日，张宪又起发到镇江的枢密行府去见张俊，而且还依旧要王俊听候他的呼唤呢？

——更何况，在张宪与王俊对话的全部过程当中，王俊对张宪的造反谋划始终未肯同意，未加附和，而张宪对此竟也始终不以为意，最后竟还是要王俊听候他的呼唤。除非张宪是一个头号傻瓜，否则这就实在令人难以理解了。❶

（3）

张宪从鄂州出发，往镇江去向张俊"白事"，原任都统制的王贵，这时也刚从镇江向张俊汇报军情返回鄂州，于是在张宪离开军营之后，王俊就拿了那件《告首状》去向王贵告发，并还约来统制官傅选出面作证。王贵在当天就派人把《告首状》转送给在镇江枢密行府的张俊，张俊于九月八日收到此件，立即指派枢密行府的两名属吏推勘，但这两名属吏却推辞说，枢密院吏无推勘罪人的规定，"恐坏乱祖宗之制"，拒不接受这一任务。张俊便又另行指派一员属吏推勘。在审讯过程当中，不但判定王俊《告首状》中所述一切属实，而且还严刑逼供，逼张宪招认说，他这次之所以"欲劫诸军为乱"，乃是由于岳雲先写了一封信给张宪，唆使他这样做的。❷既然是诬构的案款，当然不可能有实物为证，于是张俊又宣告说，岳雲写给张宪的书信，早已被张宪烧掉了。

岳雲是随从张宪一同到镇江去的，到这时便也被逮捕，和张

---

❶ 参考《金佗稡编》卷二四，《张宪辨》。
❷ 此段系据《建炎以来系年要录》卷一四一，绍兴十一年九月八日及《三朝北盟会编》卷二〇六，《鄂州军统制张宪谋为乱》条参互考定。

宪一同从镇江被押解到杭州的大理寺狱中。

三　岳飞的入狱、受审和惨遭杀害

（1）

《岳侯传》所载这次冤案开始时的粗略情况是：

> 秦桧密遣王俊同王贵前去谋陷侯，王俊、王贵等观望，奏张宪、岳雲欲谋反等事。俄将张宪、岳雲俱杻械送大理寺根勘。上闻，惊骇。秦桧奏乞将张宪、岳雲与飞同证白其事。是时侯尚不知。良久，秦桧密遣左右传宣："请相公略到朝廷，别听圣旨。"侯既闻宣诏，即时前去。❶

这段记载，在细节方面不免与当时事实微有不符之处，但大致说来，其前后节次却基本无误。根据其中的"上闻，惊骇"一语，知当最初制造这一冤案的谋划时，赵构并未与闻其事；但在他闻知之后，也不过只是表示了一下"惊骇"而已，也并无要加制止之意；再以后，则更是听任秦桧放手去干，并不稍持异议。

至于此中所说"秦桧乞将张宪、岳雲与（岳）飞同证白其事。是时侯尚不知。良久，秦桧密遣左右传宣"诸语，也大致都与史实相符。因为，参照南宋中叶的杨伯岩（杨沂中之孙）和石斗文（字天民，浙东学者）所记述，可以得出如下的梗概：

岳飞在辞掉了枢密副使之后，虽然南宋王朝还给予他一个万寿观使的空名义，实际上他却已经离开杭州，回到庐山去了。因此，他对于张宪、岳雲被诬陷入狱的事，才全无所知。其后，秦桧

---

❶ 自《三朝北盟会编》卷二〇七转引。

奏白赵构，也把岳飞捉来，与张宪、岳雲一同对证其事。秦桧所"密遣"去"传宣"给岳飞的那个人，则是殿前司统制杨沂中。

绍兴十一年九月的某一天，杨沂中受到秦桧的呼唤，及至到了宰相厅堂，秦桧却并不出来与之相见，而只是派了一名"直省官"拿出一份《堂牒》交付与他，说要他去押解岳飞到大理寺来。"直省官"还特别口授了秦桧的一句话："要活底岳飞来。"

岳飞闻知杨沂中从杭州奉命前来庐山，心头立即浮起一个不祥的预感。然而他仍然像平素一样地接待了杨沂中。在当时某些将官们结拜的义兄弟行中，杨沂中排在第十，因此他便被呼为十哥。岳飞出门迎接他时，一见面便呵呵大声问道：

十哥，你是为什么到这里来的？

杨沂中把《堂牒》交与岳飞，接着便向他叙说了张宪、岳雲已经系狱的事，然后又说道：

他们虽已系狱，并没有什么大不了的事体，只是还需要哥哥到朝廷去对证一下。

岳飞的心头更像压上了石头般的沉重，便又向杨沂中说道：

我看你今天到这里来，情况必是很不好的。

说罢，便迳自起来走回内院。在岳飞的心头尽管有不祥的预感，但同时他却又十二万分相信，张宪、岳雲是断然不会有什么严重罪行的，只须自己出面去对证一下，就会把因同僚之间的嫌隙而发生的诬告弄清楚。卖国集团要在岳飞和岳家军身上行使的阴谋之狠毒，是远远超出岳飞的想象之外的。因此，岳飞决定要跟随杨沂中到杭州去。

岳飞回内院去后不久,一个小侍女捧了一杯酒由内院走出,送到杨沂中的面前,说道:

且请吃这杯酒。

杨沂中看到岳飞并未与此侍女一同出来,不免在心里揣测道:

糟糕!岳飞一定到后院自杀去了。这杯酒也一定是一杯毒酒,是也要我死在这里的。

接着,他又很怀疑虑地向这位侍女问长问短,想从她口中探索到岳飞回内院后究竟作何反应。然而这侍女平心静气地回答他的问话,毫无惊恐忧疑神情。杨沂中这才举起酒杯,一饮而尽。岳飞这时恰好又从内院走了出来,便也含笑向杨沂中说道:

此酒并无毒药。你放心地喝了下去,我今日方看出你真够朋友。那么,好吧,我跟你去。

在这番简单的对话之后,两人便坐上轿子一齐出发。只有几个旧的侍从兵跟随岳飞同行。

在行程中的某个夜晚,岳飞投宿在一家村舍中,是一员江上巡检官的宅院。巡检官问知来客就是久闻大名的岳少保,便急忙归并自己的衣物家具,要把一间最好的房屋腾挪出来,让岳少保在那里过夜。及至岳飞到来之后,首先便向巡检官寒暄了几句,并且说道:

此间没有旅店可住,只得借住在你的门洞里了。

巡检官再三邀请岳飞到他的住房中去，岳飞却坚执不肯。想不到英名盖世的岳少保，竟是这般地淳朴而又这般地固执。最后还是只有依他了。

夜深了，门洞的灯烛还未熄灭。岳飞和他的几名部曲对坐而谈。巡检官好奇，走向窗前窥视，只见岳飞的部曲一个个挨次向他陈请，声音却又十分低微，听不出说些什么。

究竟说了些什么呢？是这几个部曲越想越认为事体不妙，害怕岳少保遭受什么人的暗算，劝请岳飞改变主意，不必前往杭州去对证什么了。

岳飞的面容和表情却被巡检官看得十分清楚：一副极为严肃的面容。他所答话语也都能听得清楚：“只有前去!”全然是一种内省不疚，无忧无虑的神气。于公于私全无半点亏缺之处，有什么可忧可虑的呢？❶

（2）

十月十三日，秦桧闻知岳飞已经抵达杭州，才把这事去告知赵构，赵构表示一切都任凭秦桧办理，秦桧便急忙派人去向岳飞说道：

请相公略到朝廷，别听圣旨。

岳飞即时跟随来人前去，那人却一直把他引导到大理寺去。这使得岳飞更加莫名其妙，便大声质问道：

怎么把我带到这里来了？

---

❶《金佗续编》卷二八，《鄂武穆王岳公真赞·序》。

没有人肯理会这一问题。岳飞在大理寺的门内下了轿子,看到四周房屋全都垂挂着门帘,并不见一个人。他正在四顾彷徨,却看见几个人从一间屋中走出,前来告诉他说:

这里不是相公坐处。后面有中丞等待着你,请相公略去照对数事。

岳飞虽然莫奈何地点了点头,示意要遵命照办,却仍然不胜骇异地问道:

我为国家宣力半生,为什么今天竟到了这里!

依然没有人理会他的问题。狱吏只催促岳飞跟他前去。他走到一处,忽然看到了张宪,又一处看到了岳云——两人都露头赤脚,脖颈上戴着枷锁,手脚上戴着铐镣,浑身血迹斑斑,都在痛苦地呻吟着。岳飞的双眼立时也都浸满了泪水,上下牙齿紧咬着,心脏像被撕裂一般地疼痛!❶

狱吏告诉岳飞说的"后面有中丞等待着你",这个"中丞",是指当时做御史中丞的何铸。何铸就是在八月内曾和罗汝楫继万俟卨而对岳飞提出弹劾的一个人,所以这次首先委派他去审问岳飞。

何铸"引飞至庭,诘其反状",岳飞脱掉上身的衣服,让何铸看一下旧日刺写在他的脊背上的"尽忠报国"四个大字。何铸在审查了王俊的《告首状》、《小贴子》以及与此案有关的全部文件之后,觉得大都诬枉不实,无法构成造反的罪状,因而便把这一事实去向秦桧反映,秦桧很不高兴地说:

---

❶ 《岳侯传》(自《三朝北盟会编》卷二〇七转引)。

皇上的意思是要这样办的。

何铸对于秦桧虽有时也要曲意顺从，但对于目前要他负责审判的这一案件，在他已经觉察到基本上全由诬陷捏造所构成之后，他是决不肯再推波助澜、下井投石的，因而他又回答秦桧说：

我的心意，也决不是要对岳飞进行维护；而是认为，现在大敌当前，无缘无故地就把一员大将置之死地，这一定要大伤将士们之心。从国家的长治久安问题着想，是不应该这样做的。

这番话，虽然使得秦桧张口结舌，无言可答，然而，在此以后，何铸被派出使金国，改用万俟卨来审理岳飞的案件了。❶

（3）

在改由万俟卨主持审讯时，情况便全然异样了。他们把王俊、张俊等人捏造的文件摆在桌面上，向岳飞大声呵斥道：

国家有何亏负于你，你们父子却要伙同张宪共同造反？

岳飞气愤满怀，怒发冲冠，也向着他们高叫道：

对天盟誓：我绝对无负于国家。你们既是主持国法的人，切不应当陷害忠良。你们如要把我诬枉致死，我到冥府

---

❶《宋史》卷三八〇，《何铸传》。岳珂《宝真斋法书赞》卷二四《何恭敏料理帖》跋语中有"予家被秦祸，公独首明其冤"句，其《赞》中又谓何铸"敢于撄豺虺之锋而吐天下之公言"。故知《宋史·何铸传》中所记此事为可信。

也要与你们对质不休!❶

岳飞气愤激动,不自觉地指天划地,身子在不断耸动,手臂在不断伸屈。狱卒看到这情况,便敲着杖子从旁呵叱道:

岳飞叉手正立!

这喊声使岳飞立即意识到:自己虽是一个曾率领过数万大军的人,到今天却已远远不如一个狱卒的尊贵了!❷ 这也正像西汉时候被诬谋反因而为狱卒所侮辱的周勃一样。只是他没有周勃那样的幸运——正是侵辱周勃的那个狱卒,最后又出主意把周勃搭救了,而呵叱岳飞的狱卒却没有这样做。岳飞只有悚然听取狱卒的命令。万俟卨一伙人接着追问道:

相公说无心造反,你还记得游天竺寺时,曾在壁上留题说"寒门何日得载富贵",这是什么意思?
既然写出这样的话,岂不表明有非分之想,居心要造反吗?

这样地歪曲事实,深文周纳,引起岳飞一阵更剧烈的激动。待他稍微冷静清醒些时,他看到面对着的这些人,既无一个不是秦桧的党羽,在他们,怎还会有丝毫的正义感?和他们争辩又能有什么用呢?于是他长叹了一声,又高声叫喊道:

吾现时才知道已落入国贼秦桧之手,使我为国忠心一切

---

❶《岳侯传》(自《三朝北盟会编》卷二〇七转引)。
❷《三朝北盟会编》卷二〇六,绍兴十一年十月十三日记事。

都休,一切都成了犯罪!

说罢,合上眼睛,再也不说什么,任凭狱卒们拷打。❶

(4)

从岳飞被罢免了枢密副使,直到他被逮捕,关进大理寺狱中这一期间,秦桧的党羽们也还不断对韩世忠进行论劾。赵构虽然也觉察到诸人所论有不尽属实之处,因而"留章不出",但韩世忠在看到近年来接连不断地发生的一些事件之后,对于秦桧的阴毒险恶也已看得十分清楚。他不愿意落入秦桧的陷阱中去,因而自己坚决请辞枢密使的职务。到十月二十八日,亦即岳飞被送入大理寺狱半月之后,韩世忠也被罢免了枢密使之职,以太傅的头衔而做醴泉观使,亦即和岳飞同样地"俾就闲祠"去了。从此以后,他"杜门谢客",不但绝口不再谈论用兵作战的事,对亲戚朋友也不通书信,甚至韩家军中原来的一些将佐部曲,想和他会面也极不容易。他只是经常"跨驴携酒,从一二童奴,游西湖以自乐"。这一切,当然全都是为了避免嫌疑,少惹是非,以求不致遭受秦桧及其党羽的忌刻之故。❷

然而,对于岳飞所遭受到的诬枉灾祸,韩世忠却是十分了然,因而也不能不加关切的。说他完全是出于义愤也好,说他是由于同命相怜也好,总之,在他罢免了枢密使官职之后不久的某一天内,他去会见了秦桧,而且向他质问:王俊在《告首状》中所告发的一些事体,究竟有哪些是可靠的。秦桧只简单含糊地回答他说:

飞子雲与张宪书(的内容)虽不明,其事体,莫须有?

---

❶《岳侯传》(自《三朝北盟会编》卷二〇七转引)。
❷《建炎以来系年要录》卷一四二,绍兴十一年十月癸巳记事。

对于秦桧的这种蛮不讲理的态度，韩世忠感到实在难以忍耐，但考虑到眼下正是秦桧势炎灼天之时，对他又实在是莫可奈何，便极为愤愤然地向秦桧说道：

相公，"莫须有"三字，何以服天下乎？

这番对话便这样结束了。❶

（5）

岳飞虽受尽各种酷刑，却并没有承认自己与岳雲、张宪有任何想要造反的谋划。他声说这一切全是捏造出来对他们三个人进行陷害的。他绝食以示反抗。万俟卨便又把岳飞的次子岳雷找来，使其到狱中服事其父。

既然从岳飞的口中抓不到任何罪证，万俟卨等人便又去串通那个王鹘儿，要他再出面提供岳飞的别种罪证。经他们一伙人的共同策划，新罪状又被编造出来了，而且不只一桩：

——几年以前，当岳飞初次膺受节度使的荣衔时，曾得意忘形地向人夸耀说："三十二岁上建节，自古少有。只有开国的太祖皇帝，才是在这同一个年岁上做了节度使的。"竟敢以太祖皇帝与自己相比拟，够多么僭越狂悖！他们便使用酷刑逼迫张宪承认曾经亲闻岳飞有此语言，并即判定为岳飞的一桩严重罪行。

——一年以前，岳飞从郾城班师途中，某个夜晚住宿在一座寺庙中，和王贵、张宪、董先、王俊等人坐谈，大家都闷闷不语，后来岳飞却打破沉寂，发问说：

天下事，竟如何？

---

❶《建炎以来系年要录》卷一四三，绍兴十一年十二月癸巳记事。

没有人敢应声。又经片刻沉默之后,张宪才慢慢回答说:

  在相公处置尔。

这岂不明明白白地是极端悖逆的对话吗?幸亏王俊无时无刻不对南宋王朝忠心耿耿,听到这话便把它牢牢地记在心头,便又在这时提供出来,作为岳飞、张宪早就有共谋不轨的证明。
  ——本年春间,金军入寇淮西,岳飞一方面迟疑观望,不肯遵照朝命赶往救援,一方面又探听得张俊、韩世忠的部队都吃了败仗,便认为这两支人马全不中用,遂用手指着张宪说道:

  张太尉,我看像张家军那样的兵马,你只消带领一万人去,就可以把他们蹂躏了。

随后又指着董先说道:

  董太尉,像韩家军那样的兵马,我看你不消带一万人去,就可以把他们蹂躏了。❶

这不但是凌轹同列,而且是想残害友军。在这样一番狂妄语言被提供出来之后,自然首先就要使韩、张二人对他痛恨万分。
  ——岳飞有一次召集诸将会谈,他却忽然向着在座人员公开宣说:

  国家现今的处境不得了也!官家(按即皇帝)又不修德!

---

❶ 《金佗稡编》卷二四,《张宪辨》;《朝野杂记》乙集卷一二,《岳少保诬证断案》。

这几句话更是"指斥乘舆"（按乘舆亦即皇帝），属于"情理切害"一类的语言了。

为要证实郾城回师途中的谈话，和"官家又不修德"的话，秦桧还特地把董先招来杭州，向他说道：

> 止是有一句言语，要尔为证，证了，只今日便可得到释放。

及至把董先送往大理寺狱之后，虽经万俟卨等人一问即招[1]，但他却说岳飞并未与太祖相比，所以终还算不得什么"大逆不道"之罪。这样地深文周纳了两个月之久，却终于还没有得到足以致岳飞于死地的罪状。到了这时，才又决定仍旧采用本年秋季万俟卨等人对岳飞的弹章中所论劾的，在淮西战役中他的违抗诏旨、逗留不肯进军的事情，由秦桧以尚书省的名义下了一道《敕牒》给万俟卨等人，说"淮西之战，一十五次被受《御札》，坐观胜负"，应即以此作为岳飞的最重大的罪状。然而这一事端，既不是王鹏儿的《告首状》所举发的，也不是张宪在诬服时所涉及的，而在审问时候，又经岳飞根据当时的事实逐一加以辨驳，据此定案也终显得十分牵强。[2]

然而，既已捕风捉影地拼凑了上述种种所谓"罪证"，再与所谓"拥兵逗留、不援淮西"这一事件联系起来，在万俟卨看来，罗织之技已经用尽，只能据此而把岳飞置之死地了，于是就把审讯人员聚拢在一起，商讨应当判处的刑名。他没有料到，在这次会商和"聚断"时，大理寺丞李若朴和何彦猷却依然认为，证据不够确凿，造反的罪名难以成立，因而对岳飞只应判处两年徒刑，绝对不

---

[1] 《三朝北盟会编》卷二〇七，绍兴十一年十二月二十九日记事。
[2] 《金佗稡编》卷二四，《淮西辨》。

应判处死刑。尽管万俟卨和罗汝楫不同意这个意见，仍极力主张应把岳飞父子和张宪三人一律处死，然而毕竟因为未能取得一致意见，判决书也不能不受些影响，未能尽快地炮制出来。

到了腊月二十九日（1142年1月28日），第二天就是这年的岁除日了，岳飞、岳雲、张宪诸人的案子却还拖延着，没有最后的结局。这使秦桧感到极大的不痛快。就在这一天，秦桧独居书室，嘴里吃着柑子，手中玩弄着柑皮，用指爪来回划着，是一副若有所思的样子。

秦桧的老婆王氏，是一个比秦桧更加阴险狠毒的人。她走进书室，看到秦桧的这副神态，料定他必是正在考虑如何处理岳飞案件的事，不免笑他太缺乏果断，便向他发出警告般的语言，说道：

老汉竟这般缺乏果断吗？要知道捉虎容易放虎难呀！

经过老婆的这番提示，秦桧恍然大悟，这才下定决心，随手掣了一张纸条，写了不多的几个字，送往大理寺狱中。❶

万俟卨等人遵命作最后的决定，再一次提审岳飞，逼他在他们炮制的一张供状上画押。岳飞知道这是他最后的时刻了，无限痛心地向天空仰视了一阵，便拿过笔来在供状上写了八个大字：

天日昭昭！天日昭昭！

这之后，不大一会儿工夫，岳飞被毒死，张宪、岳雲被斩首。岳飞年三十九，岳雲二十三，张宪年龄不详。

---

❶ 不著撰人：《朝野遗记》。

四 事后炮制出笼的判决书

秦桧、万俟卨们在绍兴十一年腊月二十九日对岳飞父子和张宪急忙下了毒手。但加于这三个人的,以及秦桧、万俟卨们打算要加以株连的那些人的罪状和刑名,匆遽间无法炮制出来。因此,是在对岳飞父子下了毒手之后,才用倒填月日的办法把判决书炮制出笼,也借此对其事实上的先斩后奏的行径痕迹稍作遮掩。这份判决书的全文如下:

> 绍兴十一年十二月二十九日刑部大理寺状
> 　　准尚书省札子:"张俊奏:'张宪供通,为收岳飞文字后谋反,行府已有供到文状。'奉圣旨:'就大理寺置司根勘,闻奏。'"
> 　　今勘到:
> 神龙卫四厢都指挥使、高阳关路马步军副都总管、御前前军统制、权副都统、节制鄂州军马张宪,
> 僧泽一,
> 右朝议大夫、直秘阁、添差广南东路安抚司参议官于鹏,
> 右朝散郎、添差通判兴化军孙革,
> 左武大夫、忠州防御使、提举醴泉观岳雲,
> 有荫人智浃,
> 承节郎、进奏官王处仁,
> 从义郎、新授福州专管巡捉私盐蒋世雄,
> 及勘证得前少保·武胜定国军节度使、充万寿观使岳飞所犯;内:
> 　　**岳飞**——为因探报得金人侵犯淮南,前后一十五次受亲札指挥,令策应措置战事,而坐观胜负,逗留不进。及因董

先、张宪问张俊兵马怎生的？言道："都败了回去也。"便指斥乘舆，及向张宪、董先道："张家、韩家人马，你只将一万人蹂踏了！"及因罢兵权后，又令孙革写书与张宪，令"措置别作擘画"，又令"看讫焚之"，及令张宪虚申"探得四太子大兵前来侵犯上流"。自是之后，张宪商议，待反背而据守襄阳，及把截江岸两头，尽掳官私舟船。又累次令孙革奏报不实，及制勘虚妄等罪。

除罪轻外，法寺称："《律》：'临军征讨，稽期三日者，斩。'及'指斥乘舆，情理相切害者，斩。'系罪重。其岳飞，合依斩刑私罪上定断：合决重杖处死。"

看详：岳飞坐拥重兵，于两军未解之间，十五次被受御笔，并遣中使督兵，逗留不进；及于此时辄对张宪、董先指斥乘舆，情理切害；又说与张宪、董先，要蹂踏张俊、韩世忠人马；及移书张宪，令"措置别作擘画"，致张宪意待谋反，据守襄阳等处作过。委是情理深重。——《敕》："罪人情重法轻，奏裁。"

张宪——为收岳飞书，令宪"别作擘画"，因此，张宪谋反，要提兵僭据襄阳，投拜金人，因王俊不允顺，方有"无意作过"之言；并知岳飞指斥切害，不敢陈首；并依随岳飞虚申"无粮，进兵不得"；及依于鹏书申岳飞之意，令妄申探报，不实；及制勘虚妄。

除罪轻外，法寺称："《律》：'谋叛绞。'其张宪，合于绞刑私罪上定断：合决重杖处死；仍合依例追毁出身以来告敕文字，除名。"本人犯私罪，绞。举官见行取会，候到，别具施行。

岳雲——为写《谘目》与张宪称："可与得心腹兵官商议擘画"，因此，致张宪谋叛。

除罪轻及等外，法寺称："《敕》：'传报朝廷机密事，流二十五百里,配千里,不以荫论。'《敕》:'刺配比徒三年,本罪徒以上通比,满六年比加役流。'《律》:'官五品,犯流以下,减一等。'其岳雲,合比加役流私罪断:官减外,徒三年,追一官,罚铜二十斤入官,勒停。"

看详:岳雲因父罢兵权,辄敢交通主兵官张宪,节次催令"与得心腹兵官擘画",致张宪因此要提兵谋叛;及传报朝廷机密,惑乱军心,情重奏裁。岳雲犯私罪徒。举官见行取会,候到,别具施行。

于鹏——为所犯虚妄,并依随岳飞写《谘目》与张宪等,妄说岳飞出使事,并令张宪妄供探报。

除罪轻外,法寺称:"《敕》:'为从不配。'《律》:'五品犯流罪,减一等。'其于鹏合徒三年,私罪。官减外,徒二年半,追一官,罚铜十斤入官,勒停。情重奏裁。"于鹏犯私罪徒。举官见行取会,候到,别具施行。

孙革——为依随岳飞写《谘目》与张宪,称"措置擘画"等语言,并节次依随岳飞申奏朝廷,不实。

除罪轻外,法寺称:"《律》:'奏事不实,以违制论,徒二年。'《律》:'供犯罪徒,减一等。'其孙革,合徒一年半,私罪。官减外,徒一年。合追见任右朝散郎一官官告文字,当徒一年,勒停。情重奏裁。"孙革犯私罪徒。举官见行会问,候到,别具施行。

王处仁——为知王贵申奏朝廷张宪背叛,泄漏供申岳飞,并说与蒋世雄。

法寺称:"《敕》:'传报漏泄朝廷机密事,流二千五百里,配千里;应比罪,刺配比徒三年,本罪徒以上通比,满六年比加役流,私罪上断',合追见任承节郎并历任承信郎共两官官告文字,当徒二年。据案别无官当,更合罚铜八十斤入官,勒停,情重奏裁。"王处仁犯私罪流。举官见行会问,候到，别具施行。

蒋世雄——为见王处仁说，王贵申奏朝廷张宪待背叛事，于岳飞处复。

除罪轻外，法寺称："《律》：'传报漏泄朝廷机密事，流三千里，从减一等。'其蒋世雄合徒三年私罪上断：官减外，徒二年半。合追从义郎、秉义郎两官官告文字，当徒二年；余徒半年，更罚铜十斤入官，勒停。情重奏裁。"蒋世雄犯私罪徒。举官见行会问，候到，别具施行。

僧泽一——为制勘虚妄，并见张宪等待背叛，向张宪言："不如先差两队甲军防守总领运司衙门"，并欲与张宪诈作枢密院札子，发兵过江；及要摹榻枢密院印文。

除罪轻外，法寺称："《律》：'谋叛者绞，从减一等。'其僧泽一合流三千里私罪断：合决脊杖二十，本处居作一年，役满日放。仍合下本处，照《僧人犯私罪流还俗》条施行。情重奏裁。"

智浹——为承岳雲使令，要将书与张宪等，并受岳雲金、茶、马，令智浹将书与张宪等，共估钱三百二贯足。

除罪轻外，法寺称："《律》：'坐赃致罪，一贯徒一年，十贯加一等，罪止徒三年。谓非监临主司因事受财，七品官子孙犯流罪以下，听赎。'其智浹合徒三年。赃罪赎铜六十斤。情重奏裁。"

小帖子：据《贴黄》称："契勘岳飞次男岳雷系同岳飞一处送下，今来照证得岳雷别无干涉罪犯，缘为岳飞故节饮食成病，合依条召家人入侍，已就令岳雷入侍看觑，候断下案内人日，所有岳雷亦乞一就处分降下。"

又小帖子称：所有僧泽一，合下本处依条施行。

又小帖子称：契勘数内于鹏，见行下湖北转运司根究银绢等四百万，合下所属照会，候根究见归着日，即乞依今来所断指挥施行。

又小帖子称：看详：岳飞、张宪所犯情重，逐人家业并家属，合取自朝廷指挥，拘籍施行。

看详岳飞等所犯，内岳飞私罪斩，张宪私罪绞，并系情理所重；王处仁私罪流，岳雲私罪徒，并系情理重；蒋世雄、孙革、于鹏并私罪徒，并系情理稍重；无一般例。今奉圣旨根勘，合取旨裁断。

有旨：岳飞特赐死，张宪、岳雲并依军法施行，令杨沂中监斩，仍多差兵将防护。余并依断。

于鹏、孙革、王处仁、蒋世雄除名。内：于鹏、孙革永不收叙，于鹏送万安军、孙革送浔州、王处仁送连州、蒋世雄送梧州，并编管。僧泽一决脊杖二十、刺面、配三千里外州军牢城，小分收管。智浃决臂杖二十、送二千里外州军编管。

岳飞、张宪家属，分送广南、福建路州军拘管，月具存亡闻奏。

编配人并岳飞家属并令杨沂中、俞俟，其张宪家属令王贵、汪叔詹，多差得力人兵防送前去，不得一并上路。岳飞、张宪家业籍没入官，委俞俟、汪叔詹逐一抄札，具数申尚书省。余依大理寺所申并《小帖子》内事理施行。仍出榜晓谕：应缘上件公事干涉之人，一切不问，亦不许人陈告，官司不得受理。❶

这一长篇判决书，全部都是由造谣诬蔑的言词和罗织、虚构

---

❶ 这一长篇《判决书》，南宋的李心传既在《建炎以来朝野杂记》乙集（卷十二）的《岳少保诬证断案》条内收入了全文，而在《建炎以来系年要录》（卷一四三）的《岳飞赐死于大理寺》条的附注内也把全文载入。上面的引文，虽已将此两书所录文字进行了比勘和校正，但其中必仍有许多讹误和脱漏，因无第三种书可资对证，大概很难再作进一步的考订了。

的事件所构成的。在其出笼的当时,尽管人们敢怒而不敢言,而在秦□既死,他的党羽们也相继失势之后,凡能看到这一文件的人,无不为之气愤得发指。今日尚可考见的为数也还不少,其中较为重要而且具有代表性的,例如王明清在《挥麈录·余话》中说,在他看到这次"诏狱"的"全案"之后,认为判词中所坐罪行,与王俊的原首状"了无干涉",并说:"锻炼虽极而不见实情,的见诬罔!孰所为据?而遽皆处极典,览之拂膺!"而李心传则在《建炎以来朝野杂记》乙集(卷十二)的《岳少保诬证断案》条中说:"余尝得当时行遣省札,考其狱词所坐,皆一时锻炼文致之词,然犹不过如此,则飞之冤可见矣!"我以为王明清和李心传对这篇判词所作的评语,虽都极简单概括,却全都是切中其要害的。

第二十章
秦桧是杀害岳飞的元凶

一 认为杀害岳飞的元凶是赵构
而不是秦桧的几种意见

明朝中叶,苏州名士之一的文徵明,曾为杭州的岳飞庙题写了一首《满江红》词,全文为:

> 拂拭残碑,敕飞字依稀堪读。
> 慨当初依飞何重,后来何酷!
> 果是功成身合死,可怜事去言难赎。
> 最无辜堪恨更堪怜,风波狱!
>
> 岂不惜,中原蹙,
> 岂不念,徽钦辱,
> 但徽钦既返,此身何属!
> 千载休谈南渡错,当时自怕中原复!
> 彼区区一桧亦何能,逢其欲!
>
> ——自明徐阶编:《岳武穆遗文》转引

文徵明这首词,写得并不怎么好,但其用意却十分明确,那就是:杀害岳飞的主谋和元凶,是赵构而不是秦桧。他的论据是,赵构所最关心的是他的皇位的保全问题，因而他也最害怕：如果岳家军真个大败金军，恢复了中原，迎回了徽、钦二帝，则又须把皇位让与赵桓（钦宗），而那却是他所万不肯为的。所以，他宁肯先把力主以武力抗金的岳飞和他的部队消除摧毁，免得再有产生这类后果之可能。至于秦桧在这一冤案中所起的作用，无非只是迎合或依照赵构的意旨而加以执行罢了。

文徵明在词中所表述的这种意见，曾经得到很多人的赞同。直到现在，也还不断有人引用这首词中的某几句，表示所见从同。

另外则还有人，不仅对文徵明的意见表示赞同，而且还加以引申，或更有所补充。例如：

有人以为，在绍兴二十五年（1155）冬秦桧既死之后，赵构曾不只一次地告诫文武臣僚说，对金媾和，乃是出于他本人的决策，不允许任何人因秦桧之死而对这一事件再提出异议，动摇既定国策。杀害岳飞、岳雲、张宪的狱案，既然也是从属于卖国降金这一总的国策的，其罪魁祸首自然也应是赵构而不是秦桧。

又有人以为，南宋人张戒的《默记》，曾记有岳飞奏乞赵构"正资宗之名"一事，"资"字是被张戒写错了，应改为"跻"，"跻宗"即要求赵构再把皇位传于钦宗之子，所以触赵构之怒，招致了数年后的杀身之祸。以此来证明，杀害岳飞的主谋是赵构而非秦桧。

还有人以为，岳飞的狱案，当时是被称为诏狱的，而在张宪已被送入大理寺狱之后，岳飞尚未被追逮系狱之前，南宋的史书上又明明载有"宰执奏，制勘院乞追人证张宪公事"一事。据《宋史·刑法志》（二）所载："诏狱，本以纠大奸慝，故其事不常见。……神宗以来，凡一时承诏置推者，谓之制勘院，事出中书，谓之推勘院，狱已乃罢。"就岳飞入狱前后各程序中所涉及的司法部门来看，全与《宋史·刑法志》（二）这段记载相符合，其为

"诏狱",自当属实,既然是"诏狱",既然"制勘院"也是"承诏置推",知其发踪指示一概出自赵构,秦桧实无所作用于其间。在绍兴九年(1139),当秦桧大力进行对金屈膝投降活动时,一个正八品的枢密院编修官胡铨上疏反对,要求斩秦桧之头,挂诸藁街。秦桧对之切齿仇恨,却终于未能把他杀害。这更可证明,对于岳飞那样的高级将领,秦桧是绝对不敢擅自依照己意而置之死地的。

我以为上举诸说,全都是值得商榷的。

二 驳"区区一桧亦何能"说

(1)

文徵明所提出的"彼区区一桧亦何能"的议论,以及赞同、附和这一议论的意见,全都是昧于当时历史形势的一种不切合实际之谈。其所以如此,是由于,在这些人的脑子里,只横亘着一条君臣大义,认为南宋既还是封建专制主义时期,皇帝赵构又是一个聪明人而不是一个愚蠢人,似此,则做宰相的秦桧不论如何专擅,其权力总还不能超越于赵构之上,在处理重大军事政治等问题时,总还得听从或附和赵构的旨意。殊不知,只就南宋而谈南宋,是绝对不行的。因为,谈论当时的任何重大军政事件,都必须首先考虑到当时的宋、金、西夏诸政权对峙、斗争的政治格局。就当时整个中国的主要矛盾而言,是南宋王朝与金王朝的对立斗争;就当时的主要矛盾方面而言,则是金王朝的女真贵族;而身为南宋宰相的秦桧,却又正是被女真贵族派遣到南宋王朝中去的一个代理人,是不折不扣的"身在南宋心在金"的汉奸。忽略了这个最具关键性的问题,则对当时一切重大历史事件,特别是对于抗金名将岳飞之惨遭杀害的事件,要想作出正确的分析、说明,就会是决不可能的。

（2）

秦桧在南宋王朝的专权擅政，也有一个发展过程。且让我在此再简单概括地重复叙述一下。对于前面已经引用过的资料，有的也须重复引用一次。

秦桧经女真贵族纵归南宋，当他初次与赵构相见时，就不仅提出了向金人投降的建议，且还替赵构草拟了致女真军事贵族挞懒一封乞降的"国书"（后来改用刘光世的名义发出）。他以此深为赵构所赏识，从而很快登上相位。继之，他又提出"南人归南，北人归北"的主张。其中的"南人归南"，实只是一句空话，因为，肯不肯让南人归南，其决定权全操在女真贵族手中，是由不得南宋王朝要如何如何的；而"北人归北"，则是女真军事贵族在1129年侵入扬州时就曾号召过的，秦桧这时又一次把它提出，并做了具体建议说："以河东、河北人还金虏，以中原人还刘豫。"❶这实际上就是要南宋王朝自动解除武装（因南宋军队主要是由西北和河北、山东等地的丁壮组成的），以表示对金决不进行军事抵抗。只因那时赵构还怵于抗战派士大夫以及全国军民的议论和气势，还没有下定要冒天下之大不韪的决心，所以，秦桧的这条投降路线未被采纳，秦桧本人且竟以此而被斥逐出南宋王朝。

秦桧被黜，虽使他所怀阴谋一时不能得逞，然而他在置身南宋王朝的这一期间，却也早已摸清了赵构的真情实意之所在。于是，他忍受着这暂时的挫折，怀抱着长期的谋划，到外地去静候那个必然会到来的东山再起的日子。

到挞懒推翻了粘罕一派的势力，成为女真军事贵族中权势最大的人物之后，赵构得知，即又起用秦桧为相，令其主持对金投降的罪恶活动，于是而出现了绍兴九年（1139）的第一次所谓宋、金

---

❶ 徐自明：《宋宰辅编年录》卷十五，绍兴二年八月甲寅《秦桧罢右相》条。

和议。

在进行这次无耻勾当的过程当中,秦桧为要达到独揽大权的目的,为要充分施展其女真贵族代理人的威势,他曾对赵构再三进行胁迫和考验。如《三朝北盟会编》卷一八四所载:

> 金人有许和之议,上与宰相议之,赵鼎坚执不可讲和之说,秦桧意欲讲和。一日朝议,宰执奏事退,桧独留身奏讲和之说,且曰:"臣以为讲和便。"上曰:"然。"
>
> 桧曰:"讲和之议,臣僚之说皆不同,各持两端,畏首畏尾,此不足以断大事。若陛下决欲讲和,乞陛下英断,独与臣议其事,不许群臣干与,则其事乃可成。不然,无益也。"
>
> 上曰:"朕独与卿议。"
>
> 桧曰:"臣亦恐未便。欲望陛下更精加思虑三日,然后别具奏禀。"上曰:"然。"
>
> 又三日,桧复留身奏事如初,知上意欲和甚坚,犹以为未也,乃曰:"臣恐别有未便。欲望陛下更思虑三日,容臣别奏。"上曰:"然。"
>
> 又三日,桧复留身奏事如初,知上意坚确不移,方出文字乞决和议,不许群臣干与。上欣纳之。
>
> 鼎议不协,遂罢宰相,出知绍兴府。

这里所记的一些细节,虽未必全部可信,从第一次对话到第三次对话,更不会间隔得这样久(因为秦桧当时是迫不及待地要完成这一投降活动的),但其大致情节总还是有过的。经过这样一次戏剧性的表演之后,便进入秦桧独相和独自掌握政柄的时期,他的一言一动,也都更充分体现了一个充当女真贵族代理人的架势。正像朱熹所曾指出的那样:

> 秦桧之罪所以上通于天，万死而不足以赎者，正以其始则唱邪谋以误国，中则挟虏势以要君，……而末流之弊，遗君后亲，至于如此之极也。（《戊午谠议序》）

是在赵构委托他充当对金投降的全权代表之后，才开始进入朱熹所说"中则挟虏势以要君"阶段的。进入这一阶段之后，秦桧在南宋王朝所处的地位，便不再是居于皇帝赵构之下，而是能够玩弄赵构于股掌之上，是赵构必须仰承他的鼻息的一个人物了。

胡铨的反对"讲和"，乞斩秦桧之头的奏章，就正是在秦桧挟金人之势以要君的最初阶段所奏进的。他立即受到秦桧的打击，由秦桧亲自拟定，把他贬往"昭州（今广西平乐县）编管"。他因"妾孕临月"，想稍迟数日起程，结果被临安府"遣人械送贬所"。几天以后，秦桧还觉得对胡铨的处分太轻，未必能使反对"讲和"的人从此箝口不言，遂又胁迫赵构特地下了一道诏令，说胡铨的上疏是"肆为凶悖"，"导倡凌犯之风"，戒谕中外，不许效尤（均见《建炎以来系年要录》卷一二四）。

这可见，进入"挟虏势以要君"这一阶段后的秦桧，已经是老虎屁股碰不得了，他的权势已经可以说是无孔不入了。对这样一个人而还称之为"区区一桧"，还认为他"亦何能"，那若不是真的昧于当时的历史形势，就只能被认为是有意为秦桧的各种罪恶行径进行开脱了。

三　纠正对于"正资宗之名"的一种误解

（1）

赵构只有一个亲生子，在"明受之变"时被苗傅、刘正彦拥立为小皇帝，事变平定之后不久就夭折了。赵构在扬州时，因金兵的突然到来而大受惊恐,生理发生了变态,从此便再也不能生儿育女。事既如此,到绍兴二年(1132),赵构便听从了一些臣僚的劝告,从宋太祖一支的后裔"伯"字行中选取了一个名叫伯琮的六岁幼童入宫,由一个姓张的妃子养为己子,准备以他作为皇位继承人。但到绍兴四年,却又因一个吴姓妃子的主张,又选取了一个名叫伯玖的年岁更小的幼童入宫,并即由吴妃养为己子。这就是说,要由他两人争夺这个皇位继承人的资格了。张妃与吴妃都是赵构最喜欢的人,两人正在争宠,这对赵伯琮、赵伯玖二人之谁能被确立为皇储,也要起极关重要的作用。所以,在绍兴六年虽已把赵伯琮送入资善堂读书,这却只是因其已届就学年龄之故,并不反映要确立他为皇储。

当时南宋王朝的臣僚,例如赵鼎及与赵鼎同一派系的人们,大多是抱持"先入为主"的意见,认为既已把伯琮选入宫中,就不应该再把伯玖选入宫中,以免出现"并后匹敌"之局;而今虽又已把伯玖选入了,却仍应确定伯琮为皇位的正式继承人。岳飞也同样抱持着这样的意见。

绍兴七年秋间,岳飞应诏入朝奏事,他决定在见到皇帝之后,一定要把自己的意见奏陈给他。当时做谏官的张戒在其所著《默记》中对此事之始末曾有一段极详细的叙述:

> 薛虞州弼直老以甲子(按即绍兴十四年)正月道由建昌(按,张戒绛州人,晚岁居于江西建昌),谓戒曰:"弼之免于祸,天也。往者丁巳岁(按即绍兴七年),被旨从鹏入觐,与鹏遇于九江之舟中,鹏诧曰:'飞此行将陈大计。'弼请之,鹏云:'近谍报虏酋以丙午元子入京阙。为朝廷计,莫若正资宗之名,则虏谋沮矣。'弼不敢应。
>
> "抵建康,与弼同日对,鹏第一班,弼次之。鹏下殿,面如死灰。弼造膝,上曰:'飞适来奏乞正资宗之名,朕谕以

'卿虽忠，然握重兵于外，此事非卿所当预也。'弼曰：'臣虽在其幕中，然初不与闻。昨到九江，但见飞习小楷。凡密奏，皆飞自书耳。'上曰：'飞意似不悦，卿自以意开喻之。'弼受旨而退。

"嗟夫！鹏为大将，而越职及此，取死宜哉！"

弼又云："不知若个书生教之耳。"

这段记事，首为熊克的《中兴小历》（清人辑本改"历"为"纪"）所引录，后来岳珂又在其所作《建储辨》中全文转引。李心传的《建炎以来系年要录》，也于记载了岳飞这次朝见的正文下，附注了张戒这段记事的全文。朱熹也曾于宋孝宗淳熙十四年（1187）写信给岳霖（时任湖南漕）时，抄录了张戒这段文字，而问讯岳飞关于"建储"的奏章是否尚有传本，岳珂后来编写《宝真斋法书赞》时，也把朱熹此信和他所抄录的张戒的文字一并收录于内。上述这几项资料，我们今天也还全都可以看到。张戒的记事，见于上述各书中的，都不免有有意的删略或因刊写而致讹误之处，今将各本参互校订，引录如上。

岳飞字鹏举，所以张戒用一个鹏字为其代称。"丙午元子"是指宋钦宗所立的太子赵谌，他是在靖康元年丙午（1126）立为太子的，所以用此为其代称。关于金人要把他送回开封，立他为宋朝皇帝事，此当为金方故意放出的谣言，用以向赵构施加压力，逼令其尽快降服。黎靖德编的《朱子语类》卷一二七也有谈及此事的一条：

岳飞尝面奏："虏人欲立钦宗子来南京，欲以变换南人耳目。乞皇子出阁以定民心。"时孝宗方十余岁。高宗云："卿将兵在外，此事非卿所当预。"……但此等事甚紧切，不知上何故怒地说。如飞武人，能虑及此，亦大段是有见识。……

张戒记事中所说的"资宗",是指读书于资善堂的那位宗室而言,即赵伯琮,亦即后来改名为赵昚而由赵构把皇位禅让给他的那个宋孝宗。朱熹在引用了岳飞"乞皇子出阁以定民心"一语之后,即紧接以"时孝宗方十余岁"一句,可知依照朱熹的理解,也是认为,岳飞所要求赵构立为皇子的,也就是后来真正继承了皇位的宋孝宗。

张戒所记述的这件事,在赵鼎的《忠正德文集》卷九《辨诬笔录·资善堂汲引亲党》条中也有类似的记载:

> 鼎丁巳秋再相,适岳飞入朝奏事。翌日,上曰:"飞昨日奏乞立皇子,此事非飞所宜与。"鼎奏曰:"飞不循分守,乃至于此!"退,召飞随军运使薛弼谕之曰:"大将总兵在外,岂可干与朝廷大事!宁不避嫌?飞武人,不知为此,殆幕中村秀才教之。公归语幕中,毋令作此态,非保全功名终始之理。"弼深以为然,曰:"当子细谕飞,且谕幕中诸人也。"

赵鼎的这段笔记,虽只说岳飞"乞立皇子",而没有说他乞立什么人为皇子,但与张戒所记乞"正资宗之名"、朱熹所说"乞皇子出阁"合并来看,则其必然是乞立赵伯琮(时已改名瑗)为皇子,也是决无可疑的。

(2)

张戒的那段记事,在南宋即曾被不少人引用过,把它作为宋孝宗自被选入宫中到被正式立为皇子这一长期曲折过程中的一个插曲。这本是不应当引起误解的一段文字。却不料,在相隔八百一十余年之后,到本世纪60年代之初,有人因偶尔见到张戒这段记事的一个摘要,对于"正资宗之名"一句不知作何解,便函询一家图书馆的研究部,后来他得到了答复,并在报刊上登出,说是张戒这条记事的全文已不可得见，而"正资宗之名"一句，一定是因张戒听错了岳飞与赵构的对话而误记的，本是应当写作"正跻宗之名"的。什么叫"跻宗"呢？复函说，这是岳飞向赵构建议，要他把宋钦宗的儿子立为继承人，这样做，就是要赵构把皇位由他这个小宗再升级而归还到宋钦宗那个大宗，所以叫"跻宗"。复函还说，正是因为岳飞作了这样的建议，深触赵构之怒，所以才招致了后来的杀身之祸的。

肆臆窜改旧史文字而曲为之解，这是史学研究者所应严忌的。我在报端看到这一复函之后，便把张戒的这条记事的全文抄出，在同一报刊上发表，对"丙午元子"及"资宗"等词稍稍做了解释，并且指明，岳飞之作此陈乞，正是为了抵制金人扶立钦宗太子的诡计，他万万不会做金人的应声虫，而奉劝赵构传位给钦宗的儿子。不料该研究部的一位成员又写了近两万字的大块文章，对我进行答辩。全文对当时的所有历史事实都置之不顾，只是强辞夺理地论证"资宗"一词之应作"跻宗"。我因无暇纠缠此事，故未再置辩。现在既要对杀害岳飞的元凶问题加以论证，则对此曾经一度受到搅扰的"正资宗之名"的解释问题，而且是已经贻误了一些读者的问题，自不可不加以澄清。——实际上，这即使不是"片言可决"的问题，也决不需要浪费过多的笔墨。我今只须引录南宋人对这句话所直接或间接给予的解释，只须举述以下诸例就足够明确了。

（一）在岳飞死后不久，就记述了岳飞于绍兴七年夏秋间"受诏入觐"一事的，除张戒《默记》和赵鼎的《辨诬笔录》二者而外，在薛季宣《浪语集》卷三三《先大夫（按即薛徽言）行状》之后，附载其伯父薛弼的生平行述，其中涉及岳飞此次"受诏入觐"的一段文字是：

> 他日，[岳飞]请与伯父偕入奏事。岳出手疏，以储贰为

言，冲风，吹纸动摇，岳声战掉，读不能句。上视伯父，色动。岳退，伯父进曰："臣来，在道常怪岳飞习写细书，穷诘端倪，乃作此奏，虽其子弟无知者。臣尝规以大将不当预国家事，飞谓：'臣子一体，不当形迹是顾。'欲臣同对，明臣独与闻之。"上色定，曰："朕固疑飞之欲引卿对也。微卿之言，将不之察。"

这里的"以储贰为言"四字，正与赵鼎所说的"奏乞立皇子"、张戒所说的乞"正资宗之名"全都是同义语。特别是张戒的那段记事，所记话语恰恰是从薛弼口中听来的，更十足证明，乞"正资宗之名"与"以储贰为言"二者的涵义不会有丝毫歧异。（秦桧是反对立赵昚为皇储的，所以李心传在秦桧死后对其一生过恶所作总评有云："至于忘仇逆理，陷害忠良，阴沮资宗之议，又其罪之大者"。❶可见用"资宗"作为在资善堂读书时的宋孝宗的代称，是不只张戒为然的。）

（二）《宝真斋法书赞》卷二七所载《朱文公储议帖》，即朱熹于淳熙十四年写给岳霖的一封回信，询问岳飞请"正资宗之名"的奏章是否尚有传本的事。此信的最前部分即其所抄张戒记事之全文，抄毕之后，朱熹即附加了几句话说："此故殿院（按即殿中侍御史）张公定夫戒所记。所谓'资宗'者，上（按即宋孝宗）时以宗子读书资善堂也。"

（三）《建炎以来系年要录》卷一〇九，于绍兴七年二月庚子（按此处所系月日有误，因赵鼎之复相乃此年九月间事，而岳飞之"入觐"又在其后也）载：

起复湖北京西宣抚副使岳飞以亲兵赴行在。翌日，内殿

---

❶《建炎以来系年要录》卷一六九，绍兴二十五年十月丙申记事。

> 引对，飞密奏请正建国公皇子之位。人无知者。及对，风动纸摇，飞声战不能句。上谕曰："卿言虽忠，然握重兵于外，此事非卿所当预也。"飞色落而退。

据《宋史·孝宗纪》："绍兴二年五月，选帝育于禁中，……五年五月，用左仆射赵鼎议，立书院宫中教之，既成，遂以为资善堂。……己亥，制授保宁军节度使，封建国公，"可知《建炎以来系年要录》中的"建国公"亦即张戒所说的"资宗"，而比之张戒所用的词却更为明确。可惜像《建炎以来系年要录》这样一部极易看到的史籍，竟也未被那家图书馆研究部的人所看到！

从以上所引录的记载，可知岳飞所"密疏"奏陈，请求赵构立为皇子的，决非别人，正就是后来受赵构之禅而即帝位的宋孝宗。因此，赵构对岳飞的这一奏请尽管很不高兴，但那也只是因为他握重兵于外，不应干预国事之故。说岳飞因此而为赵构深恶痛绝，以致招致了后来的杀身之祸，那是远远不符合史实的。

四　秦桧死后赵构坚持降金政策不变的问题

秦桧死后，赵构曾屡次告诫其文武臣僚，说对金媾和乃是他所作出的决策，因而秦桧虽死，仍不许他们对所谓的"绍兴和议"提出异议，动摇既定的国策。这虽确是事实，但如仅仅根据这些话而作出结论说，在对金屈膝求和的问题上，做皇帝的赵构一直在扮演主角，做宰相的秦桧则一直只是一个配角，那也很不恰当。那只是一种未能参透个中奥秘之谈。

赵构其人，虽从其登上皇位之日起，就已打定了对金人只能投降，不能抵抗的主意，但在最初期的十一二年内，却也经常因受到举国上下抗战爱国舆论的压力，不能不有所顾忌，还不敢肆无忌惮地鲁莽行事。只有秦桧在第二次入相之后，丧尽天良，力排众议

（也是正议），蛮横粗暴地把士气民心加以压制和摧残，这才使赵构得以如愿以偿，亦即实现了赵构长期以来所想望的那种政治格局：作为金国的藩属，而仍能直接统治东南半壁。在赵构，对此必定有一种来之不易的感觉；而且，到绍兴二十五年秦桧病逝之日，赵构对于这种屈辱的政治生活，也早已安之若素了，则其不肯让它随同秦桧之死而发生动摇和变化，原也顺理成章。所以，根据赵构的这些话语而断言赵构是坐在后台决策的，秦桧只是被他推到前台作演员的，那就错了。

事实上，赵构本人，在秦桧的生前和死后，还曾不只一次地把对金乞和的终能搞成，完全归功于秦桧，而不肯把这份"功劳"据为己有，这也决非出于他的谦让。今略举三事于下：

一事：《建炎以来系年要录》卷一五八载，绍兴十八年（1148）八月癸丑，因有人上疏歌颂秦桧的功德，赵构便向秦桧说道：

> 朕记卿初自虏（此字据《宋史全文》校改）归，尝对朕言："如欲天下无事，须是南自南，北自北。"遂首建讲和之议，朕心固已判然。而梗于众论，久而方决。今南北罢兵六年矣，天下无事，果如卿言。

二事：同书卷一六九，于秦桧死亡的第二天，即绍兴二十五年（1155）十月丁酉载：

> 执政奏事，上曰："秦桧力赞和议，天下安宁。自中兴以来，百度废而复备，皆其辅相之力，诚有功于国。"

三事：同书卷一七〇，绍兴二十五年十二月乙未载：

> 上谓魏良臣、沈该、汤思退曰："两国和议，秦桧中间主

之甚坚，卿等皆预有力。今日尤宜协心一意，休兵息民。"

这都可证明，对金乞和之所以能底于成，在赵构一直认为，其首功乃是秦桧。而据《三朝北盟会编》卷二二〇所载秦桧临终所上《遗表》（据《宰辅编年录》卷十六引文校勘），其中也有谆谆告诫赵构的如下一些话语：

……伏望皇帝陛下，……益坚邻国之欢盟，深思社稷之大计，谨国是之摇动，杜邪党之窥觎。……虽渊衷之素定，在愚虑之实深。凡此数端，愿留圣念。……

这些话中，虽然有"渊衷素定"等字样，但就所引录的整段话语看来，却正足表明，秦桧在临死之际，所最担心的，是在他死后，赵构可能又听信"邪党"（按指抗战派人物）的话，动摇了"国是"（按指对金投降的决策），不肯坚守由他秦桧一手搞成的所谓"和约"。我们如把《遗表》中的这些话语与赵构的那几次谈话合并来看，则所谓"绍兴和议"的制造者，南宋方面的主要决策人物，是秦桧而不是赵构，是显而易见的。

岳飞的狱案是整个降金政策的一个组成部分，而岳珂于《吁天辨诬通叙》（《金佗稡编》卷二〇）中也引用了查籥所说，女真军事贵族兀朮曾致书秦桧，胁迫他说："必杀岳飞而后可和。"既然如此，则秦桧是杀害岳飞、岳雲、张宪诸人的元凶和主谋，也同样是显而易见的。

五　岳飞的狱案"名曰诏狱，实非诏旨"

秦桧既已"挟虏势以要君"，既已能把赵构玩弄于股掌之上，则其权势之伸展和渗透到政治、军事、财政、刑法各个方面，自亦是"事有必至、理有固然"。单就刑法这一方面来说，则如徐自明的《宋宰辅编年录》卷十六于秦桧死后所概括叙述的：

> 法寺禁系公事，并不遵用法律，唯视秦桧一时之私意，死则死之，生则生之。笞、杖、徒、流，一切希望〔秦桧〕风旨。故桧权益重，势益盛，天下之人益畏而忌之。

罗织罪名，诬枉陷害岳飞父子和张宪而置之于死地，这就正是秦桧任凭"一时之私意"而"死则死之"的一桩典型事例。

秦桧死后不久，在赵构所发布的一道诏令当中，对于秦桧的擅生杀之权的事也已经加以揭露了。据《建炎以来系年要录》卷一七〇，绍兴二十五年十二月甲申（1156年1月5日）载：

> 诏：命官犯罪，勘鞫已成，具案奏裁。比年以来，多是大臣便作"已奉特旨"，一面施行。自今后，三省将上取旨。

这里面的所谓"大臣"，当即专指秦桧而言；所谓"便作'已奉特旨'"，实即"假传圣旨"亦即"矫诏"的同义语。在此诏中虽则未将岳飞狱案明确指出，但其必然把这一狱案包括在内，却是断然无疑的。在《宋史·刑法志》（二）当中，就更明确地指出，岳飞父子和张宪的冤狱，完全是由秦桧矫诏所造成的。其文曰：

> 诏狱本以纠大奸慝，故其事不常见。……
> 〔绍兴〕十一年，枢密使张俊使人诬张宪，谓收岳飞文字，谋为变。秦桧欲乘此诛飞，命万俟卨锻炼成之。飞赐死，诛其子云及宪于市。……
> 广西帅胡舜陟与转运使吕源有隙，源奏舜陟赃污僭拟，又以书抵桧，言舜陟讪笑朝政。桧素恶舜陟，遣大理官往治

> 之。十三年六月,舜陟不服,死于狱。
>
> 　飞与舜陟死,桧权愈炽,屡兴大狱以中异己者。名曰诏狱,实非诏旨也。其后所谓诏狱,纷纷类此,故不备录云。

与当时的许多史实联系起来看,例如,在岳飞系狱之后,凡要搭救他的,大都是去与秦桧交涉和争辩,上疏给赵构进行谏阻的人则极少,这就可以知道,《宋史·刑法志》(二)的这段叙述,每一句都是切合实际的。其中的论断,也全都十分公正。"名曰诏狱,实非诏旨",最能反映出秦桧制造岳飞父子及张宪这次冤案的真实情况。所以,只要我们能够平心静气、实事求是地研讨这一历史事件,我们便无法否认,秦桧是残害岳飞父子和张宪的元恶大憝。

第二十一章
有关宋、金战争和岳飞评价的几个问题

一　宋、金战争的性质

　　12 世纪初期，崛兴于我国东北白山黑水地区的女真族，在完颜部酋长阿骨打的领导下，集中全族的力量，反对辽王朝契丹统治者的剥削和压迫。就女真贵族所发动的这次战争的性质而言，乃是被压迫民族对于压迫民族的残暴统治与种族压迫的反抗斗争，是"要用反抗的手段来解除这种压迫"，因而它符合于女真族全体人民的利益，我们也必须承认他们有发动这次战争的充分理由。到辽王朝既已被女真族的兵马消灭掉之后，女真族在长城以外的广大地区已跃居于统治者的地位，金王朝既不曾受到宋王朝的欺凌，它原所统辖和新从辽王朝夺占的地区的居民，也全都没有受到宋王朝统治阶层的压迫和剥削，而女真贵族却无端寻衅，发动了南侵的战争，侵占了黄河下游的广大地区，灭掉了已经建立了百数十年的北宋王朝，对华北、中原以及大江南北广大居民的生命财产肆行残杀奴役和掠夺。进入这一阶段之后的战争，其性质已与其反抗辽王朝的战争大不相同，已完全变为侵略性、掠夺性和非正义性的战争了。

　　在 12 世纪最初的三四十年内，女真贵族的军事实力虽然发展得很快，而女真族的生产方式，较之汉族地区则远为落后。汉族地区是已经高度发展的封建制生产方式,而女真族进入奴隶制社会还并不太久。女真贵族全都是大奴隶主,主要的生产劳动全部由奴隶承担。女真贵族占领了华北地区之后,为加强其镇压力量,曾屡次下令,以女真族原来的社会组织猛安(千户长)、谋克(百户长)为单位,从东北移向华北,取名为屯田军。为了安置一批接连一批的屯田军,金国统治者在华北大生产区,强夺大量的肥沃农田,强令"前日之主(按即土地所有者),今则为客(按即租种土地者)",接着便又把这些客户"并籍入官"。大量的华北农民,就这样地沦落为女真贵族的奴隶。猛安、谋克们所强占的土地,或则由其拥有的奴隶为之耕种,或则强迫附近的汉族农民佃种,租佃条件极其苛酷,而且常常向租佃者预征两三年的租课。女真贵族们的这类行径,理所当然地招致了华北汉族人民的切齿痛恨和顽强反抗,汉族人民岂肯再为女真贵族认真努力地去耕耘收获?于是,屯田军所霸占的广大农田,便大都由瘠薄而趋于荒芜,使华北地区的农业生产力遭受到极其严重的破坏。这就是说,专从社会经济方面来说,女真贵族们的侵宋战争,也完全是一种破坏性和落后性的战争。

既是如此,则在宋王朝统治区域内的军民们抗击女真铁骑的斗争,从政治意义上讲,乃是属于用反抗的手段以解除外来的民族压迫的,亦即自卫性的战争,从而也就是正义性的战争!从经济意义上讲,则更是为了保障一种进步的生产方式,要尽量使其免受破坏以至更向后逆转,自然也是属于进步性和正义性的战争。

在此姑举淮南地区社会生产情况的前后变化作为例证。

在北宋一代,淮南地区是以"土壤膏沃"、"廛里饶富"著称的,赵构在一次与刘大中对话时,就曾追忆其地之富实情况说:"淮南利源甚博:平时一路上供内藏库绸绢九十余万,其他可知。"而刘大中也说:"淮南桑麻之富不减京东,而鱼盐之利他处莫比，今荒残可惜。"❶ 但到赵家王朝南迁到江南以后，其地变成了宋、金鏖战的冲要地区之一，居民四向逃散，以求免遭女真铁骑的蹂躏，农业生产几致全废，于是而突然变为一个荒凉地带。见于汪藻建炎四年（1130）所上奏章中的淮南地区的情况已经是：

> 淮南近经兵祸，民去本业，十室而九。其不耕之田，千里相望，流移之人非朝夕可还。❷

到绍兴二年（1132），担任淮南东路提点刑狱兼营田副使的王实，也对其地农业生产的荒废情况作了一番调查统计，说道：

> 被旨措置营田，劝诱人户或召募军兵请射布种，今相度：先将根括到江都天长县未种水田一万六千九百六十九顷，陆田一万三千五百六十六顷，分拨诸军，趁时耕种。❸

绍兴十一年宋、金双方订立了所谓和约，以东起淮水中游、西至大散关作为两国的分界线，遂致淮南地区成了南宋王朝北部的"极边"。南宋王朝这时虽已定都杭州，但是，为了确保杭州以及江南各地的安全，它所应采取的最正确的战略性措施，是必须充实沿淮的防务和军务，而且也必须千方百计使淮南地区的流民尽速还乡复业，必须使从北方流徙到淮南来的人民在淮南地区定居下来，分与一定数量的生产资料，使其能够从事耕种，这才符合于所谓的实边政策。然而南宋王朝的当政者们却一直不肯这样做：既没有把沿淮的防御力量充实强大起来，从而当地外流的农民也都

---

❶《建炎以来系年要录》卷一一九，绍兴八年五月丁未记事。
❷ 同上书卷四〇，建炎四年十二月末。
❸《宋会要·食货》二之九。

不敢回乡复业，而从北方流徙来的人民，更不敢在那里落户定居。其结果是，直到宋孝宗赵昚的乾道七年（1171），据淮东安抚使司向南宋王朝所陈报的，淮南东路真州、扬州、通州、泰州、楚州、滁州、高邮军、盱眙军的"系官荒田"和"在户未耕荒田"，总共还有三万五千一百二十四万余顷。❶

如果南宋王朝的抗战派，特别是岳飞所一贯坚持的武装抗金的主张能够贯彻执行，则不但淮南地区的农业生产不至凋残到这等地步，就连淮北以及整个华北地区的已经高度发展的封建生产方式和文化，也全都可以不至长期遭受女真铁骑的践踏、蹂躏和向后逆转。对比看来，女真贵族所发动的侵宋战争，和南宋王朝的抗战派们所主张，特别是岳飞始终以艰苦卓绝的精神去履行的抗金自卫战争，不论就双方的动机或其效果而论，其孰是孰非，孰为进步性，孰为落后性的，孰为正义性，孰为非正义性的，也全都是明明白白的。

二　岳飞是南宋的一员爱国将领，也是属于整个中华民族的英雄人物

（1）

我们必须确认，南宋政权与金政权，乃是两个国家。

曾经有人以为，宋、金战争，是在全中国分裂为几个政权的历史时期内，发生于同时并存的两个政权之间的战争，是属于内战的性质，不能把它认为是国与国之间的战争。

我不同意这种意见。

众所周知，每当我们历史上在同一时期内出现几个割据政权

---

❶《宋会要·食货》六之二一。

时，每个政权都要选用一个特定的国号，而从来没有一个政权是用"中国"为其国号的。齐、楚、燕、韩、赵、魏、秦争霸时是如此，魏、蜀、吴鼎立时是如此，东晋、十六国、南北朝时期是如此，辽、宋、西夏、金先后对峙时期也是如此。其中的每一个政权，都是一个具有特定名称的独立王国。单就某一个独立王国来说，它虽然是与其他若干个独立王国同时并存于中国的疆域之内，但由于它的统治阶级是以维护自己的政治统治为目的的，它具有一套阶级统治的机器，拥有自己的领土、人民和主权，我们遂也不能不把它称做一个国家。除了"国家"这个词儿，实在也找不出更合适的名称可用。

如果把同时并存的某一个特定国家的国号作为"中国"的同义词，而把其它国家排斥在"中国"这一个词的涵义之外，那当然是错误的、荒谬的。当人们谈到魏、蜀、吴三国鼎立时，不论以魏为正统也好，或以蜀为正统也好，从来没有人把另外两国排斥在中国之外；当人们谈到南北朝时期内先后出现于南方或北方的诸国时，不论以南方的宋、齐、梁、陈为正统也好，或以北方的魏、齐、周为正统也好，也从来没有人把非正统的一方排斥在中国之外。同样，当宋、辽、西夏或宋、金、西夏同时并存时，我们称之为三国鼎立也完全可以。它们虽互为敌国，但也并不把对方排除在中国之外。例如，宋、辽双方互通文书，即互相以南朝、北朝相称。辽道宗曾向人说道，自来都认为居处在北极星下的才是中国，而辽的境土就正处在北极星下（洪皓《松漠记闻》）。金主完颜亮在决定出兵伐宋时也写有这样的诗句："万里车书盍混同，江南岂有别疆封？"❶ 可见辽、金的统治者也全是以中国自居的。

既然宋与金各自都是一个国家，则金国人把宋称为外国，或宋国人把金称为外国，是理所当然的事，而我们把宋、金双方相互

---

❶ 张棣《正隆事迹记》（自《三朝北盟会编》卷二四二转引）。按，此诗为蔡珪代作。

派遣的办理交涉的人员,称之为外交使节,也同样是理所当然的事。但是这个所谓外国,仅仅是金对宋或宋对金而言的,决不是以宋或金与"中国"相对而言的。

既然宋、金是两个同时并存而又相互敌对的国家,那么,当它们之间互相征战时,把属于进行正义战争的一方,而又矢忠矢勇维护其本方主权与利益的岳飞,称作爱国的将领,而把力主屈己降敌的秦桧叫做卖国贼、汉奸,自然也是完全恰当而且完全正确的。

(2)

毛泽东同志在《中国革命和中国共产党》的第一章第一节中,曾有这样一段话:

> 中华民族的各族人民都反对外来民族的压迫,都要用反抗的手段解除这种压迫。他们赞成平等的联合,而不赞成互相压迫。在中华民族的几千年的历史中,产生了很多的民族英雄和革命领袖。

这里所说的"外来民族",固然也包括来自中国以外的民族,例如17世纪内占领我们台湾的荷兰人,但主要却是指"中华民族的各族"中的某一族而言的。因为,在19世纪中叶以前,除了郑成功从台湾赶走的荷兰人而外,在中国的疆域之上,并不曾有中华民族以外的什么族,来对中华民族的任何一族进行过压迫;而且,对于像荷兰这样的外来民族,中华民族的各族人民也不可能与之洽谈什么"平等的联合"。经常并大量地出现在中国疆域之上的,却只是中华民族的各族之间的相互斗争的事实。而在每次大规模的相互斗争之后,继之而来的又总是各族人民之间的互相融合。

在中华民族内部各族间互相斗争时,总有一方较强而另一方较弱,一方是正义的而另一方是非正义的,因而也就必有一方是压迫人的而另一方是受人压迫的。单就 12 世纪初期我国东北地区的女真族和契丹族之间相互斗争的事例来说：当时的女真族是处在辽王朝契丹贵族统治之下的，它在政治方面既受到辽王朝的压迫，在经济方面也受到辽王朝的残酷剥削。从 1114 年以来，女真族人民就在完颜部的酋长阿骨打的领导下，起而反抗辽王朝的统治，先后共用了八九年的时间，就把辽王朝所属的上京临潢府、东京辽阳府、中京大定府、西京云中府、南京析津府全部攻占，把辽政权全部摧毁。这一场进行了十来年的战争，虽然是由女真族完颜部的酋长发动和挑起的，但却是因契丹族统治者长期以来对女真族进行的严酷压榨而引起的，是女真族为解除来自契丹族这一"外来民族"的压迫剥削而采取的反抗手段，一句话，是一场正义的战争。从而领导了这次战争，而且取得了一个胜利接连一个胜利的阿骨打，他的斗争既符合了女真族全体人民的利益，且又不是以损害契丹族人民的利益为代价的，因此，我们理所当然地应称完颜阿骨打为民族英雄。不只是属于女真族这一狭隘范围内的民族英雄，而且是属于全中华民族的民族英雄。

阿骨打在把辽王朝灭掉之后，并没有把兵锋转向北宋王朝的打算。但在他的弟弟吴乞买于 1123 年继位，并于 1125 年把逃往西北地区的辽的末代皇帝捉获之后，在没有受到北宋王朝任何触犯的情况下，却无端寻衅，举兵南犯，在既已把北宋王朝灭掉之后而仍不肯罢休，这很明显地是一种不义之战。而代表了宋方的全体人民的愿望，为卫护汉族地区已经高度发展的封建的生产方式及其精神文明，起而以武装抵抗女真的铁骑，阻止其蹂躏破坏，以求避免整个社会被拉向倒退浩劫的人物，像岳飞其人，同样是理所当然地应被称为民族英雄。也同样，不只是属于汉族的民族英雄，而是属于全中华民族历史上的一个民族英雄。

有人以为，即使承认南宋军民抗击女真铁骑的斗争是正义性的，即使承认领导了这次战争的著名将领岳飞为民族英雄，但也只能承认他是汉族历史上的一个民族英雄,汉族以外的各族,特别是受到他的抵抗和打击的女真族,是不能承认他为民族英雄的。这也就是说,岳飞并不是属于全中华民族的英雄。

我以为这一论点是很值得商榷的。

自从女真的军事贵族率领铁骑南侵宋境之日始,岳飞即投身于抗击南侵军的斗争当中,并从此确定了以抗击女真铁骑,洗雪国家仇耻作为他的职志。通过他后半生的实践,更确实证明了,他从立定这一职志以来,就一直念兹在兹地,为求实现他的这一职志,而始终笃实英勇地置身于抗金斗争的最前线,尽最大的努力以抵御女真兵马的南进,及其在进军途程中的掠夺和屠杀,以求使东南半壁的各族人民尽可能免遭蹂躏和涂炭。这说明,岳飞对于保卫高度发展的封建的生产方式,封建的精神文明和文化,都是做出了杰出贡献的。这种种,固然符合了广大汉族人民的利益,而对于女真族人民(更不用说其他族的人民了)的长远利益和根本利益来说,也是不会发生任何损害作用的。这就等于说,他对于整个中华民族的进步和发展,确实提供了大量的积极因素,把他称做中华民族的英雄,他的的确确是当之无愧的。

三 论岳飞的"尽忠报国"

(1)

《宋史》卷三八〇《何铸传》记有一事说:

> 秦桧力主和议,大将岳飞有战功,金人所深忌。桧恶其异己,欲除之,胁飞故将王贵上变,逮飞系大理狱。先命铸鞫之。铸引飞至庭,诘其反状,飞袒而示之背,背有旧刺"尽忠报国"四大字,深入肤理。

我以为，这段记载基本上是可信的，也就是，在岳飞的后背上，确实是刺写了"尽忠报国"四个大字。这四个大字，究竟是在什么时候刺写在岳飞的后背上的，是什么人为他刺写上的，史无明文可考。传说当中以为是岳飞的母亲在岳飞少年期内为他刺写上的，那是很难凭信的。因为，没有任何记载，说岳飞的母亲是一个读书识字的人，因而她不可能做刺写文字的事。

募兵制度开始于晚唐，稍后，朱温建立了后梁政权，为恐应募而来的士兵临阵脱逃，便采用在每个士兵的脸上刺字的办法。这种办法，在北宋和南宋还都在沿用。北宋初年，李顺领导四川农民起义，建国号为大蜀，建年号为应运，他所率领的农民军便都在面部刺写上"应运雄军"四字。宋高宗赵构即帝位于归德之初，王彦、岳飞等人率兵渡河攻入新乡城内，及兵败之后，王彦领导了当地的忠义民兵到太行山脚下从事游击，这些忠义民兵也都在脸上刺写了"赤心报国，誓杀金贼"八个字，从此便被称为"八字军"。这都说明，当时的军人在身体的某个部位刺写上某些文字，乃是一桩极平常极随便的事体。

岳飞的后背上所刺写的"尽忠报国"四字，既然当受审讯时还特地袒露以示何铸，可知这必是经岳飞自己有意识地选定的四个字，而请求什么人为他刺写在后背上的。

从岳飞从军以后的半生戎马生涯和战斗实践来看，他所谓的"尽忠报国"，大致可以落实在以下三方面的军事行动上：一，平定流动于南宋统治区域内的军贼、游寇，如李成、曹成等；二，镇压对南宋政权进行武装反抗的农民起义军，如虔、吉地区的十大王和湖湘地区的杨幺等；三，抗击一再南侵的女真铁骑，恢复失地，报国仇，雪国耻。在这三者当中，只有最后一项才是岳飞立定的职志所在，也就是他所要"尽忠报国"的确切涵义；前两项，则全不属于他所预定的战斗目标。但是，既然每桩事都是由岳飞亲自去做的，在下文里我们也必须逐一加以论述。

（2）

关于岳飞和岳家军平定军贼、游寇的问题。

当女真军事贵族以其铁骑初次侵入黄河下游沿岸各地时，前此出现于这一地区的反抗北宋腐朽统治的一些人民武装力量，为了有效地打击更凶残的外来敌人，大都自动或被动地把矛头转向女真侵略者。特别是在宗泽、李纲、张所等人承担了军事或政治上一部分职责之后，都坚持以武力抗击金人的主张，对于各地的忠义民兵，也都在进行收编、改组和予以支援，使得忠义民兵的气势更较前蓬勃发展，随时随地都能给予女真铁骑以有力打击。只可惜好景不长，李纲居相位仅七十几天即被罢免，而从此以后，以赵构和黄潜善、汪伯彦为首的宋王朝最高统治集团，只顾南向逃窜，不管宗泽怎样声嘶力竭地吁请赵构"回銮"到开封去，他们总是置若罔闻。对于一批一批从战争前线溃败下来的军队，赵构、汪、黄诸人都一律听凭其自生自灭，或任其各自寻找后路，再也不肯稍加闻问了。

从战争前线溃败下来的部队，有许多又聚集成大大小小的群伙，依然留在黄河下游两岸，各自为战，继续对敌人进行斗争。然而其中也有大量人群，既不肯再回归到宋政府的正规军事编制中去，也不敢把重新结成的队伍留在战区与敌人继续斗争，而却成群结伙地向江淮地区流窜，到处打家劫舍，攻占城邑。有的还剃头辫发，打扮成女真军队模样，狐假虎威地对南部中国人民肆行蹂躏残害。南宋的统治阶层中人，把这班人称为游寇，有时也称为军贼。其中如李成、张用、曹成等人所率领的各股，人马都较多，力量都较大。当岳飞刚刚被宋廷拔擢为偏裨将领之日，首先就受命担负了消除这般游寇军贼的任务。而岳飞，也一次接连一次地，很好地完成了任务。

游寇、军贼流窜于南宋王朝统治区域之内，不但是南宋王朝甚感头疼的问题，对南部中国各地各阶层居民来说，也是一种几乎和女真铁骑相等的祸害。因而，岳飞先后带领部队对他们追击扫荡，一方面是为南宋王朝除掉了大患，另方面也是为南宋境内的百姓居民除掉了大患。

（3）

关于岳飞和岳家军镇压农民起义军的问题。

以赵构为首的南宋最高统治集团，虽然以大敌当前为借口，向国内人民进行苛酷的压榨，实际上，却是把财政收入的几乎一大半用在皇帝、贵族和文武大臣们的奢侈纵欲、挥霍浪费上去，而不是用在准备或者充实对大敌作战的实力和条件上去。人民把钱财谷帛等等输纳给南宋王朝，本是希望它能够把敌国的铁骑阻挡住，而它却一味地惧战避战，结果是使得各地居民依然遭受战争和兵燹。对于可以组织和动员的民间的一些实力，南宋王朝自始就不敢着手组织和动员，不敢引导他们去打击前来侵犯的敌人。对于这样怯懦凶残的南宋王朝，南宋人民是不会无限期无条件地支持、拥戴的。因此，在征敛最繁苛、兵匪骚扰最厉害的地方，例如江南西路的虔、吉诸州，湖湘地区洞庭湖四周诸州县，便先后爆发了以李洞天、罗闲十和钟相、杨幺等人领导的，反抗南宋政权的武装起义。

概括说来，在南宋初年，尽管民族矛盾那样剧烈，而由于南宋最高统治集团不但不肯坚决执行抗击金人的政策，反而企图借此题目，浑水摸鱼，既把对人民的压榨一再加重，还准备把更多的国土和人民出卖与敌方，为其小朝廷换取一个苟延残喘的局面。这就使得处在水深火热中的人民，不能不把注意力再集中到统治阶级、剥削阶级身上，不能不以直接迫害、压榨他们的人作为第一个斗争目标，不能不把阶级斗争交织在民族斗争的过程当中。

由此可见，先后起事于南宋王朝统治区域之内的，被南宋的统治者们称做"土寇"的那些武装力量，全都是以各地无法生活的农民为其骨干力量的，因而是和前面所说的游寇、军贼截然不相同的。

然而，不论是起义于虔、吉诸州的或是起义于湖湘地区的农民军，却又全都与李成、曹成等人所率军贼、游寇一样，都是被岳飞率军把他们最后镇压下去的。

岳飞之忠心耿耿地去执行南宋王朝交付给他的征战任务，虽是他的阶级局限和时代局限使然，然而与他同时代并且同是统治阶层中的人，却也确确实实有许多人能够认识到，江西和湖南的起义军的性质，与李成、曹成等军贼、游寇大不相同，因而主张，应当从政治上寻求解决途径，而不应当用武力进行镇压。岳飞却竟见不及此，而心甘情愿地奉行南宋王朝的旨意，用武力去加以荡平。这是岳飞应该永世受到谴责的，并且是无法涤除的罪行。尽管他之绞杀洞庭湖旁杨幺的起义水军，是在他相信了杨幺要与李成合力去攻打杭州的谰言之后出师的，但可以断言，即使其时没有这一谰言，岳飞也会接受这一次的"讨伐"任务。因而这也不能成为替岳飞进行辩解的理由。

如果岳飞一生的作战实践，就到瓦解了杨幺的这支起义军为止，那么，岳飞便只能是我们历史上一个负有罪咎的人；所幸是，在瓦解了杨幺的起义军以后的五六年之内，岳飞更能英勇果决地担负起抗击女真铁骑的任务，而这却是关涉到整个中华民族（包括女真族在内）的发展前途和命运的重大事件。因此，要对岳飞作出最后的论定，就必须从岳飞毕生事业中这一主要方面着眼，要看看他在这一主要方面究竟做出了什么贡献。

（4）

关于岳飞和岳家军在抗金战争中所起的作用，在本章的第一、二两节中已经着重地做了论述；在这里，我只就以下两个问题再略作分析和论证。

(1) 从第一、二两节中的论述，可以得出结论说，岳飞和岳家军在抗金战争中所作出的努力，所收取到的效果，是远远超出于保卫赵家王朝这一狭小的界限之外的。尽管如此，但就岳飞和岳家军（甚至是包括所有主张抗金的文臣、武将和军民在内）的主观愿望来说，主要地却还是为了保卫那个赵家王朝的，而其奋勇抗金所收取到的最直接的效果，也确实把那个赵家王朝保全了下来。对于这一问题，应给予怎样的评价呢？

我认为，通过抗战派人物的战斗实践所得到的这一直接效果，是丝毫也不减损抗金战争的意义的。

首先，从当时奋起于各地的忠义民兵的意图上看，就可看出，他们全都是希望取得赵家王朝的物质支援和统一领导，希望在它的号召之下一致行动，而不是想把这一赵姓政权推翻，去另建政权来担负这一领导职责的。

这情形，从马扩所领导的庆源府（今河北省赵县）五马山诸营寨的发展过程中，可以得到证明。马扩使金被留，及建炎初年从金人军营中逃出之后，即在五马山建立了朝天、铁壁诸寨，他的部众却一直还得不到大的发展。稍后，燕地有一个名叫赵恭的人，异想天开地要冒充赵佶的儿子，遂假称自身乃是信王赵榛，❶是在被金军所俘而"长驱北去"的中途，在庆源府境内"遽谋逃窜，得敌中忠义数人为力，遂脱羶网"的。马扩闻知之后，信以为真，便把他迎接到五马山寨中去，奉为山寨的总领导人。这事传播出去之后，立即有十万以上的壮勇民兵聚合到五马山寨中来，一致表示，要在"信王"的旗帜之下共同抗金。散在河北、河东各地的忠义社，总计有几十万人，也全都表示，愿受五马山寨的节制，有的干脆就打出了"信王"的旗榜，进行号召。

这可见，作为一个政权、一个国家的标志而有了百数十年历

---

❶ 《靖康稗史·宋俘记》谓"燕人赵恭托榛名，号召山贼助宋"。

史的赵宋王朝，当其未遭遇到"外来民族"的侵逼压迫时，虽已因其本身的腐朽而为其统治区域内的广大人民所仇恨、所厌弃，而在它遭遇到女真铁骑的侵逼，并因此而面临着危急存亡的关头时，所有从事于抗金斗争的人群，为求使分散的力量可以集中，可以给予来犯之敌以更有力的打击，却是宁愿再承认这个王朝的统治地位，宁愿归属在它的统一领导之下的。同时这也反映出来，当时南宋统治集团中的主战派的主张，是和南宋统治区域内以及黄河以北沦陷地区广大人民的意愿全相符合的。如果能把抗战派重要人物如宗泽、张所、李纲等人的主张见之施行，则南宋王朝的正规军队与华北民间的武装组织，必然可以汇合为一支能够克敌制胜的宏伟强大的军事力量。

然而，由于赵构的极端怯懦和自私，当马扩和"信王赵榛"不断以蜡书向他呼吁，要求他给予物质接济，并调拨正规军前往应援时，他始终置之不理；只有在听到"信王赵榛"要渡河去据守开封时，他才下诏佯称，即将"回銮"京师，借以杜塞"信王赵榛"的入据京师之谋。这说明，赵构为恐其皇位受到威胁，是宁愿"信王"、马扩诸人所领导的以及活动于北方各地的忠义民兵尽速失败，而不愿他们有任何发展、取得任何成功的。

唯其如此，故从南宋王朝建立以来，便先后好几次出现了以赵构为首的主张屈己降敌的卖国集团，随时给予主战派人物以打击，使其不能在南宋王朝站稳脚跟，使其主张难得实现。

在这般情况之下，在南宋统治集团当中，能把个人利害完全置诸度外，不顾小朝廷上卖国集团的势焰如何高涨，始终坚持抗战，始终要与河北、河东忠义民兵保持密切联系，并始终以忠勇笃实的精神去把这些主张付诸实践的，为数实在不是很多，而在这批为数并不很多的人物当中，岳飞则是最为杰出、最具有代表性的一人。

自从进入12世纪的30年代以来，即自从岳飞被拔擢为一个军区的负责人之日开始,他就坚定不移地奉行着抗击女真铁骑、收复失地、报仇雪耻的政策。在此期间,不论内部或外部的环境如何恶劣,他再也不曾发生过犹疑,不曾动摇过对于胜利的信心。

岳飞的抗金斗争的实践,尽管并不是完全符合赵构的心意,而其结果,对于南宋王朝之能够持续存在来说,却是起了决定性作用的。

(2)在岳飞的"尽忠报国"这一指导思想当中,是否包含有愚忠的成份在内呢?

历来有人认为,岳飞对赵构的意旨,只肯遵从而不敢违抗,特别在绍兴十年的一次抗金战争中,已经胜利在望了,却因接受到赵构令其班师的诏令,也竟不敢援用"将在外君命有所不受"的道理拒绝班师,而俯首贴耳地班师回朝了。

看过这一本传记的人,就应已知道,这种议论是和当时的实际情况不相符合的。

说岳飞在其将近二十年的戎马生涯当中,在军事斗争方面所作的一切努力,全都直接服务于赵姓王朝,这当然是没有问题的;但说他一贯忠实地奉行赵构的意旨而不敢违抗,那就大有问题了。最明显的事例,就是对金的屈服与战斗的问题。特别是在赵构第二次起用秦桧做宰相,并于绍兴九年与金国订立了第一次所谓和约之日,赵构下诏大赦新收复的州郡,夸大其词,粉饰太平。岳飞看了诏书之后,写了一道《谢表》奏进,其中的主要话语是:

> 臣幸遇明时,获观盛事。身居将阃,功无补于涓埃;口诵诏书,面有惭于军旅!尚作聪明而过虑,徒怀犹豫而致疑:谓无事而请和者谋,恐卑辞而益币者进。
>
> 臣愿定谋于全胜,期收地于两河。唾手燕云,终欲复仇而报国;誓心天地,当令稽颡以称藩!

这些话语所表述的一个中心思想，是对赵构、秦桧与金国的统治者所订立的所谓和约，非但根本不予承认，而且还要依照岳飞的夙愿，率师北进，去收复河北、河东和燕云诸州；非但不能把赵宋王朝降格为金的附属国，而且还要把金国打败，逼令它作为赵宋王朝的附庸国。只可说，这是对于由赵构、秦桧合力造成的一股屈膝降改的恶浪逆潮，正在用力挽狂澜的伟大魄力加以救正，是强烈抗议，哪里是"奉表称贺"！对于赵构的投降行径给予这样的鄙视蔑视，怎能说岳飞一贯顺从赵构的意旨呢？

关于岳飞在绍兴十年从郾城班师一事，我在本书第十五章的第四节，即"十年之功废于一旦"那一节中，已作了较详细的论述，说明那是岳飞为求不落入赵构、秦桧所制造的陷阱，在丧师与班师二者之间，作出的极英明、极具卓识的抉择。试想，他在这时如不遵命班师回朝，则在淮北宋军全已接奉"密旨"相继撤回淮南之后，岳家军突然处于孤军深入的情况下，金军固然可以对岳家军构成从正面、侧面合击之势，把它围歼；而赵构、秦桧也可以用"违抗朝命"作借口，调集张俊、杨沂中等人的部队，对岳家军大张挞伐，与金军合力把它歼灭。岳飞为避免遭受这种严重后果而奉诏班师，这决不是用来对赵构表示其唯命是从的"尽忠"的行为，自然更与所谓"愚忠"毫不相干。

再则，从岳飞奉诏班师之后，到他遭受惨杀之前，中间还有援淮西、任枢密副使、视察韩家军等等事节，并非班师回朝即遭杀害。这同样可以说明，班师一事与所谓"愚忠"是毫不相干的。

四　岳飞是杰出的战略家和军事家

自从绍兴三年（1133）为始，南宋政府就把东起江州、西至荆州、北边包括长江北岸一些州县，分划为一个军区，指定由岳飞负责防守。长江的下游，淮南东西两路，则由刘光世、韩世忠和张俊分别负责。在南宋的这几支部队当中，只有岳家军曾连续对伪齐和金国的南侵军采取过主动的攻势；另外的那几支，只是当敌军攻入防区之内时，才被动地进行一些军事周旋，有时还必须岳家军前往支援，才可以招架得住。这说明，在南宋王朝的正规军队当中，唯有岳家军的战斗力最为强大。

岳家军的战斗实践，证实了它的战斗力之特别强大。至其所以特别强大的原因所在，固与岳飞平素的操练和教阅分不开，而更加重要的，则是因为具备了下述两个条件。这两个条件，都具体反映出来，岳飞是如何地要把他的部队与人民大众紧密联系起来；从而还具体反映出来，岳飞确实是一个卓荦不群的战略家和军事家。

第一，岳家军的风纪之好，不但为南宋诸军之冠，在中国古代历史上也少有其比。南宋初年几员大将的部队，一般说来，军行所至总都不免勒索财帛，驱掳丁壮，掠人妻女，居人庐舍，岳飞的部队却独独不是如此。他们平时全居住在军营当中，街巷中很少有出外游逛的士兵。在行军途中，则"夜宿民户外，民开门纳之，莫敢先入。晨起去，草苇无乱者"。❶ 他们始终坚守着"冻死不拆屋，饿死不打掳"的戒条。

在赵构奖励岳飞的许多诏令当中，几乎每一次都称赞他的治军有法和纪律严明，例如夸奖他"师行而耕者不变"，"涉千里之途而樵苏无犯"，等等。对别的将帅虽也颁发过很多奖励诏令，却很少用这样的词句，唯独对岳飞的诏令中才使用，这正好证明，岳家军的纪律必非其同时诸将帅部队之所能及。而也正是这一原由，才使得岳家军到处受到广大人民的欢迎、爱戴与合作。

荆湖北路的人民，在岳飞被害之后，不顾权奸秦桧的凶焰如何高涨，也不怕会因此引惹出什么麻烦和灾祸，百分之九十以上的

---

❶ 王自中：《鄂州忠烈行祠记》（自《金佗续编》卷三〇转引）。

人家，全都画了岳飞的像而在家中加以供奉❶。他们还把岳飞的一些事迹，编成传奇式的乃至神话般的各种故事，彼此称述，互相传播。岳飞之所以赢得人民这样的热爱，固然主要是以他在抗金战场上所立功勋使然，而另外一个同样主要的原因，则是由于岳家军曾长时期在这里驻扎过，曾经为这里的每一户人家服过务、谋求过福利之故。而岳飞本人的纯朴笃实的作风，也必有极大的感召力量。

岳家军在其所到之处，都以这样的军风纪而获得当地人民大众的热爱，各地人民大众自然就乐意与岳家军合作，尽量给予一些精神的或物质的支援，使岳家军的战斗力量得因之大大提高。

第二，岳飞对于各地人民抗金的武装力量具有深切的认识，从而对它非常重视。岳飞在南渡之前，曾一度参加过太行山区的游击战争。到他参加了赵家王朝的正规军，并随同杜充从开封而转移到长江以南，其时河北、河东各地人民，不愿屈服于女真贵族的统治宰割之下，依然到处自动团集，靠山的结为山寨，靠水的结为水寨，分别对女真军队从事于激烈的斗争。当李纲执政之日，当宗泽留守开封之时，都曾计划对这些地方的忠义民兵加以支援、组织和领导，使其发挥更大的作用和力量；而在李纲去职、宗泽逝世之后，南宋王朝的当权者们却全不再考虑此事，只有岳飞，他确知这些自动结集的抗金武装力量之强大，在他身任将领之后，便把连结河朔的忠义民兵作为他的抗金战略的重要环节之一，并经常派人去和这些山水寨的首领们进行联系。他在每次出兵对伪齐或金人致讨之前，更大量地发遣人员潜入敌境，策动这些山水寨的忠义民兵遥相配合。而河朔地区受到金军扫荡的忠义民兵，到实在无法立足而必须南下时，南下之后也大都以岳家军营作为他们的归趋之地，把敌方的情况和动向提供给岳家军，这就又会使岳家军对敌方的虚实强弱之所在更能了如指掌。

---

❶ 王自中：《郢州忠烈行祠记》（自《金佗续编》卷三〇转引）。

绍兴十年（1140）夏秋间，岳飞的大军北进抵达颍昌，先头部队克复了郑州、洛阳等地，河朔地区太行山以东以西的山水寨忠义民兵也都大肆活动，有的在大名、磁、相等地邀截金人补给线上的粮纲、马纲、金帛纲，❶有的则专力于攻打城邑，例如河东路的翼城、赵城以及绛州的垣曲县城等。其在此以前尚未组织起来的民众，也都暗自积聚一些兵仗和粮食，往返奔命，要乘此机会组织起来，以配合岳飞的大军渡河北进。

从南宋政权建立以来，直到1234年金政权的灭亡之日，在南宋政府军抗击金军的全部战争历史上，绍兴十年岳家军在颍昌府所立功勋，乃是登峰造极的一次。而这次辉煌战果之取得，与岳飞"连结河朔"的战略方针是分不开的。

---

❶《金佗续编》卷一一，《令契勘梁兴见今措置事宜开具申闻省札》。

附录一
岳飞冤案的昭雪

绍兴十一年岁杪（1142年1月末），在岳飞、岳雲父子和张宪惨遭秦桧、赵构毒手之后，南宋王朝的刑部大理寺所宣布的《判决书》的最后一段是：

> 岳飞、张宪家属，分送广南、福建路州军拘管，月具存亡闻奏。编配人并岳飞家属，并令杨沂中、俞俟，其张宪家属令王贵、汪叔詹，多差得力人兵防送前去，不得一并上路。岳飞、张宪家业籍没入官，委俞俟、汪叔詹逐一抄札，具数申尚书省。

绍兴三十一年（1161）的十月丁卯（二十八日），南宋王朝下了一道诏令说：

> 蔡京、童贯、岳飞、张宪子孙家属，令见拘管州军并放令逐便。用中书门下省请也。于是飞妻李氏与其子霖等皆得生还焉。（《建炎以来系年要录》卷一六三）

颁发这道诏令的背景，是因为金朝皇帝完颜亮已经对南宋发动了大规模的军事行动，水陆并进，势甚凶猛。这时南宋臣僚和太学生中都有人上疏给赵构，也有人上书给知枢密院叶义问，提议雪岳飞之冤，"以谢三军之士，以激忠义之气"。赵构这时在内心的深处虽又打算着更向南方逃跑的"避狄之计",然而终于扭不过朝野军民主张抗战的舆论和气势,因此,他又不得不极其勉强地下诏宣布要亲往建康(今南京市)去"视师江上"。而允许释放岳飞、张宪子孙家属的诏令,就是与"视师江上"的诏令同一天发布的。同一天发布的这两道诏令,虽然都是与鼓舞军民的抗金情绪有关的,然而,在这里竟把岳飞、张宪与蔡京、童贯相提并论,作为同一类人物看待,真不免把青红皂白视同一律了。这且按下不表。岳飞的被流放到广南地区、且还屡被移徙地点的妻子家属,总算因为这道诏令而又回到江州家中了。

绍兴三十二年(1162)六月初十日,宋高宗赵构禅位给他的过继儿子赵昚,自己则以太上皇帝的身份而退居于德寿宫中。

赵昚即死后庙号为孝宗的人。他是一个有志于对金用兵、收复失地、报仇雪耻的人。自从他幼年被收养在宫中之后,即对于主张抗战的文武臣僚,特别是对于岳飞,深表敬重;而对于秦桧则极为鄙视,且曾因此遭受到秦桧的忌嫉,并一度吃过秦桧的亏。

对于岳飞诸人之惨遭杀害,宋孝宗是深感痛心的。《金佗稡编》卷九,于《昭雪庙谥》一文后附载一事云:

> 淳熙五年五月五日,臣霖(按即岳飞第三子)以知钦州召见,赐对便殿,上宣谕曰:"卿家纪律、用兵之法,张、韩远不及。卿家冤枉,朕悉知之,天下共知其冤!"

所以,在孝宗受禅之初,便于七月初十日以仰承太上皇帝旨意为名,下令追复岳飞的原官,"以礼改葬,访求其后,特与录用。"到这年十月十六日,便以正式文告,宣布追复岳飞的"少保、武胜定国军节度使、武昌郡开国公、食邑六千一百户、食实封二千六百户"(《金佗稡编》卷十三《追复少保两镇告》)。

同年的十月十八日,岳飞的李夫人也恢复了楚国夫人的封号;儿子岳雲也追复了左武大夫、忠州防御使,以礼祔葬岳飞墓旁;次子岳雷也已亡故,也追复了忠训郎、阁门祗候;三子岳霖则恢复了右承侍郎。

宋孝宗隆兴元年(1163)七月十九日,经岳雲的儿子岳甫的奏陈,南宋王朝发还了岳飞生前在江州所置田宅房廊,计为:

钱——三千八百二十二贯八百六十三文

田——七顷八十八亩一角一步

地——一十一顷九十六亩三角

水磨——五所

房廊草瓦屋——四百九十八间(《金佗续编》卷十三《户部复田宅符》)

淳熙五年(1178)闰六月二十二日,经岳飞第三子岳霖的奏陈,南宋王朝把岳飞生前所接受到的赵构写给他的全部"御笔"、"手诏"(岳飞冤死后被拘没到南宋政府的左藏南库架阁中了),全部发还。

按照宋朝的规定,对于封爵已至王、公,或文武官僚的职位已到三品以上的,身死之后都要谥以美名。岳飞是惨遭杀害的,自然不可能再有"易名之典";然而到孝宗即位之后,他的冤案已经得到平反昭雪,生前的职衔也全已明令恢复了,而有关"谥号"的事却迟延了十多年而犹未被人提及。乾道六年(1170)湖北转运司上书给南宋政府,要为岳飞在鄂州建立庙宇,南宋政府也只答复他说:"奉敕,宜赐忠烈庙为额",说明这个庙额还只是临时拟定的。到淳熙四年(1177),江东转运副使颜度上奏说,应为岳飞定谥,太常寺拟请"谥以忠愍",但孝宗未予同意,"令别拟定"。后来再由太常寺复议,又建议说:

兹按谥法,折冲御侮曰武,布德执义曰穆。公内平群盗，外捍丑房，宗社再安，远迩率服，猛虎在山，藜藿不采，可谓折冲御侮矣；治军甚严，抚下有恩，定乱安民，秋毫无犯，危身奉上，确然不疑，可谓布德执义矣。合兹二美，以武穆谥公，于是为称。(《金佗续编》卷十四《武穆谥议》)

到淳熙五年（1178）十二月十二日，宋孝宗同意了这个意见，于是正式宣布，确定岳飞谥号为武穆。

到宋宁宗赵扩即位以后，权臣韩侂胄为了提高和巩固自身之权势地位，一心要发动对金的战争。首先使用各种方法"以作六军之气"，未经岳飞后裔或其他臣僚的陈请，便于嘉泰四年（1204）五月下诏说，岳飞"可特予追封王爵"，到六月二十日，发布了正式文告，追封岳飞为鄂王。(《金佗续编》卷二七，《封王信札》、《鄂王信札》、《追封鄂王告》)

然而昭雪事项到此还未告结束。宋宁宗于嘉定十七年（1224）去世，理宗赵昀继位之后，认为岳飞谥曰武穆，既不能完全符合孝宗的本意，也不足以概括岳飞一生的功德，便下诏说："易名之典虽行，议礼之言未一：始为忠愍之号，旋更武穆之称。"到底还是未能尽满人意。所以决定要改用更合适的字样。最初太常寺已拟议改为忠穆，然而宋理宗觉得仍难满意。于是在宝庆元年（1225）下诏说：

> 爰取危身奉上之实，仍采克定祸乱之文，合此两言，节其壹惠。昔孔明之志兴汉室，若子仪之光复唐都，虽计效以或殊，在秉心而弗异。垂之典册，何嫌今古之同符；赖及子孙，将与山河而并久。……故太师追封鄂王特与赐谥忠武。(《金佗续编》卷十六《赐谥告词》)

岳飞虽从此年即改谥忠武,从此下距南宋之亡虽然还有五十余年,但岳武穆之称号一直流传于世,迄未为忠武之称号所取代,这却不知是什么原故。(在这道《告词》中还称岳飞为"故太师",也不知岳飞是在何年赠太师的。但虽赠太师,后世却也一直称之为岳少保。)

附录二
有关"拐子马"诸问题的考释

南宋高宗赵构的绍兴十年（1140），岳飞由鄂州率军北上，抗击由金朝女真军事贵族兀朮统帅的南侵兵马，在郾城战役中，大破金方的精锐部队——拐子马。这一历史事件，直到今天还在普遍流传。但是，究竟拐子马是一种什么样的部队，具有何等样的装备，这却从南宋以来的史书上，就有不同的记载和不同的理解。到岳珂在他所编写的《鄂王行实编年》中，对拐子马又详细地加以解释说："兀朮有劲军，皆重铠，贯以韦索（按即皮绳）。凡三人为联，号拐子马，又号铁浮图，堵墙而进，官军不能当，所至屡胜。"此说既出，章颖在《南渡四将传》的《岳鄂王传》中加以沿用，元朝官修的《宋史·岳飞传》中也加以沿用。从此，对于拐子马的解释算是定于一尊了，然而诸多的附会错讹，却也从此铸定，踵讹袭谬，牢不可破。计其时间，已将近八百年了。我认为，再不应让这一误解继续流传下去了。因特写成此文，目的是要把拐子马的正确解释探索出来，而把历来（特别是从岳珂以来）对拐子马的种种附会和误解，一律加以澄清。

一　在有关宋、金战争史料中出现较早的"铁浮图"、"拐子马"、"挖叉千户"、"河北签军"和"左护军"诸词

（1）

"拐子马"这个名词，在北宋人所撰述的有关武备和军事的史料中就已经出现，并不是在宋、金战争发生后才出现的。在记载宋、金战争的史料中，"拐子马"这一名词的出现，是在1140年五月的顺昌战役中，也不是在记载这年七月郾城战役时才出现的。

当金朝的军事统帅兀朮于1140年率军南侵，于六月间抵达顺昌（今安徽阜阳）境内时，原先奉命去驻守开封的南宋将官刘锜，这时恰正带兵行进到顺昌，便在顺昌城内进行防御部署。有一个名叫杨汝翼的文人，这时也跟随刘锜在顺昌。他亲眼看到这次战役的全部过程，事后便写了一篇《顺昌战胜破贼录》❶，详记这次战役经过，其中有一段文字说：

> [六月]初九日平明，四太子遂合龙虎大王及三路都统，韩将军、翟将军人马，环合城下。甲兵铁骑十有余万，阵列行布，屹若山壁。旗帜错杂，大小有差。……
>
> 四太子披白袍，甲马，往来指呼，以渠自将牙（按同衙）兵三千策应，皆重铠全装。虏号铁浮图（屠），又号挖叉千户。其精锐特甚。自用兵以来，所向无前，至是，亦为官军杀伤。先以枪揭去其兜牟，即用刀斧斫臂，至有以手捽扯者。

---

❶ 此书全文俱收入《三朝北盟会编》卷二〇一；《建炎以来系年要录》卷一三五，附注中亦引录此文，但谓系郭乔年撰。不知何以歧互如此。

极力斗敌。自辰至戌，贼兵大败。遽以拒马木障之。少休，……去拒马木，深入斫贼，又大破之。……

方其接战时，郦琼、孔彦舟、赵提刀等皆单骑列于阵外。有河北签军告官军曰："我辈元是左护军，本无斗志。所可杀者，止是两拐子马。"故官军力攻破之。皆四太子平日所倚仗者，十损七八。

这是南宋一代的历史记载当中，最先提及拐子马的，而拐子马究竟是怎样的物事，在这篇文章中却找不到解释。我们也把这一问题留到下文去解决，在此先把见于这段引文中的另外两个名词，即"挖叉千户"和"河北签军"解释一下。

什么叫做"挖叉千户"？这在《金史·兵志》的"禁军"条中可以得到回答。《兵志》说：

禁军之制，本于"合扎谋克"。"合扎"者，言亲军也。以近亲所领，故以名焉。……

贞元迁都，以太祖、辽王宗干、秦王宗翰军为"合扎猛安"，谓之"侍卫亲军"，故立"侍卫亲军司"统之。

这里的"猛安"，是按女真语音转写为汉字的，意译就是"千户"。"挖叉"与"合扎"自是同一女真语音的汉字异写。因此，"挖叉千户"与"合扎猛安"这两个词儿，不论就其语音或语义来说，是全然等同的，即同是汉语中的"侍卫亲军"之意。所以，在《顺昌战胜破贼录》中，也说金的四太子兀朮以"自将牙兵三千策应，皆重铠全装，虏号'铁浮图'，又号'挖叉千户'，其精锐特甚"。兀朮自将的牙兵，当然也就是他的侍卫亲军了。

《金史·兵志》说"合扎猛安"的编制，是在贞元迁都之后才组成的。按所谓贞元迁都者，是指1153年金主完颜亮由金的上京会宁府迁都于燕京一事而言,然在1140年的顺昌战役中既已出现了"挞叉千户"的名称,则其组成必然在1140年之前,而绝对不会在1153年之后。可见《金史·兵志》的这一条记事,必有年代上的错误。但尽管如此,其中对于"合扎"(亦即"挞叉")这一语词的解释却是完全正确的。

《顺昌战胜破贼录》说兀朮的"自将牙兵""皆重铠全装,虏号'铁浮图',又号'挞叉千户'"。这里也颇有语病。因为,所谓"又号'挞叉千户'"一句,只应是承接上文的"自将牙兵"而言;而所谓"虏号'铁浮图'",则又应是仅仅承接"皆重铠全装"一句,只是说,因为这支部队的装备都是"重铠全装",望之若铁塔一般,所以又得了"铁浮图"的称号(按实说来,铁浮图也只能是汉人给予的称呼,决非女真语)。"自将牙兵"与"挞叉千户"或"侍卫亲军",都是指部队中的一种特定编制;而"铁浮图"则决不寓有任何编制的涵义在内,而是对所有装备精良的部队,对所有望之如铁塔般的部队,都可以给予这样的称呼。所以,在汪若海记述顺昌战役的《札子》❶当中,把兀朮"所将攻城士卒",一律称为"铁浮屠,又曰铁塔兵"。并述写其装备说:"被两重铁兜牟,周匝皆缀长檐,其下乃有毡枕。"据知《顺昌战胜破贼录》中既把"铁浮图"作为女真语,又把"铁浮图"与"挞叉千户"和"自将牙兵"等同起来,显而易见,都是错误的。

我再重说一遍:兀朮的侍卫军固可因其"重铠全装"而被称为铁浮图;兀朮的侍卫军以外的所有"重铠全装"的金军,也是同样可以被称为铁浮图的。

(2)

据《顺昌战胜破贼录》所说,拐子马的名称是出之于"河北签

---

❶《三朝北盟会编》卷二〇二。

军"之口的,是金国部队中的"河北签军"向南宋军队讲话时使用的一个名词。因此,"河北签军"在这里的关系极为重要。我们应当尽先弄清楚什么叫做"河北签军"。

辑本《宋会要》的《兵》门《归正》类,在绍兴三年(1133)载有一道诏令说:

> 九月二十五日诏:金人自来多系驱掳河北等路军民,号为签军,所当先冲冒矢石,枉遭杀戮。念皆吾民,深可怜悯。兼自来招收投降汉儿签军等,并皆优补官资,支破请受。可令岳飞:如遇外敌侵犯,措置说谕,有率众来归,为首之人,仍优与推恩。(兵十五之四)

汪藻《浮溪集》卷二《论侨寓州郡札子》中,也有论及签军的一段,说道:

> 比金人入寇,多驱两河人民,列之行阵,号为签军。彼以数百年祖宗涵养之恩,一旦与我为敌者,岂其本心哉,特妻子父兄为其劫质,以死胁之,出于不得已而然耳,固未尝一日忘宋也。今年建康、镇江为韩世忠、岳飞所招,遁(而来)归者无虑万人,其情可见。(《建炎以来系年要录》系此《札子》于建炎四年(1130)五月)

金人刘祁的《归潜志》卷七,也有一条谈及此事,后来且为《金史·兵志》所引用。其文云:

> 金朝兵制最弊。每有征伐或边衅,动下令签军,州县骚然。其民家有数丁男、好身手,或即尽拣取无遗。号泣怨嗟,阖家以为苦。驱此辈战,欲其克胜,难哉!

从上面的几段引文，可以十分清楚地看出，所谓"河北签军"者，就是指河北地区民户中被金国统治者强迫征调参军的那些人。这些被驱掳从军的人，在每次战争中，还都被迫最先上火线去"冲冒矢石"。

从上面的引文还可看出，全部的河北签军，其人既全是汉族的人，他们所讲的话自然也全都是汉族的语言。既然如此，则从他们口中说出的"拐子马"，也只能是汉族语言，而断然不会是女真语言。

（3）

河北签军告诉南宋军队的话，第一句就是"我辈原是左护军，本无斗志。"这里的"左护军"究作如何解释呢？

据李心传《建炎以来系年要录》卷九十六绍兴元年（1131）十二月庚子条所载，南宋王朝在这一天把它所统辖的军队，由原来的神武军改名为行营护军，张俊所部人马称行营中护军，韩世忠的称前护军，岳飞的称后护军，而刘光世所部人马则称左护军。到绍兴七年（1137）八月，刘光世的一员部将郦琼率领全部刘家军叛降了伪齐。一年以后，伪齐被废，这支军队的下场，可能有一些人被改编，另有一些人便可能被遣散了。金人在每次征签兵丁时，总是尽先征签那些曾经做过正规军人的人，在绍兴十年（1140）金军大举南侵之前，为郦琼所劫持而投降伪齐的刘光世的旧部，不论是被改编或被遣散的，必又都被征发到前线上去。这些在阵地上主动向南宋军队搭话的"河北签军"，因其本来就是刘光世的旧部，所以首先就表明身份，说"我辈原是左护军，本无斗志"了。（但是，李心传在《建炎以来朝野杂记》甲集卷十八的《御前诸军》条内，所述行营护军的前后左右各军及其将领，均与《建炎以来系年要录》不同。例如，说张俊部队改称前护军，韩世忠部队改称后护军，岳飞部队改称左护军，刘光世部队改称右护军。不知两书何以歧互如此。今与南宋其他史籍相参证,知《朝野杂记》此条所记多误,故不取。)

二 对"铁浮图"和"拐子马"最早的错误解释

在 1140 年,南宋王朝派在顺昌府作地方长官的是陈规,作通判的是汪若海。金国的南侵兵马已经进入顺昌境内之后,陈规与刘锜共同负责措置守御事项,汪若海则因须往杭州去乞援于南宋王朝,于五月中旬即挈带眷属离开了顺昌。

从宋钦宗赵桓即位以后,在关于是否割三镇的问题上,在委任赵构为天下兵马大元帅,以及赵构由相州到归德去践皇帝之位的问题上,汪若海都曾参加过谋议,因而在当时是被称为"深沉有度"的人。可是这次之挈眷南行,在《顺昌战胜破贼录》中是被描述为临阵脱逃的。事实上,汪若海这次到杭州也并没有请到救兵,而他的重回顺昌去做通判,却也是在顺昌战役已经结束、顺昌的安全已经可以确保之后。

汪若海为要表明自己也是这场顺昌战役直接参与者,便于回任之后,"躬往战地,或访亲身临阵之人,或质被掳得脱之士","聊述顺昌之战胜",写成一篇《札子》送呈南宋王朝,"以备朝廷之采择"。其中有专谈"铁浮屠"和"拐子马"的一段:

> 兀朮所将,号常胜军。……其所将攻城士卒号铁浮屠,又曰铁塔兵,被两重铁兜牟,周匝皆缀长檐,其下乃有毡枕。三人为伍,以皮索相连。后用拒马子,人进一步,移马子一步,示不反顾。
>
> 以铁骑为左右翼,号拐子马,皆是女真充之。自用兵以来,所不能攻之城,即勾集此军。

> （六月九日）刘某出军五千人接战，……始与虏骑往来驰逐，后直冲入虏军中，手相扯捽，刀斧相斫，至有提去虏兜牟而刺之者。军士有中刀洞心而犹刺虏不已者，有偶失地利与虏相抱于城濠而死者。
>
> 血战自辰时至中，虏乃败走，横尸遍野，不知其数。刘亦敛兵入城。兀术大怒，亲拥三千余骑，直扣东门，射城上人，着城上炮架皆满。又被城上军以劲弩射走。
>
> 兀术既大败，乃移寨于城西门，开掘濠堑，……欲为不战之计而坐困顺昌。……（《三朝北盟会编》卷二〇二）

汪若海的这几段记述，有一部分是从《顺昌战胜破贼录》中抄袭来的，但也有一部分为该《录》所不载，则应是从一些"亲自临阵之人"或"被掳得脱之士"询访而得的。其中对于"铁浮屠（图）"和"拐子马"做了更具体的解释，那就是：所谓"铁浮屠"者，除为《顺昌战胜破贼录》所说的"重铠全装"作了更详细的说明，如"被两重铁兜牟，周匝皆缀长檐，其下乃有毡枕"诸事之外，还要"三人为伍，以皮索相连"；所谓"拐子马"者，则是列置在左右两翼的女真铁骑的一种简称。

汪若海对拐子马所作的解释是正确的，对铁浮屠所增加的"三人为伍"等解释则全然错误。然而到岳珂编写《鄂王行实编年》时，却又合二而一，把汪若海对"铁浮屠"所作的错误解释移用于"拐子马"身上去了。从此便以讹传讹，遗误千载，故不可不加辨正。

三　岳珂《鄂王行实编年》所载郾城战役中的"拐子马"

岳飞是一个喜欢招揽文士的人。在他的军营中经常有大批的

"效用使臣"。当他的军队在绍兴十年（1140）夏秋间在颍昌府、郾城县等地与金军对战时，随同部队在战地的这类文士必也不少。他们亲眼看到了这几次战役的实况，必也有人将其全过程记载下来，像杨汝翼记载顺昌战役那样。不幸的是，到绍兴十一年底（1142年初），秦桧便对岳飞下了毒手，使他父子惨遭杀身横祸。从此以后，凡与岳飞往还较多的人，便被目为"交通叛将"，曾做过他的幕僚的人，更都不免被深文周纳地加以这样那样的罪名，他们的身家性命全受到严重灾祸。因此，凡属记述岳飞生平事迹、特别是战功的文字，以及和岳飞相往还的书札之类，在这时便大都由原作者自行销毁，希图借此灭迹免祸。郾城战役的经过，虽然也必有身临其境的文士、使臣之流曾加记述，在岳飞身遭横祸之后，这些记载也必然都随之而灰飞烟灭，自也可以断言。基于这些因由，我们现时所能看到的关于郾城战役的最早记录，是在岳飞身死六十多年之后，由他的孙子岳珂写入《鄂王行实编年》中的如下一段文字：

先臣自以轻骑驻于郾城县，方日进未已。……日出一军挑虏，且骂之。兀朮怒其败，[绍兴十年七月]初八日，果合龙虎大王、盖天大王及伪昭武大将军韩常之兵逼郾城。先臣遣臣云领背嵬、游奕马军直贯虏阵，……鏖战数十合，贼尸布野，得马数百匹。……

初，兀朮有劲军，皆重铠，贯以韦索，凡三人为联，号"拐子马"，又号"铁浮图"，堵墙而进，官军不能当，所至屡胜。是战也，以万五千骑来，诸将惧，先臣笑曰："易耳！"乃命步人以麻札刀入阵，勿仰视，第斫马足。"拐子马"既相联合，一马偾，二马皆不能行，坐而待毙。官军奋击，僵尸如丘。兀朮大恸，曰："自海上起兵，皆以此胜；今已矣！"拐子马由是遂废。

岳珂之编写《行实编年》，是在宋宁宗嘉泰三年（1203），其时上距岳飞之死已经六十二年，岳飞生前所带领的兵将，假如在岳飞受害时有年仅二十五六岁的，到这年也已将近九十岁了，必不可能还有几个活在人间的。因而岳珂对于郾城战役的那段叙述，必不会是从亲身参与那次战役的兵将口中听来的。但岳珂编写此书时所依据的文字资料，绝大部分我们现时都还可以看到，有一部分较为冷僻的，后来也被岳珂收录在《金佗稡编》和《金佗续编》当中了，而在上述这些资料当中，却全无详述郾城战役的文字。岳珂为求能把这一空白补充起来，而且要把它补充得有声有色，他便东拼西凑，把杨汝翼、汪若海记载顺昌战役的两文取来参考，摘录了两文中的某些段落，稍加窜改，即移用了来，充作郾城战役的具体内容。例如，"贯以韦索"和"三人为联"，即是把汪若海《札子》中的"三人为伍，以皮索相连"稍加改动而成的。而把"铁浮图"和"拐子马"合二而为一，则是岳珂把见于杨、汪二文中的两个各不相干的名词有意加以混淆的。"一马偾，二马皆不能行"，更是岳珂专凭臆想而创为之说的。

在《鄂王行实编年》成书三年之后，即1206年，南宋王朝的史官章颖以为，刘锜、岳飞、李显忠和魏胜这四员大将的遭遇都很不幸，遂为他们各写一传以事表扬，合编为《南渡四将传》一书，并且表上于朝（事实上即献诸史馆），以备修撰国史时的采择。其中的《岳飞传》，完完全全是以《鄂王行实编年》为蓝本，稍加删润而成的。在记述郾城战役中大破金军拐子马一段，则只是把《行实编年》中的"堵墙"改为"如墙"，"是战也"改为"是役也"，"步人"改为"步卒"，"既相联合"改为"相连"，"一马偾"改为"一马仆"，此外再没有不同之处。后来元朝晚年编修的《宋史》，其中的《岳飞传》果然是照抄了章颖的《南渡四将传》中的那一篇，连字句间的改动也很少。明、清两代有好几种记述岳飞事迹的小说《说岳精忠全传》之类行世，其内容虽不尽相同，却全都在叙述郾城战役时插入了大破拐子马一节，而且也都是以《宋史·岳飞传》或《鄂王行实编年》为其依据的。这样一来，就使得一般人对于所谓拐子马者统一在同一种理解之下："三人为联，贯以韦索"，而且是，只要"一马仆"，其余二马自然也都"不能行"了。

四 "铁浮图"和"拐子马"全都不是"三人为联，贯以韦索"的

岳珂在《鄂王行实编年》当中把"铁浮图"和"拐子马"混同起来，做史官的章颖又完全依照《行实编年》改写了一篇《岳飞传》而上之史馆，可以想见，南宋《国史》中的《岳飞传》必即是毫不改动地照抄了章颖的那一篇，而元朝官修《宋史》中的《岳飞传》，若非直接从章颖著作中抄来，便必是从南宋《国史》中抄来的，两篇文字之间的差异处，真可说绝无而仅有。于是，"三人为联，贯以韦索，号拐子马，又号铁浮图"之说，从此便成了大家公认的"定说"了。在明、清两代人所编辑的《宋史纪事本末》、《续通鉴》等书中，更无不沿用其说。到18世纪后期，清朝的乾隆皇帝令其臣僚以他的名义编纂《御批通鉴辑览》时，才察觉到此说之不通，因而写了一条"御批"，对之进行驳斥，说道：

> 北人使马，惟以控纵便捷为主。若三马联络，马力既有参差，势必此前彼却；而三人相连，或勇怯不齐，勇者且为怯者所累，此理之易明者。

> 拐子马之说，《金史·本纪·兵志》及兀术等传皆不载，唯见于《宋史·岳飞传》、《刘锜传》，本不足为确据。况兀术战阵素娴，必知得进则进，得退则退之道，岂肯羁绊己马以受制于人？此或彼时列队齐进，所向披靡，宋人见其势不可

当，遂从而妄加之名目耳。

这段话虽是直接针对着《宋史·岳飞传》、《刘锜传》中的拐子马一词而发的，但在《宋史·岳飞传》中，却正是辗转因袭了《鄂王行实编年》之误，把"拐子马"和"铁浮图"合二而为一的，而《行实编年》中对拐子马的解释，则是把汪若海对铁浮图的解释照搬来的，因此，这段"御批"还等于间接地对汪若海在其《札子》中对"铁浮图"的解释进行了批驳。

如在上文中所已说过的，铁浮图和铁塔兵，都只能是出自汉人口中的一种称呼，而其所以得此称呼，则又只能按照杨汝翼在《顺昌战胜破贼录》中所说，是指金军中之"重铠全装"的那部分士兵而言的，如在此外再附加任何涵义，便必然发生错误。汪若海没有亲身参与顺昌战役，对于金方军人和战马的装备全不曾目睹，却偏要在杨汝翼的记载和解释之外，平空增加了"三人为伍，以皮索相连"等无稽之谈，既不近情，也不合理，当然不会是从"临阵之人"或"被掳之士"询访得来的。

《通鉴辑览》中的这条"御批"，不论用以驳斥"铁浮图"或"拐子马"，全都是切中要害，很有说服力的。但是，在杨汝翼的《顺昌战胜破贼录》中对铁浮图已经给予了正确的解释，在驳斥了汪若海的谬说之后，当会很自然地回到杨汝翼的正确解释上去；而杨汝翼、汪若海二人对于"拐子马"一词却全未给予任何解释。在《通鉴辑览》的这条"御批"当中，虽然论证了"三马联络"与"三人相连"之不合情理，然而说，拐子马乃是南宋人见金兵"列队齐进，所向披靡，势不可当，遂从而妄加之名目"，却也仍然是一个不能使人信服的解释。因此，人们仍不免要问：拐子马既与铁浮图同样不是"三人相连"或"三马联络"的，那么，它究竟是指金军中的什么部队而说的呢？

五 "拐子马"就是左右翼骑兵

李焘的《续资治通鉴长编》卷五十六,于宋真宗景德元年(1004)七月乙未有一条记载说:

> 诏北面都部署:自今与敌斗,阵已成列,除"东西拐子马"及"无地分马"外,更募使臣、军校拳勇者,量地形远近,押轻骑以备应援。
> 先是,以大阵步骑相半。敌谍知王师不敢擅离本处,多尽力偏攻一面,既众寡不敌,罕能成功。故有是诏。

宋仁宗康定元年(1040),曾公亮等人编纂的《武经总要》前集卷七,也有一段记载说:

> "东西拐子马阵",为大阵之左右翼也。本朝西北面行营,"拐子阵"并选精骑。夷狄用兵,每弓骑暴集,偏攻大阵一面,捍御不及则有奔突之患,因置"拐子马阵"以为救援。其兵,量大阵之数,临时抽拣。

从上边的两段引文中,可知"拐子马"一词在北宋的前期便已出现。而见于这两段引文中的"拐子马",又全不是指敌人(当时北方敌人为辽)方面的某种骑兵,而是宋人自指其前线上某一种骑兵说的。《长编》所载诏令以"东西拐子马"与"无地分马"对举,所谓"无地分马"者,乃是指没有固定列阵的方位和地点,只准备随时听令相机策应或赴援某部之用的骑兵;而"东西拐子马"者,则是有固定列阵方位的,亦即《武经总要》中所说"为大阵之左右翼"的骑兵。

以上引两条记载与杨汝翼、汪若海记顺昌战役的文字相参证，我们就可对"拐子马"一词得出确切理解了：

一、《续通鉴长编》和《武经总要》中的"东西拐子马"、"大阵之左右翼"，和见于杨汝翼、汪若海二人文章中的"两拐子马"、"以铁骑为左右翼，号拐子马"，是完全相对应的；所谓"两拐子"实即等于说"两翼"；所谓"东西拐子马"实即等于说"左右翼骑兵"。

二、《续通鉴长编》和《武经总要》中的"拐子马"是北宋人自指其"大阵左右翼"的骑兵而言，而见于杨汝翼记载中的"两拐子马"，却又恰恰是出诸"河北签军"之口，而非出于女真族士兵口中的。所谓"河北签军"者，照我们在上文所考释，其人本皆汉人，其话也全是汉话，则从他们口中说出的"拐子马"，自然也只是沿用北宋以来已在习用的一个名词，不会另有新加的涵义在内，也是可以断言的。

在北宋时期内的词汇中，不但有"拐子马"，还常见有"拐子城"的称呼。在《三朝北盟会编》卷六十六，于靖康元年（1126）闰十一月记金兵围攻开封城时，即屡次谈及守御拐子城的事。例如：

一日壬辰条有云："车驾幸京城南壁，……已而幸宣化门，徒步登拐子城，亲视虏营。"

四日乙未条有云："贼初到即力攻东壁通津门拐子城，时刘延庆颇练兵事，措置独有法。"

六日丁酉条有云："金人犯阙几旬日，……攻城日急，而善利、通津、宣化三门尤为紧地。……姚仲友于三门两拐子城别置两圆门，……"

九日庚子条有云："宣化门告急，姚仲友领兵守南北拐子城。所以不捍御水门者，以水门不可遽犯，故急攻二拐子。矢石如雨，楼橹皆坏。"

孟元老的《东京梦华录》卷一的《东都外城》条亦载:"东城一边,其门有四。东南曰东水门,乃汴河下流水门也,其门跨河,有铁裹窗门,遇夜,如闸垂下水面。两岸各有门通人行,路出拐子城,夹岸百余丈。"

据上引各条资料可以证明,修筑在汴京城的各城门外,用以拱卫城门的两道各成直角的对立垣壁,北宋人称之为拐子城;设置在正面大阵两翼的骑兵部队,北宋人称之为拐子马阵。是拐子一词乃北宋人的习用语词,当无疑义。不幸的是,在北宋灭亡之后,这一语词竟跟随着中原和华北地区而一同沦陷,它虽还保存在中原和两河地区居民的口语当中,却不曾被南渡的军民人等带往南方。他们听到这一名词虽也完全懂得,却不再用以称呼自己的两翼骑兵。故在南宋初年的杨汝翼和汪若海,对拐子马这一名称还能通晓其涵义,还不曾在其记述顺昌战役的文字中对它作任何曲解和附会;到南宋中叶的朱熹已不知此事之原委、曲折,便不免对之茫然不知其为何物了。例如:

黎靖德编《朱子语类》卷一三三《夷狄》门载,朱熹曾向他的学生说,当宋徽宗派人去与金人联系夹攻辽朝时,高丽国王向北宋派往高丽的两位医师说:"女真不是好人,胜契丹后必及宋,而吾国亦不能自存。"又说:"女真作一阵法甚好,我今思得一法胜之。"对于被高丽国王称为"甚好"的女真阵法,朱熹继即加以解释说:"盖如拐子马之类。"按照《武经总要》所说,"拐子马阵"乃是北宋对敌作战时所常摆布的一种阵式,怎么被说成是女真的一种甚好的阵法呢?可见朱熹已不知拐子马的确凿涵义了。

岳珂和章颖,较朱熹更为晚出,对于拐子马一词自然更莫名其妙,于是就只能望文生义,硬把"铁浮图"和"拐子马"二者牵合为一,并借用汪若海对"铁浮图"的错误解释来解释"拐子马",另外还附益了"三人相连,一马偾,二马不能行"等话语,以致与"拐子马"的确切涵义就不能不愈去愈远了。

六 纠驳岳珂的"自海上起兵皆以此胜"和"拐子马由此遂废"诸谬说

（1）

金朝的军队，是以骑兵为主的。凡是由女真本族的丁壮所组成的部队，或从其所统辖的各少数民族征调来的部族兵，大致上都是骑兵。只有从汉族地区征签的兵丁，才编制为步兵队伍，而且在作战时，总要他们首先去"冲冒矢石"。如《归潜志》所说，每当金朝下令签军之时，居民则"号泣怨嗟"，州县均为之"骚然"，"驱此辈战，欲其克胜"，当然是不可能的。因此，金军的主力，及其恃以取胜的，当然只有骑兵，包括被汉族士兵称作铁浮图和拐子马的那些部队。打了胜仗，固应归功于他们；打了败仗，也同样得归咎于他们。而从宋、金间发生战争以来，金的主力部队被宋军打败的事却也是不少的。《鄂王行实编年》以为，自金人起兵以来，只要铁浮图、拐子马一上阵，便战无不胜，只在郾城战役中，才被岳飞识破其弱点，"乃命步人以麻扎刀入阵，勿仰视，第斫马足"，才第一次把铁浮图、拐子马打败，而且，"拐子马由是遂废"。这显然是不合情理，也不符合史实的。

首先，宋军以大刀、长斧入金阵而砍其马足，并因此而战胜金军的事，在郾城战前就已有了不只一次了。例如：

一、《建炎以来系年要录》卷八十一载：绍兴四年（1134）十月韩世忠在扬州大仪镇打败金军，其过程是："韩世忠引兵次大仪镇，勒兵为五阵，设伏二十余处。"金将挞也"拥铁骑过五阵之东"，世忠"传小麾，鸣鼓，伏者四起"。"背嵬军（按，即韩世忠的侍卫军）各持长斧，上揕人胸，下削马足。"金的骑兵"全装陷泥淖中，人马俱毙。遂擒挞也"。

二、《朱子语类》卷一三二，记有朱熹关于绍兴十年顺昌战役的一段谈话：

"张栻（字彦辅）谓刘信叔（按，即刘锜）亲与他言：顺昌之战，时金人上十万人围了城，城中兵甚不多。刘使人下书，约战。虏人笑。是日早，虏骑迫城下而阵，连山铁阵，甚密，不动。刘先以……肉饭犒师，……以所犒一队持斧出，令只掀起虏骑［马甲］，斫断马脚。人马都全装，一骑倒，又粘倒数骑。虏人全无下手处。……杀甚多。虏觉得势败，遂遁走。"（《语类》卷一三六载有另一人所记此次谈话，末段作："但闻多遣轻锐之卒，以大刀斫马足。每折马一足，则和人皆仆，又有相踩践者。大率一马仆，则从旁而毙不下数十人。"）

上引这些资料中所说的，全都是宋军用斧或长斧或大刀斫断马足而战胜金军的事，而所战胜的金军，又都是"人马都全装"的"铁骑"，其中自也必然包括有铁浮图和拐子马。因为，既然以上十万的大军作战，而其中竟无劲旅，当然是不可想象的，更何况在杨汝翼、汪若海两人记述顺昌战役的文字中，分明提到金军中的铁浮图和拐子马都已参战，而且都被打败了。既然如此，则说在郾城战役以前，铁浮图、拐子马不曾被宋军打败过，这显然是不符合史实真相的。

（2）

在任何一次规模较大、用兵较多的战役当中，断无只在正面摆布大阵，而不配置左右两翼的道理。拐子马的正确解释既然是左右翼骑兵，则说在郾城战役之后，金人在作战时就不再配置左右翼骑兵，这显然不成道理，正面的大阵如一旦打了败仗，难道也要从此不再设置正面大阵吗！事实上，金国自从发动侵宋之师以来，一直就在使用着所谓"三生阵"，而这"三生阵"就正是包括正面和左右两翼在内的一个统名。石茂良的《避戎夜话》❶中有专记此事的一段文字：

> 顷在殿前，见御宝批降到金人三生阵同命队法，令姚仲友以下各陈己见以闻。
>
> 凡敌人遇我师，必布围圆阵当锋，次张两翼，左右夹攻，故谓之三生阵。每队一十五人，以一人为旗头，二人为角，三人为从，四人为副，五人为徽。旗头死，从[者]不生还，还者并斩。得胜受赏，亦然。故谓之同命队。

圆阵当锋，两翼夹攻，既为金军经常采用的战术，是不可能因某个局部的一次胜败而从根本上进行改变的。

从南宋的许多史书的记载上，在郾城战役之后，也仍可看到，金军在与宋军作战时，还照样在两翼配置精骑，亦即照样使用"拐子马阵"。例如：

《三朝北盟会编》卷二〇五，于绍兴十一年（1141）二月十八日记宋军于柘皋镇大破金军事，说道：

> 兀术率铁骑十余万，分两隅，夹道而阵。……王德麾军济渡，奋勇先登，薄其右隅，贼阵动。……金人以拐子马两翼而进，德率众鏖战，大破之。

另据《建炎以来系年要录》卷一三九所记这次战役的文字，还可得到一些补充材料：

---

❶ 自《三朝北盟会编》卷九十八转引。

> 金人以拐子马两翼而进,德率众鏖战,[杨]沂中曰:"敌便习在弓矢,当有以去其技。"乃令万兵各持长斧,堵而前,奋锐击之,金人大败。

可见宋军这次之大破金方的拐子马阵,所使用的办法,和大仪镇、顺昌城诸战役完全相同,是以长斧入阵,"上揕人胸,下斫马足"的。这既可说明,用麻扎刀砍断马足,从而使金的骑兵大受挫败,这并不是由岳飞创造发明的一种办法,而是在其前其后全都使用过的;还可说明,岳珂所说,在郾城战役之后,"拐子马由此遂废",完全是不顾事实的无稽之谈。

而且,不只是在晚于郾城战役一年的柘皋战役中有拐子马的出现,在郾城战役二十多年之后,在宋方的记载当中,仍然说金方使用拐子马参加战斗。如《宋史》卷三六七《李显忠传》所载:

> 孝宗即位,隆兴元年(1163),……显忠阴结金统军萧琦为内应,请出师,自宿、亳出汴,由汴京以逼关陕。……时张浚开都督府,四月,命显忠渡江督战,乃自濠梁渡淮,至陡沟。琦背约,用拐子马来拒,与战,败之。

尽管在此以后,拐子马一词确实是极少出现了,但是,它之所以极少出现,也仍然不是因为"拐子马由此遂废",而是因为,这时宋、金军队中的将官与士兵(包括金军中的签军在内),全已换了一代人,在他们的口语和词汇当中,全已不再存在"拐子马"这个词儿,都不再以此称呼金军的两翼骑兵,从而在南宋人的文字记载当中,这一名词也随之而逐渐消失了。

后　　记

在这里，我想就撰述这本《岳飞传》的过程当中，对于南宋一代有关岳飞生平传记的资料的取舍从违问题，略作一些说明。

南宋一代，记载岳飞生平事迹的史书或专文，大致可以分为三个系统：一为官修史书中的记载；二为私人的著述；三为出自岳飞之孙岳珂之手的《行实编年》，它虽也同样是私人著述，却应另列为家传的系统。在《行实编年》传布于世之后，几乎为所有传述岳飞生平事迹者所祖述沿承，因而使这一系统成为三者中之最庞大、最占优势的一支。

分属于上述三个系统中的一些记载，都或多或少地包含了一些不可凭信的成份在内；而三者之间的相互牴牾矛盾，或相互影响、辗转抄袭之处，更所在多有。这使我在引用之际，不能不首先做一番分析考辨工作，以决定我对于某条记载之取舍从违。

一　南宋官修史书中关于
　　岳飞生平事迹的记载

南宋王朝依照北宋旧规而设置了史馆，由史馆的人员纂修日历、实录、国史等类书籍。从赵构的绍兴八年（1138）到绍兴二十五年（1155），一直是由秦桧以宰相而兼领"监修国史"的职务。在这一长时期内，由于秦桧的"凶焰烜赫，威制上下，专元宰之位而董笔削之柄"，故所有在史馆中秉记事之笔者，非其子弟即其党羽。他们对于当时发生的政治、军事、财政等类事件，在下笔铺述之时，总是仰承秦桧的鼻息，任凭私情而加以褒贬去取，涂抹捏造。岳飞从参加军队之日起，直到绍兴十一年年终被害之日为止，始终坚持着以武力抗拒女真南侵军的主张，始终在以战斗的实践去履行他的这一主张，因而也就遭到了民族败类秦桧及其党羽的切骨嫉恨和仇视。而从绍兴八年到绍兴十一年，又正是岳飞抗金的辉煌战绩最足以彪炳史册的时候，秦桧及其党羽自然决不肯如实地加以记载，于是而如当时的一个史官所透露："岳飞每有捷奏，桧辄欲没其实，至形于词色。其间如阔略其姓名、隐匿其功状者，殆不可一二数。"❶ 此外则故作曲笔，颠倒事实，以及虚构事端以相诬枉之处，还必定很多。

南宋的日历、实录、国史等名目的官修史书，现在已全部失传，而现时尚还传世的《宋史·高宗纪》、熊克的《中兴小历》、李心传的《建炎以来系年要录》和留正的《皇宋中兴两朝圣政》等书中的记事，则绝大部分都是根据那几种官修史书修成的。单就李心传来说，对于官修史书中有意湮没或歪曲岳飞的某些事迹，他并非无所觉察。例如，绍兴十年（1140）金人背盟南犯，南宋王朝在被迫不得不出师抵御之时，先把诸大将的官秩加以晋升，《日历》中对韩世忠、张俊二人的新职位均详为记载，岳飞的却独独不被载入。李心传便于这年六月朔的记事之下附加《案语》说：

《日历》独不载岳飞除命，盖秦熺削之也。今以《会要》及《玉堂制草》增入。

这岂不足可证明，李心传对于其时国史中关涉到岳飞事功的某些记载，已经不肯完全信任了吗？但是，因为秦桧父子及其偻㑩日夜

---

❶ 《金佗稡编》卷二〇，岳珂《吁天辨诬通叙》。

劳其心计于以伪乱真、涂改捏造等类工作上面，致使后来读史、修史的人极容易受其蒙蔽，防不胜防，辨不胜辨，遂又不知不觉地入其彀中。例如，在绍兴十年七月，岳家军在郾城、颍昌等地连续与金军作战，并取得了一次一次的胜利，秦桧、赵构却在这时先把配置在东边的各路宋军密令撤回，最后又下诏给岳飞，逼令"措置班师"。岳飞和他的部将们做了一番慎重周密的考虑之后，终于决定在七月二十一日班师南旋。班师的情况如何呢？据《宋史》二九《高宗纪》六所载是：

> 壬戌，飞以累奉诏班师，遂自郾城还，军皆溃，金人追之不及。颍昌、蔡、郑诸州皆复为金有。

《宋史》中的《高宗纪》虽是元人所修，但毫无可疑，它必是从南宋史馆所编撰的《国史》照抄来的。试看，这里只说是"累奉诏班师"，自然就把秦桧在此过程中所施展的鬼蜮伎俩一齐掩盖过去了；硬编造了一个"军皆溃"之说，却不顾与岳飞在班师途中还派遣部队去救援陈州的事显相牴牾。但是，在徐梦莘的《三朝北盟会编》卷二〇四，对于岳飞从郾城班师而致"军皆溃"一事却作了更详细的描述：

> 岳飞在郾城，众请回军，飞亦以为不可留，乃传令回军，而军士应时皆南向，旗靡辙乱不整。飞望之，口呿而不能合，良久曰："岂非天乎！"

《三朝北盟会编》中的记载，全部都是从当时已经流布的书册中引录来的，有的在引文前标著所出，有的则并不标著。上举一条虽亦不著所出，但其必是从南宋官修史书抄来，却也可以断言。因为，据这条记载看来，岳飞之从郾城班师，竟是由岳家军的兵将们共同决定的，而不是遵奉诏旨行事的；而一经"传令回军"，立即呈现出"旗靡辙乱"的狼狈逃窜惨状；这怎能不是秦桧的子侄党羽的手笔呢？然而这样一段丑化岳家军的文字，却不仅被徐梦莘照抄在《北盟会编》当中，也被李心传信以为真，并加以采用了。

《建炎以来系年要录》卷一三七，绍兴十年七月壬戌记岳飞班师条的全文如下：

> 是日，湖北京西宣抚使岳飞自郾城班师。——飞既得京西诸郡，会诏书不许深入，其下请还，飞亦以为不可留，然恐金人邀其后，乃宣言进兵深入。逮敌已远，始传令回军。军士应时皆南向，旗靡辙乱，飞望之，口呿而不能合，良久，曰："岂非天乎！"金人闻飞弃颍昌，遣骑追之。
>
> 时飞之将梁兴渡河趋绛州，统制官赵秉渊知淮宁府。飞还至蔡州，命统制官李山、史贵以兵援之，遂遣诸将还武昌，飞以亲兵二千自顺昌渡淮赴行在。于是颍昌、淮宁、蔡、郑诸州皆复为金人所取，议者惜之。

这一条记载，分明是把无名氏的《岳侯传》和秦桧的子侄党羽所编造的"官方记载"糅合在一起的。把二者糅合为一，表明了李心传既不敢以"官方记载"否定私人的有关著作，也不敢用私人著述否定"官方记载"，其用心自是要作持平之论；然而，对于绍兴十年六月朔日的《日历》之不载岳飞的除命，李心传能察知那是"秦熺削之"的，而独对于郾城班师的记载未能稍加警惕，且竟把秦熺们所编造的诬枉不实之词全部袭用，这说明，经过奸党们的变乱窜改之后，辨诬的工作也是存在着大量困难的。

从岳飞系狱前后秦桧党羽弹劾岳飞的奏章中所虚构的一些事端，从岳飞惨遭杀害之后大理寺公布的《判决书》中所罗织的许多罪状，都可看出，在绍兴十年和十一年内，秦桧的党羽们正在处心积虑地,要从四面八方对岳飞进行陷害,则在这一时期内的官吏当中,对岳飞、岳家军的战功和事迹之横加窜乱,之专逞私意以为笔削,乃是他们的阴谋毒计的一个组成部分,其数量之大也自然可以想见。

由此可见,在南宋王朝官史系统和官方人物的著述中,其关涉到岳飞和岳家军的一些记载,是夹杂着很多诬枉不实的成分的。

二 私人著述中有关岳飞的记载

在与岳飞同辈分的,和比岳飞稍长或稍晚的诸辈人的著作和记述当中,关涉到岳飞和岳家军事迹的,依据道理来说,为数应是非常之多的。因为,从岳飞做低级将官之日起,在他的军营中就已集聚了不少文人;到他成为大将之日,更特别喜欢招揽学士大夫们,为他讲说历史,评论时事,帮他擘画运筹一些军务。凡是岳飞驻扎之处,总是座上之客常满。可以想见,这班居处在岳家军营中的文人学士们,对于这支军队的战绩,对于这位大将的行事,必然都会随时随地加以记录。除此以外,岳飞对于当时军界和政界的上级或前辈人物,不论其在朝在野,一般地都不废"往还礼数",在诸大将中且以他的"书辞"为"最勤",是则在那班人物的著述当中,也必然会有很多和岳飞互相往复酬答的诗文书札之类。然而,在权奸秦桧的凶焰直接射向岳飞和岳家军之后,特别是在岳飞身遭横祸之后,其时的学士大夫之群,有的为了希意迎合,有的为了避免祸端,便大都把平素与岳飞往还的文札和关涉到岳飞以及岳家军的记事,自动焚毁削除,不再收辑刊刻于其著述之内。甚至于代皇帝立言的制命、诏诰、御札之类,凡是为表扬褒奖岳飞的事功而撰作的,亦即后来被岳珂依照原件而收入《金佗稡编》的《高宗皇帝宸翰》中的,和收入《金佗续编》的《丝纶传信录》中的许多篇文字,除在綦崈礼的《北海集》中还保存了几篇以外，在现存的南宋初年其他诸家的文集当中竟也极少收录。因此之故，到13世纪之内，徐梦莘编写《三朝北盟会编》和岳珂编录《金佗续编·百氏昭忠录》时，所能收集到的有关岳飞生平事迹和岳家军战绩的记载便都寥寥可数；而我们现时所能看到的属于私家著述的岳飞的传记资料，在上举两书所收录的那些篇章之外，更是有限得很了。

有幸而能够流传到今天的这些私人著述，为数尽管有限，但是，其中有的是记录其所身临目睹的一些事件，有的则是与岳飞商讨某一军政事项，所述虽或只是一些身边琐事，却又大都可以与当时的一些军政大事联系起来，也颇有助于对当时的政局和战局诸方面的情况，获得更真切的理解。因此，对于那批数量浩瀚的有关岳飞生平事迹的文字竟遭受"秦火"之厄，我们实在不能不感到万分的痛惜。

然而，由于在抗金战场上建立的辉煌战功，由于岳家军始终是一支纪律严明、英勇善战的劲旅，由于为反对卖国投降而多次抒发出来的磊落英伟的言论，更由于他为了坚持自己的正义主张而至于惨遭杀身之祸，这种种，都使得岳飞在冤死之后，反而日益受到当时人群的景仰，对他顶礼膜拜，奉若神明。岳飞的生平事迹也被编撰为种种传奇般和神话般的故事而普遍流传着。这样一来，便使此后编写出来的有关岳飞传记的文字，其中便不免或多或少的包含一些不可信据的事项。这也就是后来王自中在《鄂州忠烈行祠记》中所说的，"岳公之事，世所称说者甚多，然其言不雅纯。"不雅纯也就是不足信。例如，收录在《三朝北盟会编》卷二〇七的那篇不著撰人名氏的《岳侯传》，其写作时间当不出绍兴三十一二年（1161～1162）内，其中叙事脉络可以说大致不差。然而，当说到岳飞在郾城班师前，曾上表奏请乘势追击兀术于汴京，其下紧接有一段文字说：

>   表到，秦桧大怒，忌侯功高，常用间谍于上。又与张俊、杨沂中谋，乃遣台官罗振奏："兵微将少，民困国乏，岳飞若深入，岂不危也？"……
>   忽一日诏书十三道，令班师赴阙奏事。

这与当日事实便不免有些出入了。首先，罗振当其时并不在御史台任职，在御史台中任职，而对岳飞又曾进行过弹劾的人，是罗汝楫。其次，说南宋王朝在一天内发出十三道诏书促令岳飞班师，也未免太不合情理：杭州与郾城，相距二千余里，往返行程至少须八九天，何得在第一道诏令刚刚发出，尚不知岳飞作何反应之前，竟又接二连三地于一天之内发至十三道之多呢？而第二天内，必定还是不知道岳飞作何反应，何以又竟戛然中止，不再继续发出了呢？更何况，岳飞所收受到的诏令御札之类，在其生前既必全部珍重保藏，当他身被横祸而家被查抄时，其所保藏的诏诰文书等等也全被"搜之故家，束之左帑"❶，到宋孝宗即位之后，岳霖"抗章有请，遂获赐还"❷，其后即被岳珂悉数收录于《金佗稡编》和《续编》当中，而其中却并没有这所谓的十三道诏书中任何一道。这可证明，上引《岳侯传》中的那一条，必是因辗转传说，而致大悖史实的一条记载。

另外，也还有与岳飞生平颇有关系的事实，而在私家记载中竟被泯灭或歪曲了的。例如，岳飞于建炎元年（1127）七月随同都统制王彦渡河至新乡与金军作战，战败撤离新乡之后，因所见不同而脱离了王彦的领导，本欲独立成军而竟未遂所愿，其后王彦的八字军声威大振，东京留守宗泽即将王彦召致到留守司中，从此八字军也受他的直接节制。这时候的岳飞，既未能把自己的

---

❶ 《金佗续编》卷二六，岳珂《进高宗皇帝御札石刻表》。
❷ 同上书卷三，岳珂《高宗皇帝宸翰·跋》。

一支部队壮大起来，便也率领所部投归宗泽的东京留守司中。这一事实，在《宗忠简公遗事》中曾有明确记载。然而见于南宋私人编撰的几种主要史籍当中的，却全都不够明晰，不够正确。例如，熊克的《中兴小纪》卷四，于建炎二年十一月有一条记事说：

> 初，直龙图阁张所招抚河东；有前清河尉王彦投所军中，所奇其才，不数月，擢都统制。彦以效用人岳飞为军将。彦河南人，飞安阳人也。久之，飞见疑于彦，乃去，自为一军。至是，飞降于东京留守杜充。又，故大将种师道帐下小校桑仲，为溃兵所推，亦降于充。[充]并用为统兵官。未几，群盗张用、王善等来寇，充命飞、仲与战，破之。

岳飞本是都统制王彦统辖下的一员小将，在撤离新乡县后，竟要不受王彦的节制而去自成一军，这是以下级而违抗上级，从军事纪律方面说，当然是一个严重问题，但他所"自成"的"一军"，也仍然是为了保卫宋政权而继续抗击金军，其性质与王彦的八字军是完全相同的，何以对其归附东京留守司一事竟说成是投降呢？而且，当其归附之时，东京留守乃是宗泽而非杜充，何以要改变史实，说他是"降于杜充"的呢？对此，只能有一个解释：这是从某种"官方记载"沿袭而来的。

徐梦莘在《三朝北盟会编》卷一二〇，于建炎三年正月十六日记杜充出兵攻张用等人条下，也对岳飞作了几句简单的介绍：

> 岳飞者，初隶张所为效用，继随都统制王彦往太行山，遂自为一军。后归京城留守司，杜充用飞为统制。

这段叙述过于简略,然而他只说"后归京城留守司"而没有著一"降"字,与熊克的语意大不相同。只是对于"归京城留守司"的时间,并没有说明是在宗泽为东京留守之时,而即接以"杜充用飞为统制"一句,也仍易引起误解,以为自始即是投奔杜充的。

李心传的《建炎以来系年要录》,其成书年代较上举两书均晚,其中纠正前两书之失误者亦多有之;然独于记述岳飞归附东京留守司之文字,虽则较《中兴小纪》更为简略,其中的问题可并不少。其文为:

> 初,河北制置使王彦既渡河,其前军准备将岳飞无所属,遂以其众千人降于东京留守杜充。时种师道小校桑仲为溃卒所推,亦降于充,[充]皆以为将。

当王彦被宗泽召赴开封时,岳飞脱离了王彦的领导为时已久,而还把岳飞称为王彦的前军准备将,其误一;岳飞之投奔到东京留守宗泽的旗帜之下,乃是因为自己的一支队伍始终没有能如八字军那样兴盛壮大起来的缘故,而却说是在王彦渡河之后岳飞因无所属遂也投奔开封的,其误二;岳飞归附东京留守司后,不但曾接受过宗泽所布置的战斗任务,而且还深为宗泽所器识,李心传却又与熊克同样因袭了"官方记载"的谬说,以为岳飞以其众"降于杜充",其误三。

总之,在以上三种私家撰述的史书当中,全都看不见岳飞与宗泽曾有过任何关系,而这显然都是出于撰述人的疏失所造成的。

由此可见,如果对于私家著述中有关岳飞生平事迹的记述,不加分辨地全部作为信史看待,也是很不妥当的。

三 家传系统中的一系列著述

岳飞遭受横祸致死,在他死后,他的家属也全被移送岭外。故在岳飞身后,不但没有人为他撰述墓志、行状、神道碑之类,除掉无名氏于宋高宗绍兴末年根据传闻写了一篇《岳侯传》以外,连任何稍具首尾的传记文字也无人为之撰述。因此,属于家传系统中的第一部著作,乃是由他的孙子岳珂所编写的《鄂王行实编年》一书,其成书是在宋宁宗的嘉泰三年(1203),上距岳飞被害之日,已经有六十二年之久了。根据岳珂所自述,在他编写这本《行实编年》的过程当中,曾经:

> 大访遗轶之文,博观建炎、绍兴以来纪述之事,下及野老所传,故吏所录,一语涉其事则笔之于册。积日累月,博取而精核,因其已成,益其未备。……盖五年而仅成一书。

尽管岳珂做了这样一些搜辑工作,而且经过了五年之久"而仅成一书",但我们今天稍加检核,便可发现,在这部《行实编年》当中,所存在的有意无意造成的错误,实在是很多很多的。举例来说:

(一)岳飞的幼年、少年的一段生活史,是任凭岳珂怎样穷搜冥索也不可能搜集到的。因为,那时候的岳飞,只是河北地区的一个农家子,是大户人家的一个庄客,受不到任何人的重视,自然更不会有人肯把他的言行记载下来。到岳珂编写《行实编年》时,事则相隔百年,地则沦陷已久,既无野老故吏可供访问,也无任何文字记载可供查阅。即岳飞参军从戎初期的情况,也依然是难于搜集的。这些客观条件的限制,本是无法克服的。然而,岳珂却企图专凭其孝子慈孙的用心,专凭其想象能力,而把这一段空白填补起来,于是虚构了许多不甚符合情理的事。例如说岳飞少年时"尤好

《左氏春秋》、《孙吴兵法》"等等，把岳飞描绘成像书香人家的子弟一样；而对于岳飞少年确曾在韩琦后裔家中做过庄客的事，却反而讳莫如深；对于岳飞确曾亲自口述过的，他在参军初期曾亲自到达过"黄龙府"城下一事，又竟不能与自己所编造的一些事端相应合，遂即避而不谈，若无其事一般。这种种，说明岳珂之对于述写其先祖的传记这一工作，所采取的，全然不是一个严肃、认真、负责的态度。

（二）岳飞在绍兴七年（1137）曾亲写了一道奏章，请求赵构把养在宫中并已读书于资善堂的赵伯琮确立为皇子。这事是有一个较复杂的背景的：赵构因自己的独生子已经夭折，便于绍兴二年（1132）选取了太祖后裔年方六岁的赵伯琮入宫，并由他的宠妃张氏收为己子，这也无异于宣告说，将来就把他立为"皇储"。但到两年之后，却因另一宠妃吴氏的请求，又把一个年方四岁的赵伯玖选入宫中，并即由吴妃养为己子。这就是说，将来也有可能把赵伯玖立为皇储。这件事，不但是皇宫中妃子之间的一个斗争题目，在外朝的大臣之间，既有倾向于拥立伯琮的，也有倾向于拥立伯玖的。岳飞呢，则是属于前一派的人，所以，他在这年秋间受诏入朝时，便写了一道奏章，提出了立赵伯琮为皇子的请求。不料上殿进读之后，赵构竟很不高兴，而且当面教训岳飞说："卿言虽忠，然握重兵于外，此事非卿所当与。"这事被跟随岳飞一同上殿的参谋官薛弼向外间传出，后来被张戒写在他的《默记》当中，继之又被熊克抄引在《中兴小历》当中。岳飞的这次入觐，乃绍兴七年九月间事，熊克在《中兴小历》中（以及更后来李心传在《建炎以来系年要录》中）都误系于二月内，但年份并未弄错。到岳珂编写《行实编年》时，认为他祖父当面受到皇帝的训诫是一件极不体面的事，应当"为亲者讳"，遂为此而特地写了一篇《建储辨》，列作他的《吁天辨诬录》（见《金佗稡编》卷二一）的首篇，硬说"建储"之议乃是绍兴十年（1140）岳飞从鄂州军营中以"密奏"形式提出的,不是绍兴七年在建康行朝向赵构当面进呈的;《默记》所载赵构训诫岳飞的话,全是薛弼、张戒捏造出来的。因而力斥《默记》此条之"荒谬不根,颠倒错乱",和薛弼的"矫称玉音"、"诬君罔上"。并且说:"原情议法",薛弼"当在《春秋》诛心之典"。

我们现在冷静客观地对这一事实稍加推考,就可断言:把"建储"之议的年月节次搞得颠倒错乱了的,不是薛弼和张戒,而是岳珂本人。查赵鼎《忠正德文集·辨诬笔录·资善堂汲引亲党》条有云:

鼎丁巳(按即绍兴七年)秋再相,适岳飞入朝奏事。翌日,上曰:"飞昨日奏乞立皇子,此事非飞所宜与。"鼎奏曰:"飞不循分守,乃至于此!"退,召飞随军运使薛弼谕之曰:"大将总兵在外,岂可干与朝廷大事!宁不避嫌?飞武人,不知为此,殆幕中村秀才教之。公归语幕中,毋令作此态,非保全功名终始之理。"弼深以为然,曰:"当子细谕飞,且谕幕中诸人也。"

赵鼎是秦桧的政敌,和岳飞毫无仇怨,在护拥以赵眘为皇储的问题上,二人且同属一派,他当然不会在这件事情上说假话。他的这一段记事,又正与《默记》、《中兴小历》中的记事大体相合,可以证明,岳飞的"建储"之议,确是在绍兴七年提出的,其曾受到皇帝赵构的当面指责也必是事实,必非出于薛弼和张戒的捏造。而岳珂痛斥张戒、薛弼的那些话语,却正是可以移用在他本人身上的。

(三)岳飞在绍兴十年(1140)夏间率师北上,迎击南侵的女真兵马,其历次接战的奏报,全部被岳珂收录在《金佗稡编》的《经进鄂王家集》当中,计为克复颍昌府、克复西京洛阳,以及在郾城、在小商桥、在临颍等地打败金军的捷报共十二件,其中全未涉及朱仙镇这一地点。在当时的所有官私史书的记载当中,也都没有超出于上述诸战役之外的。即如宋孝宗淳熙十五年(1188)王自中所撰《鄂州忠烈行祠记》，对岳飞的事功备极推崇，而其所叙岳飞的战绩却只是：

> 其后一出而平虢略，下商於；再出遂取许昌，以瞰陈留；夷人畏远北遁，中原百姓牛酒日至，谓旦夕天下可定。不幸谋未及展，事忽中变。

许昌即颍昌，陈留则指开封。可见王自中在四十多年后所总括追述的，岳飞和岳家军的主力，在绍兴十年的最高战绩，也不过是攻克了颍昌府，对开封的金军已经构成了一种威胁而已。然而到岳珂编写《行实编年》时，却在岳飞的奏捷战报所述诸战役之外，又无中生有地添出了朱仙镇一役。其文曰：

> 先臣独以其军进至朱仙镇，距京师才四十五里。兀术复聚兵，且悉京师兵十万来敌，对垒而阵。先臣按兵不动，遣骁将以背嵬骑五百奋击，大破之。兀术奔还京师。……

在这段文字里，岳珂只是笼笼统统地说是"对垒而阵"，"遣骁将奋击"，却没有明确指出所遣骁将为谁，接战在何时日，与他述写前此各战役的行文体例大不相同；而在岳飞的全部战报当中，如上所说，无论哪次战役，也全然看不出与朱仙镇有任何关联。这就使我们有充分理由可以断言，所谓朱仙镇的这次大捷，完全是岳珂为了提高他的先祖的威望而虚构出来的。

在收夺了韩、张、岳三大将的兵权之后，做黄州知州的曾惇曾写了十首七言绝句献媚于秦桧，其中有一首云："连营貔虎气如云，听诏人人愿立勋。沔鄂蕲黄一千里，更无人说岳家军。"❶ 这反

----

❶ 吴曾：《能改斋漫录》卷十一，《曾郎中献秦益公十绝句》。

映出，在岳飞被诬系狱之前，岳飞和岳家军的声威，在岳家军所管辖的军区之内，是已经可以说是脍炙人口、颂声载道了。根据《金佗续编·百氏昭忠录》所收录的一些文章，如前引王自中的《鄂州忠烈行祠记》，如刘过的《鄂州庙六州歌头》一词及其《小序》所述，知在岳飞的冤案受到昭雪之后，在南宋孝宗、光宗时候，岳飞又已经是一个受到广大民户顶礼膜拜的人物。凡他生前曾经居住过，乃至曾经经行过的地方，已大都建立了祠庙纪念他。而在《朱子语类》卷一三，也记录了朱熹和他门生的一段谈话：

问："岳侯若做事，何如张（俊）、韩（世忠）？"
曰："张、韩所不及。却是他识道理了。"
又问："岳侯以上者当时有谁？"
曰："次第无人。"

朱熹对于宋代的武人是极少许可的，却给予岳飞这样高的评价，这充分证明，岳飞是赢得了当时一般学士大夫们的推许的。

民众的崇拜如彼，学士大夫们的尊仰如此，而这一切全是发生在岳珂编写和刊行《鄂王行实编年》的许多年前，也就是，在所谓朱仙镇大败金军事件尚未制造和宣传的许多年前。这可见，单是确实由岳飞所创建的一些丰功伟绩，尽管和他的壮志雄图中所要完成的功业相较，相去还远，但相对说来，确已足以冠侪伦而餍物望，确已足以使他成为不朽的民族英雄了。然则岳珂之凭空撰造朱仙镇之捷，在他虽是要锦上添花，在我们却只觉得他是在画蛇添足。而且也十足暴露了在述写他的先祖传记的态度上，岳珂是如何地不够认真，不够严肃！

（四）当岳飞接到班师诏命而从郾城班师的同时，因为部将刘永寿、史贵擅自放弃了淮宁府城，岳飞除依军法给予这两人以处分外，还又派遣了赵秉渊前往淮宁府"措置占守"。在岳飞的一道

《差赵秉渊知淮宁府申省状》中且有"今据赵秉渊申,已于七月二十三日军马入淮宁府城,安贴官吏居民讫"诸语,这一事件的过程,其时间和地点,交代得全极明确。这道《申省状》也已被岳珂收入于《家集》第九卷中。但在《鄂王行实编年》的第八卷内,在岳飞从郾城奉诏班师之后,岳珂写道:"虏人大扰河南,分兵趋川陕,卜命先臣应之,以干贵行。八月,以赵秉渊知淮宁府。虏犯淮宁,为秉渊所败,又悉其众围秉渊,先臣复命李山、史贵解其围。"岳飞的《申省状》明明说赵秉渊在七月二十三日已进入淮宁府城,而岳珂竟把其事推迟到八月,这虽非出于有意,然而也未免过分粗疏大意了。

岳珂于嘉泰三年(1203)把《鄂王行实编年》全部写成,呈进于南宋王朝。三年之后,史官章颖以其"言出私家,后世或疑于取信",❶遂把《行实编年》的文字稍加简括,再未参稽任何一书,就改写为一篇《岳飞传》,和他所写的刘锜、魏胜、李显忠三人的传记合并为《南渡四将传》一书,上之朝廷,列置史馆。南宋亡国时,其史馆所贮,全部被元臣董文炳捆载而北。后来元朝设局纂修的《宋史》,其中的《高宗纪》虽必是从宋之国史抄袭来的,而其中的《岳飞传》却是照抄章颖《南渡四将传》中的《岳飞传》的,连字句的改动也极少。这样一来,便奠定了家传系统的独霸之局,此后凡是记述岳飞的生平事迹的,例如出现于明、清之际的《宋史纪事本末》,清人毕沅的《续资治通鉴》,清朝官修的《御批通鉴辑览》,以及不论是写专著,写论文,编戏曲或作小说的,全都是直接或间接地以家传系统的著述为其基本的依据。

然而,归根结底说来,属于家传系统各种著述中的记事,其错误虚妄之处,实未必较官史为少。其与官史的最大区别,只是在于:官史修撰者的用意在于溢恶,家传系诸书的修撰者的用意则在

---

❶ 章颖:《进呈〈南渡四将传〉表》(见《宋会要·礼》五九之二〇)。

于溢美；其为违背事实，不可信据，则是并不两样的。

四　我对旧有资料的取舍从违的标准

根据以上对于三个系统中诸著述的简单评介，可以知道，在现时我们所能看到的南宋一代的公私记载当中，有关岳飞生平事迹的资料，从撰写岳飞传记的角度着眼，虽还嫌其数量之过少，而在这一批为数有限的资料当中，所包括的是非混淆、真伪待辨的复杂问题，却实在不少。要将这样的一些材料加以利用或有所征引，非首先作一番"去粗取精，去伪存真"的考证辨析工作不可。特别是属于家传系统中的一系列论著，受到历代人的尊信，权威之势，独霸之局，形成已久，甚至可以说已经深入人心。即在目前，也还有人公然以"曾经朝廷察阅，奉准宣付史馆"为理由，极力维护《鄂王行实编年》的尊严，以为凡它所载，无不确凿可信。因此，我更加感觉到，对于由《鄂王行实编年》制造出来的一切虚妄谬误不实记载，更必须大力予以纠正和破除才行。

为要达到求真求实的目的，我不能不把上述三个系统中的著述，亦即对所有有关文献，用时务求其宏，取时务求其精，既广泛披览，而又由此及彼、由表及里地加以比对和验证，合则从之，不合则概行弃掷。举以下两事为例：

例一：《建炎以来系年要录》卷一〇八，于绍兴七年正月初四日丙寅载：

> 上谕大臣曰："昨日张俊呈马，因为区别良否优劣及所产之地，皆不差。"
>
> 张浚曰："臣闻陛下闻其声而能知其良否。"
>
> 上曰："然。闻步骤之声，虽隔垣可辨也。凡物，苟得其要，亦不难辨。"

同书卷一〇九，于同年二月十七日己酉又载：

> 上与辅臣论兵器，因曰："前日岳飞入对，朕问有良马否，飞奏'旧有良马，已而亡之。今所乘，不过驰百余里，力便乏'。此乃未识马故也。大抵驯而易乘者，乃驽马，故不耐骑而易乏；若就鞍之初，不可制御，此乃马之逸群者，驰骤既远，则马力始生。"……
>
> 上又曰："飞今见识极（按此二字原误作"之所"，据《宋史全文》改正）进，论议皆可取。……"

上引两条记载，相隔虽四十多天，却全是表述赵构自我夸示其对于马性的熟悉，甚至说，只要听到马的驰骤之声，即使是隔着一道墙，也能够断定其为良马或驽马。前后两番话语，问题相同，语气一致。除了赵构对马的鉴别能力的自我吹嘘有可以使人致疑之处以外，对此两条记载的本身是无可致疑的。而且，《中兴小历》和《皇宋中兴两朝圣政》等书中，也有与《建炎以来系年要录》这两条大致相同的记载，都可以互为佐证。但在《鄂王行实编年》卷七，岳珂所记赵构与岳飞关于马的一段对话，却与《系年要录》等书所载大不相同了。其文为：

> [绍兴七年]春正月，入见，上从容与谈用兵之要，因问先臣曰："卿在军中，有良马否？"
>
> 先臣曰："骥不称其力，称其德也。臣有二马，故常奇之。日噉刍豆至数斗，饮泉一斛，然非清洁，则宁饿死不受。介胄而驰，其初若不甚疾，比行百里，始振鬣长鸣，奋迅示骏。自午至酉，犹可二百里。褫鞍甲而不息不汗，若无事然。此其为马，受大而不苟取，力裕而不求逞，致远之材也。值复襄阳，平杨幺，不幸相继以死。今所乘者不然，日所受不过数

升，而秣不择粟，饮不择泉，揽辔未安，踊跃疾驱，甫百里，力竭汗喘，殆欲毙然。此其为马，寡取易盈，好逞易穷，驽钝之材也。"

上称善久之，曰："卿今议论极进。"

二月，除起复太尉，……

根据《建炎以来系年要录》的两条记事看来，似乎赵构是自以为已经掌握了一部"相马经"的，所以，只要谈论到马，他便大发其议论；而根据岳珂的这段记事看来，竟又似乎具有对于马的最高鉴别能力的是岳飞，赵构除了听取他的长篇大论，于最后"称善久之"而外，竟至完全没有发言权，不能置一词。我们如稍加思考，当容易觉察出来：在赵构临时发问，岳飞事先毫无准备的情况下，而竟滔滔不绝地发了那样一大篇议论，使得平日以善于识别马的好坏自负的皇帝竟至不能赞一词，这实在不近情理。而且，在《鄂王行实编年》之前，岳飞与赵构的这次对话，见于各种史册中的，全都与《建炎以来系年要录》大致从同，并无任何书册载有岳飞这一长篇发言。这就不能不使我们追问：岳珂究竟是何所依据，而记述了这一长篇发言的呢？如果是无所依据的，那么，我们就可以断言：这篇已经被流传和传诵了将近八百年之久的所谓《良马对》，并非真正出自岳飞之口，乃是在岳飞被杀害六十多年之后，由他的"文孙"岳珂创作出来的。

既然如此，我在述写岳飞绍兴七年的这次入觐时，对他与赵构关于马的对话，就只能采用《建炎以来系年要录》等书的记载，而决不采用岳珂在《行实编年》中之所云云了。

例二：我在这本传记当中，把岳飞的一些与当时政治军事关系较大的奏札，和抒发他自己的壮志雄图的一些诗文，都尽量加以收录，以期借此而把岳飞的精神面貌更真切地体现出来。在绍兴九年（1139）春间，秦桧、赵构第一次搞成了对金投降的勾当之后，对于韩世忠、张俊、岳飞诸大将"例进优秩",给予岳飞的新秩是"开府仪同三司",岳飞再三上书辞免这一"恩命",终于未遂所请,乃又一再上疏请求解除军务,结果当然更不会获准。这几次奏疏,我也已大都抄入书中了。在岳珂所编《金佗稡编·家集》五收录的第一道《辞开府札子》之后,另附有一幅《贴黄》,其文为:

> 臣待罪二府,理有当言,不敢缄默。夫虏情奸诈,臣于面对已尝奏陈。切惟今日之事,可危而不可安,可忧而不可贺。可以训兵饬士,谨备不虞,而不可以行赏论功,取笑夷狄。事关国政,不容不陈。初非立异于众人,实欲尽忠于王室。欲望速行追寝,示四夷以不可测之意。万一臣冒昧而受,将来虏寇叛盟,则似伤朝廷之体。仍望以此《贴黄》留中不出,保全臣节,臣不胜至情,伏乞睿照。

我觉得这幅《贴黄》的真实性是大可怀疑的。因为,《贴黄》者,是用黄色纸张书写,附在奏章的后面,用以补充一些事项,或用以概述长篇奏章的要点的。在岳飞的三篇辞免开府仪同三司的奏札当中,全是以无功不应升秩为理由,而均未涉及这次"和议"之能否持久之事。三次辞免的奏札正文中既皆不曾论述此事,何以把一些义正辞严的话,如"切惟今日之事,可危而不可安,可忧而不可贺,可以训兵饬士,谨备不虞,而不可以行赏论功,取笑夷狄"等语,反而要写在作为附件的《贴黄》当中呢?此可疑者一。当时岳飞的官职是"太尉、武胜定国军节度使、湖北京西路宣抚使兼营田大使",还没有解除兵柄,改任枢密副使,何得在《贴黄》开头处自称"待罪二府"呢?此可疑者二。说不应"行赏论功,取笑夷狄",是指整个南宋王朝而言,当然不是专指对岳飞本人说的,然而后面却只落实到自己身上,说什么"万一臣冒昧而受,将来虏寇叛盟,则似伤朝廷之体",前后口径大不相同,此可疑者三。反对借用议和之名而实行屈己降敌，这本是岳飞始终坚持的主张，何以竟不敢在奏札的正文中提出，而必要以附录的形式提出呢？何以还要请求将"此《贴黄》留中不出，保全臣节"呢？而且，所要保全的"臣节"又是指什么说的呢？难道让人们知道了他是反对这次和议的，就等于败坏了岳飞的名节吗？何以前不久所上《谢讲和赦表》中说了那样一些激昂慷慨的话，竟没有请求"留中不出，保全臣节"呢？此可疑者四。

这幅《贴黄》中既存在上举四个疑窦，我认为完全可以据此而做出判断说：这《贴黄》并非岳飞的第一道《辞开府札子》后确曾附有的，乃是岳珂在编辑《家集》时特地撰作了而临时附入的。必是岳珂因其祖父在几次辞免开府的奏札中竟无一句反对议和的语句，与其祖父所享有的爱国声名不相称，所以特为补写了《贴黄》以填补这一空白，以消除这一遗憾。但在淳熙年间从南宋王朝的"左藏南库架阁"发还的"行迹事实、著述文字"当中分明没有这件文字，所以又特地作了一个用为掩体的伏笔，表示这《贴黄》是依照岳飞的请求"留中不出"，因而就与第一道《辞开府札子》不在一起了。殊不知，倘使确实附有《贴黄》，断无把《贴黄》单独"留中不出"之理；倘使《贴黄》中真有那许多义正辞严的话语，在当时也必然会立即广泛传播开来，像他那篇《谢讲和赦表》中的文句一样；而事实上，在岳珂所编《家集》行世以前，却不见有一人在文字中引用过。从这里也可以看出，岳珂虽有心于为其祖父增添嘉言懿行而却也不免心劳日拙，随处出现破绽。我在这本传记当中，对此《贴黄》之所以弃而不取，其原因即在于此。

我在述写这本传记的过程当中，对于有关岳飞生平事迹的文献资料，其取舍从违的标准，大致如此。

编　　后

　　四传二谱（即《北宋政治改革家王安石》、《岳飞传》、《陈龙川传》、《辛弃疾（稼轩）传》与《韩世忠年谱》、《辛稼轩年谱》）六部著述，是先父邓广铭宋代人物传记系列的代表作。这几位杰出人物，依其在历史上活动的时间顺序来讲，是王安石（1021～1086）、韩世忠（1089～1151）、岳飞（1103～1142）、辛弃疾（1140～1207）和陈亮（1143～1194）；而就先父个人的研究而言，则是自陈亮（龙川）开始而延展至辛弃疾（稼轩），又至韩世忠、岳飞和王安石的。

　　自青年时代起，先父即对历史上一些建立了大功业、具有高亮奇伟志节的英雄人物有着无限憧憬之情；受罗曼罗兰《悲多芬传》等传记题材的文学作品影响，他发愿要把文史融合在一起，希望像司马迁写《史记》那样，以自己的文笔去书写中国历史上的英雄人物。

　　以宋代历史作为主要的研究方向，以撰著宋代杰出人物谱传作为治学生涯的重要内容，这一学术道路的选择，与先父求学期间所居处的人文环境、时代思潮、国家民族的现实境遇以及他从之受业的硕学大师密不可分。上个世纪30年代中期，先父在北京大学读书期间，正值民族危亡迫在眉睫，南宋的爱国志士例如"推倒一世之智勇，开拓万古之心胸"的陈亮，"以气节自负，以功业自许"的"一世之豪"辛弃疾，"尽忠报国"而战功卓著、襟怀雄伟的岳飞，相继引起了他的注意，震撼着他的心灵。在胡适先生的指导下，从《陈龙川传》出发，他终于走上了谱传史学的路子。而到90年代后期，已届九十高龄的先父，最终修订成就了《北宋政治改革家王安石》一书，完成了他笔下最后的一部人物传记。

追求至真、至善、至美的境界，是先父至高无上的学术理想。在他一生中，许多著作都经过反复的修订、增补乃至彻底改写，仅就四传二谱而言，《辛稼轩年谱》改写过一次，《岳飞传》改写过两次，《王安石》修订和改写了三次。按照他的计划，原准备在有生之年把四部宋人传记全部改写一遍，惜因疾病而未竟其志。

先父辞世前，曾经吟诵辛弃疾祭奠朱熹的文字："所不朽者，垂万世名；孰谓公死，凛凛犹生。"这段沉郁而又慷慨的话语，正是先父倾尽毕生之力抒写刻画的宋代历史人物共同形象的概括，也体现着他心之所思、情之所系的不懈追求。

由衷感谢高校古籍整理委员会当年对于先父修订宋代人物传记工作的宝贵支持，感谢生活·读书·新知三联书店在先父百年诞辰之际的鼎力襄助，使四传二谱今天得以整体呈现在读者面前。

邓小南
丙戌岁杪于北京大学朗润园